21世纪高等院校国际经济与贸易专业规划教材

国家级一流本科专业建设点教材
辽宁省普通高等学校一流本科教育示范专业

新形态教材

U0656775

国际服务贸易 第七版

INTERNATIONAL TRADE IN SERVICES 7th Edition

魏巍 冯琳 主编

东北财经大学出版社
Dongbei University of Finance & Economics Press 大连

图书在版编目（CIP）数据

国际服务贸易 / 魏巍，冯琳主编. —7 版. —大连：东北财经大学出版社，2024.8. —（21世纪高等院校经济与贸易专业规划教材）. —ISBN 978-7-5654-5340-3

Ⅰ. F746.18

中国国家版本馆 CIP 数据核字第 2024T4Z591 号

东北财经大学出版社出版

（大连市黑石礁尖山街217号　邮政编码　116025）

网　　址：http://www.dufep.cn

读者信箱：dufep@dufe.edu.cn

大连雪莲彩印有限公司印刷　东北财经大学出版社发行

幅面尺寸：185mm×260mm　　字数：444千字　　印张：18.75

2024年8月第7版　　　　　　2024年8月第1次印刷

责任编辑：蔡　丽　刘东威　　　责任校对：一　心

封面设计：原　皓　　　　　　　版式设计：原　皓

定价：53.00元

第七版前言

当前，国际服务贸易迅速发展，全球经济竞争的重点从国际货物贸易转向国际服务贸易。扩大国际服务贸易规模、改善国际服务贸易结构，是增强我国参与国际分工和竞争能力的重要举措。为了更好地适应我国对外经贸事业的发展，满足高校教学及广大外经贸从业人员培训的需要，我们结合近些年在国际服务贸易教学中的实践和经验编撰了这部教材。

国际服务贸易研究对传统国际货物贸易研究进行了补充，丰富了国际贸易的理论知识和实践应用。国际服务贸易是适应国际贸易发展形势的应用学科，任务是培养学生掌握国际服务贸易的基础知识和理论，使学生能够认识国际服务贸易的发展，充分理解《服务贸易总协定》（GATS）的具体内涵并加以运用。

本教材系统地讲解了国际服务贸易的基础知识和理论，并对具体产业状况进行了介绍，根据世界贸易组织体制和《服务贸易总协定》，结合中国服务业的历史和现状，多角度地研究了国际服务贸易的国际、国内发展问题。本教材在阐述过程中，力求结合最新的数据资料和切实的事例，更好地发挥说明和指导作用，具有很强的时效性和实用性。本教材力求叙述简明扼要，结构安排清晰合理，内容介绍突出重点。

本教材根据教学的需要，确定了基础篇、现状篇、发展篇三大板块，旨在学生多层面、多角度地认识国际服务贸易。

首先是基础篇（第一至四章），介绍国际服务贸易的基本内涵及相关概念，剖析国际服务贸易的理论根源，对服务业的对外直接投资与跨国经营展开深入的研究。本篇旨在为教师提供课堂教学的必要内容，是本教材的重点和中心。

其次是现状篇（第五至八章），介绍世界和中国的国际服务贸易的发展情况，并对国际服务贸易协议和区域性服务贸易的基本内容进行总结。本篇旨在让学生对国际服务贸易有一个全面的、最新的认识，了解学习国际服务贸易的必要性和重要性。

最后是发展篇（第九至十章），分别对传统国际服务贸易和新兴国际服务贸易的发展作具体的分析。本篇旨在拓展对国际服务贸易的各个领域的介绍，作为基础部分的延伸和辅助。

为了更好地方便读者，本教材在附录中提供了中国服务贸易具体承诺减让表。

本教材的主要特色是注重思政引领，融入党的二十大精神。党的二十大报告指出："用社会主义核心价值观铸魂育人，完善思想政治工作体系，推进大中小学思想政治教育一体化建设。坚持依法治国和以德治国相结合，把社会主义核心价值观融入法治建设、融入社会发展、融入日常生活。"本教材第七版更新了大量数据、案例等资料。本教材设置了二维码形式的"拓展阅读"栏目；在部分章通过"素养园地"栏目的形式，结合党的二十大报告内容，引导学生深入社会实践，关注现实问题，使他们加强对专业知识的内化吸收与灵活应用，坚定中国特色社会主义道路自信、理论自信、制度自信、文化自信，努力践行习近平新时代中国特色社会主义思想进教材、进课堂、进头脑，达到价值塑造、知识传授、能力培养三位一体的育德树人之效。

本教材编者全部从事过国际服务至贸易课程的教学，密切关注国际服务贸易的理论与实践发展。本教材由大连海事大学的魏巍和冯琳总纂定稿，魏巍负责编写第一至五章，冯琳负责编写第六至十章。感谢在教学一线的王冰、李娜、吕东琴、隋鑫、李雯静老师提供的资料，也感谢王子仪、李启元、王璇、黄春燕、孙瑞鸽、杨萌、肖茹忆、张康杰、蔡江浪、田雨璐、邓媛媛、杨文龙、陈琴琴、彭福先等同学在修订过程中所做的工作。

本教材深入浅出、通俗易懂，既适合作为初学者的入门教材，又可作为国际服务贸易研究人员的参考书。

为方便教学，本教材配有电子课件、教学大纲、教学日历、学习指南、期末模拟试题及参考答案、章后习题参考答案、国际服务贸易分类表、中国第2条豁免清单及附件、《国际服务贸易统计监测制度》等教学资源，请任课教师登录东北财经大学出版社网站（http://www.dufep.cn）免费注册为教师会员后免费下载。

编　者

2024 年 5 月

目　录

现状篇

基础篇

第一章　服务、服务业与国际服务贸易概述

内容提要

本章主要阐述国际服务贸易的一些基本概念，包括服务、服务业和国际服务贸易。对这些概念的充分理解，是后续章节进一步展开的基础。

❖ 引例

在农业经济时代和工业经济时代，如果想拥有一件新衣服，往往是母亲在家里进行从测量到裁制的全过程劳动，但是在服务经济时代，发生了翻天覆地的变化。

在上海普陀，一家科创企业研发的"超写实虚拟时尚平台"实现了线上、线下的梦幻联动，线上先"量体裁衣"，线下再还原制作成衣，通过数字孪生技术赋能服装设计、生产、销售全流程，不仅缩短了服装开发周期，还减少了物料浪费，精准匹配市场需求，节约了服装开发成本，更满足了用户个性化的穿衣需求。

服务经济其实早已渗透到我们日常生活和工作的每个角落。经济形态的演变犹如人们衣服制作模式的变化，服务经济产业发展变得越来越好，成为我国行业经济发展的新生力量。

资料来源　丁婉星. 线上量体裁衣，线下还原定制成衣，数字孪生赋予服装工业新篇章［EB/OL］.（2024-06-26）［2024-07-23］. https://mp.weixin.qq.com/s?__biz=MjM5NTMyMjY4Ng==&mid=2658747207&idx=1&sn=6413a5f0eb669c183a9934fdcff12c18.

第一节　对服务的基本认识

经济学把满足人类欲望的物品分为自由物品和经济物品（如图 1-1 所示）。自由物品是指人类无须通过努力就能自由获取的物品，如阳光、空气等，其数量是无限的。经济物品是指人类必须付出代价方可得到的物品，其在人类的社会生活中占有相当重要的地位，而且数量有限。经济物品有两种基本的存在形态：实物形态和非实物形态。实物形态的经济物品就是商品，而非实物形态的经济物品被称作服务。在经济社会中，服务与商品一样无处不在，对各种服务的需求在质和量上与对商品的需求并无二致。然而，服务至今没有一个被普遍接受的定义。

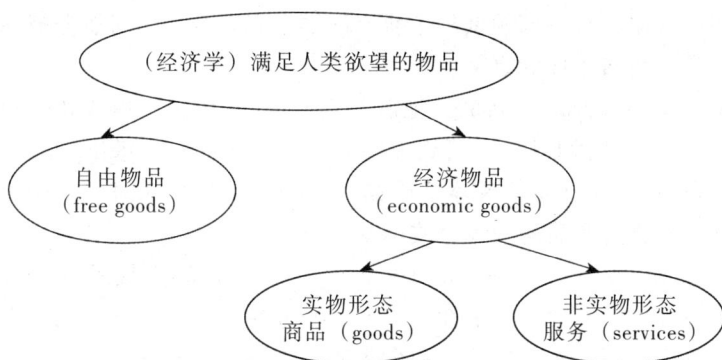

图 1-1　经济学的服务

一、服务的定义

（一）第二次世界大战前服务的定义

第二次世界大战前的服务经济十分落后，对服务的解释还很不成熟。

法国的古典经济学家让·巴蒂斯特·萨伊（Jean Baptiste Say）最早定义了服务的内涵和外延，并在此基础上对服务进行了分类。他在《政治经济学概论》一书中提出：无形产品（服务）同样是人类劳动的果实，是资本的产物。

另一位法国古典经济学家克洛德·弗雷德里克·巴斯夏（Claude Frédéric Bastiat）对服务经济理论作出了重要贡献，他的服务价值论的主要观点是交换论。他在《和谐经济论》中指出：劳务是一种努力，对于甲来说，劳务是他付出的努力，对于乙来说，劳务则是需要和满足。劳务必须含有转让的意思，因为劳务不被人接受也就不可能提供，而且劳务同样包含努力的意思，但不去判断价值同努力是否成比例。①巴斯夏的服务价值论借用了萨伊经济理论中的"服务"概念。在萨伊那里，服务是指对效用的创造；在巴斯夏这里，价值存在于相互服务的比较评价之中，反映服务提供者所作出的努力和服务接受者所节约的努力，他们都抽掉了商品价值决定中所包含的经济关系。巴斯夏比萨伊走得更远，他"合乎逻辑"地抹杀了商品和服务的界线。

卡尔·马克思（Karl Marx）对服务作了较为精辟的界定："服务这个名词，一般地说，不过是指这种劳动所提供的特殊使用价值，就像其他一切商品也提供自己的特殊使用价值一样；但是这种劳动的特殊使用价值在这里取得了'服务'这个特殊名称，是因为劳动不是作为物，而是作为活动提供服务的。"②这个定义首先肯定了服务是使用价值，是劳动产品，是社会财富，可以投入市场进行交换；其次指出了服务同其他商品的差别只是形式上的，商品具有实物的形式，而服务体现为一种活动形式。

（二）第二次世界大战后服务的定义

第二次世界大战以后，特别是20世纪六七十年代以来，服务经济的迅猛发展成为世

---

① 巴斯夏. 和谐经济论［M］. 王家宝，等译. 北京：中国社会科学出版社，1995：76；160.
② 马克思，恩格斯. 马克思恩格斯全集（第26卷第1册）［M］. 中共中央马克思恩格斯列宁斯大林著作编译局，译. 北京：人民出版社，1979：435.

界经济的一个突出现象。从事该领域理论研究的学者越来越多，对服务概念的理解也越来越多样化，但多数仍是描述性的定义。

美国市场营销学会（AMA，1960）把服务定义为："用于出售或者是同产品连在一起进行出售的活动、利益或满足感。"营销大师菲利普·科特勒（Philip Kotler，1967）将服务定义为："一方能够向他方提供在本质上是无形的，不带来任何所有权的某种活动或利益。其生产也许受到物的产品的约束，或不受约束。"

维克多·富克斯（Victor R. Fuchs，1968）对第二次世界大战后美国的服务经济进行了经典研究，对服务作了一种"特征性"定义：服务在生产的一刹那间消失，是在消费者在场参与的情况下提供的，不能运输、积累和贮存，缺少实质性。

希尔（T. P. Hill，1977）提出了理论界公认的服务概念："服务是指人或隶属于一定经济单位的物在事先合意的前提下由于其他经济单位的活动所发生的变化。""服务的生产和消费同时进行，即消费者单位的变化和生产者单位的变化同时发生，这种变化是同一的。服务一旦生产出来必须由消费者获得而不能储存，这与其物理特性无关，而只是逻辑上的不可能。"[1]

20世纪80年代中期，贾格迪什·巴格瓦蒂（Jagdish N. Bhagwatti，1984）以及桑普森和斯内普（G. Sampson & R. Snape，1985）扩展了希尔的"服务"概念，把服务区分为两类：需要物理上接近的服务和不需要物理上接近的服务。

苏联经济学家沙洛特科夫（М. В. Солодков，1980）在其《非生产领域经济学》中对服务的定义与马克思的定义如出一辙："劳务具有双重定义。第一，劳务可解释为作为活动所耗费的劳动的一种特殊使用价格；第二，如果劳动同收入相交换，劳务可理解为非生产性劳动的形式。"[2]

道拉西·瑞德尔（Dorothy I. Riddle，1986）详细考察了20世纪50年代末至80年代美国私人部门经济中服务、高科技与信息部门之间相互关系的变化，强调新兴服务业是这一关系的核心。他指出：在服务为服务接受者带来一种变化时，它是提供时间、地点和形态效用的经济活动。服务是靠生产者对接受者有所行动而产生的，或接受者提供一部分劳动，或接受者与生产者在相互作用中产生服务。[3]

芬兰服务营销学家克里斯蒂·格鲁诺斯（Christian Gronroos，1990）在总结前人研究的基础上，对服务定义如下："服务一般是以无形的方式，在顾客与服务职员、有形资源、商品或服务系统之间发生的，可以解决顾客问题的一种或一系列行为。"这个定义是比较有影响的定义之一，指出了服务的无形性特点，同时指出了服务的根本在于解决顾客面临的问题，而且构成服务的因素包括顾客、服务人员、提供的服务和有形资源几个方面，在一定意义上概括出了服务营销的一些要素。

同年，国际标准化组织把服务定义为：为满足顾客的需要，供方与顾客接触的活动和供方内部活动所产生的结果。

我国经济学者对服务也有不同的定义，这里不再一一叙述。

至此，我们需要对服务的概念作一下总结：服务是个人或社会组织为消费者直接或凭

---

① HILL T P. On goods and services [J]. The Review of Income and Wealth, 1977, 23 (4): 315-338.
② 沙洛特科夫. 非生产领域经济学 [M]. 蒋家俊, 马文奇, 沈越, 译. 上海: 上海译文出版社, 1985: 221.
③ RIDDLE. Service-led growth: The role of the service sector in world development [M]. New York: Praeger Publishers, 1986: 12.

借某种工具、设备、设施、媒体等所做的工作或进行的一种经济活动，是向消费者个人或企业提供的，旨在满足对方某种特定需求的一种活动和好处。其生产可能与物质产品有关，也可能无关，是对其他经济单位的个人、商品或服务增加价值，并主要以活动形式表现出来的使用价值或效用。

二、服务的特征

（一）无形性

服务的无形性（intangibility）是指消费者与服务提供者之间抽象化的、个体化的互动关系。服务是向消费者提供的、满足其利益的一种行为和努力，因而服务是无形的。服务的使用价值不能脱离生产者和消费者，不能独立地固定在某种具体的实物形态上。与有形商品不同，服务在很大程度上是抽象的和不可感知的。这包括两层含义：

第一，服务与实体商品相比较，服务的特质及组成服务的元素在许多情况下都是无形的，让人不能触摸或凭视觉感受到；

第二，消费者在消费服务后获得的利益很难被察觉，或是要经过一段时间才能感觉出享用的利益的存在。

服务的无形性是相对的，它是和有形实体相联系的，但是无形性是主要的，它是服务的核心和本质。随着科学技术的发展，有些无形的服务逐渐变得"有形"化。赫伯特·格鲁伯和迈克尔·沃克（Herbert G. Grubel & Michael A. Walker，1989）提出物化服务（embodied service）的概念。例如，唱片和光盘作为服务的载体，本身的价值相对于其提供的整体价值来说，可以忽略不计，其价值主体是服务，这就是"无形"服务的"有形"化、物质化。

（二）不可分离性

服务的不可分离性（inseparability）是指服务的生产与消费同时进行。如果服务是由人提供的，那么这个人是服务的一部分，因为当服务在生产时消费者也在场，消费者与员工的直接接触构成了商品的一部分。服务的不可分离性还意味着消费者是商品的一部分。

商品一旦进入市场体系或流通过程，便成为独立的交易对象，而服务者或者同其提供来源不可分，或者同其消费者不可分。这种不可分离性要求服务提供者或（和）服务购买者不能与服务在时间或（和）空间上分离开来。例如，理发师不可能远离他的顾客，而游客一定会光顾旅游服务景点。有时，在服务可以物化的情况下，服务的生产和消费也可以不同时发生。

服务的不可分离性要求服务消费者必须以积极的、合作的态度参与服务生产过程，只有参与才能消费服务。例如医疗服务，病人接受治疗，只有主动地诉说病情，医生才能作出诊断，并对症下药。

（三）异质性

服务的异质性（heterogeneity）是指服务的构成成分及质量水平经常变化、难以统一认定的特性。服务的主体和对象均是人，人是服务的中心，而人又具有个性，涉及服务提供方和接受服务的消费者两个方面。商品的消费效果和质量通常是均质的，而同一种服务的消费效果和质量往往存在显著的差别。这种差别主要来自两个方面：

第一，服务提供者的技术水平和服务态度往往因人、因时、因地而异，他们的服务随之产生差异；

第二，服务消费者时常会对服务提出特殊要求，所以服务会受到消费者本身的个性特点的影响。

所以，服务质量的异质性既由服务人员素质的差异所决定，也受消费者本身的个性特色的影响。不同素质的服务人员会产生不同的服务质量和效果；同样，同一服务人员为不同素质的消费者服务，也会产生不同的服务质量和效果。消费者的知识水平、道德修养、处世经验、社会阅历等基本素质，也直接影响服务质量和效果。例如同是旅游，有的人乐而忘返，有的人则败兴而归。

由于同一种服务的一般与特殊的差异是经常存在的，统一的服务质量标准只能规定一般要求，难以确定特殊的、个别的需要，于是服务质量就具有很大的弹性。这种服务质量的差异或者弹性，既为服务行业创造优质服务开辟了广阔的空间，也给劣质服务留下了活动的余地。与能够执行统一标准的商品质量管理相比，服务质量管理要困难得多，也灵活得多。服务质量的异质性会导致企业形象混淆而危及服务的推广。同一企业的若干分店，如果是销售产品，则易于统一企业形象；如果是销售服务，则会产生各分店服务质量优劣不等的异质性。由于这种异质性的存在，所以提供劣质服务的分店给整个企业带来的负面影响将大大超过大多数提供优质服务的分店所形成的良好企业形象，从而产生负面效应。

（四）不可存储性

不可存储性（perishability）是服务区别于商品的重要特征，是指服务的产生和消费往往同时发生，当生产者完成他的生产活动时，消费者往往同时完成他的消费过程，即服务活动需要生产者和消费者同时参与才能完成。商品可以在被生产出来之后和进入消费领域之前这段时间处于库存状态，而不一定会给商品所有者造成损失，但服务一般不能像商品那样在时间上储存或者在空间上转移。服务如果不被使用，则既不会给购买者带来效用，也不会给提供者带来收益。服务的不及时消费会造成服务的损失。例如，餐馆、商店等行业如果没有顾客光顾就会亏损，而飞机或轮船的空位或空仓也不会产生服务收入。

服务的不可存储性是由其无形性和不可分离性决定的。不可存储性表明服务不需要存储费用和运输费用，但也为加速服务的提供、扩大服务的规模提出了难题。服务业只有在加大服务促销力度、推广优质服务示范方面积极开发服务资源，才能扭转被动的服务需求状态。

随着科学技术的发展，无形的服务也出现了可以存储的性能。广义的存储概念包括了空间或（和）时间两种含义。服务可以存储主要是指时间上的存储，表现为服务或者在购买时消费，或者在购买以后某个时候消费。例如，保险的购买可以在一段时间内消费，这种服务一方面是在购买以后的整个有效期内消费的，如购买后感受到的安全感；另一方面可以在有效期内的某些情况下消费，如要求得到赔偿。

（五）所有权的不可转让性

所有权的不可转让性（absence ownership）是指服务的生产和消费过程中不涉及任何物品的所有权的转移。服务在交易完成后便消失了，消费者所拥有的对服务消费的权利并未因服务交易的结束而像商品交易那样获得实有的东西，如银行存款并未发生货币所有权的转移。服务的这一特征是导致服务风险的根源。由于缺乏所有权的转移，所以消费者在购买服务时并未获得对某种物品的所有权，往往会因为感受到购买服务的风险而造成消费心理的障碍。

在服务的5种特征中，无形性是最基本的特征，其他特征都是由这一基本特征派生出来的（如图1-2所示）。服务的特征从各个侧面表现了服务与实体商品的本质区别。

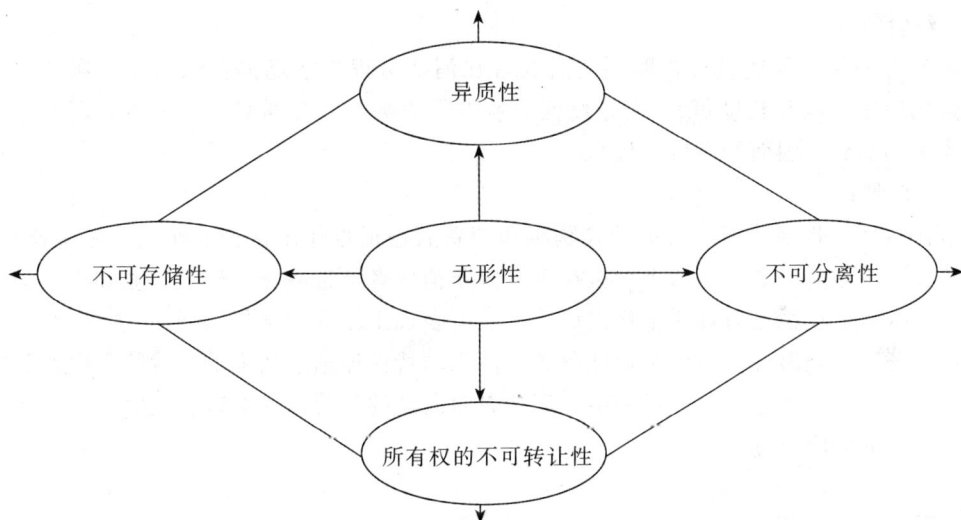

图1-2　服务特征图

如果我们把服务的无形性、异质性和不可分离性结合起来，就可以看到服务与商品的感性差别，即购买商品所能得到的品质和效果是能够预期的、相对确定的，而购买服务所能得到的品质和效果是难以预期的、不确定的。也就是说，与商品相比，服务具有较少的经验特征和信任特征。

美国经济学家尼尔森（F. Nelson，1970）将商品特征区分为两大类：寻找特征和经验特征。达比和卡尼（M. R. Darby & E. Karni，1973）又在尼尔森的商品特征二分法的基础上增加了信任特征（如图1-3所示）。

显然，不同的商品表现出不同的品质特征：

1.寻找特征

寻找特征是指消费者在购买前就能够确认的商品属性（如颜色、款式、手感、硬度、气味等）及商品的价格。对于服装、家具等有形商品，消费者在购买之前就可借助颜色、款式、价格等对其质量进行评判，因此具有较强的寻找特征。

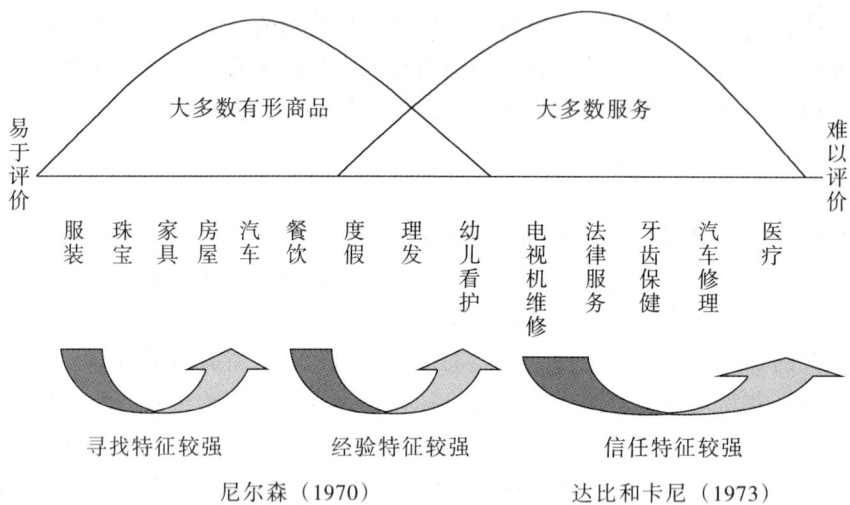

图1-3　三大类商品特征图

2.经验特征

经验特征是指那些只有在购买之后或者在消费过程中才能体会到的商品属性（如味道、耐用程度、满足程度等）。对于度假、餐饮等服务，其品质只有在消费者消费之中或之后才能感知到，因而经验特征较强。

3.信任特征

信任特征是指那些消费者即使在购买和消费后也很难作出评价的属性。一些技术性、专业性较强的服务，如汽车修理、医疗等，由于消费者常常缺乏足够的专业知识，即使在购买和消费之后也很难对其质量作出评价，从而表现出较强的信任特征。

从有形商品到服务，再到专业性服务，商品的特征逐渐从较强的寻找特征向经验特征和信任特征过渡。在这一过渡过程中，消费者对商品的评价由易变难；同时，消费者在消费中所承担的风险也逐步加大。

三、服务的分类

服务依据不同的划分标准可以进行不同的分类。

（一）根据服务的有形程度分类

1.纯有形商品状态

纯有形商品状态如香皂、牙膏、盐等，商品本身没有附带服务。

2.附有服务的商品状态

附有服务的商品状态如计算机、家电商品等，其附有服务，以增强对消费者的吸引力。

3.附有少部分商品的服务状态

附有少部分商品的服务状态如空中旅行的头等舱，除提供服务外，还附带食品和报刊等。

4.纯服务状态

纯服务状态如心理咨询、家政服务等，服务者直接为消费者提供相关的服务。

服务与商品的区别在于有形程度的不同，而从高度无形到高度有形之间存在一个连续谱（如图1-4所示）。

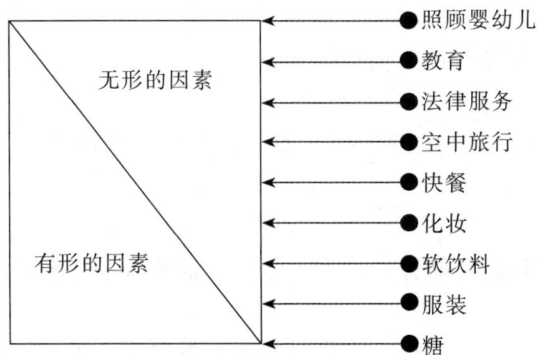

图1-4　服务与商品从无形到有形的连续谱

（二）根据服务的实际效用分类

1.追加服务

追加服务是指伴随着商品生产和交易所提供的补充服务。对消费者来说，有形商品的实体本身才是核心效用，而服务只是提供了某种追加效用。追加服务同商品的生产与交易密不可分，它本身并不向消费者提供直接的、独立的服务，而是作为商品核心效用的派生效用，如轿车中附加的设计服务等。人们可以明显地感受到，商品中追加服务价值的大小决定了该商品的质量和档次。

2.核心服务

核心服务是指与商品的生产和交易无关的、消费者单独购买的、能为其提供核心效用的服务，如旅游、咨询服务等。核心服务又被细分为面对面服务和远距离服务。前者需要通过服务者与消费者双方进行实际接触才能实现其服务；后者一般不必在服务者与消费者之间发生实际接触，但往往需要通过一定的媒介才可实现服务。

（三）根据消费者的参与程度分类

1.高接触性服务

高接触性服务是指消费者在服务推广过程中参与其中全部或大部分的活动，如电影院、娱乐场所、公共交通、学校等所提供的服务。

2.中接触性服务

中接触性服务是指消费者只是部分地或在局部时间内参与活动所提供的服务，如银行、律师、地产中介等提供的服务。

3.低接触性服务

低接触性服务是指消费者在服务推广过程中与服务提供者接触较少的服务，其间的交往主要是通过仪器设备进行的，如邮政业等提供的服务。

这种分类法的优点是便于将高接触性服务从中低接触性服务中分离、凸显出来，以便采取多样化的服务营销策略来满足各种高接触性服务对象的需求；其缺点是过于简单、粗略。

（四）根据服务的功能特征分类

1.集体服务

集体服务包括政府服务与社会福利服务等。

2.金融服务

金融服务包括银行和其他金融机构服务、保险与再保险服务、经纪人服务和信托服务等。

3.分销服务

分销服务包括货物运输与储存、旅客运输以及批发与零售服务等。

4.专业经济服务

专业经济服务包括会计、法律、广告、翻译和咨询等专业和经济支持服务。

5.电信与信息服务

电信与信息服务包括电报、电话、电子数据处理服务等。

6.建筑服务

建筑服务包括建筑工程策划、咨询、管理与培训服务等。

7.其他服务

其他服务包括自动租赁服务，不动产服务，修理、保养与清洁服务，新闻出版与印刷服务，旅馆与娱乐服务，医疗与保健服务，影视等艺术服务等。

（五）根据营销管理战略分类

这种分类方法吸收了前几种分类法的优点，并重点结合对服务业的营销管理过程进行分类。

1.依据服务活动的本质划分

①作用于人的有形服务，如民航、理发服务等；

②作用于物的有形服务，如航空货运、草坪修整等；

③作用于人的无形服务，如教育、广播等；

④作用于物的无形服务，如咨询、保险等。

2.依据消费者与服务组织的联系状态划分

①连续性、会员关系的服务，如银行、保险、汽车协会等；

②连续性、非正式关系的服务，如广播电台、警察保护等；

③间断的、会员关系的服务，如电话购买服务、担保维修等；

④间断的、非正式关系的服务，如网购、街头付费电话等。

3.依据服务方式及满足程度划分

①标准化且选择自由度小，难以满足消费者个性需求的服务，如公共汽车载客服务等；

②易于满足要求但服务方式选择自由度小的服务，如电话服务等；

③提供者选择余地大、难以满足个性要求的服务，如教师授课等；

④需求能满足且服务提供者有发挥空间的服务，如美容、建筑设计、律师、医疗保健等。

4.依据服务供求关系划分

①需求波动较小的服务，如保险、法律、银行服务等；

②需求波动大而供应基本能跟得上的服务，如电力、天然气、电话等；

③需求波动大并会超出供应能力的服务，如交通运输、饭店和宾馆等。

5.依据服务推广的方法划分

①在单一地点消费者主动接触服务组织，如电影院、烧烤店；

②在单一地点服务组织主动接触消费者，如出租汽车等；

③在单一地点消费者与服务组织远距离交易，如信用卡公司等；

④在多个地点消费者主动接触服务组织，如汽车维修中心、快餐店等；

⑤在多个地点服务组织主动接触消费者，如快递服务；

⑥在多个地点消费者和服务组织无距离交易，如广播站、电话公司、网站等。

（六）根据综合因素分类

1.按提供服务工具分类

按提供服务工具的不同，服务被分为以机器设备为基础的服务和以人为基础的服务。

2.按消费者在服务现场出现必要性的大小分类

按消费者在服务现场出现必要性的大小的不同，服务被分为需要消费者亲临现场的服务和不需要消费者亲临现场的服务。

3.按消费者个人需要与企业需要分类

按消费者个人需要与企业需要的不同，服务被分为针对个人需要的专一化服务和面对个人需要与企业需要的混合型服务。

4.按服务组织的目的分类

按服务组织的目的不同，服务被分为：

①营利性服务，即以营利为目的的服务；

②非营利性服务，即以社会公益为目的的服务。

这种分类法综合考虑了各类因素，对其客观状态进行了分类，包容性较强，但对服务营销管理考虑得不够，与对服务业的管理不太协调。

总之，服务内涵的复杂性决定了人们在考察服务时从不同的角度介入，因而导致不同的分类方法。给服务分类是为了认识不同行业、不同部门服务的特征，是制定服务战略的基础。

第二节　对服务业的基本认识

服务业是生产或提供各种服务的经济部门或企业的集合。服务业的发展一方面为实物商品的生产、流通和消费提供服务，另一方面为提高人们的素质提供服务。

一、服务业与第三产业

依照国际通行的产业分类的观念，服务业泛指那些以提供非实物商品为主的行业。服务业与第三产业这两个概念的划分在思想方法和理论逻辑上是存在差别的。

1.两者的界定不同

第三产业的概念是在 20 世纪 30 年代由英国经济学家艾伦·费希尔（Allan G. B. Fisher）在其著作《安全与进步的冲突》中首先提出的。鉴于第一产业与第二产业无法将所有的经济活动包括在内，就把第一、二产业以外的所有经济活动统称为第三产业，这也是后来被广泛使用的第三产业的概念。学术界关于第一产业和第二产业涵盖的经济部门的范围原本就没有统一的意见，所以按照剩余法界定的第三产业的范围通常是难以确定的。而服务业的界定是以是否提供各种类型的服务为标准的。所以与第三产业相比，根据服务来确定服务业的范围是较为明确的。

2.两者的出发点不同

三次产业划分思想的出发点是经济体系的供给分类，暗含着高阶层次产业的发展单向地依赖低阶层次产业的产品的含义，即第二产业依赖第一产业提供的原料，第三产业又依赖第二产业和第一产业的产品供应。相反地，服务业同其他经济产业的区分是以经济系统的需求分类为思想基础的，这种观点强调服务业同其他经济产业之间是相互依赖的关系，而不是单向依赖的关系。服务业不但作为中间产业强化农业和工业的结合，而且为工农业和自身提供生产资料和消费资料。所以说，第三产业的概念隐含着传统经济思想的逻辑，而服务业的概念体现着现代经济思想。

3.两者面向的对象不同

第三产业概念的经济结构含义主要是相对于国内经济的，而服务业概念的经济结构含义是面向国内和国际两个市场的。

二、服务业与制造业

总体来讲，服务业与制造业之间是一种互动互融、共生共荣的关系。从历史进程看，服务业是伴随着工业化进程与制造业相伴而生、携手发展起来的。服务业的发展大致经历了 3 个阶段：

第一阶段（资本主义工业化前期）：商业、交通、通信业领先发展。

第二阶段（19 世纪末至 20 世纪初）：金融、保险和商业服务业快速发展，并为第二产业服务。

第三阶段（20 世纪初至今）：生产性服务业、知识型服务业、公共服务业等现代服务业得到快速发展。

从现实作用看，服务业与制造业之间的关系可以归结为：

（一）互相促进

在一个比较完整的经济结构中，服务业与制造业是互动的，制造业整体水平和产品品质的提升依赖服务的附加和服务业的整合。服务业的发展在很大程度上是以制造业为服务对象的。服务的一个基本分类是追加服务和核心服务。

制造业为服务业提供广阔的市场和强烈需求，并从制造业中不断分化出新的生产性服务业，如信息服务、研发、咨询策划、教育培训、物流、市场营销、人力资源服务等，从而使服务业日益壮大、日趋完善。党的二十大报告指出，我国"制造业规模、外汇储备稳居世界第一"，"实施产业基础再造工程和重大技术装备攻关工程，支持专精特新企业发展，推动制造业高端化、智能化、绿色化发展"。服务业特别是生产性服务业为制造业提供良好的环境平台和服务支撑，如人力资源服务为制造业提供高素质人才；物流服务为制造业提供高效率的原材料、零配件采购供应和产成品配送；科技、信息、管理咨询服务为制造业提供智力支持，加快企业对市场需求的反应速度，促进产品设计的创新、工艺流程的再造、企业管理模式的创新以及企业间协作关系的创新，从而使服务业成为制造业增强竞争力和发展后劲的强大动力源。

制造业企业活动外包带动新兴服务业的发展。企业活动外包是指企业从专业化的角度出发将一些原来属于企业内部的职能部门转移出去成为独立经营单位的行为，或者取消使用原来由企业内部所提供的资源或服务，转向使用由企业外部更加专业化的企业单位所提供的资源或服务的行为。随着企业活动外包所发展起来的服务行业多是新兴服务业，主要指金融、保险和商业服务业，这些服务业主要是为企业服务的。

自20世纪80年代以来，经济学家提出了"产业服务化理论"，认为生产将"软化"，制造业会呈现"服务化"的趋势，其附加值中有越来越大的比重来源于服务，而不是加工制造。佩恩（A. Payne）指出，随着工业化的成熟与服务经济的发展，服务业和制造业已经进入它们高度相关和补充的阶段。美国学者奎因（Quinn）列出了服务和制造部门间复杂的相互作用（如图1-5所示）来说明服务和制造部门间效益的流动。

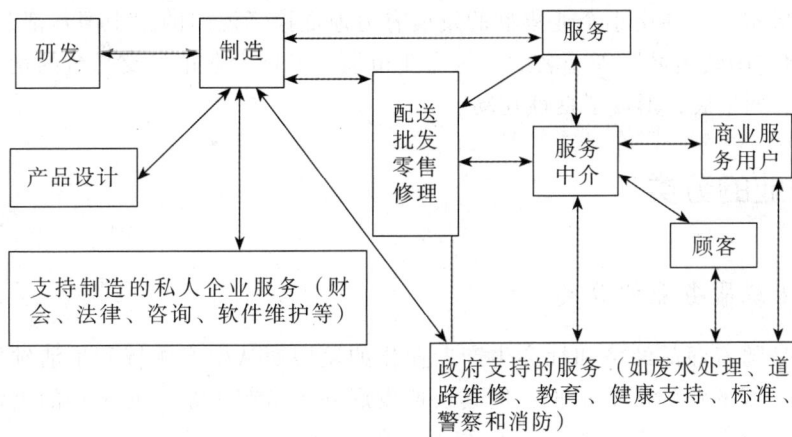

←→ 表示交换的事实，意味着每个部分的效益来自其他部分的存在

图1-5 服务和制造部门间的相互作用

（二）互相融合

服务业和制造业既是产业分工细化、产业分化的结果，又会在相互渗透、相互融合中

并驾齐驱。在现代经济发展中，制造业与服务业之间出现了融合发展的势头，这种融合更多地表现为服务业向制造业的渗透，特别是与生产过程相关的生产性服务业直接作用于制造业的生产流程。

1.企业内部的融合发展

许多企业的制造与服务功能已经融合在一起，作业管理也从制造领域延伸到了服务领域，一些企业的经济活动甚至已由以制造为中心转向以服务为中心。在许多著名的跨国公司中，服务业在产值和利润中所占的比重越来越高，使得我们很难判断它是制造业企业还是服务业企业。例如，我国联想集团的"技工贸"发展模式实际上就是IT制造业与服务业之间的融合发展，这不仅拓宽了联想集团的发展空间，也为联想集团赢得了竞争优势。

2.产业链的融合发展

一个产品真正处于生产制造环节的时间只占少部分，大部分时间处在研发、采购、储存、运营、销售、售后服务等阶段，产业链条的运转更多地依靠生产性服务业，服务业的效率对整个链条的效率影响很大。我国目前产前、产后的服务业发展不充分，未形成完善的服务体系，影响了企业的竞争力。

3.区域内的融合发展

这是指制造业和服务业在一个特定地域的集群化发展。我国目前已经进入产业集群与产业竞争力密切关联的阶段。珠三角、长三角和其他一些地区已表现出产业集群现象。在我国推进新型工业化的过程中，产业集群将是一种行之有效的生产组织方式。金融、保险、物流、教育培训等生产性服务业与制造业紧密结合，构成了产业集群的服务支撑体系，推动了产业集群的健康发展。例如，浙江温州以社会化分工和专业化协作为基础，形成了以皮鞋、服装、低压电器、打火机、剃须刀等为主导产品的多个中小企业集群，有效降低了生产成本。这些中小企业集群的发展有力地支撑了温州的"中国鞋都""中国男装名城""中国休闲装名城"等著名的区域专业市场，区域专业市场交易量的增大又带动了温州产业集群的发展，形成了良性互动。

三、服务业的分类

（一）传统服务业的分类

服务业是随着商品经济和社会生产专业化的发展而从生产领域和生活领域独立出来的专门产业。服务业的历史很长，但其快速发展并丰富起来是近几十年的事情。随着服务业的发展，其范围也日益扩大。传统上将服务业分为生活性服务业与生产性服务业。前者属于消费领域，其发展可以体现为人民的生活水平、质量、内容的完善；后者则是生产性的，可以通过多种途径促进生产的完善和发展，促进技术进步和生产力水平的提高。

但是，随着社会经济的发展，总会出现产品供给的相对或绝对过剩，这时服务业就开始向营销领域渗透，并逐渐形成了营销性服务业。营销性服务业在促进社会再生产的顺利进行方面起着重要的作用，而且其本身既不同于生活性服务业，也不同于生产性服务业。

因此，我们认为服务业的传统分类已经不能描述服务业的现状，有必要将服务业划分为三大类：生活性服务业、生产性服务业和营销性服务业。

1.从三者各自包括的内容来区分

生活性服务业包括家庭用品修理业、饮食业、美容及美发业、客运业、医疗卫生业、旅游及饭店业、文体娱乐业、家庭服务业等。

生产性服务业包括科学技术研究业、情报信息咨询业、生产资料修理业、大型设备安装业、设备租赁业、技术检测业、货运业等。

营销性服务业包括零售商业、批发商业、推销业、广告业、市场调研与咨询业、企业形象服务业、仓储及运输业等。

另外，银行业、保险业、信托业、水电供应业、邮电通信业等不单独属于三大类中的任何一类，而是为三类服务业所共有。

2.从三者的功能来区分

生活性服务业的功能仅限定在生活消费的范围之内，包括与个人的家庭生活直接相关的服务行为，如为美化个人形象而产生的理发业和美容业，为个人及家庭消费而产生的家庭用品及设施的修理业、餐饮业、娱乐业等。生活性服务业的功能在于维持和改进个人及家庭的消费。

生产性服务业的功能在于推进社会技术进步，促进生产发展，提高生产效率，促使产品结构合理化及维持生产的正常运转。

营销性服务业可以通过多种途径改进商品的形象及功能，保证商品的质量和信誉，增加商品的销售量和利润，最终使商品生产者和销售者都获得利益。营销性服务业的功能在于促进社会资金和商品的流动，其最终目的是促进社会消费需求和社会再生产需求的满足。

（二）现代服务业的分类

典型的现代服务业分类大致有两种：

1.服务业三分法

这种分类出自格鲁伯和沃克的著作《服务业的增长：原因与影响》（1993）。他们从服务的对象出发，将服务业分为：

①为个人服务的消费性服务业；

②为企业服务的生产性服务业；

③为社会服务的政府（社会）服务业。

2.服务业四分法

现代服务业主要包括4个领域：一是基础服务业；二是生产性服务业；三是个人消费服务业；四是公共服务业。

生产性服务业又称生产者服务业，在理论内涵上是指市场化的中间投入服务，即可用于商品和服务的进一步生产的非最终消费服务。生产性服务业是生产者在生产性服务业市场上购买的服务，是为生产、商务活动而非直接向个体消费者提供的服务。生产性服务业也可理解为服务生产的外部化或者市场化，即企业内部的生产服务部门从企业分离和独立从而发展起来的趋势，分离和独立的目的是降低生产费用，提高生产效率和增强企业经营的专业化程度。生产性服务业是社会化分工的结果，理解生产性服务业的基础是了解现代服务业或服务部门的分类和演变。

还有一种四分法来自美国经济学家布朗宁（H. L. Browning）和辛格曼（J. Singelmann）的著作《服务社会的兴起：美国劳动力的部门转换的人口与社会特征》（1975）。他们根据联合国《全部经济活动的国际标准产业分类》（ISIC Rev.4）（2006年修订版），把服务业分为以下几类：

①生产性服务业，如金融服务业、保险业、房地产业等。

②流通性服务业，又称分销或分配服务业，包括批发零售业、交通运输业、通信业等。

③消费性服务业，又称个人服务业，包括旅馆业、餐饮业、旅游业、文化娱乐业等。

④社会服务业，如医疗、健康、教育、国防等部门。

我国学者研究认为，生产性服务业总体上可以划分为资本服务类、会计服务类、信息服务类、经营组织类、研发技术类、人力资源类、法律服务类七大类别。这七大类别又被细分为43个行业（见表1-1）。

表1-1 生产性服务业分类

序号	类别	基本行业
1	资本服务类	银行、信托、保险、典当、评估、投资、融资、拍卖、资信、担保等
2	会计服务类	会计代理、审计事务、资产管理、信用管理、财务公司等
3	信息服务类	会展、电子商务、战略咨询、信息咨询、品牌代理、公共关系、广告等
4	经营组织类	企业托管、物流、配送、产品批发、商品代理、监理、经纪、租赁、环保等
5	研发技术类	产品研发、技术转让、软件开发、知识产权交易服务等
6	人力资源类	人才招募、人才培训、人力资源配置、岗位技能鉴定等
7	法律服务类	律师事务、诉讼代理、公证、调解等

无论是在国外还是在国内，迄今为止国民经济统计核算中的分类都与理论定义不完全吻合，这反映出统计标准和理论定义的不同步。特别是消费性服务和生产性服务经常交叉重合。比如，金融统计中既有个人存款数据，也有企业存款数据，不可能完全隔离。又如，餐饮消费如果是为商务人士服务，则为生产性服务；如果是为一般人士服务，则为消费性服务。

（三）服务业统计的分类

服务业的范围取决于三大产业的划分，历史上对服务业的统计多等同于第三产业的数据。迄今为止，对三大产业还没有完全统一的划分标准。

以 ISIC Rev.4 为例，它把全部经济活动分为21个门类88个大类238个中类419个小类，由此而界定的服务业的范围比较普遍地被国际社会所接受。ISIC Rev.4 的21个门类是：①农业、林业和渔业；②采矿和采石；③制造业；④电、煤气、蒸气和空调供应；⑤供水，污水处理、废物管理和补救活动；⑥建筑业；⑦批发和零售贸易、机动车辆和摩托车的修理；⑧运输和储存；⑨食宿服务活动；⑩信息和通信；⑪金融和保险活动；⑫房地产活动；⑬专业和科技活动；⑭行政和支助服务活动；⑮公共行政和国防、强制性社会保障；⑯教育；⑰人体健康和社会工作活动；⑱艺术、娱乐和文娱活动；⑲其他服务活动；⑳家庭作为雇主的活动，家庭自用、未加区分的生产货物及服务的活动；㉑域外组织和机构的活动。

我国迄今为止没有专门的服务业统计分类体系，仍然沿用第三产业分类和统计数据。2003年，国家统计局印发了《三次产业划分规定》（后经几次修订），表明了我国三次产业的范围。2018年，根据《国民经济行业分类》（GB/T 4754—2017），我国修订了《三次产业划分规定》，三次产业分类见表1-2。

表1-2　　　　　　　　　　我国的三次产业分类

类别	门类	名　称
第一产业	A	农、林、牧、渔业
第二产业	B	采矿业
	C	制造业
	D	电力、热力、燃气及水生产和供应业
	E	建筑业
第三产业	A	农、林、牧、渔专业及辅助性活动
	B	开采专业及辅助性活动
	C	金属制品、机械和设备修理业
	F	批发和零售业
	G	交通运输、仓储和邮政业
	H	住宿和餐饮业
	I	信息传输、软件和信息技术服务业
	J	金融业
	K	房地产业
	L	租赁和商务服务业
	M	科学研究和技术服务业
	N	水利、环境和公共设施管理业
	O	居民服务、修理和其他服务业
	P	教育
	Q	卫生和社会工作
	R	文化、体育和娱乐业
	S	公共管理、社会保障和社会组织
	T	国际组织

随着服务业的发展和《服务贸易总协定》（General Agreement on Trade in Service, GATS）的不断完善，人们对服务业的统计逐渐摆脱了对第三产业数据的依赖。从部门的

角度来看，世界贸易组织（WTO）在1995年列出的服务行业多达150个，这些服务行业被划分为12个部门，每个部门下有行业，每个行业再有子行业，具体可以细分为160多个分部门（见表1-3）。

表1-3　　　　　　　　《服务贸易总协定》涉及的服务范围

部　门	分部门
商业服务	专业服务、计算机及相关服务、研究和开发服务、房地产服务、租赁服务、其他商业服务
通信服务	邮政服务、速递服务、电信服务、视听服务、其他
建筑和相关工程服务	
分销服务	佣金代理服务、批发服务、零售服务、特许经营、无固定地点的批发和零售
教育服务	初等、中等、高等、成人教育服务和其他教育服务
环境服务	排污服务、废物处理服务、卫生和类似服务、自然和风景保护服务、其他环境保护服务
金融服务	保险和保险相关服务、银行和其他金融服务、证券服务
与健康相关的服务和社会服务	
旅游和旅游相关服务	饭店和餐馆、旅行社、导游服务、其他
娱乐、文化和体育服务（视听服务除外）	文娱服务，新闻社服务，图书馆、档案馆、博物馆和其他文化服务，体育和其他娱乐服务，其他
运输服务	海运服务、内河运输服务、航空运输服务、航天运输服务、铁路运输服务、公路运输服务、管道运输服务、运输辅助服务、其他
其他未包括的服务	

第三节　对国际服务贸易的基本认识

一、国际服务贸易的定义

1972年，经济合作与发展组织（OECD，简称经合组织）组织来自美国等国家的高级专家调查与国际货物贸易相关的服务的进出口状况及各国对服务进出口的限制。该专家组在《高级专家对贸易和有关问题的报告》中首次提出了"服务贸易"的概念，并对开放服务业提出了建议。美国《1974年贸易法》首次使用了"世界服务贸易"的概念。党的二十大报告提出："推进高水平对外开放。""推动货物贸易优化升级，创新服务贸易发展机制，发展数字贸易，加快建设贸易强国。"

目前，对国际服务贸易的精确定义还没有统一表述，现有出版物对其的基本定义都属于描述性的，且各自的侧重面不同。

（一）传统的定义

传统的国际服务贸易是指当一个国家（地区）的劳动力向另一个国家（地区）的服务需求者（自然人、法人或其他组织）提供服务时，按照自愿有偿的原则取得外汇收入的过程，这样就形成了服务的出口；与之相对应，一国（地区）的服务需求者对另一国（地区）的服务提供者提供的服务进行消费，便形成了服务的进口。显然，这种国际服务贸易的定义是传统服务概念的延伸或改变，以进口或出口（服务的消费）的活动方向为基本框架，其贸易额为服务总出口或总进口额。

按照这种定义，服务贸易显然会涉及具体的国籍、国界、居民及非居民等问题。例如，电信服务只需服务"过境"，而无须进行"国民移动"，但医疗服务、旅游服务必须是"国民移动"。又如，在境外设立分支机构的跨国公司雇佣当地人并向当地居民或组织提供服务，这样的服务既未发生"国民移动"，也未发生服务"过境"。

对传统国际服务贸易定义的理解需要注意以下几点：

①劳动力含义较广，既可以以单个形式提供服务，也可以以集体形式提供服务。

②劳动力在提供服务时，一般要借助一定的工具设备及手段。

③对国际服务贸易中的"劳动力"与"消费者"的不同国籍问题应作广义的理解。例如，跨国公司在境外设立分支机构，雇佣当地居民并向当地消费者提供服务时，这时的"劳动力"或称"服务提供者"应理解为该外商机构的股权持有人（单个的私人或法人集体），单个的本地劳动力向本地消费者是以"集体"形式提供服务的，"代表"外商机构提供服务。

④服务的进出口是相对"过境"，未必发生真正的"过境"。因为国际服务贸易一般涉及人员、资本及技术信息的流动，如电信服务只需要服务"过境"，而无须进行"国民移动"，因此，只要有一种发生移动，往往就构成贸易。

⑤劳动的智力成果也应被视为依靠人类脑力劳动所创造的劳动成果，如学术论坛交流等。

（二）《美国和加拿大自由贸易协定》的定义

作为世界上一份在国家间贸易协议中正式定义国际服务贸易的法律文件，《美国和加拿大自由贸易协定》对国际服务贸易的定义为：由代表其他缔约方的一个人，在其境内或进入某一缔约方提供所指定的一项服务。该定义中的"指定"包括：

①生产、分配、销售、营销及传递一项所指定的服务以及进行的采购活动。其基本类型为农业和森林服务、矿业开采服务、建筑服务、分销贸易服务、保险和不动产服务、商业服务和其他服务。

②进入或利用国内的分配系统，即要受到缔约方国内分配制度的约束。

③形成或确定一个商业存在，以分配、营销、传递或促进一项指定的服务。

④根据国际投资法的规定，任何为提供指定服务的投资及任何为提供指定服务的相关活动包括：公司、分公司、代理机构、代表处和其他商业经营机构的组织、管理和转让活动；各类财产的接管、使用、保护和转让，以及资金的借贷等活动。这种对国际服务贸易

说明性的、非规范性的定义说明了国际服务贸易活动的复杂性。

(三)《服务贸易总协定》的定义

《服务贸易总协定》将国际服务贸易定义为：跨境进行服务交易的商业活动，即服务提供者从一成员境内向另一成员境内，通过商业或自然人的商业现场向消费者提供服务并取得外汇报酬的一种交易行为。

这个定义已为各国所普遍认同，包含国际服务贸易的4种方式：

1.过境交付

过境交付（cross-border supply）是指从一成员的境内向另一成员的境内提供服务。其不构成人员、物资或资金的流动，而是通过电信、邮政或计算机网络实现服务，如视听、金融和信息服务等。

2.境外消费

境外消费（consumption abroad）是指在一成员的境内向另一成员的消费者提供服务，如接待境外游客、提供旅游服务，为境外病人提供医疗服务，接收外国留学生等。

3.商业存在

商业存在是指通过一成员提供的服务实体（法人）在另一成员境内提供服务，如投资设立合资、合作和独资企业。

4.自然人移动

自然人移动（movement of natural persons）是指由一成员的自然人在另一成员境内提供服务，如一国的医生或艺术家到另一国从事个体服务。

同时，GATS对国际服务贸易的判别有4个标准：服务和交付的跨境移动（cross-border movement of services and payments）、目的具体（specificity of purpose）、交易连续（discreteness of transactions）、时间有限（limited duration），从而可以较为有效地鉴别与理解国际服务贸易。

GATS的国际服务贸易定义与瑞德尔在《服务部门在经济发展中的作用：按发展类型区分的异同》一文中的定义相似。瑞德尔根据服务提供者与服务消费者是否移动这一标准，对国际服务贸易进行了描述（如图1-6所示）。同时，GATS的国际服务贸易定义参考采纳了《美国和加拿大自由贸易协定》的描述性定义方式和定义内容，但在具体服务项目上并没有详细地列举出所指定的项目内容，这样各缔约方在贸易谈判中就更富有弹性，从而尽可能多地把国际服务贸易项目纳入协定的法律框架中。

生产者

		不移动	移动
消费者	不移动	A.过境贸易	C.要素收益贸易
	移动	B.当地贸易	D.第三方贸易

图1-6　GATS与瑞德尔的国际服务贸易分类

二、国际服务贸易的特点

(一) 国际服务贸易的基本特点

国际服务贸易的基本特点是由服务的特征决定的，具体包括：

1.无形性

这是指国际服务贸易商品的不可感知性或贸易标的的无形性。

2.不可分离性

这是指国际服务贸易的买入过程与卖出过程同时进行，国际服务贸易发生交易的时间也就是消费者消费服务的时刻，这两个过程同时存在，不可分割。

3.异质性

这是指国际服务贸易的提供和接受可能表现出不同的质量水平，使得国际服务贸易的质量标准难以规范和界定。

4.不可存储性

这是指国际服务贸易难以像国际货物贸易那样实现空间和时间上的转移。

5.所有权的不可转让性

这是指国际服务贸易在交易后不像商品交换那样获得实有的物权。

(二) 国际服务贸易自身的特点

不过，国际服务贸易也具有其自身的特点：

1.交易过程、生产和消费过程的国际性

大多数国际服务贸易的交易过程是与服务的生产和消费过程分不开的，而且往往是同步进行的。也就是说，服务价值的形成和使用价值的创造过程，与服务价值的实现和服务使用价值的让渡过程、消费过程往往是在同一时间和地点完成的。服务交易在整个服务再生产过程中具有决定性意义。服务交易与服务生产和消费的同步性要求服务交易必须具有不同于货物交易的条件，那就是要两个主体（服务提供者与消费者）的实体接近。

2.贸易主体地位的多重性

服务的卖方就是服务的提供者，并以消费过程中的物质要素为载体提供相对应的服务。服务的买方则往往是服务的消费者，并作为服务提供者的劳动对象直接参与服务的分享过程。

3.国际服务贸易市场的高度垄断性

国际服务贸易在发达国家和发展中国家表现出较为严重的不平衡性，这当然是与服务市场所提供的服务受各个国家的历史特点、区域位置及文化背景等多种因素的影响有关。比如，医疗工程、网络服务、航空运输及教育等直接关系到国家的主权、安全和伦理道德等敏感领域，因此可能会受到外界（制度）或自身（内省）的限制。所以，国际服务贸易市场的垄断性较强，表现为少数发达国家对国际服务贸易的垄断优势与发展中国家的相对劣势。另外，对国际服务贸易的各种壁垒也比国际货物贸易多，严重阻碍了国际服务贸易的正常进行。

4.贸易保护方式具有隐蔽性

由于国际服务贸易标的的特点，各国无法通过统一的国际标准或关税进行限制，更多的是通过国内的政策、法令的改变来进行限制。如市场准入制度对贸易出口国或进口国进行限制，或者实行非国民待遇等非关税壁垒形式。

5.国际服务贸易的约束条例相对灵活

GATS条款中规定的义务分为一般义务和特定义务。

一般义务适用于GATS缔约方所有的服务部门，不论缔约方的这些部门是否对外开放，都对其有约束力，包括最惠国待遇、透明度和发展中成员的更多参与。

特定义务是指必须经过双边或多边谈判达成协议之后才承担的义务，包括市场准入和国民待遇，且只适用于缔约方承诺开放的服务部门，不适用于不开放的服务部门。对于市场准入来说，GATS规定可以采取循序渐进、逐步自由化的办法：允许缔约方初步承诺，并提交初步承诺书，然后进行减让谈判，最后达到自由化。对于国民待遇来说，GATS规定允许根据缔约方自身的经济发展水平选择承担国民待遇义务。

总之，GATS对国际服务贸易的约束具有一定弹性。

6.营销管理更具有难度和复杂性

无论从国家宏观方面还是微观方面，国际服务的营销管理与实物产品的营销管理比较都更具有难度和复杂性。

从宏观层面上讲，国家对服务进出口的管理不仅是对服务载体的管理，还必须涉及服务的提供者与消费者的管理，包括劳动力服务要素的衣、食、住、行等各项活动的管理，具有复杂性。另外，国家对服务形式采取的管理方式主要通过立法的形式加以约束，但是立法具有明显的滞后性，很难紧跟形势发展的需要。

从微观层面上讲，由于服务本身的特性，企业在服务营销管理过程中经常会受到不确定性因素的干扰，控制难度较大。如前所述，服务质量水平的不确定性使服务不可能做到"三包"。国际货物贸易可以通过供需关系的协调达到供需平衡，从而使消费者与生产者达到均衡，而国际服务贸易就做不到。

三、国际服务贸易与相近概念的比较

（一）国际服务贸易与国际货物贸易

目前，国际贸易主要由国际货物贸易与国际服务贸易构成（国际技术贸易大部分属于国际服务贸易，另一部分可列入国际货物贸易）。

1.两者的区别

（1）贸易标的不同

国际货物贸易的标的是商品；国际服务贸易的标的是服务。

（2）对跨越国境的要求不同

国际服务贸易可以不跨越国境实现，而国际货物贸易一般要跨越国境才能实现。

（3）需要的要素不同

国际服务贸易的完成往往只需各要素——人力、资本和技术中的一项移动即可实现，而国际货物贸易需要其要素综合后的结晶——商品的移动才能实现。

2.两者的联系

部分国际服务贸易伴随着国际货物贸易的发生而实现，即"追加服务贸易"，如运输服务和售后服务等。

（二）国际服务贸易与国际无形贸易

国际服务贸易与国际无形贸易大致可以等同，很多国家将两者混用，如经合组织签订的第一个国际服务贸易自由化法典被命名为《当代无形业务和资本移动自由化》。英国为准备服务贸易多边谈判而专门成立了英国无形出口理事会。

严格来说，国际无形贸易的范围比国际服务贸易更广，除包括国际服务贸易中的所有项目外，还包括国际直接投资收支以及捐赠、侨汇和赔款等无偿转移。在整个国际无形贸易中，国际直接投资项目目前所占的比重最大，而国际直接投资中只有一部分的收支归于国际服务贸易。从统计口径上看，国际服务贸易与国际无形贸易存在差异，不可完全等同看待。

（三）国际服务贸易与服务业

服务业的发展是国际服务贸易发展的前提和保证，但两者也对应着不完全相同的范畴。如果从经济用途（服务对象）和性质角度划分，服务业包括消费性服务业、生产性服务业、分配服务业、公共服务业（由政府和非政府组织提供）。在这几类服务业中，公共服务业是由国内提供的，较少涉及贸易，其余3类则多数涉及贸易，构成了一国国际服务贸易的主体。

四、国际服务贸易统计

（一）国际服务贸易统计现状

国际服务贸易统计对国际服务贸易的发展具有重要的意义，但由于服务产业本身存在定义的困难，从而使国际服务贸易统计更加错综复杂。

根据《服务贸易总协定》对国际服务贸易的定义，国际服务贸易统计体系应提供包括跨境提供、境外消费、商业存在和自然人移动4种类型的服务统计数据。遗憾的是，1995年《服务贸易总协定》生效时，只有美国编报的国际服务贸易统计基本涵盖了上述4种提供方式。2002年，由联合国、欧盟、国际货币基金组织、经合组织、联合国贸易和发展会议、世界贸易组织共同编写的《国际服务贸易统计手册》问世，标志着国际公认的贸易统计基本框架的形成。自此，世界各国以该手册为基准，开展或加强国际服务贸易统计数据的采集与发布。美国、欧盟等已较为成功地开展了国际服务贸易统计。

国际服务贸易统计现行的基本原则是，遵循《服务贸易总协定》关于国际服务贸易的定义，确定将4种服务提供模式作为国际服务贸易统计的范围。在具体操作上，以居民与非居民间的国际服务贸易（国际收支项下的服务贸易）和通过外国附属机构服务贸易（FATs）两条主线进行国际服务贸易统计。其中对于居民与非居民之间的国际服务贸易统计，建议按照更为详细的国际服务贸易分类体系（扩大的国际收支服务分类（EBOPS））和贸易伙伴编制的统计数据进行统计，并将居民与非居民之间的各类国际服务贸易按不同供应模式进行分配。对于FATs统计则分别进行内向、外向统计，本国境内外国附属机构提供的服务作为内向FATs，本国在外国境内的附属机构提供的服务作为外向FATs。对于自然人移动统计，因其范围难以界定以及可行的统计指标有限，目前尚未成为国际服务贸易统计的主要组成部分。

（二）中国的国际服务贸易统计

国际服务贸易规模的迅速扩大以及国际服务贸易内涵的不断丰富，使得各国政府、企业和分析家对国际服务贸易统计信息的使用提出了更高的要求。为满足经济发展和贸易谈判的需求，采集更准确、更全面、更详尽和更具国际可比性的国际服务贸易统计数据，对我国政府而言具有举足轻重的意义。为建立符合国际规范的国际服务贸易统计体系，科学、有效地开展国际服务贸易统计工作，促进国际服务贸易健康发展，我国商务部、国家统计局于2007年联合发布了《国际服务贸易统计制度》，并于2010年、2012年、2014年对其进行了修订。在该制度的指导下，我国从2010年起开始开展服务贸易企业直报工作，对监测重点领域服务贸易企业进出口情况发挥了重要作用。2016年12月，我国商务部和国家统计局对2014年9月印发的《国际服务贸易统计制度》进行了修订，形成《国际服务贸易统计监测制度》，以完善国际服务贸易统计监测、运行和分析体系。

1.国际服务贸易统计的法律依据

《国际服务贸易统计监测制度》以《中华人民共和国对外贸易法》（以下简称《对外贸易法》）、《中华人民共和国统计法》及相关规定为依据。

2.国际服务贸易统计遵循的国际标准

《国际服务贸易统计监测制度》执行《国民经济行业分类》的相关标准，遵循联合国等国际组织编发的《国际服务贸易统计手册》的相关原则。

3.国际服务贸易统计的内容

《国际服务贸易统计监测制度》规定，中国的国际服务贸易统计内容主要包括服务进出口情况、外国附属机构服务贸易情况和自然人移动情况，以及服务贸易业务情况、人力资源情况、服务贸易创新发展试点情况等。

4.国际服务贸易统计的对象

《国际服务贸易统计监测制度》的统计对象为从事国际服务贸易活动的企事业单位、其他组织、个体工商户和个人，以及相关部门、驻外经商机构等。基层表调查范围为从事服务贸易活动的重点企事业单位。

5.国际服务贸易统计资料收集方法和报表填报的方法

《国际服务贸易统计监测制度》采用定期填报统计报表的方式，收集、整理统计资料。调查表分为年度报表和月度报表。综合报表由商务部利用企业调查数据、相关部门资料、测算数据，以及其他统计资料综合整理填报。基层报表由服务贸易主体通过"国际服务贸易综合监管服务平台"填报。商务部可会同国家统计局等有关单位对服务贸易重点联系企业、重点统计调查项目采取典型调查方式，收集、整理统计监测资料。报表数据均按当年价格计算。

6.国际服务贸易统计数据的发布

《国际服务贸易统计监测制度》规定，报表数据由商务部和国家统计局共享，以《中国服务贸易统计》报告、政府网站或新闻发布会等方式对外公布，并通过"国际服务贸易综合监管服务平台"向服务贸易主体提供有价值的公共服务。

第一章拓展阅读

关键术语

服务 服务业 国际服务贸易 无形贸易 服务的无形性 服务的不可分离性 服务的异质性 服务的不可存储性 服务的所有权的不可转让性

复习与思考

1.阐述你对服务、服务业和国际服务贸易概念的理解。
2.服务有哪些基本特征？试举例说明。
3.服务业与第三产业的区别有哪些？
4.服务业与制造业之间有何关系？
5.GATS对国际服务贸易是如何界定的？其判别标准是什么？
6.论述国际服务贸易的主要特征。
7.国际服务贸易与国际货物贸易有哪些主要不同之处？
8.国际服务贸易与国际无形贸易的概念有什么不同之处？

阅读分析

资料一 IBM的服务转型（上）

从20世纪90年代中期开始，服务就开始成为IBM成长战略的主导。IBM通过其全球服务分布，在全球范围内提供产品支持服务、专业咨询服务和网络计算服务。许多企业向IBM外购整套服务职能，因为IBM提供的服务比其他公司都好。

IBM也不是没有低谷的时候。1993年，IBM一年就亏损了81亿美元，创下了自公司成立以来亏损的最高纪录。其后，路易斯·郭士纳力挽狂澜，率领IBM成功转型，走上服务之路，这一战略转型也早已被传为佳话。服务战略对于IBM来说非常成功。在2001年第一季度，服务和零部件的销售额第一次占到IBM总销售额的一半以上。在2000—2001

年信息产业的困难时期里，IBM在服务、半导体、超级计算机、笔记本电脑和数据库软件领域的销售额都获得了增加，并且市场份额得到了提高。在2000年，IBM全球服务销售额达到了331亿美元。

从一个制造企业向服务企业转型确实是一种挑战，这要求企业在管理理念、文化、员工工作和奖励方式等方面进行转变，而IBM至少花了10年才完成这种转变。有人说，路易斯·郭士纳为IBM留下的就是这种硬件服务的决定性转变。2002年，塞缪尔·帕尔米萨诺接管IBM，而他在IBM的服务业方面也有着深厚的认识。

许多公司都注意到了IBM的成功，并且尝试着进行相同的向服务业的转变，但这并不像看上去那么简单。服务企业和像IBM这种向服务企业转变的制造商一样面临许多有挑战性的问题。例如：企业所提供的服务的内容是什么？从客户的角度来看，这些服务有哪些好处？如何向客户定义产品和描述服务？如何使企业提供的服务不同于其他竞争者？销售、服务和配送人员在构建和维持客户关系方面扮演着怎样的角色？如何使这些角色与销售硬件时的角色有所不同？对于这些类型的服务的需求是什么？所有的服务行业都在一定程度上面临着这些问题。

资料来源　仲长江. IBM的服务转型［J］. 企业改革与管理，2006（12）：70-71.

讨论：

（1）怎样理解服务的含义？服务业与制造业的发展有着怎样的联系？

（2）IBM是如何通过提出服务理念而实现转型的？这种转型是否有必要？

资料二　　　　　　　　　**IBM的服务转型（下）**

"IBM就是服务"是美国IBM公司一句响彻全球的口号，是IBM企业文化的精髓。

IBM"集中服务"的景象很可观。IBM的客户——Lanier公司资料处理的负责人回忆道："记得有一次我们出现问题，他们在几小时之内就赶到了。为了解决我们的问题，他们请来了8位专家，其中至少有4位来自欧洲、1位来自加拿大，还有1位是从拉丁美洲赶来的。"IBM提供服务的金科玉律是：IBM向客户提出的每一项提案计划，都必须符合顾客成本效益的要求。IBM是以顾客、市场为向导，绝非技术。"为顾客服务时，就要像拿他薪水一样为他做事。"IBM强调，售后服务才是真正关键所在。

IBM对业务人员的密集训练以及各种培训也是围绕企业文化而展开的。基础业务训练长达15个月，其中70%的时间用于在各分支机构接受实务训练，30%的时间则花在教室接受培训。此外，其还定期举行各种高级训练。每年有1 000多人参加所谓"总经理班"的训练课程，由8位哈佛大学教授与6位IBM教授负责指导，主要目的是教授学员如何洞悉总经理的战略。IBM还开展"财务主管班"，与哈佛大学合办，每年大约有1 000人接受训练，学习各公司负责采购的财务主管的思维。IBM规定：不管年资、地位多高，公司每年每人都必须接受15天的在职训练，"总经理班""财务主管班"只是这个训练计划中的一部分而已。

IBM这种对于服务品质的狂热追求也有其冷酷、不近人情的一面。例如，每个业务代表对为客户装置的机器要负全责。比方说，你是IBM的业务代表，当你第一次拜访某客户时，客户那里最近刚装上的IBM计算机有一部分要被退货。尽管你是才负责这位客户，而退货很可能是由你的前任引起的，但公司仍将从你的薪酬中扣除一定金额。由这套制度可以看出，IBM的企业文化对于售后服务以及维系客户关系的高度重视。

IBM其他一些无情而特殊的制度更是把IBM的企业文化推向了登峰造极的境界。例如，联合审核业务损失是由地区主管每个月会同分支机构负责人，检讨失去客户的原因。除此之外，公司董事长、总经理以及所有资深主管每天都对损失客户的原因进行考证。一位员工回忆道："他们的消息灵通得惊人，那天我失去了一位大客户，我还没来得及回办公室，就有电话来询问原因。当时就好像第二天全公司的人都要来找我算账似的。到现在我还搞不懂他们怎么会发现得那么快。"许多IBM旧属到别处就职时都惊奇地发现新公司并没有这么严厉的制度，因此大感轻松。IBM的成功全靠其无懈可击的服务策略。

资料来源　仲长江. IBM的服务转型［J］. 企业改革与管理，2006（12）：70-71.

讨论：

（1）"IBM就是服务"包含什么要素？怎样理解IBM的服务口号？

（2）结合IBM的做法，谈谈你对制造业企业发展服务产业的看法。

资料三　　　　　　　　　　美国国际服务贸易统计体系

作为国际服务贸易自由化的倡导者，美国一贯重视国际服务贸易统计工作，并且积累了较为成熟的经验，在国际服务贸易统计领域居世界领先地位。

一、美国国际服务贸易统计机构

根据美国《国际投资和服务贸易调查法》（International Investment and Trade in Services Survey Act）的授权，美国商务部经济分析局（Bureau of Economic Analysis，BEA）是美国国际服务贸易统计的主要机构，也是国际服务贸易统计数据首要的发布机构。BEA的核心职能包括编纂美国国民经济账户、国际收支账户、投入产出账户，管理美国跨国公司及外国在美国跨国公司的信息系统。

BEA一般不自行搜集相关数据，其数据的主要来源是美国其他政府机构的统计数据、商业协会和企业的数据、与外国统计机构的数据交换以及国际组织发布的数据；但在国际服务贸易数据方面，BEA主要依靠自己的调查和统计。多年来，BEA的国际服务贸易数据收集方法不断改进，范围不断扩大。

除BEA外，美国国际贸易委员会（United States International Trade Commission）自1994年起，每年都对美国国际服务贸易趋势进行综合分析，并以《美国服务贸易最新趋势》年度报告的方式发表。

二、美国国际服务贸易统计方法

（1）统计途径。BEA主要通过问卷调查来收集美国国际服务贸易数据，包括跨境交付和外国附属机构销售。根据法律，被调查企业必须报告其国际服务贸易数据。

（2）统计范围。其涵盖跨境交付和外国附属机构销售两种国际服务贸易方式。近些年来，BEA关于国际服务贸易的统计方法主要参照《国际收支和国际投资头寸手册》（第六版）（BPM6）和《国际服务贸易统计手册》。

三、美国国际服务贸易统计数据发布方式和时间

（1）每月新闻公报《美国货物和服务的国际贸易》以概要形式发布月度国际货物和服务贸易数据（指跨境交付）。其中，国际货物贸易数据由商务部普查局提供，国际服务贸易数据则由 BEA 提供和发布。每年月度数据发布时间如下：1 月份数据在当年 3 月份发布，2 月份数据在当年 4 月份发布，以此类推，12 月份数据则在下一年的 2 月份发布。

（2）季度《国际交易账户》发布美国国际货物和服务贸易（指跨境交付）的季度详细数据。BEA 每季度发布时间为：每年 3 月份发布上一年第四季度和上一年全年统计数据，每年 6 月份发布当年第一季度的数据，每年 9 月份发布当年第二季度的数据，每年 12 月份发布当年第三季度的数据。

（3）由 BEA 出版的月度报告《现行企业调查》（Survey of Current Business）在每年 10 月份都刊登一篇详细提供和分析上一年度美国国际服务贸易全年数据的文章（包括跨境交付和外国附属机构销售两种数据）。

资料来源　商务部服务贸易司. 美国服务贸易统计体系［EB/OL］.（2006-12-29）［2024-06-25］. http://fms.mofcom.gov.cn/aarticle/ag/200701/20070104239099.html.

讨论：美国国际服务贸易统计的做法对我国完善国际服务贸易统计体系有哪些可以借鉴的地方？

第二章 服务、服务业与国际服务贸易相关理论

内容提要

本章在综合国内外学者研究的基础上，进一步介绍服务、服务业、国际服务贸易的相关理论。对这些基本理论的研究有助于展开对服务的剖析，并为如何提高服务生产率、促进服务业和国际服务贸易的发展奠定基础。

❖ 引例

国际服务贸易的历史也同国际货物贸易一样悠久。货物的价值可进行相对独立的评估，而服务始于人、终于人，对人的依赖度很高，因为服务涉及人类复杂的行为。

1971年，《有关问题报告》针对当时将要开始的"东京回合"多边贸易谈判提出了一系列的参考意见。"东京回合"谈判虽然没有就国际服务贸易开放达成共识，但是拉开了国际服务贸易规则研究和制定的序幕。但相对于国际货物贸易理论300多年研究所形成的较为完整和系统的理论体系而言，国际上对国际服务贸易的理论研究只不过是几十年的事情，国际服务贸易的内涵和外延、理论框架和研究方法等问题均在探讨中。直到现在，国际上针对国际服务贸易的理论研究还很不成熟，尚未形成完整的理论体系。

对国际服务贸易的理论研究远远落后于服务经济和贸易的发展。经济学传统上存在对服务的价值歧视问题。古典经济学理论普遍认为，服务不创造价值，是非生产性劳动。亚当·斯密和马尔萨斯都认为工业活动中才包含生产性劳动；服务只有在促进物质产品的生产时才具有生产性价值，因此服务自然是不可以进行贸易的，并且与国际市场不发生联系。这场旷日持久的讨论一直延续到20世纪80年代中后期。服务业的发展几乎是伴随着工业化的进程在不断发展的，甚至有证据表明服务业的发展早于工业。但在工业化中期以前，工业的巨大生产效率是传统服务业所无法比拟的。经济学界对经济的研究重点自然放在了工业化目标上，而对服务经济的研究一直未能得到应有的重视。虽然从古典经济学家萨伊、巴斯夏开始到马克思、科林·克拉克（Colin Clark）、富克斯等试图界定"服务"与"商品"的本质区别，配第-克拉克定理、贝尔的"后工业化社会"理论以及科伊尔"无重的世界"预示了服务经济社会的到来，而且这种趋势已为20世纪80年代以来的产业发展规律所证实，并引起了理论学界的广泛关注和研究；但迄今为

止，仍缺乏严谨的对服务的理论定义，对服务业的基本性质和发展规律认识不清，以及难以度量服务业在经济发展中的作用。这些都导致国际服务贸易的理论研究缺乏相应的逻辑起点。

如同服务这个基本概念一样，国际服务贸易在国际上尚无统一的、公认的、确切的定义。自20世纪70年代以来，国际服务贸易在国际贸易总额中所占的比重迅速扩大，但是在国际贸易的理论和实证研究中，它处于相对薄弱的环节，其部分原因是服务经济与传统经济难以分割，不易建立服务经济和服务贸易的独立模型和完整可信的服务贸易数据。

第一节　服务的相关理论

一、服务价值理论

（一）服务价值的提出

基本由非物质生产部门构成的服务业的迅速发展向人们提出了疑问：是否只有物质生产劳动才创造价值？由此引发了关于劳动价值论的一系列争论。

如果只有物质生产劳动才能创造价值，那么有什么理由把创造当代社会巨额财富的功劳归于投入量仅占30%左右的物质生产劳动，而无视投入量占70%左右的非物质生产劳动？

如果比重占70%左右的服务业劳动者不创造价值和社会财富，那么他们只能靠瓜分仅占约30%比重的工农业劳动者所创造的价值为生，这不就推导出他们是靠别人创造的价值为生的社会"寄生虫"吗？

一般认为，服务需求的收入弹性大于1。因此，随着收入和生活水平的不断提高，人们已越来越普遍地用越来越大比重的货币来购买服务。如果这种消费对象没有价值，那么不就等于说，消费者以有价值的物品来交换无价值的服务已成为市场经济中的普遍现象了吗？这不就违反等价交换原则了吗？

如果服务有价值，那么它也是工农业创造的吗？如果提供了服务劳动的服务业不创造服务的价值，没有提供服务劳动的工农业反而创造了服务的价值，那么这算什么"劳动价值论"？

如果并不只有物质生产劳动才创造价值，那么到底什么样的劳动才能创造价值？对传统劳动价值论应作何新界定和新解释才能够适应形势变化？其"边界"应划到哪里？新的界定会不会背离劳动价值论？

（二）对服务价值的解释

1.服务业也创造价值

按照劳动价值论，创造价值的劳动有两个条件：一是创造出使用价值；二是用于交换，不论其是实物形式的还是非实物形式的。因此，三大产业的所有劳动，无论是工农业劳动还是服务业劳动，只要它们能创造出用于交换的使用价值，就同时创造了价值；不仅应该承认工农业创造价值，商业、运输业、通信业等也创造价值。劳动结果不体现为某种物的服务业，如教育、科技、文化、卫生、体育等同样创造价值。服务业也创造价值的观点完全可以由劳动价值论的基本观点来论证：服务创造价值→服务有价值→服务的价值与价值量→服务的使用价值与交换价值→非实物劳动成果（服务）有价值（如图 2-1 所示）。

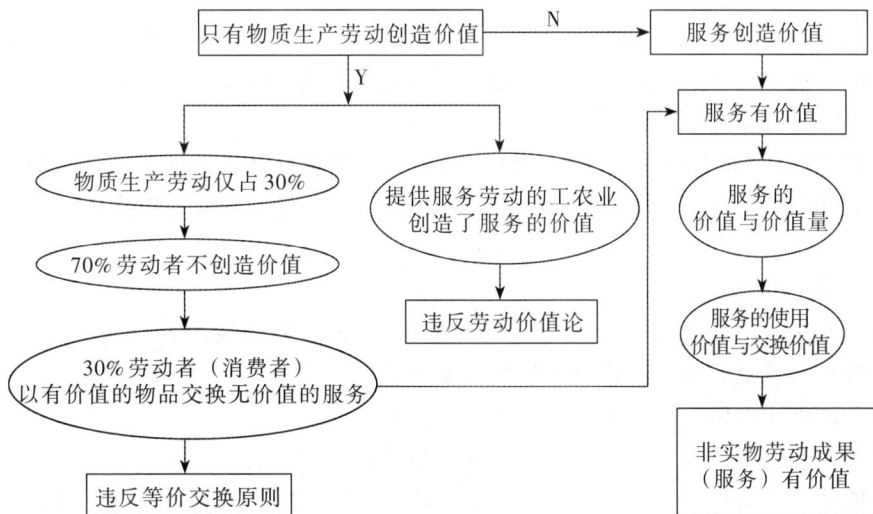

注：图中的"N"是"No"的缩写，表示与陈述相悖；"Y"是"Yes"的缩写，表示与陈述相符。

图 2-1　服务价值的提出和解释

2.服务属于社会产品

人类的经济实践已经表明，人类劳动会产生两类成果：一类是以实物形式存在的劳动成果，即实物劳动成果，或称实物产品、货物；另一类是不以实物形式存在的劳动成果，即非实物劳动成果。后者虽然是能被人们感知的客观存在，但不像实物劳动成果那样具有可以触摸的形体，这些非实物劳动成果被称为服务。

非实物劳动成果被纳入社会产品范畴的原因可以归结为两点：

（1）根本原因

非实物劳动成果与实物劳动成果一样，也具有满足人类需要的功能。

（2）历史原因

服务业飞速发展的事实使人们的认识快速发展，当代社会产品范畴必然要突破实物形态的范围，其应是社会在一定时期内创造的能满足人的需要的实物劳动成果和非实物劳动成果的总和，包括实物产品和服务两大类。

社会产品观的更新（如图 2-2 所示）使产品突破了传统经济学设定的"物质产品"的界限，打破了以"物质产品"为中心划分生产、交换、分配和消费的一统天下的方法，而是分为实物产品和服务。其中，精神型服务，如教育、科研、技术、文艺等，以及非精神型服务，如医疗、交通运输、旅游、商业、通信等，都是由服务业生产的。非精神型实物产品，如工农业产品，是由工业和农业生产的。精神型实物产品，如报刊、DVD 等，则是由工业和服务业联合生产的。

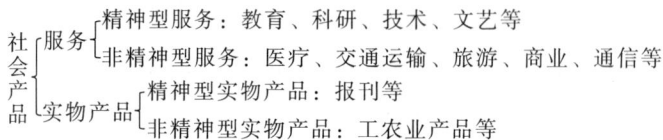

$$
\text{社会产品}\begin{cases}\text{服务}\begin{cases}\text{精神型服务：教育、科研、技术、文艺等}\\\text{非精神型服务：医疗、交通运输、旅游、商业、通信等}\end{cases}\\\text{实物产品}\begin{cases}\text{精神型实物产品：报刊等}\\\text{非精神型实物产品：工农业产品等}\end{cases}\end{cases}
$$

图2-2 对社会产品的重新认识

（三）服务价值的构成

通过马克思所说的从产品到商品的"惊险的一跃"，服务加入了商品的世界，成为普通商品中的一员。而作为商品，服务就必然具有使用价值、价值和价值量。

1.服务的使用价值

马克思认为："商品首先是一个外界的对象，一个靠自己的属性来满足人的某种需要的物。"[①]这里的"物"是包括服务的。服务具有使用价值——非实物使用价值，这是一种不采取实物形式、与劳动过程紧密结合在一起、只能在活动状态中被消费从而满足某种需要的使用价值。

服务的使用价值具有实物产品的使用价值所具有的一般功能：

①服务具有满足人的某种物质或精神需要的功能。

②服务的使用价值是构成社会财富的重要内容。

③服务的使用价值在市场经济中是交换价值的物质承担者。

服务的使用价值还具有实物产品的使用价值所不能或很少具有的特殊功能：

首先，服务的使用价值表现在对劳动时间的节约上，它为一切消费服务的人们节约生产时间、工作时间。自我服务转变为社会服务的根本原因就在于社会服务比自我服务有更高的劳动效率。劳动时间的节约也就是劳动生产率的提高，因此，服务的使用价值也就具有提高社会劳动生产率的特殊功能。

其次，服务的使用价值还具有密切各部门、各地区经济联系的特殊功能。例如，交通运输、商业、金融、信息等服务构成社会经济循环系统和神经系统的一部分，使各部门、各地区、各企业以及人与人之间互相联系，从而使社会生产顺利进行下去。

2.服务的价值

市场经济中的服务具有价值的原因可以归纳为：

①提供服务所耗费的劳动凝结在非实物形式使用价值上形成价值实体。

②私人劳动和社会劳动的矛盾使提供服务的劳动取得社会形式而表现为价值。

③服务与实物产品不能按异质的使用价值量，而只能按其中凝结的同质的抽象劳动量进行交换，从而价值尺度决定其交换比例。

简言之，服务的价值是由服务劳动的凝结性、社会性和抽象等同性决定的，它的质的规定性就是凝结在服务的非实物形式使用价值上的以社会劳动形式表现出来的抽象劳动。既然服务的价值是服务提供者的劳动力消耗的单纯凝结，那么它当然是由服务业劳动者创造的，并非从任何别的领域转移或"再分配"过来的。

---

① 马克思. 资本论（第1卷）[M] //马克思，恩格斯. 马克思恩格斯全集（第23卷）. 中共中央马克思恩格斯列宁斯大林著作编译局，译. 北京：人民出版社，1972：47-48.

3.服务的价值量

服务的价值量的决定分为两种情况：

（1）重复型服务

因服务劳动过程的主客观条件的差别，提供同种服务需各不相同的个别劳动时间，故其价值量由提供这种服务所耗费的社会必要劳动时间所决定。

（2）创新型服务

这种服务的非重复生产性、扩散性和共享性，使其价值量由最先提供这种服务所耗费的个别劳动时间所决定。

服务的价值量由3个部分构成：

①不变资本（C）——服务生产过程中消耗的燃料、物料或辅助材料的价值，以及服务工具和设施的折旧费。随着社会科学技术的不断进步，服务中不变资本所占比重有不断增长的趋势。

②可变资本（V）——服务劳动者的必要劳动所创造的价值。

③剩余产品价值（M）——服务业乃至整个社会发展的基础。

传统观点认为服务业的生产率增幅小于工农业的生产率增幅，因此，以实物产品为等价形态的服务的相对价值量呈增大趋势，服务的价值量增幅将大于工农业产品的价值量增幅。

二、服务效用价值理论

（一）效用价值理论

效用价值理论是西方经济理论中价值论的主流。西方经济学家认为，只有从创造效用角度才能把服务劳动的成果列入社会财富，才能把服务经济归入国民经济大系统。

效用是人的劳动所创造的福利。财富是已积累起来的效用，它可以贮存起来以供将来使用，其期限可以超过所有者或受益人的寿命。效用的反面是无效用，无效用也是人的行为的一种结果，它可以使财富减少，从而减少人的福利。效用只有当生产者或所有者在市场上进行交易时才能变成价值，而无效用只有在经过那些必须让渡福利以作为获取价值的条件的人的劳动后，才能变成成本。

效用的表现形式有一个历史的演变过程。在缺乏文字和书写工具的漫长历史岁月里，从一个时期到另一个时期，从一代到另一代，传递效用的唯一方法是采取有形的形式。因此，效用的概念很自然地就同实物产品的所有权相联系。随着文字的出现，以及记录和传播思想的工具的发明与运用，工具本身也变成了一种财富，如图书、光盘等，它们带给人们的效用已大大超过其自身的物质价值。因此，在现代经济社会中，服务的生产活动和商品的生产活动一样，都可以为人们创造财富，带来效用。

（二）服务的效用价值

服务可以创造效用，如果它可以用价格表示出来并在市场上出售，便产生了价值。服务所产生的总效用与其市场价值之间的关系并不是十分确定的。如果效用被看作所有生产活动的最终目标，那么总效用可以被看作市场价值与有效的外部经济的组合效用，即已支付和未支付的效用。例如，知道通过某一景区的道路可能对某个旅行者具有特殊的效用（走近路可以节省时间或体力），但并不产生市场价值；一块面包对一个饥肠辘辘的人是有效用的，同时有市场价值。从广义上来说，这两种效用的形式几乎是一样的，因为两者都产生福利；但从具体情况看，前者包含诸多因素，而不单是像后者一样只是满足一个人的胃口。因此，在对服务进行分析时，必须弄清楚哪些因素是市场价值的主要决定因素，并将其与构成商品市场价值的因素进行比较。

从构成要素看，在一般情况下，服务中的人力资本、劳动和实物资本三者所占的比重是不同的，其决定了服务的效用，进而决定了服务在市场中的价值。服务生产中所使用的诸多要素的特殊结构，不仅依赖这些要素的可利用性及成本，而且取决于所提供服务的性质。因此，从性质上看，一些服务属于人力资本密集型，另一些服务属于实物资本密集型，还有其他一些服务则属于劳动密集型。

从供给特点上看，服务生产的特殊模式有别于商品生产的模式，正是这一点对经济机构之间的关系及社会政治结构产生影响，而这些经济机构在这种社会政治结构中开展其各种活动。服务的特殊属性一般要求服务的提供者和消费者同时存在，并在一个地方进行市场交易。当然，还有另一些服务可以通过通信网络进行输送或通过卫星传送出去。因此，不同于商品的"非个性化"生产，服务生产是一种"个性化"的生产。如果某种类型的服务可以对不同消费者产生大致相同数量的效用，也就是使服务标准化而非个性化，那么，只有在这种情况下，才有可能使服务生产获得规模经济效益。

服务的效用价值由要素的价值（包括知识）、在不同的经济体制和社会环境中所发挥的功能效用两个部分组成。服务的功能效用既可以传递到其他服务上，也可以传递到有形的商品上。正如服务既可以是中间的，也可以是最终的一样，服务的功能如果用来增强商品的供应，就是中间的；如果有助于消费者从所购买的商品或其他服务中获得效用，就是最终的。服务既可以同其他商品或服务互补，又可以替代它们。服务的功能从本质上看是同其他商品互补的，因为没有服务，它们传递到这些商品上的效用便不存在。例如，若没有短信这一业务，则用手机发送短信所创造的效用就不存在。

进入服务生产的诸要素本身也有有形和无形之分。非熟练劳动和实物资本是有形的，其在某一市场上的可利用性是可以比较精确地加以测定并受到传统供求规律支配的。人力资本则不能这样容易地加以测定，但它起着越来越大的作用。

第二节　服务业的相关理论

一、配第-克拉克定理

（一）配第-克拉克定理的产生

伴随着技术状况、收入水平、消费习惯、生产规模和流通规模等因素的变动，世界上各发达国家的经济结构在20世纪发生了很大变化。变化的突出特点是服务业在经济结构中的地位迅速上升，这主要表现在服务业产值和就业人数不断增加。早在20世纪30年代，经济学家们就注意到了经济结构的这种变化，其中较为充分地概括和总结这一现象的是英国经济学家费希尔。他在其《安全与进步的冲突》一书中通过对各国经济发展史的深入考察、分析，将产业结构的变动划分为3个阶段，并指出了每个阶段的不同特点。

第一阶段：农业在国民经济中处于主导地位，无论是从产值还是就业人数上看，都是社会第一大产业，这个阶段漫长而悠久。

第二阶段：开始于英国的工业革命，以工业生产大规模发展为标志，纺织、钢铁和其他制造业的商品生产迅速崛起，为就业和投资提供了广泛的机会，目前很多国家处于这一阶段。

第三阶段：开始于20世纪初期，主要特征是旅游、娱乐、文化、艺术、卫生、保健、教育、科研等原来处于落后地位的行业的从业人数和国民收入迅速增加，这些行业被统称为服务业。

服务业在社会经济结构中的地位处于不断上升状态，同时其内部各部门也在不断分化，形成各类新兴服务行业。费希尔指出，生产结构的变化表现为各种人力、物力资源将不断地从农业转向工业，再从工业转向服务业。他把产业变动的这一过程归结为由技术变动引发的生产方式变动的自然结果，这一进程是政府干预所无法阻止的。

英国经济学家克拉克继承了费希尔的观点，于1940年出版了《经济进步的条件》一书。他收集和整理了20多个国家的各部门劳动力总投入和总产出的时间数据，进行了卓有成效的统计和研究，提出了劳动力在三次产业间分布的结构变化理论。克拉克在对17世纪英国古典经济学家威廉·配第（William Petty）的理论兼收并蓄的基础上，发现了经济学界著名的配第–克拉克定理：一个国家内从事3个产业的劳动力比例会随着国民经济的发展、人均国民收入的提高而变动，农业劳动力比例急剧下降，制造业劳动力比例与经济增长同步，但通常在接近40%时便稳定下来，而服务业劳动力比例不断增长。

这一定理作为有关经济发展同产业结构变动之间关系的经验性总结，不仅可以从一个国家的经济发展历程中得到证实，还可以从目前各个不同发展水平国家的现状中得到印证。越是发达的国家，人均国民收入越高，产业结构中的农业所占份额越少，制造业、服务业所占份额越多；反之，则相反。因此，可以说配第–克拉克定理表明经济增长和产业结构变化之间具有很强的相关性，揭示了产业结构变化的基本趋势。

（二）对配第–克拉克定理的补充

配第–克拉克定理存在一些不足之处：一是选择的国家和地区的数量不够多，数据处理比较简单，因而其典型性和普遍性还不够；二是仅仅使用了单一的劳动力指标，这并不能完全揭示纷繁复杂的产业结构变化的总趋势。正因为如此，后来的经济学家从理论上对该定理作了进一步的补充和论证。

美国经济学家、统计学家西蒙·史密斯·库兹涅茨（Simon Smith Kuznets）运用丰富的数据资料进一步证明了克拉克所提出的理论。他指出，如果把世界各种不同国家的数据加以分析就不难发现，随着人均国民收入水平的提高，农业劳动力比例会不断下降，前者越高，后者就越低，而在商业和其他服务业的劳动力比例将不断地、有规律地增长。

法国经济学家让·富拉斯蒂埃（Jean Fourastie）指出，我们所掌握的数据已充分证明了这一演进规律。由于技术进步推动了劳动生产率的提高，较少的劳动者就能够生产出全国人口所需要的食物，因而农业劳动力比例会逐年下降。这个演进过程不是无限的，随着农业劳动力的逐渐减少，农业劳动力绝对数量的下降速度也会减慢。此外，除了农业劳动力转移到工业和服务业，工业劳动力也向服务业转移；在服务业内部，劳动力也不断从一些行业转向另一些行业。劳动力的产业间转移和产业内转移是并存的。

法国经济学家阿尔弗雷德·索维（Alfred Sauvy）也进行了相似的分析。他在1966年出版的《一般人口理论》一书中指出，劳动力依次从农业转向工业，再从工业转向服务业，这是一个逐步深化的过程。第一次是脱离自然界；第二次是脱离原材料；第三次是在服务业内部脱离一部分人，而转向另一部分人提供服务。每一次带有升级含义的转移都相应增加了收益。在某种意义上可以认为，劳动力在三次产业之间的依次转移，是一种社会地位的升级。总之，技术进步和社会发展要求劳动力从农业转向工业，再转向服务业。

二、服务业发展路径学说

（一）"内在化"向"外在化"的演进

在服务业尤其是消费性服务业和生产性服务业的发展过程中，存在一个规律性的趋势，即由"内在化"向"外在化"演进，或是由"非市场化"向"市场化"演进。以前，消费性服务业的活动由服务消费者以"自产自销"的"内在化"或"非市场化"方式来进行。20世纪70年代以后，经济生活中出现了日益增多的提供诸如家政、财会、营销、咨询等服务的专业公司。服务消费者可以通过市场来购买所需的各类服务，包括消费性服务和生产性服务，而无须进行自我服务。服务业这种"内在化"向"外在化"的演进趋势是专业分工逐步细化、市场经济逐步深化的必然结果，在很大程度上推动了服务业的独立化，扩大了服务业的规模和容量，促进了服务业的国际化进程。这些又反过来推动整个经济向市场化方向发展，从而使市场经济日益深化、成熟。另外，这种演进趋势除了其经济影响外，还带来了人们思想观念和行为方式的巨大变化。

（二）家庭服务提供模型

家庭服务需求主要决定于家庭可支配收入、服务的价格和家庭妇女的社会工作参与率。随着社会发展和人类进步，第三个因素越来越重要。下面通过一个家庭服务提供模型（如图2-3所示）分析消费性服务市场化的趋势和规律。

在图2-3中，纵轴上半部分表示为挣工资而工作的所得收入的价值，OW表示一位妇女在每一时期按现行工资率全日工作所能得到的最高收入。横轴右半部分表示在家工作的价值，等于家庭服务生产价值和享受的闲暇价值之和。这里的服务按市场价格计值，闲暇则按市场工作的机会成本计算。我们先假定两种活动的相对价格等于1。OH表示这位妇女如果不在市场上出售她的任何一部分劳动服务，可以获得闲暇和家庭服务的最大值。

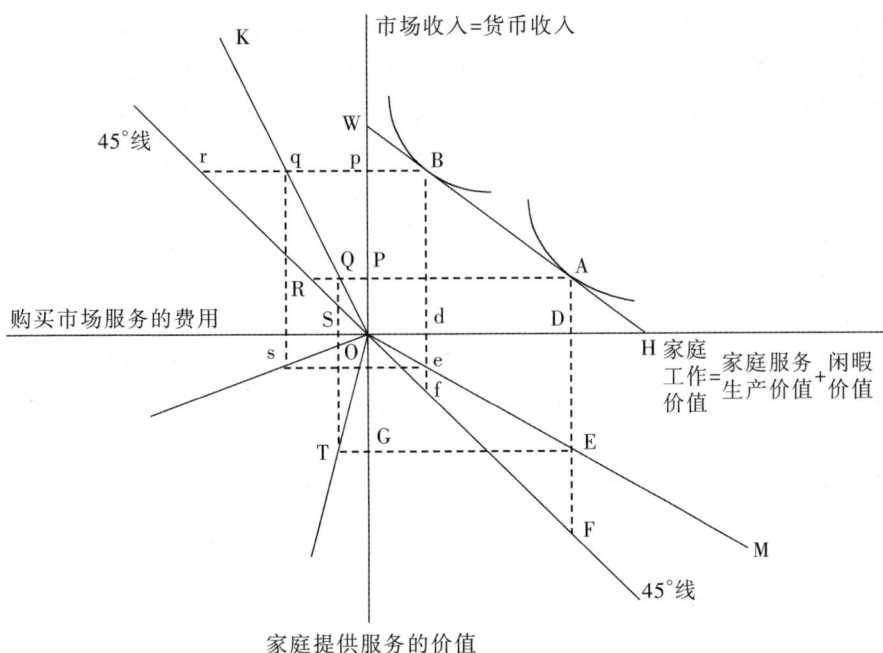

图2-3　家庭服务提供模型

WH线是这位妇女面临的预算约束线，表示市场工作的任何增加都要求在家里花费的时间相应减少。在工资率和服务价格既定的条件下，这两种情况提供产出的价值是不变的，因为WH是条直线，它的斜率为负且不变，恒等于市场工作对家庭工作的边际替代率。

图2-3中4个象限的含义是：

第一象限：代表妇女面对市场工作和家庭工作的选择。

第二象限：OK线表示这位妇女的工作收入与购买市场服务的费用之间的函数关系。在所得收入（工资收入等）为OP时，在市场上所购服务的价值为PQ=OS。RQ距离表示用于消费商品的花费。同样地，为方便分析，我们假定市场工作收入的固定比例分别花在商品和服务上，即OK为经过原点的一条直线，它的斜率为商品与服务相对价格的函数，服务越昂贵，需求量就越少，其占市场工作收入的份额就会越小，从而斜率越大，OK线就越陡。

第三象限：经过以上的分析可以初步确定，一位妇女用于市场工作的时间的比例增加，将导致市场对家庭提供服务的比例上升。例如，第一象限中的WH线上的A点表示一位妇女只花费较少的时间在市场工作，她的家庭消费与服务提供为DE=OG；她在市场工作中的收入为OQ，其中PQ=OS部分用来购买市场服务。由此可以得出家庭消费与市场提供的服务的组合，这种组合用第三象限中的T点表示，连接T点与原点O，得出OT线，OT线的斜率表示通过两种渠道所得到（消费）的服务的比率。很明显，在T点，从市场购买的服务为TG=SO=QP，家庭提供的服务为ST=OG=DE。假如这位妇女选择了B点，B点表示市场工作多于家庭工作，反映出她对市场工作的相对偏好。通过第二和第四两个象限中的OK与OM的转换，最后家庭消费与市场提供的服务组合落在第三象限的s点上。

第四象限：OM线表示花在家里的时间与这一时间在提供服务和闲暇两者之间进行分

配的函数关系。为了简化讨论，我们假定按固定比率，将时间用于提供服务与闲暇。这样，OM 线就是一条过原点的直线。横轴与 OM 线间的垂直距离表示服务提供数量。OM 线与 45°线间的距离表示所享受的闲暇。在其他条件既定的情况下，闲暇是家庭提供服务效率的递增函数，家庭提供服务本身则是拥有并使用的家庭机器数量的函数。例如，像吸尘器和洗碗机一类商品的相对价格下降，需求量就会增加，从而引起较大量的闲暇消费。这一变化的表现就是 OM 线逆时针方向转动。家庭提供服务的价值是用第四象限的纵轴来衡量的。所以，对应于第一象限中的 A 点，家庭工作与市场工作之间的选择导致家庭提供服务为 DE，闲暇为 EF。

从上面的分析中可以得到一个结论：一个家庭所消费的由市场提供的服务与由家庭提供的服务的比率是这一家庭妇女肯在市场工作而不在家庭工作所花时间的比率的递增函数。

接下来分析决定家庭妇女参与市场工作的一些因素（如图 2-4 所示）。

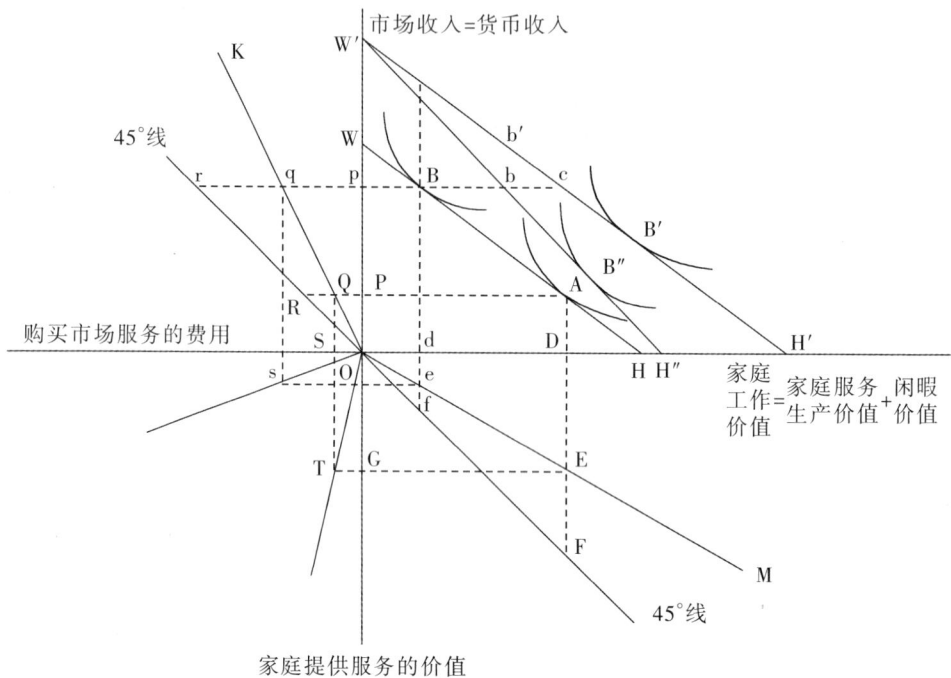

图 2-4　家庭服务提供模型的变化

首先，假定工资率和用工资率表示的市场服务价格不变，家庭妇女对市场工作的偏好发生了变化，导致从 H 点沿着 WH 线向 A 点或 B 点的方向移动。

其次，假定偏好函数不变，用妇女工资率表示的市场服务价格也保持不变，那么，如果妇女工资率上升，将导致预算约束线 WH 平行移动，如移动到 W′H′。A 点相应移至 B′点，B′点相对于 A 点或 H 点对市场工作的需求增加了，假定 B′点是家庭妇女对较高工作收入所作的反应。这说明妇女的市场工作参与率与工资率是存在一定相关性的。

最后，假定偏好不变，工资率和以工资率表示的市场服务价格发生变化。假定工资率上升的同时市场服务价格下降，再假定工资率上升幅度与第二种情况相同，那么，市场服务费用的减少会降低家庭工作的价值，这就使预算约束线与横轴的截距变短，使 W′H′线围绕着 W'点向内旋转到 W'H"。

是在家庭还是市场工作取决于收入效应与价值。在图 2-4 中，横轴代表价值，正向表示家庭工作所创造的价值；纵轴代表收入效应，正向表示工资收入。在同等收入的条件下，家庭工作创造的价值越多，则人们越倾向于选择家庭工作；反之，则选择市场工作。在家庭工作创造的价值相等的条件下，工资越高，则人们越倾向于为市场工作。工资率上升会使市场工作增加。如果家庭提供的服务是一种正常商品，那么家庭服务生产的内涵价值的减少就会仅仅因为收入效应而增加对市场工作的需求。

比较 WH、W'H' 与 W'H" 的含义。

先比较 WH 与 W'H"。B 点与 b 点在同等工资水平下，但 b 点比 B 点创造了更多的家庭工作价值，即享受家庭提供的服务和闲暇会多一些，因此该生产者会倾向于选择家庭工作（b 点）。

再比较 W'H' 与 W'H"。b 点与 b'点所消费的家庭服务和闲暇没有变化，但由于市场服务价格下降，服务工作在工作收入中的比重下降，因此该生产者会倾向于选择高市场收入的工作（b'点）。

综上所述，妇女参与劳动的增加导致从市场购买服务取代家庭自我提供服务。同时，对市场工作偏好的变化、妇女就业观念的变化、工资率的上升以及用工资率表示的市场服务价格的降低，都将导致妇女工作参与率的提高；这反过来又会促进市场服务取代家庭服务，也就是促进了消费性服务——家庭服务由"内在化"向"市场化"转变。

第三节 国际服务贸易的相关理论

传统的国际贸易理论是建立在国际货物贸易基础上的，因此，严格地说，国际服务贸易并未形成自己的理论体系。然而，国际服务贸易发展的客观现实使得这种理论研究的"残缺"或"真空"无法存在与延续下去。建立相对完整的国际服务贸易理论体系存在两种选择：

一是依据国际服务贸易的实践和特点，借鉴相关学科领域的研究成果，发展出相对独立的国际服务贸易理论；

二是将传统的国际货物贸易理论加以延伸，扩展到国际服务贸易领域，用相应的逻辑和概念来阐述国际服务贸易，从而实现国际货物贸易理论和国际服务贸易理论的对接。

从国际服务贸易理论的实际发展来看，理论界更多地倾向于第二种选择。这不仅是因为第一种选择存在实际的困难，而且更重要的是，人们在作第一种选择，适度建立相对独立的国际服务贸易纯理论时，无法与传统的国际货物贸易理论彻底决裂，其结果是不由自主地又回到第二种选择。

一、传统国际贸易理论对国际服务贸易的研究

在应用传统国际贸易理论的相应概念和逻辑来阐述国际服务贸易时，其产生的原因、福利和政策是否与传统国际贸易理论相一致，是一个颇具争议的问题，从而成为国内外学术研究的重要问题。目前学术界存在 3 种观点：不适用论、适用论和改进论。

（一）不适用论

不适用论认为国际服务贸易与国际货物贸易源于不同的概念范畴，应有不同的理论渊源。

R.迪克和H.迪克（R. Dick & H. Dicke，1979）最早尝试对国际服务贸易进行实证研究。他们运用显示性比较优势（revealed comparative advantage，RCA）法验证知识密集型国际服务贸易的现实格局是否遵循比较优势理论，对18个OECD国家的资料进行了跨部门回归分析，结果是没有证据表明比较优势在国际服务贸易模式的决定中发挥了作用。尽管这一结论可以部分归因于非关税壁垒的存在，但是他们仍然坚持"如果不考虑贸易扭曲，要素禀赋在国际服务贸易中没有重要影响"[①]。

桑普森和斯内普（1985）从国际服务贸易中的大部分要素在国际流动中的特性出发，认为这与比较优势的基本假设"两国要素不能流动"相悖，赫克歇尔-俄林（H-O）理论（即要素禀赋论）不足以解释国际服务贸易。[②]安·赫尔曼等认为，用于解释国际货物贸易比较优势的理论，如要素禀赋论、规模经济学说、技术差距论与产品生命周期论等的适用性都有待讨论。[③]

美国经济学家盖萨·菲克特库迪（Geza Feketekuty，1988）认为，传统国际贸易理论分析国际服务贸易时不适用是由于服务有着与商品不同的特点：

①国际服务贸易提供劳动活动与货币的交换，而不是物与货币的交换；

②国际服务贸易中服务的生产和消费大多是同时发生的，提供的劳动活动一般不可储存；

③国际服务贸易在各国海关进出口和国际收支平衡表上没有显示。[④]

（二）适用论

适用论认为国际服务贸易与国际货物贸易无本质差别，传统国际贸易理论合乎逻辑地适用于国际服务贸易。比较优势理论作为一种简单的逻辑，对国际服务贸易具有完全的适用性，因而不存在两套理论。

安德烈·萨丕尔和恩斯特·卢茨（André Sapir & Ernst Lutz，1981）根据国家间要素禀赋和技术的差异，对货运、客运和其他民间服务作了一系列的实证研究，样本选择了可获得数据的13~35个发达国家和发展中国家，发现传统的国际贸易理论不仅适用于国际货物贸易，也适用于国际服务贸易，要素禀赋在国际货物贸易和国际服务贸易模式的决定方面都具有重要作用。萨丕尔还提出国际服务贸易比较优势的动态性观点，这对发展中国家开展国际服务贸易的动因提供了较为合理的解释。[⑤]

布莱恩·辛德利和史密斯（Brian Hindley & A. Smith，1984）分析了影响比较优势理论在国际服务贸易领域适用性的3个原因：

① 赵春明. 国际贸易学 [M]. 北京：石油工业出版社，2003.
② SAMPSON, SNAPE. Identifying the issues in trade in services [J]. World Economy, 1985, 8（2）：171-182.
③ 卢进勇，等. 国际服务贸易与跨国公司 [M]. 北京：对外经济贸易大学出版社，2002.
④ FEKETEKUTY G. International trade in services：An overview and blueprint for negotiations [M]. Cambridge：Ballinger，1988.
⑤ SAPIR A. Trade in services：Policy issues for the eighties [J]. Columbia Journal of World Business, 1982, 17（3）：77-83.

①政府出于各种目的，对服务业实行特别管理和市场干预；

②各国对服务业外商直接投资的种种顾虑以及由此引发的限制政策；

③政府出于保护幼稚产业的需要，拒绝开放国内市场。

他们认为在理论和经验分析中，没有必要在概念上严格区分货物和服务，因为比较优势强有力的逻辑超越了这些差别。政府的这些管制措施并非必然采取的，在GATS签署和实施之后的今天，这些政策性障碍已逐渐被取消。

沙加亚·劳尔（Sanjaya Lall，1986）就海运和技术服务的国际贸易对部分发达国家和发展中国家进行了实证研究，结果也表明比较优势理论适用于国际服务贸易。[①]

美国经济学家理查德·库珀（Richard N. Cooper）则明确指出，作为一个简单明了的思想，比较优势理论普遍有效。罗伯特·斯特恩（Robert M. Stern）和伯纳德·霍克曼（Bernard Hoekman）也认为，传统比较优势理论的完全竞争、技术均等化和无经济扭曲等假设在服务业中遇到困难，尽管如此，当充分考虑这些因素后，也没有理由认为需要改变比较优势理论的具体标准；虽然技术移动将产生各种差异，但服务移动与要素移动都将依然符合比较优势理论的要求。

（三）改进论

改进论认为科学技术革命已改变或正在改变传统服务的特性，国际贸易理论的合理内核适用于国际服务贸易。但由于服务自身客观存在的特性确实使得国际贸易理论的解释力不足，存在一定的局限性，因此不能完全套用，需要进行模型的扩展和修正。这种观点介于前两种观点之间，既肯定传统国际贸易理论对国际服务贸易的适用，同时承认具体理论在解释国际服务贸易方面存在缺陷，为大多数国际经济学家所认可。事实上，许多学者也在不断对比较优势理论在国际服务贸易领域的应用进行检验，结果发现国际服务贸易领域同样存在比较优势理论的合理内核，只不过对国际服务贸易的某些特征不能提供令人满意的答案。这主要是因为许多商品和服务的投入往往交织在一起，比较成本难以获得。从这个角度看，把比较优势应用到国际服务贸易中存在明显的度量问题。[②]

1984年，阿兰·迪尔多夫（Alan V. Deardorff）运用传统的2×2×2 H-O模型（两个国家、两种要素、一种商品和一种服务），分析了两国间服务贸易发生的3种情况：一是伴随货物贸易的服务贸易；二是要素移动的服务贸易；三是含有缺省要素的服务贸易。

迪尔多夫成功地利用传统的H-O模型探讨了国际服务贸易的比较优势，指出国际服务贸易不存在贸易前价格，且许多国际服务贸易涉及要素移动的特点不会影响比较优势的解释力，而某些服务要素可以由国外提供的特性会使比较优势理论不成立。罗纳德·琼斯（Ronald W. Jones）认为，导致这一矛盾的原因在于迪尔多夫隐含地假定两国管理者为两国生产提供的服务存在质量差异。对此，迪尔多夫的解释是，贸易两国的工资差异没有完全体现技术差异。由此，迪尔多夫对标准H-O模型中的个别要素作了改变，通过运用比较优势理论分析"服务"与"管理"要素，成功地解释了国际服务贸易。

1985年，桑普森和斯内普利用服务交易矩阵工具，说明除了服务提供者和服务消费

①　LALL. The third world and comparative advantage in trade services, theory and reality in development ［M］. London: Macmillan, 1986: 122–138.

②　韶泽，婧赟. 国际服务贸易的相关理论 ［J］. 财贸经济，1996（11）：51–55；34.

者都不移动的交易外，其他国际服务贸易在以 H-O 模型解释时，需要放弃要素在两国间不能移动的假设。

1987 年，李安（C. Ryan）运用李嘉图模型分析了运输服务贸易所产生的影响。其结论是，运输服务的自由贸易可以大大增加贸易双方的福利，各国应该取消对运输服务贸易的限制，减少导致运输成本上升的各种税收。

1988 年，塔克（K. Tucker）和森德伯格（M. Sundberg）提出，国际贸易理论、厂商理论和消费者理论均适用于分析国际服务贸易，但存在许多局限性，如当贸易服务的生产函数与主要的要素相结合时，国际贸易将依赖需求而不是生产成本；许多服务通常是作为中间投入品出现在贸易与非贸易品的生产过程中的，因而在生产中会出现服务生产函数和使用服务投入的商品生产函数等。他们认为，由于存在上述缺陷，所以传统的比较优势理论不能圆满地解释国际服务贸易，但是通过分析与国际服务贸易相关的市场结构和需求特征，可以适当地解释国际服务贸易的比较优势。此后，比较有代表性的研究当数伯格斯模型了。

1990 年，伯格斯（D. F. Burgess）将服务和技术差异因素引入传统模型，用于分析国际服务贸易，以主流贸易理论中的 H-O-S 模型为基础，对其进行了简单的修正，得到诠释国际服务贸易的一般模型，认为国际服务贸易自由化和服务技术出口一般会改变出口国的贸易条件，提高出口国的经济福利水平。

萨格瑞（S. B. Sagari）将技术差异因素引入 H-O-S 模型进行扩展，分析了国际金融服务贸易。克莱维斯（I. Kravis）、巴格瓦蒂等通过两要素一般均衡模型解释服务价格的国际差异，以分析国际服务贸易发生的基础，认为各国要素禀赋不同导致的服务价格差异可能是国际服务贸易产生的坚实基础之一。

总的说来，改进论之所以得到国内外学术界较多的认可，在于商品和服务之间存在一个连续谱。在所有的商务活动中，服务和制造具有高度的相关性和互补性，因而可以认为国际服务贸易，特别是附带商品的国际服务贸易，在很大程度上是受国际货物贸易的决定因素影响的。

二、现代国际贸易理论对国际服务贸易的研究

现代国际贸易理论的一个基本特征是突破传统国际贸易理论关于完全竞争和规模报酬不变的不现实假定，探讨在不完全竞争和规模经济条件下国际贸易的决定问题。第二次世界大战后，国际贸易出现了传统的 H-O-S 模型无法预示和解释的格局，国际贸易领域出现了两个全新的理论分析框架：新贸易理论和国家竞争优势理论。两者的理论前提和目标相同，所不同的是对政府作用的认识：前者强调政府的积极干预作用；后者把政府看作辅助因素。

（一）新贸易理论

马库森（J. R. Markusen，1986）以生产性服务贸易为例分析了规模经济对国际服务贸易的影响。他指出，在国际服务贸易中，由于规模经济的作用，首先进入服务产业的厂商成本较低，可以阻止后来者的进入，导致其福利水平的下降，尤其是使小国的福利损失严

重。因此，政府应该给予生产者以生产补贴和无代价的公共投入，以使福利最大化。

基尔兹克斯基（H. Kierzkowski，1987）运用寡头垄断模型，解释了取消国内服务业管制的国际影响。与马库森的观点相反，他认为取消国内管制可以促使厂商为获取规模经济效益而进行国际竞争，因此政府最好的政策是创造自由的国内市场。

琼斯和基尔兹克斯基（1988）运用"服务链"来探讨规模经济条件下国际服务贸易的作用。他们认为，在规模经济的作用下，生产过程更加复杂，需要更多的"服务链"。由于存在比较优势，所以服务链可以促进生产的国际化，从而国际服务贸易可以大大促进国际货物贸易。

马库森（1988）借助垄断竞争理论，对熟练劳动力的国际服务贸易问题进行了专门研究。其结论是：

①单纯发挥要素禀赋的作用也能从贸易中获利。

②由于多种熟练劳动投入能够提高该部门的最终产出，所以小国比大国获利更多。

③由于一些专业化受到限制，仅有国际货物贸易并不能实现生产的帕累托最优，而引入国际服务贸易可以导致最大限度的专业化和帕累托最优。

④即使存在垄断力量，关税也不一定提高一国的福利水平；同时，因削弱了全球的专业化潜力，所以福利水平降低。

马库森（1989）建立了一个两部门的一般均衡模型来探讨具有规模经济的生产性服务和其他专业服务的国际贸易。其分析结果是，允许生产性服务等特殊中间投入品贸易优于最终产品贸易，中间投入的自由贸易可以保证贸易双方的福利同时增加。但是，当马库森把这一分析延伸到跨国公司内部进行的生产性国际服务贸易时，他发现跨国公司的生产性服务优势将在东道国商品生产中造成垄断，从而可能使东道国的福利减少。

（二）国家竞争优势理论

竞争优势理论最早可以追溯到古典经济学派，是在古典经济学派同重商主义学说的论战中逐渐形成的。亚当·斯密是古典经济学派的代表人之一，其"经济人"的假定、"看不见的手"的理论以及自由竞争的概念都成为以后竞争优势理论发展的基础。

马克思在《资本论》中也重点考察了竞争的两种基本形式，即同一部门内部的竞争和不同部门之间的竞争，指出竞争在价值形成与实现过程中以及剩余价值的生产与分配过程中所起的作用。他在承认竞争推动资本主义经济发展的同时，也揭示出竞争加剧了资本主义社会的基本矛盾。

近代的竞争理论包括均衡竞争理论、博弈竞争理论和创新竞争理论，是在19世纪后期和20世纪50年代出现和形成的。

20世纪中叶以后，尤其是80年代以后，迈克尔·波特（Michael E. Porter）的三部曲把国家竞争优势理论推到竞争优势理论的主导地位。他在1980年的《竞争战略》（Competitive Strategy）中主要谈的是产业结构调整以及产业间如何选择最有利的竞争地位。1985年的《竞争优势》（Competitive Advantage）提出了一个可以了解企业竞争优势来源的架构，并讨论如何提升企业的竞争优势。1990年的《国家竞争优势》（The Competitive Advantage of Nations）力图解释在现代全球化经济下一国经济持续繁荣的源泉。

波特对比较优势理论提出挑战，认为要素的比较优势理论不能解释当今世界多元化的贸易形态。比较优势理论在 18 世纪至 20 世纪上半叶之所以流行，与当时的产业结构粗糙、生产的形态以劳动密集型而非技术密集型为主有关。但随着技术变迁、资源条件逐渐普及和经济全球化导致世界产业与贸易多元化，以要素为基础的比较优势理论体现出了局限性。波特以廉价劳动力为例说明：以要素作为比较优势的弱点在于更低成本的生产环境会不断出现，今天以廉价劳动力看好的国家，明天可能就会被新的廉价劳动力国家所代替。他主张用国家竞争优势理论取代比较优势理论。

波特的国家竞争优势理论是在其"钻石"模型基础上构建的。该理论将国家和产业的竞争优势归结为四大因素：

①要素，包括人力资源、自然资源、知识资源、资本资源、基础设施等。

②需求条件，主要是本国市场的需求。

③相关及支持产业。

④企业战略、结构和同业竞争。

这四大因素加上机会和政府因素，共同构成了"钻石"模型（如图 2-5 所示）。在宏观方面，该理论强调了政府在创设有利于竞争的环境、形成产业集群，以及提高要素质量的培训等方面所发挥的不可或缺的作用。在微观方面，该理论认为，国家的竞争力受该国企业的经营目标、经营者和员工的责任感等方面的影响。

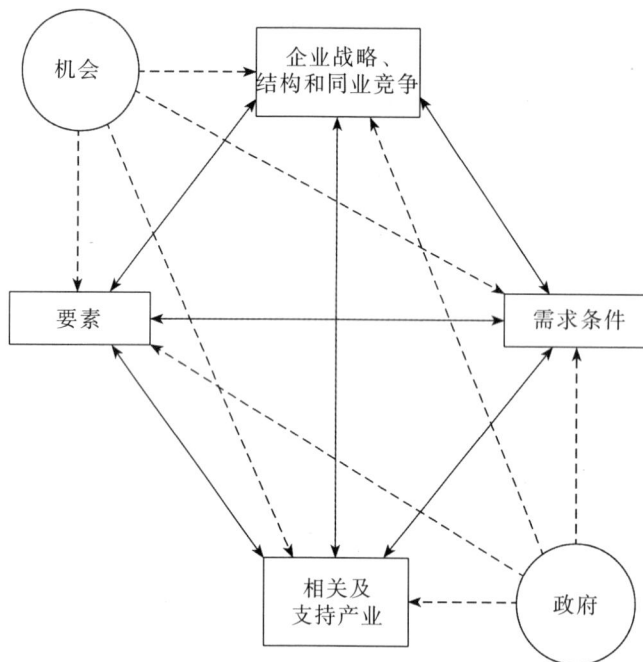

图 2-5　波特的"钻石"模型

波特的国家竞争优势理论无疑也适用于国际服务贸易。该理论能较为全面地解释国际服务贸易的竞争格局，因此将其引入国际服务贸易研究领域，能够分析国际服务贸易与国家竞争优势的内在联系，并指出国际服务贸易将给企业甚至贸易国带来强大的竞争力。波特在对比较优势理论局限性的分析中也提到，在多变的贸易发展环境下，比较优势理论在解释国际贸易方面有所不足。国家竞争优势理论从动态的角度解释了竞争优势的发展和转化的过程，强调各要素对竞争优势的决定作用。该理论强调要确立一个国家的竞争优势，而这种竞争优势建立在相关行业发展的基础上。取得的国家竞争优势本身就意味着在国际贸易中获得占优地位，获得更多的经济利益。国际服务贸易的竞争优势最终是要体现在一个国家的服务贸易进出口上。一个国家的服务贸易盈利能力可以反映出该国在服务贸易上的竞争优势状况。国际服务贸易竞争力反映了一个国家服务贸易的竞争优势，以及长期保持这种竞争优势的能力。

三、从国际服务贸易的比较优势到竞争优势

从对国际服务贸易的解释上看，比较优势理论和国家竞争优势理论都存在各自的优势和不足。

（一）比较优势与竞争优势的关系

1.两者的区别

①比较优势是一个经济学概念，而竞争优势属于管理学概念。

②比较优势涉及市场价格机制，强调的是价格竞争，而竞争优势涉及企业和产业，强调的是非价格竞争。

③比较优势关注的是要素供给的数量，而竞争优势关注的是要素的质量及产品市场的需求档次。

④比较优势采用的是一般均衡、静态均衡分析方法，而竞争优势采用的是一种非均衡的动态分析和局部分析方法。

2.两者的联系

①外生的比较优势同时是一种价格竞争优势。

②比较优势和竞争优势都受资源稀缺性的约束。

③比较优势理论与国家竞争优势理论所研究的一部分重要问题是一致的，如都关注知识与技术创新、规模经济对贸易的影响等。

④在一国的产业发展中，一旦发生对外经济关系，比较优势和竞争优势就会同时发生作用。一国（即使是经济最发达的国家）不可能在所有行业都具有竞争优势，竞争优势不可能完全消除或替代比较优势。

⑤一国具有比较优势的产业往往易于形成较强的竞争优势；反之，缺乏比较优势的产业往往很难形成和保持竞争优势。也就是说，比较优势可以成为竞争优势的内在因素，促进特定产业国际竞争力的提高，比较优势和竞争优势是可以相互转化的。

⑥一国产业的比较优势要通过竞争优势才能体现，即使是具有比较优势的产业，如果缺乏国际竞争力，也无法实现其比较优势。比较优势和竞争优势是相互依存的。

⑦比较优势和竞争优势的本质都是生产率的国际比较；所不同的是，比较优势强调的是各国不同产业之间的生产率的比较，而竞争优势强调的是各国相同产业之间的生产率的比较。

（二）国际服务贸易更关注竞争优势

比较优势并不等于竞争优势，尤其在国际服务贸易中，拥有比较优势并不一定就能获得比较优势。

1.国际服务贸易的比较优势是动态的

传统的比较优势是由要素禀赋和交易条件决定的静态优势，但任何一个国家的比较优势都不是一成不变的，随着时间的推移，旧的比较优势将逐渐消失，新的比较优势由实践不断产生。尤其是国际服务贸易，其比较优势主要以人力资本为基础，不同国家和地区的环境和政策将引起高技术人才的流动，通过教育和培训，人力资本的状况也会发生改变，人力资本比其他要素具有更大的流动性和不稳定性。可以说，一个国家或企业的国际服务贸易比较优势是短期的，要想赢得长期的发展，必须将比较优势转化为竞争优势。

2.国际服务贸易难以通过成本计算来肯定比较优势

在国际货物贸易中，不同国家商品的比较优势可以按相同的标准通过成本的计算而确定，但在国际服务贸易中不行，因为服务的标准会因时、因地而发生变化，从而影响服务的成本计算。同时，国际服务贸易中出现的大量限制，如各国政府对服务业施加的特别管制和市场干预、对服务业引资的限制、拒绝开放某些服务领域等，使服务的比较优势更加难以计算，影响到比较优势的发挥，从而影响国际服务贸易的现实流向。

因此，对国际服务贸易的理论探讨应该从比较优势出发，着眼于竞争优势的分析（如图2-6所示），从而突出服务相比一般商品的动态特征。在国际服务贸易中，只有认识现有的比较优势，将现有的比较优势转化为竞争优势，才能形成真正的竞争力。对国际服务贸易竞争力的考察要比对国际货物贸易竞争力的考察复杂，除了有与各种国际货物贸易相似的因素外，服务企业跨越时空限制的能力、商品受顾客满意的程度、服务的知名度、人员素质、开展中介工作的能力、文化特色等因素，都是决定国际服务贸易竞争力的主要因素。

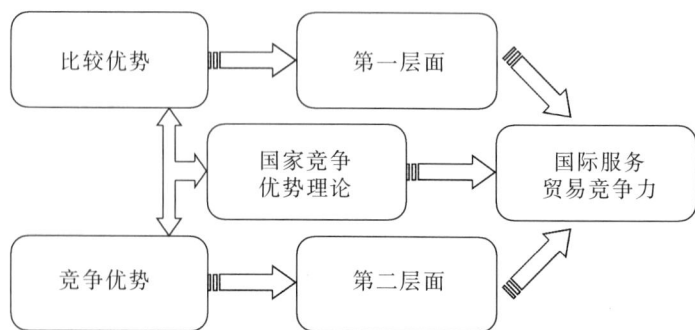

图2-6   比较优势、竞争优势与国际服务贸易竞争力

（三）培育国际服务贸易的竞争优势

构筑国际服务贸易的竞争优势可以从以下两个方面出发：

1.竞争优势的转化

从内部条件看，将现有的比较优势转化为竞争优势需要注意以下几个问题：

（1）分析企业现状，认清比较优势

要从企业的服务类型、特征出发，分析企业在自然资源、劳动力、管理、技术、人员培训、创新、企业形象等各方面的现状，正确认识现有的比较优势。

（2）要解决规模经济问题

上面的分析已经指出，服务业的规模经济主要表现在无形资产与管理资源的规模使用方面，具有经营管理的大规模性和分散性双重特点。要依靠社会化经营，如商业、生活性服务业实行联号或连锁经营，最大限度地利用已经积累的无形资产，并与经营分散性灵活结合；还可以将业务相关、处在不同环节的服务企业进行业务衔接，通过长期的分工协作来提高服务效率。

（3）企业比较优势的发挥应符合市场的需要

决定国际服务贸易市场需求的主要因素有服务特点、社会经济条件、消费者心理、供给制约、时间及地点等，弄清市场需要，可以有针对性地培育竞争优势，提高市场竞争力。

从外部条件看，要成功地将比较优势转化为竞争优势，少不了市场、政策和法律的支持。市场支持体现在服务市场的开放上，开放的市场有助于推动服务竞争、提高服务质量，从而形成市场竞争与服务创新之间的良性循环；政策支持体现在对服务业的政策倾斜和优惠上，政府应制定政策鼓励服务竞争，引导服务业的发展；法律支持体现在国际服务贸易法律体系的完善上，政府应加快制定与国际服务贸易相关的法律、行政法规和规章。

2.竞争优势的创新

企业创造新的竞争优势可以从以下几个方面入手：

（1）要有创新精神

通过对服务需求的预测分析以及对服务市场的细分，努力寻找潜在消费者并满足他们的需求，积极开拓市场，在新的市场中形成自己的竞争优势。

（2）在竞争中换取效率和进步

加入世贸组织后，因惧怕发达国家服务业的进入，担心自己没有竞争力而封闭市场是不可取的，这样永远不可能形成竞争优势。要变挑战为机遇，主动参与到竞争中去，在竞争中学习并提高。

（3）培育国际竞争力

我国服务企业总体竞争力不强，但在国内没有竞争优势的服务在国际市场上不一定没有竞争优势；反之，亦然。企业可以根据自身情况寻找适合自己的市场发展空间。

（4）加强服务部门合作和一体化

引进国外先进的服务技术和经营理念，提高现有的技术和管理水平，加强国际或区域之间服务部门的合作和一体化。

（5）重视服务业的研发

掌握最新的信息，加快对新服务的研究与开发。同时，增加现有服务的技术、知识含量，充分利用高新技术特别是信息技术改造传统产业，优化服务结构，促进产业结构升级。

（6）加强对人力资源的开发和管理

加大对教育培训的投入，提高服务人员的专业水平和各方面素质，从而提高服务产业的整体素质。

四、国际服务贸易的实证分析

国际服务贸易的研究同国际货物贸易的研究相比，遇到的一个较大困难是资料的缺失和不准确，因为国际服务贸易涉及的部门复杂，大多是无形贸易，不经过各国的海关。尽管存在资料短缺的问题，但许多学者仍然致力于国际服务贸易的实证分析。

（一）国际服务贸易决定的实证分析

萨丕尔（1982）通过一系列的实证研究，验证了比较优势对国际服务贸易的适用性，并描绘了由比较优势决定的现实国际服务贸易格局。他指出，物质资本丰裕的国家在运输服务贸易上拥有比较优势，而人力资本丰裕的国家在保险和其他私人服务贸易上拥有比较优势。工业化国家由于物质和人力资本都很丰富，在国际服务贸易上拥有总体的比较优势。但是，国际服务贸易的比较优势不是静态的，随着发展中国家物质和人力资本的积累，在一定的国际服务贸易部门也会拥有比较优势。萨丕尔（1985）对国际服务贸易中的南北问题进行了专门考察，分析了发达国家和发展中国家当时的国际服务贸易结构和比较优势格局，强调发达国家和发展中国家之间要加强合作，共同推进国际服务贸易的自由化。萨丕尔（1986）通过对工程服务贸易的实证研究，再次肯定了比较优势的动态性和发展中国家作为潜在国际服务贸易出口国的作用。

兰格海默（R. J. Langhammer，1989）通过对法国、德国、日本和美国的国际服务贸易资料的实证分析，考察了发达国家和发展中国家之间的国际服务贸易关系。其主要结论是，发达国家和发展中国家之间的国际服务贸易模式与要素禀赋关系密切。

霍克曼和卡森迪（B. Hoekman & G. Karsenty，1992）运用显示性比较优势法分析了不同收入水平国家在国际服务贸易上的比较优势。按照他们的分析，收入水平越高，国际服务贸易的比较优势越大，人均收入在 6 000 美元以上的国家在国际服务贸易上拥有较大优势。但是，收入水平低的国家在一些国际服务贸易部门也拥有比较优势。

根据高什（B. Chosh，1997）的研究，发展中国家在世界服务贸易中的地位是不断上升的：发展中国家在世界商业服务出口的比重由 1970 年的 9.1% 提高到 1990 年的 12.9%，其中亚洲的比重由 2.4% 提高到 7.1%；从部门来看，海运服务、旅客运输和其他运输服务、旅游服务、劳动和财产收入以及其他服务的比重分别由 4.3%、9.5%、15.2%、4.6% 和 7.8% 提高到 11.4%、11.6%、17.0%、10.4% 和 11.9%。

（二）国际服务贸易竞争力的实证研究

党的二十大报告提出："加快发展数字经济，促进数字经济和实体经济深度融合，打造具有国际竞争力的数字产业集群。"近些年来，国际一些知名机构发展出评估世界各国或地区竞争力的多种方法。世界经济论坛（WEF）和瑞士洛桑国际管理开发学院（IMD）的国际竞争力研究体系相对完整，得到较多国家的认同。

WEF 对国际竞争力的定义是"一国实现国民经济持续高速增长的能力"。这是从经济的增长角度出发来评价一国的竞争力。

IMD对国际竞争力的定义是：一国创造增加值从而积累国民财富的能力，并且通过协调如下4对关系而实现其国际竞争力。这4对关系是：资产与过程、引进吸收能力与输出扩张能力、全球经济活动与国内家园式经济活动、经济发展与社会发展。IMD对国际竞争力的理解是综合的，强调经济与社会的全面发展与协调，但其根本目的还是实现创造增加值和积累国民财富的能力。

两个组织对国际竞争力的理解并不存在实质的差异，它们的分歧主要在于研究方法的不同。从研究方法上看，IMD对国际竞争力的研究不仅发展得相对完善，而且坚持采用的"钻石"方法对国际竞争力研究是非常有意义的。

国内学者在近些年提出了中国服务贸易国际竞争力研究的一些方法，具体衡量指标可以归纳如下：

1.国际服务贸易总量

国际服务贸易总量包括进出口总额、出口额、进口额及其增长率和在世界的排序。这是一个国家服务贸易竞争力的直接体现。

2.国际市场占有率

国际市场占有率是指一国服务贸易出口在世界市场上的份额。这是衡量一国国际服务贸易的国际地位的重要指标。其计算公式为：

$$一国国际市场占有率 = \frac{该国出口额}{世界出口总额} \times 100\%$$

3.进出口结构

进出口结构是否合理是影响国际竞争力的重要指标。发达国家是服务进出口的主要国家，它们都致力于改善国际贸易的进出口结构，主要表现为提高知识、技术密集型服务的比重。

4.贸易竞争优势指数

贸易竞争优势指数是产业结构国际竞争力分析的一种工具，总体上能够反映出计算对象的竞争优势状况。贸易竞争优势指数（TC指数）又称贸易专业化系数（TSC），是指一国进出口贸易的差额占进出口贸易总额的比重。其计算公式为：

$$TC指数 = \frac{出口额 - 进口额}{出口额 + 进口额}$$

式中：TC指数的取值范围为 $[-1, 1]$。

从图2-7中可以看出，当TC指数接近0时，贸易竞争优势接近平均水平；当TC指数大于0时，贸易竞争优势大。也就是说，TC指数越接近1，国际竞争力越强；反之，则国际竞争力越弱。TC指数如果等于-1，则说明该服务只有进口，没有出口；如果等于1，则说明该服务只有出口，没有进口。

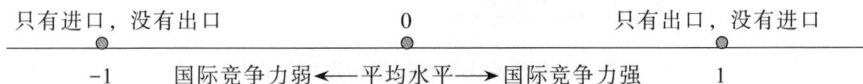

图2-7　一国国际服务贸易竞争优势指数取值的含义

5.劳动生产率

劳动生产率是反映一国竞争力强弱的重要指标之一。为了考察我国服务部门的生产效率，一些学者专门设计了一项新的指标——服务业就业的出口效应（export effect，EE），这一指标表示服务出口收入对服务业就业人数的弹性系数。若用 EY 和 QS 分别表示服务出口收入和服务业就业人数，其计算公式为：

$$EE = \frac{\Delta EY / EY}{\Delta QS / QS}$$

6.国际服务贸易对外开放度

国际服务贸易的全球化、自由化是世界经济发展的必然趋势，但由于各国服务产业发展水平与阶段不同，所以对国际服务贸易的开放和控制程度是不同的。国际货币基金组织提供了与一国国际服务贸易对外开放度（SO）相关的计算公式，其中，S_x 和 S_l 分别表示国际服务贸易的出口总额和进口总额，GDP 是国内生产总值。

$$SO = \frac{S_x + S_l}{GDP} \times 100\%$$

7.显示性比较优势指数

显示性比较优势（RCA）指数又称相对出口绩效（REP）指数，可以被定义为：一经济体某种商品或服务的出口比率与该经济体出口总额占世界出口总额的比率之比。在 n（j=n-1）个经济体、m（i=m-1）种出口商品或服务中，一经济体的显示性比较优势指数为：

$$RCA_{ij} = \frac{X_{ij}}{\sum_{j=1}^{n} X_{ij}} \Big/ \frac{\sum_{i=1}^{m} X_{ij}}{\sum_{j=1}^{n}\sum_{i=1}^{m} X_{ij}} \times 100$$

式中：RCA_{ij} 表示 j 经济体在 i 商品或服务上的显示性比较优势指数；X_{ij} 表示 j 经济体 i 商品或服务的出口额；$\sum_{j=1}^{n} X_{ij}$ 表示 n 个经济体在 i 商品或服务上的出口总额；$\sum_{i=1}^{m} X_{ij}$ 表示 j 经济体 m 种商品或服务的出口总额；$\sum_{j=1}^{n}\sum_{i=1}^{m} X_{ij}$ 表示 n 个经济体 m 种商品或服务的出口总额。

如图 2-8 所示，若一经济体的 RCA 指数达到 100，则表明其在该商品或服务上就拥有显示性比较优势；若一经济体的 RCA 指数小于 100，则表明其在该商品或服务上处于非比较优势地位。更详细的分析认为，若经济体的 RCA 指数大于 250，则表明该经济体的该商品或服务具有极强的国际竞争力；若经济体的 RCA 指数小于 250 而大于 125，则表明该经济体的该商品或服务具有较强的国际竞争力；若经济体的 RCA 指数小于 80，则表明该经济体的该商品或服务的国际竞争力较弱。

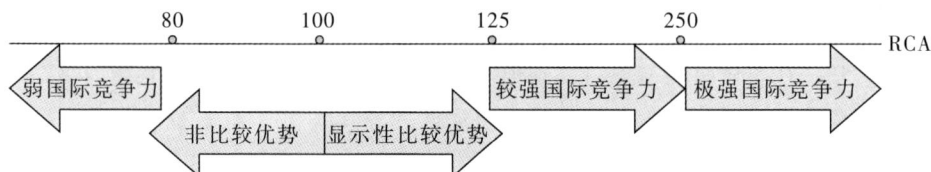

图2-8　显示性比较优势指数取值的含义

五、国际服务贸易自由化的分析

第二次世界大战以后，随着《关税及贸易总协定》（GATT）关税减让谈判的不断深入，国际货物贸易自由化程度持续加强。但是，国际服务贸易自由化直到乌拉圭回合谈判之前仍然是一片空白。为促进乌拉圭回合谈判的成功和推进世界服务贸易的自由化，自20世纪80年代中期以来，国外学者尤其是GATT、世界银行、国际货币基金组织、经合组织等的专家，积极进行国际服务贸易壁垒和国际贸易自由化的研究。外国学者在这一问题上的研究主要包括以下方面的内容：

（一）国际服务贸易自由化的意义

许多学者分别从理论和实证两个方面阐述了国际服务贸易自由化的意义。

萨丕尔（1985）阐述了国际服务贸易自由化对发展中国家的重要意义。他指出，服务尤其是作为基础设施的服务部门和教育服务在经济发展中具有非常重要的意义，而发展中国家在这方面又非常短缺，因此，应该推进国际服务贸易自由化，扩大服务的进口。

经合组织（1989）的一篇研究报告把发展中国家实现国际服务贸易自由化的好处归为以下方面：①增加出口机会；②促进经济发展；③有利于享有多边贸易行动的好处。

伯格斯（1990）建立了一个"服务作为中间投入品"的模型，探讨了国际服务贸易自由化对所有国家经济发展的普遍意义。按照伯格斯的分析，由于服务一般都可以作为中间投入品和经济发展的基础结构，所以国际服务贸易自由化可以降低世界最终产品的生产成本，促进国际货物贸易的发展，实现一个国家的帕累托改进，提高整个国家的福利水平。

霍克曼等（1997）在一篇论文中以生产性服务贸易为例，阐述了国际服务贸易在全球经济发展中的重要性，探讨了国际服务贸易壁垒对经济发展的阻碍。他们指出，国际服务贸易自由化对于一国企业的国际化生产经营是至关重要的；有确凿的证据表明，限制服务部门竞争的政策代价是非常昂贵的。

（二）国际服务贸易的壁垒

萨不尔（1985）在一篇论文中分析了发展中国家设置国际服务贸易壁垒的原因：①保护幼稚产业的愿望；②国际收支困难；③服务业在国家基础结构中的重要作用。

巴格瓦蒂（1985）认为，发展中国家之所以对国际服务贸易自由化缺乏热情，原因主要有以下几点：

①发展中国家认为国际服务贸易自由化的好处将主要由占有比较优势的发达国家获得；

②发展中国家担心国际服务贸易自由化将把世界各国的注意力从发展中国家占有比较优势的国际货物贸易上移开；

③服务业包括具有政治敏感性的基础结构和活动，发展中国家不愿涉及。

特比尔科克和豪斯（M. J. Trebilcock & R. Howse，1995）把国际服务贸易壁垒分为4类：

①直接和明显的歧视性壁垒，即直接针对服务业的明显的贸易壁垒，如电视和广播中对国内内容的管制、对外国人建立和拥有金融机构的限制等。

②间接但明显的歧视性壁垒，是指不是专门针对服务业但明显限制外国人或要素进行国际移动的贸易壁垒，如对移民或以工作为目的的暂时入境限制、并非专门针对服务业的对外国投资的限制、向国外汇款和支付的限制等。

③直接和明显中性的壁垒，即对国内外单位和个人都限制的服务业管制，如铁路和电信的国家垄断。

④间接和明显中性的壁垒，是指并非针对服务业也并非针对外国人的壁垒，如国内标准和职业服务中的许可证、文凭或凭证规定等。

霍克曼等（1997）比较了国际服务贸易壁垒和国际货物贸易壁垒的异同，认为补贴、关税、税收、配额和技术标准等贸易壁垒既影响国际货物贸易，也影响国际服务贸易，但是边境手段尤其是从价关税等手段通常无法适用于国际服务贸易。他们把国际服务贸易壁垒归纳为以下几类：

①配额、当地含量和禁止；

②基于价格的手段，如签证费、出入境税、歧视性的飞机着陆费和港口税等；

③国内标准、许可和政府采购；

④分销网络使用上的歧视等。

（三）国际服务贸易自由化的途径

按照上文提到的萨丕尔、特比尔科克、豪斯、霍克曼等的观点，推进国际服务贸易自由化的途径主要有以下几条：

①充分发挥WTO的作用，积极推进多边贸易谈判；

②在区域性经济集团内部率先实行国际服务贸易自由化；

③国际服务贸易壁垒大多涉及贸易以外的部门，需要在各国的国内政策尤其是竞争政策上加强协调；

④为促进发展中国家参与国际服务贸易自由化的积极性，发达国家应该在发展中国家占有比较优势的国际货物贸易上推行充分的自由化等。

六、国际服务贸易分析框架

国际服务贸易的分析框架是识别影响国际服务贸易的供给和需求的宏观变量。这样的宏观变量包括：①国内生产总值——反映国内生产规模；②人均国民收入——反映收入水平；③服务业增加值（VAS）和年增长率（AGS）——反映国内服务业发展水平；④商品出口（EXG）和商品进口（IMG）——反映国际货物贸易情况。

（一）宏观变量对国际服务贸易供给的影响

1.影响因素

（1）国家或地区自身的服务业发展水平

服务区别于货物的一个显著特点在于生产者与消费者有很大程度的互动，或者说，服务生产过程在很大程度上影响消费者对服务的最终结果的评价。因此，国家或地区自身的服务业发展水平高的国家或地区积累了丰富的服务生产经验，能够高效率地提供使顾客满意的服务，在国际市场上的竞争力也较强。

（2）国家或地区自身的服务需求

根据波特的"钻石"模型，一个国家或地区向国际市场提供服务的能力还受到国家或地区自身的服务需求的影响。国家或地区自身的服务需求越大，就越能推动国家或地区自身的服务业的发展，从而向国际市场提供服务的能力也越强。但是，国家或地区自身的服务需求大也可能导致另一个结果，即服务对象主要在国家或地区内部，出口动机受到抑制，尤其是经济规模大的国家或地区更可能以内需为主。

（3）国家或地区自身的国际货物贸易能力

一方面，许多国际服务贸易伴随着国际货物贸易而发生，如国际货运服务、保险服务、进出口信贷服务和维修服务等；另一方面，根据波特的理论，跨国商务活动是产业国际竞争力的重要影响因素，在货物出口市场上领先的国家或地区积累了丰富的国际商务经验，有助于顺利开展国际服务贸易。

2.实证分析

对国际服务贸易的供给进行实证分析发现，上述宏观变量对服务出口的影响都很显著，可以解释服务出口变动的99.68%。[①]

①在其他变量得到控制的条件下，国家或地区的经济规模对服务出口的净影响为负，这意味着经济规模较大的国家或地区的服务提供主要用于满足本国或本地区需求，而一些服务业发达但内部市场有限的国家或地区注重开拓国际市场。

②在其他变量得到控制的条件下，收入水平对服务出口有显著的正向影响，这解释了服务出口领先的国家或地区几乎全是发达国家的现象。

③在其他变量得到控制的条件下，国家或地区的服务业发展水平对服务出口有显著的推动作用，服务业增长率对服务出口的影响要比服务业增加值对服务出口的影响更为显著。这意味着服务业发展迅速的国家或地区往往比服务业成熟的国家或地区更倾向于拓展国际市场。

④在其他变量得到控制的条件下，商品出口对服务出口有显著的拉动效应，是几个变量中对服务出口影响最为显著的变量。这给我们带来的启示是，尽管国际服务贸易和国际货物贸易是两种相对独立的贸易形式，但在国际货物贸易的发展过程中蕴含着国际服务贸易的巨大机会，发展中国家应当善于主动把握这些机会，实现国际服务贸易与国际货物贸易的共同发展。

（二）宏观变量对国际服务贸易需求的影响

1.影响因素

（1）国家或地区自身的服务需求

服务需求主要来自两个方面：一是来自生产的需求，即生产性需求；二是来自消费的需求，即消费性需求。前者受经济规模的影响，国家或地区的经济规模越大，生产性需求越大；后者受收入水平的影响，收入越高，消费性需求越大。

（2）国家或地区自身服务业的发展水平

如果国家或地区自身的服务满足本国或本地区的需求，则本国或本地区的生产者和消费者对境外服务的需求小。

---

① 李静萍.影响国际服务贸易的宏观因素 [J].经济理论与经济管理，2002（11）：14-17.

（3）国家或地区自身对境外货物的需求

这是因为许多货物的进口会引致相应的服务的进口。

2.实证分析

对国际服务贸易的需求进行实证分析发现，上述宏观变量对服务进口的影响也很显著，可以解释服务进口变动的99.56%。[①]

①在其他变量得到控制的条件下，国家或地区自身的服务需求对服务进口有显著的正向影响，服务的消费性需求比生产性需求对服务进口的影响更显著，因此，消费结构服务化程度越高的国家或地区对国际服务需求也越大。

②在其他变量得到控制的条件下，国家或地区自身的服务业发展水平对服务进口的影响是双向的：当服务业增加值处于某一临界值以下时，服务业增长速度较快，快速扩张的本国或本地区服务业能够满足本国或本地区服务需求的增加；当服务业增加值超过某一临界值时，服务业增长速度放缓，本国或本地区服务业的发展不能满足本国或本地区服务需求的膨胀。

③在其他变量得到控制的条件下，商品进口对服务进口有显著的拉动效应，是几个变量中对服务进口影响最大的变量，再次揭示出国际服务贸易与国际货物贸易的相互依存关系。

第二章拓展阅读

关键术语

服务的使用价值　服务的价值　服务的价值量　服务的效用价值　配第－克拉克定理　服务业发展路径学说　比较优势理论　国家竞争优势理论　贸易竞争优势指数　国际服务贸易对外开放度　显示性比较优势指数

复习与思考

1.怎样理解服务的价值？服务的价值量是如何构成的？

2.什么是服务的效用价值？它由哪两个部分组成？

3.分析配第－克拉克定理及其形成原因。

4.试分别分析消费性服务和生产性服务由"内在化"向"外在化"演进的动因。

5.传统国际贸易理论是如何解释国际服务贸易的？

6.怎样用国家竞争优势理论来分析国际服务贸易？

7.如何才能将服务的比较优势转化为竞争优势？

---

① 李静萍．影响国际服务贸易的宏观因素［J］．经济理论与经济管理，2002（11）：14-17.

8.哪些宏观变量可以反映国际服务贸易的供求？

9.哪些指标可以用来进行国际服务贸易的竞争力研究？

阅 读 分 析

资料一　迪尔多夫模型——既肯定国际贸易基本理论的适用性又承认其缺陷

迪尔多夫率先成功地利用传统的 2×2×2 H-O 模型从 3 个方面对国际服务贸易进行比较优势分析。

一、与国际货物贸易互补的国际服务贸易

许多国际服务贸易是伴随着国际货物贸易而发展起来的，如运输、保险等。假设存在完全竞争、显示性偏好弱公理、利润极大化和平衡贸易；假设商品和服务的世界市场同时出清；虽然各国面对相同的商品和服务的世界价格，但其国内价格无须相同。另外，假设存在 3 种情况（见表 2-1）。

表 2-1　　国际货物贸易和国际服务贸易互补情况下的比较优势分析

情　况	市场均衡描述	均衡状态下的利润最大化	贸易状况	比较与分析
封闭状态（无货物和服务贸易发生，以上标 a 表示）	(P_X^a, P_S^a, X^a) $X^a = 0$ P_X^a 表示商品的均衡价格；P_S^a 表示服务的均衡价格	对于所有可能的产出集合 (X, S)，有：$P_X^a X^a \geqslant P_X^a X + P_S^a S$	没有货物和服务贸易，即 $T = 0$，$V = 0$	比较这两种情况，可证明：$P_X^a T^f + P_S^a V^f \leqslant 0$，表明按闭关自守状态下的价格，出口商品和服务不如进口商品和服务，说明货物和服务贸易与传统的比较优势理论相符
自由贸易状态（货物和服务都实现自由贸易，以上标 f 表示）	(P_X^d, P_S^w, X^f, S^f) $P_X^w = P_X^d + P_S^w$ X 表示商品的均衡产量；S 表示服务的均衡产量	对于所有可能的产出集合 (X, S)，有：$P_X^d X^f + P_S^w S^f \geqslant P_X^d X + P_S^w S$	服务的出口达到利润最大化，即对于所有可能的 T 和 U，有：$(P_X^w - P_X^d) T^f - P_S^w U^f \geqslant (P_X^w - P_X^d) T - P_S^w U$ 贸易平衡方程：$P_X^w T^f + P_S^w V^f = 0$ T 表示商品的净出口；V 表示服务的净出口；U 表示本国服务消费量	
半封闭状态（只有货物可以自由贸易，以上标 h 表示）	$(P_X^{hd}, P_S^{aw}, X^f, S^a)$ 上标 d 表示国内的；上标 w 表示世界的	对于所有可能的产出集合 (X, S)，有：$P_X^h X^f + P_S^h S^f \geqslant P_X^h X + P_S^h S$	$V = 0$ $P_X^a T^h \leqslant 0$	互补性服务不可贸易，不会影响传统的比较优势理论在国际服务贸易分析中的适用性

二、要素移动的国际服务贸易

传统意义上的某些服务往往被看成非贸易品。例如，巴黎提供的三星级餐饮服务无法在柏林享用，但一般都承认要素可以跨国移动。若假设这种餐饮服务需要两种因素，即技术劳动力（厨师）和非技术劳动力（服务员）；法国有丰富的技术劳动力，且该项服务为非技术劳动密集型部门。这样，在闭关自守的情况下，这种三星级餐饮服务价格将会较高。然而，一旦允许厨师跨国移动，法国厨师就可能到柏林并与当地充裕的非技术劳动力结合，就能以较低的价格提供餐饮服务。显然，这是由比较优势决定的，因为实际进行贸易的不是这种三星级餐饮服务，而是服务的要素之一（厨师）。

三、含有稀缺要素的国际服务贸易

假设：A 和 B 两个国家；生产两种产品，一种为贸易品 X，一种为非贸易品 S；两国对两种产品的需求一致；两种产品的生产都只需要两种要素——劳动力 L 和管理 M。M 即使不可移动，也能进行国际贸易，因为一个经理可以通过互联网、电话和传真等通信工具控制千里之外的生产活动。若在闭关自守的情况下，A 国的服务价格低于 B 国的服务价格而诱发价格差异的情形可能有 3 种：

①两国的要素禀赋不同，A 国的 M 要素丰富，且 S 产品属于 M 要素密集型服务部门的产品；

②A 国的 L 要素充裕，且恰好 S 产品属于 L 要素密集型服务部门的产品；

③A 国的 S 产品的生产具有希克斯中性技术优势，即在 M 要素与 L 要素投入不变的情况下，使产出倍增，从而产生技术差异。

若实现自由贸易，第 1 种情形时 A 国将出口 M 要素，进口 X 产品；第 2 种情形时 A 国将进口 M 要素，出口 X 产品。这两种情况与比较优势理论相符，因为此时考虑的是可贸易品 X 和管理要素 M 的价格，而不是 X 产品和 S 产品的价格。显然，要素禀赋决定了国际服务贸易的模式。对于第 3 种情形，迪尔多夫认为，比较优势理论在此遇到障碍。因为在闭关自守的状态下，以 X 产品计算的 A 国管理者的工资额将比 B 国同行高，但低于 A 国技术优势所要求的工资额，允许贸易将 A 国的管理者向 B 国 S 产品的生产提供管理服务，这意味着要素价格较高的一方也可能成为该要素的净出口国，这与比较优势理论相矛盾。迪尔多夫对此的解释是，导致这一矛盾的原因在于他隐含地假定了两国管理者为两国生产提供的服务存在质量差异，因此，上述矛盾实际上并不影响比较优势理论的适用性。

事实上，迪尔多夫从要素价格出发，在比较优势理论的适用性上取得突破性进展，但他过于相信要素。在上述第 3 种情形中，最终决定要素出口与否的是服务的价格。只要 A 国向 B 国提供同质服务的价格较低，即使 A 国的 M 要素价格较高，也一定会出口 M 要素。

他对国际服务贸易比较优势理论的另一个重要贡献是进一步证明了国际货物与服务贸易的不可分性。

资料来源　陈宪，程大中. 国际服务贸易——原理·政策·产业［M］. 2 版. 上海：立信会计出版社，2003：94-95.

讨论：

（1）迪尔多夫是怎样利用传统国际贸易理论中的比较优势理论来解释国际服务贸易的？

（2）探讨比较优势理论对国际服务贸易的分析是否适用。

资料二　　　　　　　　　　**与国际服务贸易相关的理论问题**

广义的新古典贸易理论是指从19世纪30年代至20世纪80年代占据国际贸易学主流位置的贸易理论，其核心是比较优势理论，即国家之间商品相对价格的差异。新古典贸易理论继承了古典经济学的观点——完全竞争、规模收益不变和市场出清，将其作为分析的起点。按照比较优势来源的不同，新古典贸易理论可区分为李嘉图模型和要素比例模型。[①]比较优势理论最初由李嘉图在1817年提出。李嘉图当时并未单独考虑服务贸易，而是把生产性服务作为货物贸易的一部分；但是现在，学界逐渐将比较优势理论延伸到服务贸易领域。伊文奈特（S. J. Evenett）提出服务生产率与科技水平和劳动生产率紧密相关，国家之间的生产率差异仍然是服务贸易的重要驱动力。但是在具体应用比较优势理论时，学者根据服务贸易的特征对理论进行了不同程度的改进。[②]

基于比较优势理论，学者们结合服务贸易的特点提出了显示性比较优势指数。这一指数在实证研究中得到广泛应用，并根据研究数据的特点，发展出多样的计算方法。

巴拉萨（B. Balassa，1965）首次提出RCA指数，用于衡量各国在服务业中的比较优势。[③]

奈斯（H. K. Nath，2018）等利用RCA指数分析美国与中国、印度在服务贸易中的比较优势。[④]

考尔（H. S. Kaur，2016）分析了印度与其他南亚国家的RCA指数，结果表明印度由于支持机构和基础设施的建设、廉价技术劳动力供给，在信息技术服务业中具有比较优势。[⑤]

奈斯等利用2000—2013年印度10个服务行业的数据验证了考尔的结论。

由于服务贸易的数据较难获得，谢泼德（B. Shepherd，2019）基于比较优势来源于相对生产率差异这一原理对RCA指数加以改进，将表示生产率的变量取幂，从而使其更具实性。[⑥]

随着国际分工深化，在全球价值链框架下利用RCA指数研究服务贸易越来越受关注。米鲁多和卡代斯坦（S. Miroudot & C. Cadestin，2017）为评价服务贸易出口在全球价值链中的地位，分别用附加值贸易数据和贸易总额数据计算RCA指数，结果显示较高的劳动生产率和较多的人力资源能够促进服务贸易出口的增长。[⑦]

RCA指数主要借鉴国际货物贸易理论，从国家之间的技术和要素禀赋差异方面分析国际服务贸易产生的动因；但是在服务贸易实践中，一国是否参与服务贸易还会受到诸多其他因素的影响，如贸易伙伴的发展、汇率的不稳定性、技术进步以及基础设施建设等。相对于货物贸易而言，这些宏观因素对服务贸易的影响更为突出。因此，在比较优势理论

---

① 王芊，佟家栋. 贸易模型发展综述：共性和异性视角 [J]. 首都经济贸易大学学报，2019，21（6）：27-44.
② DEARDORFF A V. Comparative advantage in digital trade，cloth for wine？The relevance of Ricardo's comparative advantage in the 21st century [M]. London：CEPR Press，2017.
③ BALASSA B. Trade liberalization and 'revealed' comparative advantage [J]. The Manchester School of Economic and Social Studies，1965，33（2）：99-123.
④ NATH H K，GOSWAMI B. India's comparative advantages in services trade [J]. Eurasian Economic Review，2018，8（2）：323-342.
⑤ KAUR H S. Services exports and SAARC countries：A comparative analysis of growth，performance and competitive advantage [J]. Millennial Asia，2016，7（1）：20-41.
⑥ SHEPHERD B. Productivity and trade growth in services：How services helped power factory Asia [Z]. ADBI Working Paper 914，2019.
⑦ MIROUDOT S，CADESTIN C. Services in global value chains：From inputs to value - creating activities [Z]. OECD Publishing，2017.

的基础上，学者们将分析企业和行业竞争力的"钻石模型""双钻模型"引入国际服务贸易领域，从国家和行业的维度衡量服务贸易的竞争力，从更广泛的视角研究服务贸易产生的原因。波特构建钻石模型测算行业竞争力，着眼于特定行业"后天"的技术专业化对行业竞争力的影响。[①]此后，钻石模型被广泛应用于服务贸易竞争力研究。

庄惠明等（2009）基于钻石模型实证分析中国服务贸易的竞争力，结果表明，改革开放以来，虽然我国服务业发展较快，但服务贸易的竞争力并没有得到实质性的提升。[②]

萨尔基相（A. Sargsyane）在波特的基础上构建了双钻模型，将政府和跨国活动纳入模型，同时考虑国内和国际市场的变化。

阿尔吉里（B. Algieri）等（2018）也对RCA指数进行扩展，利用进出口贸易额测算旅游服务贸易的竞争力，结果显示，地中海地区具有旅游服务贸易的竞争优势，且保护环境和可持续发展资源有利于保持该竞争优势。[③]

罗德里格斯（M. Rodríguez）等（2018）在对波罗的海周边国家的服务贸易进行研究时，利用贸易竞争优势指数来计算内部对于某种产业所具有的比较优势，用RCA指数计算外部中间服务出口市场所具有的比较优势，并进一步论证了服务贸易的发展与知识经济的关系。[④]

随着以全球价值链为基础的国际分工深化，中间品和中间服务的进出口在国际贸易中的比重不断增加。同时，各国在全球价值链中的深度融合导致制造业和服务业相互交织。因此，传统的基于服务贸易总额计算贸易竞争力的方法已经不能准确反映各国服务贸易竞争力的变化，越来越多的学者开始基于增加值评估各国服务业的竞争力和在全球价值链中的位置。

程大中等（2017）以全球价值链为背景估算了中国服务贸易整体出口、在世界市场中占比，以及行业的贸易额等相关数值，弥补了之前的计算方法低估服务贸易出口额的缺陷。[⑤]

除了对国际市场占比的计算，许志瑜等（2018）还分别计算了中国服务贸易整体和行业的RCA指数和服务贸易竞争优势指数，认为中国应该把握全球价值链带来的机遇和挑战，进一步提高服务贸易竞争力。[⑥]

姚战琪（2018）将服务贸易竞争力和中国服务业开放度结合研究，认为应扩大开放服务贸易，以提高竞争力。[⑦]

资料来源　蔡宏波，朱祎，王晓文. 服务贸易理论与实证研究新进展［J］. 上海商学院学报，2021，22（2）：3-19.

讨论：结合产业空洞化与比较优势理论的具体内容，谈谈国际服务贸易理论与国际货物贸易理论的区别与联系。

---

① PORTER M E. The competitive advantage of nations ［J］. Harvard Business Review，1990，68（2）：73-93.
② 庄惠明，黄建忠，陈洁. 基于"钻石模型"的中国服务贸易竞争力实证分析［J］. 财贸经济，2009（3）：83-89.
③ ALGIERI B，AQUINO A，SUCCURRO M. International competitive advantages in tourism：An eclectic view ［J］. Tourism Management Perspectives，2018，25：41-52.
④ RODRÍGUEZ M，MELIKHOVA Y，CAMACHO J A. Trade in services in the Baltic states：Evolution and future prospects ［J］. Technological and Economic Development of Economy，2018，24（2）：585-599.
⑤ 程大中，郑乐凯，魏如青. 全球价值链视角下的中国服务贸易竞争力再评估［J］. 世界经济研究，2017（5）：85-97；136-137.
⑥ 许志瑜，张梦，马野青. 全球价值链视角下中国服务贸易国际竞争力及其影响因素研究［J］. 国际贸易，2018（1）：60-66.
⑦ 姚战琪. 中国服务业开放度测算及其国际竞争力分析［J］. 国际贸易，2018（9）：48-54.

第三章　服务业跨国经营

内容提要

　　服务业经历了服务贸易、服务业对外直接投资、服务业跨国经营和服务业跨国公司4个由浅入深、由易变难的过程。本章旨在介绍后3个阶段，简述服务业与资本的结合，通过3种不同形式的服务业发展途径，分析服务业在发展过程中所应采取的具体方式。

❖ **引例**

　　所谓的"走出去"，不是把产品卖到另外一个国家就是"走出去"，而是在另外一个国家有商业存在。首先，你必须了解的是，"走出去"和一个国家出口产品是完全不同的两回事。到另外一个国家去投资，要面临不同的政治问题，有些政治问题是需要花时间才能解决的，而且第一步必须走对。

　　在监管方面也有很多问题。如果只是出口到一个国家，则可能不会受到监管的影响。如果在这个国家有商业存在的话，就必须解决监管上的问题，绝对不能忽略它。美国公司在中国有商业存在的话，也必须解决监管上的问题。这些监管问题对它们来说也绝非小事。因此，对于中国公司在海外拓展来说也是同理。

　　另外，别的国家当地也存在竞争对手，也许在"走出去"之前，你根本就不认识这些竞争对手，或者不知道有竞争者，而是到了那里之后你才知道有这些竞争对手。因此，在"走出去"之前，你要做很多准备工作。

　　所谓的"走出去"，不是拍脑袋就能做到的，在这之前，你必须做大量的准备工作。同时，你要具备竞争优势，如果不具备优势，去另外一个国家做生意就没有意义了。

　　投资的形式又是怎样的呢？你可以开一家分支公司，可以是全资的，可以是合资的，也可以是收购的。对于合作方，你了解多少呢？有哪些合作方？从中你又能获得怎样的好处呢？这些信息都必须提前了解清楚。有一些合资企业在组建之前，由于不了解对方的底细或者说具体情况，所以这些合资企业最后没有成功。如果想要实现国际化，就要这么做。中国企业总有一天会变得非常国际化，但又是本地的公司。这可能在一两年内是达不到的，可能需要20年的时间，但是这肯定是会发生的，对于这一点毋庸置疑。世界各地的经济都会因为更充分的竞争而受益，直接竞争对于每一个企业来说都是有利的。

　　资料来源　莫里斯-格林伯格. 中国企业走出去第一步必须走对［EB/OL］.（2010-03-21）.［2024-06-05］. http://finance.ifeng.com/hybd/special/fazhan2010/20100321/1948773.shtml.

第一节　服务业对外直接投资

一、服务业对外直接投资的产生

服务业对外直接投资包含两层意义：一是实施的方式是对外直接投资；二是实施的主体为服务业。在当代世界经济发展中，直接投资越来越成为经济国际化与全球化的主要驱动力。对外直接投资反映了一国经济体中某一居民（或实体直接投资者）在另一经济体的某一企业（或直接投资企业）中获得永久利益的行为。这种永久利益意味着直接投资者和直接投资企业之间存在一种长期的关系，并对该企业的管理产生了重大影响。直接投资包括两个实体间的最初交易，以及它们之间和附属企业之间随后进行的所有金融交易，不管这些企业是法人企业，还是非法人企业。在进口和出口直接投资统计中，在可行的所有地方，直接投资企业都应遵守东道国的行业活动规则，并按该国直接投资者的行业活动分类。

其核心内容体现在两个方面：一是要素的跨国移动。要素可以是有形要素，也可以是公司品牌、管理技能等无形要素；二是投资方拥有足够的经营管理权。以中国商务部对对外直接投资的统计为例，对外直接投资统计的范围主要包括：境内投资者通过直接投资方式在境外拥有或控制10%或以上投票权，或其他等价利益的各类公司型和非公司型的境外直接投资企业（以下简称境外企业）。境外企业按设立的方式主要分为境外子公司、联营公司和分支机构。对外直接投资统计的内容主要包括：境内投资者的基本情况，境外企业的基本情况，境内投资者与境外企业间的投资、收益分配情况，通过境外企业实现的货物进出口情况，对外投资并购情况，通过境外企业再投资情况等。对外直接投资即资本的使用方式与投资主体服务业相结合，即产生了服务业对外直接投资。

（一）服务业对外直接投资的界定

关于服务业对外直接投资的界定比较复杂。一些服务业的跨国投资行为可以使用传统的股权控制定义进行界定，如跨国银行在国外设立分支机构、贸易服务公司在国外设立办事处等。但有许多服务业的跨国投资过程难以实现或不宜使用股权控制模式。在这种情况下，区分服务业直接投资与服务贸易的标准主要是：直接投资利润收入来源于外国股权所带来的收益；服务贸易仅与接受服务者支付的销售额、佣金、使用费有关。[①]因此，服务业对外直接投资可定义为：将服务业作为投资主体，通过对外直接投资方式而获得投资收益。根据这一标准，可以将许可和管理合同等服务业广泛使用的投资方式包括在直接投资的范围内。虽然这类方式不涉及控股权，也没有实施交易内部化，但由于其收入是以国外被许可方或管理合同买主利润收入的百分比计算的，所以应算作服务业直接投资。

---

① 卢进勇，虞和军，朱晞颜. 国际服务贸易与跨国公司 [M]. 北京：对外经济贸易大学出版社，2002：131.

（二）对外直接投资转向服务业的原因

生产性服务是现代服务业的主体。作为追加的生产性服务，其实质是一种诱导性需求。所以，"服务"跟着"生产"走，跨国"生产"到了哪里，跨国"服务"就能跟到哪里。从跨国公司发展史看，服务业一般是跟随在制造业后推行其跨国活动的。早期的服务业对外直接投资并不主要由服务业跨国公司进行，相当数量的制造业跨国公司在东道国建立附属性服务企业，目的是降低成本和实现服务内部化以及产业垂直一体化。20世纪80年代后，服务业不再单纯尾随制造业后走向海外，但占服务业大部分的生产性服务还是依赖服务主动靠近被服务者客体，而不是相反的情况。因此，从20世纪70年代中期开始，服务领域的直接投资比重不断增大，从70年代初的25%发展到2019年占国际直接投资存量的80%，而且这一比例还将扩大。

1.服务业在国民经济与世界贸易中的比重增加是其在对外直接投资中份额上升的潜在原因

服务业不仅在对外直接投资中显露出其在世界经济中的重要性，它也是许多国家，特别是发达市场经济国家国民经济结构中的支柱产业。据世界银行统计，发达国家服务业产值占GDP的比重一般都在60%以上。在规模经济效益和追求市场份额的驱使下，企业需要向外扩张以求得更大的发展空间。根据联合国贸易和发展会议（UNCTAD）发布的《全球贸易最新动态》报告，全球贸易额在2022年达到32万亿美元的新高，2022年全球商品贸易总额约为25万亿美元，较上一年增长10%；服务贸易总额为7万亿美元，较上一年增长15%。服务的不可存储性（提供与消费的同时性）导致了服务的非贸易性，使得服务更需要通过对外直接投资的形式提供给国外消费者。

2.服务需求的增长与市场环境的持续宽松和开放，为服务业对外直接投资创造了条件

相对于制造业而言，各国政府对开放服务业对外直接投资所采取的态度是更加谨慎的，特别是对于本国给予垄断保护的行业，如电信业。但是，随着乌拉圭回合谈判达成《服务贸易总协定》，经济全球化的纵深发展以及各国对外开放程度的提高，世界贸易和生产发展产生了对更多服务的需求（如货运、保险等），各国经济水平的提高带来了更多的消费服务需求（如医疗、教育、旅游等），跨国公司制造业对外直接投资的不断扩大催生了新的服务需求，这一切都在推动服务业对外直接投资的发展。

3.服务业竞争的加剧，促使跨国公司纷纷向海外扩张

银行、保险和运输等服务行业，主要为制造业的国际生产和贸易提供服务。随着竞争的加剧，这些行业越来越多地利用自己的资金进行对外直接投资，以寻求更多的客户并加强自身的所有权优势，因为这些企业需要利用规模经济效益来降低服务成本，也需要在全球市场树立自己的品牌形象。东道国的服务需求和政策开放为服务业对外直接投资提供了区位优势，这主要取决于东道国的人力资源状况、信息化与通信发达程度以及相关机构的成熟度等。此外，通过对外直接投资获得内部化优势是许多服务机构进行全球扩张的一个重要动因，相对于许可经营和其他形式的国际合作，内部化不仅可以保证服务的质量，还可以降低成本并分散风险，有利于开展国际营销活动，如投资银行和保险机构的对外直接投资。

4.非服务业的跨国公司对外直接投资转向服务业

许多制造业的跨国公司同时投资于贸易、营销或金融领域，主要是为了从内部化的角度出发支持其货物制造及出口。例如，许多汽车制造厂商同时为消费者提供信贷服务，石油制造企业自己投资建立加油站等。在制药业和电子行业，跨国公司将研发中心设置在人力资源丰富、经营成本低廉的国家（地区）。还有一些大型跨国企业将其主业从工业制造逐渐转向商业服务，IBM和GE是非常典型的例子。

5.跨国并购浪潮是服务业对外直接投资的推动因素

20世纪90年代后期，跨国并购成为开发国外市场的主要手段之一。在私有化进程的推动下，服务业跨国并购的浪潮推动了对外直接投资的转向，跨国公司的并购更加集中在银行、电信和水利等服务行业。从全球来看，服务业跨国并购交易额在跨国并购总额中占据支配地位。近年来的一个新现象是跨国并购中制造业的份额急剧下降，而以石油行业为主的初级产品部门的跨国并购交易额增长了5倍。在服务业的跨国并购中，发展中经济体和转型经济体增长尤其迅速。

在初级产品方面，近年来出现的一个趋势是：以中国、印度为代表的发展中国家正加大对石油、采矿等资源类的对外并购力度；黎巴嫩、叙利亚、科威特、沙特阿拉伯、阿拉伯联合酋长国等西亚国家间的跨国并购力度也在加大；发达国家正在加大对高速增长的发展中国家的金融业、房地产业和主要制造业的跨国并购力度。

二、服务业对外直接投资的影响

（一）服务业对外直接投资对世界经济的影响

服务产业跨国投资的发展对世界经济有多重效应。

1.对全球服务产业的发展起着重要的促进作用

①促进全球服务产业的资源优化配置与重组，从而扩大各国服务产业发展的市场空间，各国服务企业可以在规模经营和国际化经营的基础上，增加服务产品的生产和供给。

②加剧各国服务业竞争，竞争直接带来产业效率的提高，促进服务企业的生产和交易成本的下降以及消费者福利的提高，同时促进服务方式创新、服务质量提高。航空运输和某些电信服务的价格大幅度下降就是全球服务市场竞争加剧的直接成果。

③有利于新技术、新产品、新的管理方法在全球的扩散。金融服务竞争导致的发展与效率提高效应也很明显。经合组织银行经营情况统计表明，大部分国家银行的工资开支占总收入的比重下降了，营业费用与总收入相比也下降了。这是竞争促进成本下降的效应。

2.加剧了全球服务业的市场整合与企业重组

在相当广泛的领域内，大型服务型跨国公司的垄断性越来越强，呈现出寡头垄断的局面。从行业分析看，金融与信息业的市场和企业整合尤为激烈。通过跨国投资与兼并，大型或超大型金融垄断企业不断在竞争中产生，金融企业的国际竞争力出现此消彼长的格局。1990年，按资产额排列的全球前两名的银行是日本第一劝业银行和富士银行。1998年4月6日，美国花旗银行与旅行者集团合并为花旗集团，合并后的花旗集团资产总额近7 000亿美元，超过了当时居首位的东京三菱银行，从而在1999年的银行业资产额排名中，全球前两名的位置被美国的花旗银行和美洲银行所取代。2007年，苏格兰皇家银行因为收购荷兰银行，总资产跃升到38 079亿美元，资产增长率高达122.6%，一举跃升为2008年世界银行总资产的首位，德意志银行跻身排行榜的第二位。规模的巨型化已成为银行业经营的一种趋势。到2023年，《财富》世界500强排名中，银行业排名居首位的是中国工商银行，总资产达695.45亿美元。

2007年以来，在电信、传媒业的并购中，美英传媒业并购进一步升温，已波及更多的世界著名传媒企业。2007年4月，创办160年、拥有《洛杉矶时报》《芝加哥论坛报》等大报的美国论坛集团，被芝加哥有实力的投资家以82亿美元的价格收购。2007年，美国传媒大亨默多克以50亿美元的价格收购了拥有《华尔街日报》的道琼斯公司。2014年，沃达丰公司完成了对希腊固网和宽带运营商Hellas的并购。同年，AT&T以480.5亿美元收购DIRECTV。2018年，AT&T以850亿美元收购了传媒巨头时代华纳（Time Warner），创下了历史上规模最大的媒体并购案之一。同年，Comcast以390亿美元收购了英国的Sky电视网络，巩固了其在欧洲市场的地位。Verizon分别以44亿美元和48亿美元的价格收购了美国在线（AOL，2015）和雅虎（Yahoo，2017），以扩展其数字媒体和广告技术业务。2019年，迪士尼以710亿美元收购了21世纪福克斯的部分资产，包括其电影和电视业务，扩大了其内容库和全球影响力。

服务领域跨国投资与并购的发展，使服务跨国公司得到快速发展。在美国《财富》杂志每年度的"全球500强"评比中，服务业公司在绝对数量和相对比重上都有了较大的增长，其所占比重超过了工业、农业跨国公司份额的总和。

3.服务产业国际投资成为推动经济全球化发展的重要力量

从经济全球化发展历史来看，服务产业的国际化或全球化的发展晚于农业与工业的全球化发展进程。20世纪80年代以来国际服务贸易与服务业国际投资增长，意味着国际资本在农业、工业和服务业3个领域向国际市场渗透。服务业的跨国投资发展，既是经济全球化的主要内容，又成了促进全球化的重要条件。

通过服务业的国际投资，在全球范围形成一个更大的服务交易网络，这有助于跨国公司内部分工和专业化的进一步发展，提高它们的竞争力。例如，在全球化中，国际竞争的加剧使制造业需要更为廉价而又可靠的连接全球的通信和运输网络以维持出口业绩；同时，由于更短的产品生命周期和"及时"生产的采用，国外厂商购买产品对时间的要求日益严格，只有高效率的通信与运输系统才能满足这种要求。

服务业的国际化经营，促进了发达国家跨国公司在更大范围、更多层面上的扩张，给更多企业（尤其是中小企业）带来了进入国际市场的机会。以电信、运输和金融服务业为代表的现代服务技术的进步，已卓有成效地降低了国际服务链的相对成本，跨国生产所需的最小规模变得越来越小，使得不同生产规模的厂商都可以利用国际服务链进行高效、分散的生产，更多的企业参与跨国化的生产经营活动。全球跨国公司数量的快速增长就是一个例证。根据2023年《财富》世界500强的统计，全球跨国公司的分布发生了很大的变化：中国142家上榜公司2022年营收总额超11.7万亿美元，相比2022年145家上榜公司，营收总额提升1.7%。日本2023年共计41家公司上榜，相比2022年的47家减少6家。美国2023年共计136家公司上榜，比上一年增加12家。《财富》世界500强共有31个国家进入榜单，前3名分别为中国（142家）、美国（136家）和日本（41家）。其中，中国和美国是唯二超过100家企业进榜的国家，且进榜数遥遥领先其他国家。从GDP层面来分析，中美两国也是全球唯二超过10万亿美元的国家，分别为18万亿美元和25万亿美元。世界呈现出欧洲、亚洲、美洲三足鼎立的趋势，不过，欧洲主要是西欧，美洲主要是北美，亚洲主要是东亚（见表3-1）。

表3-1　　　　　2023年各大洲的《财富》世界500强企业分布情况

大洲	数量	具体分布
欧洲	118	法国（24）、德国（30）、英国（15）、瑞士（11）、荷兰（10）、意大利（5）、西班牙（8）、俄罗斯（3）、瑞典（1）、比利时（1）、爱尔兰（3）、丹麦（3）、波兰（1）、卢森堡（1）、挪威（1）、奥地利（1）
美洲	162	美国（136）、加拿大（14）、巴西（9）、墨西哥（3）
亚洲	218	中国（142）、日本（41）、韩国（18）、印度（9）、新加坡（3）、马来西亚（1）、泰国（1）、沙特阿拉伯（1）、土耳其（1）、印度尼西亚（1）
大洋洲	2	澳大利亚（2）
非洲	0	

由此可见，服务的国际化经营与各国经济实力的发展成正比。一个国家的经济实力是该国服务业对外经营的基础。以日本为例，日本曾是世界服务业对外直接投资的大国，但伴随着日本经济的低迷，日本拥有跨国公司（世界500强）的数量大体呈递减趋势（见表3-2）。

表3-2　　　　　2010—2023年日本跨国公司数量变化

年　份	2010	2011	2012	2013	2014	2015	2016	2017	2018	2019	2020	2021	2022	2023
跨国公司数量	71	68	68	62	57	54	52	51	52	52	53	47	41	41

4.进一步调整发达国家与发展中国家在国际分工中的利益分配

服务业国际化经营促进了国际分工的深化。在发达国家与发展中国家之间，它们的垂直分工被强化，即发达国家高新技术制造业和知识技术密集型服务业与发展中国家劳动密集型制造业和服务业的分工；同时，它们之间一种新的分工形式——加工工序与生产服务的分工在被强化。这使发展中国家在整个国际分工中处于更加不利的地位，将导致世界财富向服务业竞争力强的发达国家进一步积聚。在发达国家与发展中国家加工工序与生产服务的分工中，发展中国家充当的是发达国家的生产加工基地角色，影响产品价值链的诸多重要的生产服务环节，如产品设计、新产品、新工艺开发，海外市场的拓展，原材料的采购供应，资金的筹集调度和财务控制等高附加值的业务，都由发达国家掌握。这种分工虽然能够为发展中国家带来就业、产出增加等效应，但在总体利益分配上，发展中国家只能分配到极少的一部分产品加工所得。作为发达国家制成品的生产加工基地，发展中国家还要付出环境恶化的代价。

在国内服务市场开放中，发展中国家虽然可以通过引进外资、外国先进技术促进服务业发展，但由于国内服务业企业与跨国公司竞争力相差悬殊，本国服务业企业的成长空间会受到严重挤压。同时，由于金融、通信、信息、数据处理等服务部门涉及国家主权、机密和安全，国家经济安全也会受到威胁。1997年亚洲金融危机的发生充分表明了金融开放与金融风险的关联性。特别是信息技术和互联网的发展，使各国置身于一个全球性的统一网络中，这也在不断加大发展中国家经济所面临的外来风险。需要正视的是，市场开放所引发的外来风险的袭击，是目前发展中国家自身的管理与调控能力所难以控制的。

（二）服务业对外直接投资对东道国的影响

从世界经济福利的角度讲，服务业对外直接投资能够通过跨国服务实现规模经济效益和资源的更有效配置，是有益的，但是对于东道国，特别是发展中国家来讲，其影响是双重的。

1.正面影响：外溢效应

①类似于其他产业，服务业对外直接投资为东道国提供了更多的资金，为东道国资金流量带来净增量。这对资金短缺的国家（特别是发展中国家）而言无疑是有利的。

②服务业对外直接投资带来了先进技术、知识与技能，包括诸如设备和工艺流程等硬技术以及管理、营销等软技术。但是，服务业中包含的技术组合不同于制造业，对外直接投资并非服务业获得硬技术的主要途径，而软技术是转让知识和技术的主要形式。例如，在银行、保险和饭店等行业，投资方会对其子公司人员进行一系列的技能与知识培训；管理咨询公司通过培训逐步提高当地企业的专业服务能力等。

③虽然与制造业相比，服务业跨国公司的直接出口仍然十分有限，但是它们对东道国企业的出口竞争力产生巨大的间接影响。服务业对外直接投资能够直接地或间接地提高东道国当地制造业的生产效率。以国际饭店的连锁经营为例，其提高了东道国的旅游业竞争力，带来了巨大的国际客流，它还是发展中国家获得外汇的一个重要途径。

④服务业对外直接投资为东道国创造了更多的就业机会。虽然每单位美元投资所创造的工作机会仍低于制造业，但是服务业对外直接投资在促进就业方面具有巨大潜力。一方面，在外资服务业部门工作的劳动力能够获得更好的培训和更高的工资；另一方面，在目前阶段，由于技术限制，服务业的专业化分工仍然有限（无法像制造业那样按照价值链分割，将每一阶段的生产安排在全球成本最低的地区）。此外，在为上游和下游企业提供服务和支持时，服务业对外直接投资也间接地增加了二者的就业。

2.负面影响：内敛效应

①大部分服务业对外直接投资旨在开拓市场，寻求非交易性活动，并有可能以对外支付的形式进行利润汇出。所以，这不仅可能对增加外汇收入无任何作用，反而可能对国际收支造成负面影响。

②东道国相关行业受到很大冲击。在东道国原有的高度保护下，诸如银行、电信、旅游等行业，其国内市场是非完全竞争的，甚至是垄断的，因而适应市场的能力和扩大竞争优势的能力有限。随着外资企业进入这些行业，东道国国内原有企业在资金、经验、技能和创新方面都面临巨大挑战。

③外资服务机构将与东道国本地企业更加激烈地争夺人力资源，其工作条件与薪酬状况可能导致大批优秀人才流向外资企业，从而给本地企业的发展带来更多困难。

④服务业对外直接投资可能带来3个方面的风险：

第一，如果东道国政府管理控制不善，缺乏有效的规章制度，有可能在体制方面给本国经济带来动荡；

第二，如果在管理公用事业和私有化时缺乏有力控制，有可能导致私人垄断；

第三，因为各国在社会文化背景上的差异极大，外资企业在这些领域的运作容易造成冲突和伤害。

因此，对于开放服务业外商直接投资的东道国来讲，最重要的是正确分析当前的国际环境，针对外商直接投资制定有效的引导、管理和控制措施，使其对外资的运用发挥最大的正面作用。

三、服务业对外直接投资的发展

（一）服务业对外直接投资的发展过程

服务业领域国际直接投资的发展与国际服务贸易的发展趋势是相一致的。20世纪70年代初，服务业对外直接投资只占世界对外直接投资总量的1/4。在这之前，国际直接投资主要集中在原材料、其他初级产品，以及以资源为基础的制造业领域。20世纪80年代以后，服务业的跨国直接投资不断升温，跨国投资逐渐成为服务业国际竞争的一种主要形式，在全球跨国投资总额中所占份额日益增多。联合国跨国公司中心《1993年世界投资报告》显示：1970年，在发达国家的对外直接投资中，第二产业占首要地位，其份额达45.2%，第三产业（服务业）只占31.4%；1985年，其服务业对外直接投资已达42.8%，超过第二产业的38.7%；到1990年，其服务业对外直接投资超过了第一、二产业的总和，达50.1%。发达国家服务产业所接受的外商直接投资，1970年仅为23.7%，1990年达到了48.4%。相比较来说，流入发展中国家的外商直接投资主要是在第二产业。在服务产业领域的投资，从1970年到1990年只从23.5%增加到29.5%。这说明发展中国家由于经济发展阶段的局限，服务产业的对外开放和国际化过程明显慢于发达国家。进入20世纪90年代以后，服务领域的国际直接投资在全球直接投资总额中一直呈占据半壁江山以上的格局。进入21世纪后，以"金砖"五国为代表的新兴经济体迅速发展；与此同时，由于2008年全球金融危机的爆发与2010年欧洲债务危机的蔓延，发达国家的经济增长乏力，因此，服务贸易对外直接投资的趋势产生了深刻的变化。联合国贸发会2024年1月17日发布的《全球投资趋势观察》指出，2023年，世界跨境直接投资总额达1.37万亿美元，较2022年增长3%。但刨除为了避税的资金，实际投资总额是下降的，其中欧盟吸收外商直接投资减少了23%，美国同比下降3%，中国下降6%，东盟下降16%，而印度下降47%。

在服务业跨国投资的发展中，一个突出的特点就是跨国并购的大发展成为直接投资的主要形式。尤其是20世纪90年代以来，贸易和投资自由化及经济全球化的发展，促使全球经济结构调整和竞争加剧，也促进全球服务市场的整合和服务业跨国公司之间的并购和重组，跨国并购浪潮一浪高过一浪。随着全球以远距离移动资源为基础的制造业投资和远距离移动商品的国际贸易正逐渐受限和收缩，现代服务业成为跨国投资的热点。这是因为：

第一，数字电信技术高速发展；

第二，服务业本身在各国，尤其是发达国家的国内生产总值中所占的份额越来越高；

第三，服务产品具有无形性、不可分离性、异质性、不可存储性及所有权的不可转让性，更需要在消费当地生产。

此外，结合约翰·哈里·邓宁（John Harry Dunning）的国际生产折中理论和迈克尔·波特的价值链理论可以证明：服务业的对外直接投资采用跨国并购形式比新建投资形式的成本和风险更低。

（二）服务业对外直接投资的特点

1.服务业对外直接投资的快速增长成为引领新一轮国际直接投资高潮的新增长点

当前，主要新兴经济体进入工业化中后期，经济服务化转型趋势明显，服务贸易成为新兴经济体的重要增长动力。以中国为例，《中国服务贸易发展报告2022》显示，2022年，中国服务进出口规模总额达到8 891亿美元，再创历史新高，连续第九年位居全球第二。服务贸易国际竞争力持续上升，数字化服务出口占服务出口的比重将近50%，离岸服务外包规模稳步扩大，转型升级的成效明显。"中国服务"将带来巨大的市场空间，并成为全球可持续增长的重大利好。

2.服务业对外直接投资主要为发达国家所控，但在来源国分布上将越来越趋于均衡

根据《2023年世界投资报告》，受俄乌冲突、食品和能源价格高涨及公共债务飙升等因素影响，2022年全球外国直接投资较上年下降12%至1.3万亿美元。在全球外国直接投资下降的大背景下，2022年进入中国的外国直接投资增加了5%，达到1 890亿美元，主要集中在制造业和高科技行业，大部分来自欧洲的跨国企业。发达国家的跨国公司仍是服务业对外直接投资最主要的来源，美国、日本和欧盟仍是最主要的服务业对外直接投资国或区域，发展中国家服务业对外直接投资有较大幅度的增长，但总体规模仍然有限。

3.全球服务业领域的国际直接投资主要表现为发达国家之间的双向投资

国际服务业直接投资的风险较大，因此投资者除追求盈利外，还寻求安全性。相对而言，发达国家的投资环境要优于发展中国家，投资者自然将发达国家作为国际直接投资的主要市场。未来美国仍将是全球服务业国际直接投资的最大东道国，中国和印度等可能成为发展中国家吸收服务业国际直接投资最多的国家。

4.服务业国际直接投资流向与国际货物生产投资发展方向一致

由于许多服务无法异地交易，随着跨国公司生产业务的全球扩张，产生了通过国际投资将服务带入国外市场的需求，于是形成了全球服务业直接投资跟随跨国公司全球生产网络调整而调整的现象。可以预见，在未来一段时期内，随着跨国公司生产能力向亚太地区转移，国际服务业领域也将出现一次向亚太转移的高潮。

5.并购和非股权安排是当前服务业国际直接投资的最主要方式

由于服务业投资的特殊性，跨国公司更倾向于采取跨国并购和非股权安排的方式进行服务业的跨国投资。目前，世界各国纷纷放松对服务业领域跨国并购的限制，带动了跨国公司通过并购而非"绿地投资"的方式进入新市场，诸如银行、电信和供水等行业的并购趋势更为强劲。与实物投资相比，服务业领域的投资更多地涉及投资者专有资产（软技术、无形资产、组织管理技能等），国际投资者更倾向于采取诸如经营许可（特许经营）、管理合同、合伙等非股权安排的方式进行投资。

四、我国服务业的对外直接投资

改革开放以来，我国服务业取得了长足发展，不过与发达国家相比差距还是很大，这是由于其长期垄断发展造成保护过度，竞争力不强。要打破垄断，就要扩大对外开放，引进外商直接投资是较高层次的对外开放。同时，党的二十大报告提出，引进外资投资时要"合理缩减外资准入负面清单，依法保护外商投资权益"。

根据《全球投资趋势监测》，2022年我国实际使用外资1 891.3亿美元，与2019年相比增长36.9%，明显高于同期日本、韩国的增幅。在2022年高基数的基础上，2023年1月至4月，全国实际使用外资金额为4 994.6亿元，继续保持增长态势。同时，新设外资企业数量增长较快。2023年第一季度，新设外商投资企业超过1万家，同比增长25.5%。中国海关数据显示，2023年1月至4月，外商投资企业出口和进口的降幅均逐渐减小，呈反弹向好态势。联合国贸易和发展会议的调查显示，中国是跨国企业全球投资的首选地。

从我国开始引进外资到目前为止，无论是从存量还是增量上看，外资都已达到一个比较高的水平。服务业外商直接投资将继续成为我国引资的热点领域，但我国服务领域存在的诸多问题在一定程度上制约了服务业对外资的高效利用和服务行业水平的快速提升。因此，有必要来研究一下我国如何根据自身发展的需要，积极、稳妥、有序地扩大服务领域的对外开放和如何有效地利用服务业外商直接投资问题。

（一）我国服务业在引进及利用外商直接投资中遇到的问题

服务业之所以能够成为我国吸收外商直接投资的热点领域，除了其行业利润率高和行业投资密度较低以外，还在于政策的稳定，经济、法律制度的完备，市场的成熟和良好的发展前景。但是，服务业在引进及利用外商直接投资中也遇到一些问题，影响了我国服务业利用外资的效率，具体表现在：

1.服务业市场准入条件严格，总体对外资的开放程度不高

相当多的服务行业，特别是有关国计民生的服务行业，并没有对外资实行积极有效的开放，行业垄断的特点十分明显。同时，人力资本需求高的服务业比传统服务业有更为严格的市场准入条件。

2.服务业在我国引资总额中的比重较低

外资在服务业内各行业投资结构不合理，投资地区分布不均衡。外资更多地流向了制造业而非服务业；更多地投资于房地产业，而非科、教、文、卫及金融、保险等领域；更多地进入东部地区而非西部地区。

3.服务业开放管理滞后

目前我国缺乏对服务业对外开放的整体协调和管理，主要表现为：服务业缺乏统一的对外开放的宏观管理和协调部门，中央和地方的服务业开放政策不统一；各有关部门在管理上仍然存在多头、交叉、条块分割，出现一些中间地带，形成漏洞。

4.有关服务业的法律、法规不完善

尽管近些年来我国先后颁布了《中华人民共和国商业银行法》（以下简称《商业银行法》）、《中华人民共和国保险法》（以下简称《保险法》）和《中华人民共和国海商法》

（以下简称《海商法》）等一批有关服务业国际直接投资的重要法律、法规，但仍没有一个关于服务业的一般性法律，对一些重要的服务部门，如电信、旅游等领域的投资尚无立法或立法不完备，还有相当一部分领域的法律处于空白状态，立法层次较低。

（二）对我国服务业外商直接投资的建议

我国是发展中国家，所以前文提及的服务业对外直接投资对东道国的影响，同样对我国产生了多方面的负面影响。我国需要在服务业继续对外开放的情形下，正确分析当前的国际环境，针对利用外商直接投资制定有效的引导、管理和控制措施，使其对外资的运用发挥最大的正面作用。

1.合理保护我国服务业

①在积极引入服务业国际直接投资的同时，时刻不忘保护本国服务市场和服务业企业的正当权益；时刻明确积极吸引服务业国际直接投资只是振兴我国服务业的手段，而非最终目的，所以千万不能以牺牲国内服务企业为代价，在这方面，应该是以提高我国服务业整体产业水平为最终目标。

②制定合理的、宽松的产业组织政策。我国政府应在发挥市场竞争机制的基础上，因势利导地去推动服务业产业组织结构合理化，最终促进服务业竞争力的提高。其主要措施包括扩大企业规模，加快政企分离，消除垄断，放宽审批手续、资金规模限制等要求。

③建立统一的服务业管理部门和完善的服务立法体系。成立服务业统一的管理部门，能够加大我国服务业保护力度；制定一部统一的服务贸易基本法、完善重要服务部门的法律规范、缩短国内立法与国际规范的差距，则是促进我国服务业健康发展的重要保证。

2.扩大服务业利用外商直接投资的规模

继续扩大服务业吸引外商直接投资的规模和力度，是我国迅速提高服务业整体竞争力的根本要求。在具体的开放过程中，我国应做好以下几点：

（1）有步骤地、科学地开放国内服务业市场

近些年来，服务业在欧美发达国家GDP中的比重为60%~70%，而在我国为50%左右。2023年，我国服务业增加值占GDP的比重增至54.6%。服务业比重高是社会分工细化、经济发达的表现，我们应该通过法律的完善和环境的优化吸引更多的外商直接投资。按照中国入世承诺，我国将逐步对外资开放服务领域。目前我国已经相继颁布了30多项法规和规章，逐步开放金融、分销、物流、旅游和建筑等数十个领域，拓展外资进入中国的服务领域和地域范围，降低准入门槛，形成了服务贸易开放的新格局。例如，2004年6月1日，我国实施的《外商投资商业领域管理办法》按时兑现了开放分销权的承诺，7月1日施行修订的《对外贸易法》（该法分别于2016年、2022年修正），提前半年兑现了开放外贸权的承诺。我国作为一个发展中家，在对外资开放过程中，应采取"梯度开放"的策略，包括行业梯度、地域梯度、业务梯度和股权梯度，渐进地、有调控地开放国内服务业。

（2）不断优化国内引资环境

综合邓宁关于国际投资的三优势理论和近年来学者对外商直接投资的影响因素进行的实证分析，东道国的外商直接投资存量水平、外商直接投资政策（包括外商直接投资的市场准入、国民待遇的实施、产业政策、税收政策、财政政策、进出口政策等）、劳动力的

数量、基础设施和劳动力的质量是优化吸引外商直接投资环境的关键因素，我国应该注重这些方面的改善。同时，大力发展服务业中的金融、信息咨询等行业，培养有组织的市场体系，克服自发市场体系下的种种弊端。通过市场机制的作用，实现资源优化配置，并以企业的新陈代谢、产业的兴衰为依据，确定外商在服务业发展中的具体行业选择。

（3）积极利用外资与吸收消化相结合

其主要表现为：

一是引进规模要与吸收能力相适应。利用外资服务业应保持一个适度规模，这既有利于我国政府的宏观管理及服务业的发展，又有利于利用外资服务业的"集约型经营"，从而提高利用外资的质量。

二是引进外资要与吸收消化同时进行。我们利用外资服务业应不仅满足于把国外先进的管理经验、经营机制和先进的技术引进来，更重要的是如何提高我国现有服务业的整体水平，即在利用外资服务业方面应更多地鼓励以合资经营性质为主，从而达到利用外资服务业的先进技术、管理经验、人才培养等一揽子要素的目的。

（4）建立健全国内的机构和机制，监控外资在中国的发展，努力减少内敛效应

联合国贸易和发展会议认为，发展中国家有必要对服务业吸收外资持谨慎态度。因为在一些垄断性的行业（如电信服务或公用基础设施）中，如果缺乏有效监控，容易发生市场权力滥用的问题，导致私人垄断。此外，跨国公司利用转移价格，也会对国内经济造成损害。在人力资源方面，我国政府应该加大教育投资，提升人才的总体水平，同时改革户籍和人才管理制度，降低人才流动的成本，不仅为跨国公司来华投资提供人力资源，也在一定程度上减少其与中资企业争夺优秀人才的摩擦，保证中资企业充足的人力资本、知识积累和技术创新能力。我国应加强行业管理和法规建设，依照法律严格监督外商投资企业的经营，依法处置违规行为，从而在制度上保障我国服务业在对外开放中具有高效、有序的管理机制，改善投资环境，提高监督管理水平；同时，要提高管理部门的服务质量和工作效率，以及管理人员的政治素质和业务素质。

（5）尽可能地利用外商直接投资的外溢效应

外资不仅带来了丰富的资金、技术、知识，通过外资在中国的运作和培训，中国企业还可以学习到先进的专业技能、营销理念以及科学的管理经验。其间接效应有二：一是服务于我国的制造业发展；二是为我国的服务业发展树立典范。中资企业可以尝试加入跨国公司战略联盟，参与到它们的产业链和本土化进程中，提高自主研发与创新的能力。中国市场规模巨大，开放之后客观上形成了国内跨国公司之间的竞争态势。由于门槛降低，入世后我国实际利用外资规模快速扩大。中国实际利用外资的规模已经由2001年的469亿美元扩大到2023年的11 339.1亿美元。原先估计，入世后由于有更多的外商投资进入，中国的市场竞争将更加激烈。但实际上许多人低估了中国的市场规划，世界上没有一家跨国公司完全垄断了中国的某个行业，反过来可以利用多家外资企业的竞争使这个行业得到更大发展。也就是说，由于中国的大国经济效应，形成了国内跨国公司之间的竞争态势，从而打破了跨国公司在中国可能形成的技术和产业的垄断、压制和控制，客观上提升了中国产业的跟随能力。在有的行业，跨国公司（以及发展起来的中国企业）之间的竞争迫使跨国公司引进关键技术、人才和管理技术，形成技术扩散和模仿的良好条件。

（6）坚持"走出去"战略

2000 年下半年，中国电信集团有限公司（简称中国电信）在美国设立了分支机构，并开始经营运作。2002 年 1 月，中国网通[①]在美国设立了分公司，成为继中国电信之后第二家实施"走出去"战略的电信企业。[②]2023 年，中国移动通信集团有限公司以 1 396 亿美元排在世界 500 强的第 62 位。虽然我国进行对外直接投资的流出量和存量，特别是在服务业，还十分有限，但是加大服务业在国民经济中的比重，发展我国服务业的海外投资，是顺应国际市场环境和生存竞争要求的。在世界市场竞争中，中国应从政策、信贷和人力资源等各方面鼓励企业向集约化、规模化方向发展，建立和加强自身在国际经营中的竞争优势，并进一步实现"走出去"的发展战略。

综上所述，利用外商直接投资对我国服务业发展及国际竞争力提升具有一定的贡献，但随着服务市场进一步开放，引入更多的外商直接投资带来的潜在风险也在上升。在机遇与风险并存的情况下，制定合理保护服务业与扩大利用外资的相关政策措施显得尤为重要。

第二节　服务业跨国经营基础

一、服务业跨国经营理论

服务业跨国经营理论随着服务贸易发展的全球化而日益受到人们的重视，比较典型的有巴克利（Barkley，1976）和卡森（Carson，1985）的"内部化"理论，他们在原有的"内部化"理论的基础上，说明服务企业也有内部化中间市场的优势。卡森强调，服务消费中买者的不确定性是市场不完善的来源之一，将会导致较高的交易成本，从而使企业的对外直接投资成为一种必要。

作为对外直接投资的集大成者，邓宁（1980）在服务业对外直接投资方面也有比较系统的论述，提出了国际生产折中理论（如图 3-1 所示）。他指出，服务业对外直接投资也应同时具备所有权（ownership）优势、区位（location）优势和内部化（internalization）优势 3 个条件，简称三优势（OLI）。相对而言，该理论体系比较完善，也最具有代表性。

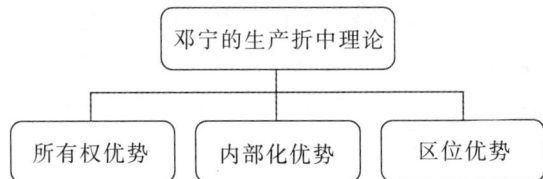

图 3-1　邓宁的国际生产折中理论

（一）所有权优势

服务业所有权优势可以理解为企业满足当前或潜在顾客需要的能力。一般有 3 个重要的判断标准：一是服务的特征和范围，如服务的构思、舒适度、实用性、可靠性、专业化

程度等；二是服务的价格和成本；三是有关售前、售中和售后服务。具体来讲，服务业跨国经营的所有权优势主要体现在以下几个方面：

1.质量

由于服务一般具有不可存储性、异质性等特点，因此保证服务质量对企业尤为重要，特别是随着收入水平的提高和企业之间的竞争加剧，质量日益成为影响消费性和生产性服务需求的重要变量。在许多情况下，它是决定服务业跨国公司竞争力的一个最重要的变量。在一些服务行业中，企业创造和保持一个成功品牌形象的能力，或者在多个地区提供服务时实行质量监控的能力和降低购买者交易成本的能力，是其保持质量形象和占有竞争优势的关键。

2.范围经济

这是指服务提供者可以满足消费者对产品种类和价格的多种不同需求。在运输、商业等服务行业中，其都不同程度地存在范围经济。最典型的是零售业，零售商储存商品的范围越宽、数量越大，在同供应商交易中讨价还价的能力就越强，从而可以较低价格获得商品；同时，供货种类和数量的增加使零售商有能力降低消费者的交易成本。此外，讨价还价能力的提高使零售商能够加强其对买卖的产品和服务质量的控制，也有助于扩大其所有权优势。

3.规模经济

服务企业能够通过较大的规模有效降低单位成本，针对不同的经营环境来调整价格以实现利润最大化。此外，大型服务业公司还往往容易得到优惠的融资条件和折扣等。至于规模经济和范围经济产生的分散风险优势，在保险、再保险和投资银行方面表现得更为突出。在这3个行业中，规模是成功进行对外直接投资的前提条件。

4.技术和信息

在制造业中，衡量生产技术和产品知识成分的指数，通常是R&D占销售额的比重，专业人员、科技人员和工程人员在总就业中所占的比重以及取得的专利数量等。在服务业中，与上述衡量标准类似的指标是对信息的把握和处理能力。在许多服务业中，以尽可能低的成本对信息进行搜集、加工、储存、监控、解释和分析的能力，是关键的无形资产或核心竞争优势。对于证券、咨询这类以数据处理为主要内容的服务行业，情况更是如此。随着知识经济的出现，知识密集型服务行业的跨国公司数量增多，信息和技术在竞争中的地位日益重要，它们还能为规模经济、范围经济以及垂直一体化提供机会，特别有利于大型的、经营多样化的跨国公司，但由于数据技术往往需要昂贵的辅助资产、固定成本或基础设施，因此拥有这两项优势的服务业企业也就占据了竞争中的有利位置。

5.企业的信誉和商标名称

服务是典型的"经验产品"，其性能只有在消费之后才能得到评价，而且由于服务的主体是人，其性能还往往呈现出多面性。因此，像商标这样的非价格因素往往是服务型企业向消费者传递信息的有力手段，也成为企业主要的竞争优势之一。

6.人力资源

服务的施动者和受动者都是人，人力资源素质的提高无疑将使服务的数量和质量大大提升，有利于扩大企业的优势。另外，在人力资源的使用过程中还普遍存在"干中学"和"溢出效应"这样的动态效应，为服务业企业优势的创造、保持和发展奠定基础。所以，人力资源对于服务业企业来讲尤为重要。

7.创新

不断在生产、经营和管理方面进行创新是现代服务业企业保持恒久竞争力的源泉。

此外，所有权优势还可以表现在服务业企业利用诸如劳动力、自然资源、金融、数据处理和传送设备等投入的机会，进入产品市场的机会，进入信息、金融、劳动力国际市场的机会或对国际市场的了解程度等方面。跨国公司为了比竞争对手更成功地满足上述标准，或者必须独家或经授权拥有特殊的技术、管理、金融或营销资产，以便以最低生产成本生产和销售特有的产品和服务，或者能实现规模经济。表3-3反映的是服务业跨国经营的所有权优势。

表3-3　　　　　　　　　　　　**服务业跨国经营的所有权优势**

分　类	具体内容
产权 （无形资产） 优势	产品创新、生产管理、创新能力 组织系统和营销系统 尚未整理成文的知识；人力资本经验库；营销、金融、诀窍等 寻找、取得、使用和管理信息的能力 控制产品质量和（或）按顾客需要供应定制产品的能力 商标或品牌信誉
共同管理 的优势	①现有企业的分支机构比新企业具有的优势包括： 主要由于企业规模和工人的地位而具有的优势，如范围经济和专业化经济垄断力量，较好地取得资源能力和较高的利用率 利用诸如劳动力、自然资源、金融、数据处理和传送设备等投入的机会 以较有利条件（如规模、卖方垄断）获得投入品的能力 进入产品市场的机会 以边际成本从母公司获得资源的机会 联合供应的经济性（不仅在于生产，而且在于购买、销售、财务等） ②由跨国化而产生的优势包括： 进入信息、金融、劳动力国际市场的机会和（或）对国际市场的了解 利用要素、市场、地理差异的能力 在不同的货币区和（或）政治形势等环境中分散或降低风险的能力

（二）内部化优势

内部化优势是指服务业企业为了克服外部市场的不完全性和不确定性，防止外国竞争对手模仿，将其无形资产使用内部化而形成的特定优势。一般而言，与服务业跨国公司特别有关的内部化优势主要包括以下几个方面：

1.避免寻找交易对象并与其谈判而节约成本

服务业国际贸易的起始点是跨越国境寻找合适的客户资源，其中必然会产生包括寻租成本、协商成本等在内的一系列交易成本。跨国公司通过将外部交易内部化，可以有效地降低交易成本，尤其是当跨国投资的启动成本低于外部交易成本时，对外直接投资就是有利可图的，企业也能因此取得竞争优势。

2.弱化或消除要素投入在性质和价值等方面的不确定性

由于服务产品的差异性较大，又具有量身定制的特征，信息的不对称性使得买方对产品的了解程度远低于卖方，容易出现服务业的买方出价过低或卖方要价过高的现象。内部化可以克服以上弊端，消除投入方面的不确定性因素，对于中间性服务产品尤为重要。

3.中间产品或最终产品质量的保证

产品质量控制是服务业企业对外直接投资的主要动力之一，通过将服务交易内部化，服务业企业可以用统一的衡量标准，实现在全球范围内对产品质量的监控，使其所有权优势得以保持和发挥。

4.避免或利用政府干预

目前，对服务产品跨国交易的严格管制普遍存在，配额、关税、价格管制、税收差异等干预手段层出不穷。相对来讲，外商投资由于其在一国经济发展中所产生的积极影响而易于被东道国接受。因此，通过跨国境投资设厂可以降低服务业国际交易中的政策性因素干扰，而且能得到东道国的一些优惠性投资待遇，有利于企业在当地市场展开竞争。

内部化使用可以比非股权式转让带给无形资产所有者更多潜在的或现实的利益，同时具有所有权的内部化优势的企业也并非一定选择对外直接投资，因为它也可以在国内扩大规模，依靠出口来获得充分补偿。所以，所有权优势和内部化优势只是企业跨国经营的必要条件，而非充分条件。服务业跨国经营的内部化优势包括：避免寻找交易对象并与其谈判而节约的成本，避免行使产权的成本，弱化或消除要素投入（如技术）在性质和价值等方面的不确定性，禁止价格歧视的规定，中间产品或最终产品质量的保证，对缺乏期货市场的补偿，避免或利用政府干预（如配额、关税、价格管制、税收差异等），控制要素投入（包括技术）的供应和销售条件，控制市场渠道（包括可能被竞争者利用的市场渠道），使用交叉补贴、掠夺性定价、提前或推迟结汇、转移价格等竞争或反竞争策略。

（三）区位优势

区位优势不是企业所拥有的，与所有权优势和内部化优势不同，它是东道国所有的特定优势，企业无法自行支配，只能适应和利用这种优势。区位优势主要表现在以下几个方面：

1.东道国不可流动的要素禀赋所产生的优势

要素禀赋优势如自然资源丰富、地理位置优越、人口众多等。不同的服务行业对外直接投资对区位优势的要求也不同。比如，旅游业服务点的选址显然与金融业大不相同，前者需要考虑气候、自然风光、名胜古迹等，后者则集中在工商业中心。除了区位约束型服务外，跨国公司对东道国的区位选择主要受服务消费者需求支配，因此东道国人口数量、人口素质、习惯性的消费偏好等因素也决定了跨国公司的对外直接投资行为。除此之外，东道国较大的市场规模、较高的资源质量、较为完善的基础设施，以及地理相邻、语言相通、文化相近的地缘优势等因素，也构成了重要的区位优势。

2.东道国的政治体制和政策法规灵活、优惠而形成的有利条件

东道国政府在服务领域的政策干预可能会给投资者创造更好的竞争机会。

3.聚集经济也是一种区位优势

竞争者集中的地方，会产生新的服务机会，这种服务是针对市场发展需求而产生的。

区位优势的获取与保持是服务业对外直接投资的关键，当企业投资的产业选择与东道国的区位特色相融合时，会强化产业比较优势和区位比较优势，促进对外直接投资的发展；反之，则使两者的优势相互抵消、衰减甚至丧失。但应注意的是，区位因素直接影响跨国公司对外直接投资的选址及国际化生产体系的布局，只构成对外直接投资的充分条件，而非必要条件。

由于许多服务的无形性和易逝性，它们的跨境交易费用高得惊人，这就要求这些服务的生产和消费在同一地点和同一时间进行。于是，在许多服务业部门中，跨国经营成了向外国市场提供服务最方便的形式。随着贸易、制造业对外直接投资、技术转让和旅游的发展，对支撑其增长的服务业的需求日益扩大。除了区位约束型服务外，跨国公司东道国的区位选择主要受服务消费需求的支配。影响服务业跨国公司活动区位的特殊因素包括：自然资源、人造资源禀赋和市场的空间分布；劳动力、能源、原料、元件、半成品等投入的价格、质量和效率；国际运输和通信成本（在服务业中可能极高）；鼓励和抑制投资的因素；对服务贸易的人为障碍（如进口管制）；基础设施（商业、法律、教育、运输和电信）；心理差距（文化、语言、商业、习俗等差异）；信息搜集和解释；R&D、生产及销售；经济制度与政府政策、资源配置的框架；市场和市场准入法规。

另外，坎特威尔和托伦惕诺提出的技术积累—技术改变的演进理论和小泽辉智提出的贸易投资一体化发展理论在分析对外直接投资方面都是比较有影响力的。坎特威尔和托伦惕诺从技术进步和技术积累的角度分析了发展中国家对外直接投资的阶段性动态演进过程。根据他们的研究，发展中国家跨国公司对外直接投资深受其国内产业结构和国内技术创新能力的影响，在产业分布上应选择部分具有绝对优势的产业；在地域分布上受"心理距离"的影响，应选择习惯与需求相近的国家。

日本学者小岛清则把经济发展、比较优势与对外投资作为相互作用的三种因素结合在一起，指出直接投资的发展及其模式遵循比较优势的动态变化规律，从而使本国的比较优势不断增强。保持经济竞争力的动机使发展中国家从追求贸易和吸引外资变为贸易投资一体化，国与国之间经济发展阶段的差异性和动态比较优势的互补性为对外直接投资创造了机会。

这些服务业对外投资理论从以下几个方面进行了解释：

第一，大多数服务贸易与对外直接投资有密切关系，许多服务贸易是与制造业的对外直接投资同时进行的，可以说制造业的对外投资与服务业的对外投资能够相互促进。

第二，新兴服务业大多属于知识密集型产业，技术含量高，产生的经济附加值高，对资源的依赖程度较低，环境污染少，更加受各国欢迎。

第三，从需求角度看，消费需求的个性化、多样化使消费者更加追求亲身的体验并感受新兴服务产品带来的满足（体验经济）。这就要求服务消费和提供同时进行，而这只有通过直接向国外投资才能做到。

二、服务业跨国经营方式

服务是无法运输和储存的无形产品，不管其有无比较优势，均不可能脱离供应者而单独地进入进口国被消费，需求者也不可能在自己国家享受进口的服务，唯有在其生产国才能享受。因为伴随着消费者的人员跨国移动的服务贸易毕竟是小规模的，所以这种"过境消费"的服务贸易并非国际贸易的主体。而作为主体的服务贸易是供给国即生产者直接投资、在市场开放的需求国或东道国设立服务业企业（以"商业存在"形式）、消费者无须进行外汇支出而在境内消费外商企业服务的国际贸易，即服务业的跨国经营。对于企业进入国际市场，应主要研究进入模式的种类及选择标准。

（一）进入模式的种类

企业进入国际市场的模式（如图3-2所示）有：

①产品输往国外销售，即出口；

②对外直接投资，包括设立独资、合资和合作企业；

③契约进入，即以经营许可（特许经营）方式进入。

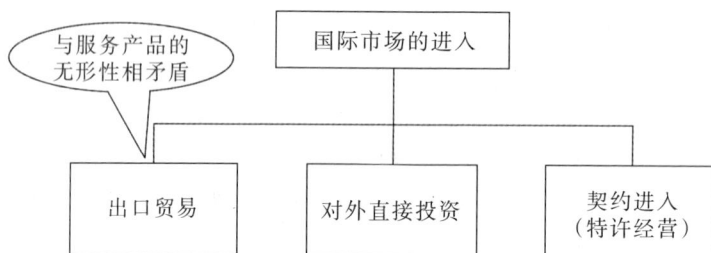

图3-2　企业进入国际市场的模式

对于制造业来说，企业进入模式主要是前两种，即选择产品出口还是在外生产，而且这两种模式在制造业中有着替代关系。服务产品的无形性决定了它不能像物质产品那样被输往国外市场销售，所以服务业并不完全是这两种非此即彼的选择。"过境消费"对生产国来讲是被动的，而主动的出口唯有对外直接投资。

（二）进入模式的选择

在决定企业跨国经营的因素中，有3个方面的因素对服务业和制造业的跨国经营产生影响。

1.市场因素

市场因素如市场规模、市场增长、确保或扩大市场份额、与消费者保持密切联系、打破现有市场划分等。制造业的对外直接投资可以仅以东道国作为生产基地，不一定作为销售市场或主要销售市场；而服务产品的无形性决定了它的对外直接投资一定要以东道国作为市场。投资国企业是为建立或扩大东道国市场而实行跨国经营的。

2.出口障碍因素

出口障碍因素包括关税、配额及法规等产品进入障碍。制造业可以因出口障碍而对外直接投资；但服务业的主动出口则非采取跨国经营的方式不可，因为它不可能有制造业那样脱离资本流动的纯产品的出口。

3.成本因素

成本因素如劳动力成本低廉、运输成本低廉、接近原料来源及原料成本低廉等。制造业选择跨国经营，是因为东道国生产成本比投资国低廉而对外直接投资，这就是研究对外直接投资成因的区位优势理论主要要解决的问题；而服务业的对外直接投资不是因为东道国成本低廉，它的直接目标是东道国市场，所以只能在东道国生产。对于制造业，东道国吸引对外直接投资的成本优势，可以只在于比本土生产成本低，不一定要求比东道国的成本还要低，因为其产品可以不在东道国销售，可以返销或他销；但对于服务业，跨国经营的服务产品不可能被返销或他销，于是产生了一个与东道国同类产品的价格比较问题。

除此之外，还有一些因素对服务业和制造业的影响基本相同，如投资环境因素，主要指政治稳定性、所有权限制、外汇和汇率制度以及汇率稳定性、税收制度等其他因素。

三、服务业跨国经营的决定

邓宁关于服务业跨国经营理论的核心是三优势模型。他认为所有权优势、区位优势和内部化优势，加之服务和服务业的特性使对外直接投资、跨国经营成为服务业企业的必然选择（如图3-3所示）。但是该理论强调，企业只有同时具有上述三大优势时，才能进行有利的对外直接投资。如果只有所有权优势和内部化优势，而无区位优势，企业就缺乏优越的投资场所，只能将有关优势在国内加以利用，即在国内进行生产，然后出口。如果没有内部化优势和区位优势，仅有所有权优势，企业就难以在内部使用其自身拥有的无形资产优势，只能通过特许转让等方式来获取利益。

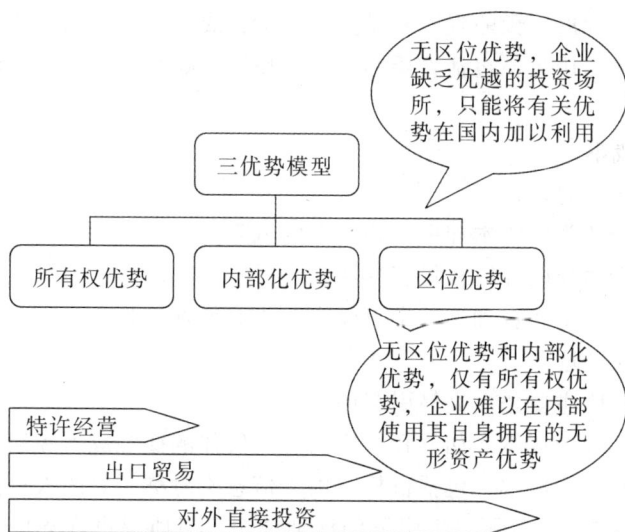

图3-3　三优势模型对跨国经营的解释

（一）具有跨国经营倾向的服务业企业

倾向于把市场交易内部化而采取的组织类型，因活动的性质及交易的服务类型、组织交易的企业性质，以及参与交易的国家市场条件的差别而不同。具有内部化开发利用优势和从事跨国经营的强烈倾向的服务业企业包括：

1.信息密集型的服务行业

这类行业如银行业和商业服务行业。这类企业以拥有的信息和知识为主要优势，这些知识带有默示性质，生产费用高、复杂、特征性强，但易于复制，只有在企业内部才能得到更好的保护和更有效的运用。

2.以产品品牌或公司形象而著称的公司

这类公司如建筑、汽车租赁、广告和一些商业服务行业。当公司寻求质量保证和商誉维护时，就需要为服务产品建立严格的、直接的质量标准，此时就会出现水平一体化，因为内部化比外部市场交易对于质量标准的控制更加有效。

3.以知识为基础的创新型服务企业

实现生产和消费的垂直一体化有利于新型服务产品的推广，这是因为在创造服务需求和普及服务产品时，需要指导购买者消费服务，而创新者对其产品所具备的知识使其成为最佳引导者。

4.拥有商标和版权等无形资产的企业

这类企业会在国外建立保护其资产权利的分支机构。

5.工业跨国公司拥有股权的服务业附属公司

这些公司旨在保证制造业公司以最优条件获得投入物，帮助母公司维持和发展生产、出口及海外市场。

（二）影响跨国经营组织形式的因素

服务业跨国经营采取什么样的组织形式主要取决于两方面的因素：一是各种形式的相对成本和收益，二是政府干预的程度和类型。其中，成本与收益的对比影响企业的组织形式的选择，而政府的作用主要包括直接的行政干预以及财政、税收、关税和非关税等政策措施的施行。

1.股权投资的成本

股权投资的成本主要包括：

①进行股权投资所需的资本和失去该资本的风险。

②管理、协调和监控国外股权投资的风险。

③放弃从前向专业生产者和高效率供应商购买而得到的收益。

2.非股权安排的风险

非股权安排的风险主要是由交易引起的，包括：

①与交易本身相关的成本，如寻找合适的契约伙伴的搜寻成本和谈判成本。

②与契约条件有关的成本，包括价格（由于信息不对称，签约人可能准备向承包商支付低于服务价格的报酬）、对所提供服务的详细说明、对所提供服务用途的控制、交货的次数和时间（包括存货和仓储成本）。

③监督成本特别是质量管理和检验程序方面的成本。

④与契约条款能否被遵守和这些条款受到破坏的有关成本。

⑤由于实行市场交易内部化而放弃的收益。

（三）跨国经营股权战略的选择

服务业跨国经营采取的组织形式不会是一成不变的，而是随着经济特别是服务业本身的发展而不断变化的。服务的生产和贸易所处的国际环境越是动荡和危险，企业就越是倾向于交易内部化。现在，采取少数股权投资或非股权安排形式已日益成为服务业跨国公司的主要选择，但核心资产对消费者具有独特的竞争力，因此，一般不会采取许可证形式让其他企业经营。

1.倾向于股权投资的服务业

倾向于股权投资的服务业包括：

（1）银行和金融服务业、大部分信息密集行业、专业服务业

这些行业如管理和工程咨询、数据服务、租赁、旅行、航空等公司。在这些服务业中，沿着增值链进行纵向结合或跨越增值链进行横向结合的主要原因在于，许多专有知识和信息只可意会，不可言传，生产费用高，复杂且独特。另外，生产活动的地区多样化可以使跨国公司获得强有力的协同作用优势。

（2）倾向于前向一体化的服务业

这一类型的服务业有广告、市场调研、管理咨询、与商品有关的个人服务业（如汽车维修）等。

（3）由非服务业跨国公司拥有的、与贸易有关的附属性服务企业

这些企业跨国经营的目的是以尽可能多的有利条件为母公司取得收入，或为母公司生产和出口的商品和服务开拓市场。

2.倾向于非股权安排的服务业

倾向于非股权安排的服务业包括：

①旅馆、餐馆和汽车出租公司。

②需要有当地特有知识或按顾客要求生产的行业，如工程、建筑、技术服务业，以及会计和法律服务业。

③出于降低销售和分销成本的考虑，新成立的或较小规模的制造业跨国公司，可能希望与当地销售代理商或相关服务业企业联手，或将其作为被许可行业。

④投资银行和财产保险等服务行业。由于这些行业的风险很大，必须由一国或几国的企业集团或银团共同分担。

四、服务业跨国经营的发展

（一）服务业跨国经营的现状

1.服务业直接投资迅速增长

服务业直接投资的发展，是在经济全球化趋势不断增强、全球国际直接投资总量快速增长的背景下发生的。毫无疑问，制造业企业跨国投资的发展，需要更多地依赖贸易、金融、通信、运输等生产性服务的支持，对服务业跨国投资产生拉动作用。更重要的是20世纪80年代以来，服务业的发展很大程度上是技术与制度变革共同推动的。由于服务业具有不可分离性，大多数服务不可存储，必须在消费国当地生产。服务业跨国发展日益倾向于国际并购重组，以在当地建立运营机构或采取非证券化的形式低成本进入。

2.服务型跨国公司迅速扩张

在2023年美国《财富》杂志评选的全球500强中，全球最大的500家公司共涉及55个行业，其中32个属于服务行业，从事服务业的跨国公司有270家，超过半数。另外，在制造业企业中，有相当一部分企业的服务业收入已接近或超过其制造业的收入。传统制造业

跨国公司正加速向服务型跨国公司转型，如IBM将笔记本电脑制造卖给联想就是其向服务型跨国公司转型的战略举措。随着这一进程的加速，越来越多的传统制造业跨国公司将成为名副其实的服务业企业。与此同时，跨国公司通过掌控研发、市场营销等核心环节和强大的供应链管理体系，在国际竞争中的地位不仅没有削弱，反而有所提高，具体表现为三个方面的提高：

①在世界产业链中的竞争优势和地位进一步提高；

②在世界价值链和利润分配中的地位进一步提高；

③对世界市场的影响力和支配力进一步提高。

（二）服务业跨国经营的动因

1.生产性服务和消费性服务需求的拉动

技术进步、分工深化和追求核心能力的管理方式变革引起了生产性服务需求的增加。也就是说，生产者不是在内部组织生产，而是在市场上购买被企业用作进一步生产的中间服务的增加，即企业之间的中间需求的增加更多地推动了新兴专门化服务业的发展，如对管理咨询、工程服务、市场营销等都比以前有了更大的需求。企业过去一般都是自行处理有关事务，但现在这些工作可以通过各专业公司来完成。随着信息的极大丰富、交易成本的降低、市场逐步完善，工业企业产品的生产将会融入越来越多的服务作为中间投入要素。可以预见，生产性服务将成为今后服务业增长最强劲和最主要的部分。

生产性服务需求的增加是服务型跨国公司出现及扩张的主要原因。服务业的特殊性使得B2B形式不太适用，即服务产品一般只能直接作用于消费者，而通过中间商的转接是不适合的或者低效率的。众所周知，生产性服务业的对象——企业既可能是地方性的，也可能是全球性或多国地方性的。生产性服务业（如金融）在某种程度上处于集中固定生产和分散变动需求之间，起着桥梁的作用。许多企业特别是跨国企业总是希望与一个服务商建立长久、持续的关系，或者是希望与该企业的顾客（无论是本地还是国外的顾客）同时接受同一个服务商的服务，以便于业务往来。在这种情况下，为了更有力地占领市场，获得更多的客户，就需要服务业企业建立全球性的组织为其顾客提供全球的、一致性的服务。随着生产性服务需求的增加，越来越多的服务型跨国公司出现了。

当然，顾客对服务业最终需求的不断增加也是不可忽略的。随着社会的进步、生活水平的不断提高、休闲时间的增多、女性在就业队伍中比重上升、人的平均寿命提高，人们对生活质量有了更多的追求。产品的物质边际效用的递减，使得人们逐渐转向服务消费，对各种服务产生了直接且巨大的需求，服务变得越来越重要。许多服务业企业正是抓住了这一商机，建立跨国组织以迎合市场的需求。

2.服务供给的推动效应

现代生产竞争激烈，灵活的管理和市场运作就变得十分重要，其中最重要的方面就是管理和市场运作出现有关生产的信息处理的部门逐渐强化和在专业化分工基础上的独立化，也就是说为了提高效率和灵活性而将原来合在一起的工作分开甚至是分离出去。这种方式使得企业的各项工作更加具有专业性。为了专注于企业自身的核心专长，企业中一部分工作将被分离出去，由更加专业的服务商提供，这就是分工所产生的"挤出效应"。

目前，服务部门较其他部门增长快得多，不过尽管服务部门中劳动生产率也有较大的提高，但是服务业的劳动生产率依旧较低。以富克斯为代表的一批经济学家通过对美国部门劳动生产率的比较研究发现，服务业的劳动生产率增长几乎为零，大大低于工业甚至农业。他认为，服务业相对于农业或制造业的较低的劳动生产增长率，说明了在国民经济中服务业就业的日益重要性。低于平均水平的服务业劳动生产增长率意味着服务业平均成本高于整个经济的平均水平。如果服务需求对于上升的价格相对不敏感，那么随着经济规模的扩张，总就业中服务业的比重将增加，这就是著名的服务业增长滞后理论。可见，处于快速增长中的服务业往往能够吸引大量的劳动力，其对就业的重要性也在不断增加，而且在创造财富方面也有不可替代的作用。

另外，在技术进步、效率提高的社会中，其他部门对劳动力需求的下降要比服务部门快得多，因而劳动力的供给压力逐渐增加。这种技术进步对劳动力的"挤出效应"，在发展中国家表现得尤为突出。因此，那些人工处理和事务处理服务型跨国企业在发展中国家市场上逐渐增多，因为这些服务能够为当地创造就业机会，较少受到限制，因而，有人提出服务业的发展扩张不是由于需求，而是供给的推动效应。

3.服务业的竞争

在高度发达的经济体系中，像银行、保险、医院和教育这些成熟的消费性服务业，增长速度正在减慢。而其他一些行业，像美国的航空客运业，似乎被长期的生产能力过剩困扰着。所以，公司的成长只能以从国内竞争者那里争夺份额为基础，或者通过开拓国际市场。发达国家和地区的服务业产值，在其国内生产总值中一般高达60%~70%。它们的国内市场已消耗不了日益增长的服务生产供给量。开拓国外市场，争夺世界市场，已经成为服务经济发达国家对外扩张的新焦点。《服务贸易总协定》的达成既是世界经济社会发展进入新的历史时期的标志，又是服务大国争夺服务市场的表现。

在高速发展的社会中，速度已经成为竞争的重要因素之一。服务业竞争中的"先动优势"表现得尤为强烈，快速的顾客回应能力，比竞争者抢先一步占领市场，将有更多的机会建立拥有巨大影响力的声誉并提高顾客的忠诚度，获得大的市场份额。在服务业的扩张中，政府起到了重要的作用，政府的管制决定了市场进入的机会，并决定了市场结构以及竞争程度，这种做法往往给先进入者以较少管制的优势。在许多情况下，即使已有竞争者先进入某个市场，许多企业仍然不惜代价进入该市场，以防止被竞争对手超过太多，这也是通常所说的"跟随竞争者"战略。服务业的对外扩张已经以势不可当之势在全球范围展开。

4.服务贸易自由化

服务贸易自由化的趋势带动着全球的服务业进入壁垒的降低，这种进入壁垒一般包括自然形成的以及人为的进入壁垒。

（1）自然形成的进入壁垒

自然形成的进入壁垒在服务行业中典型地表现为服务产品在时间和空间上的传递障碍。然而，现代电信和传递技术使时间和距离的概念逐渐丧失了其重要性，服务的不可存储性和运输的传统特性发生了改变。从此，原来许多生产和消费需要同时进行的服务现在可以实现生产与消费的分离，银行、保险、医疗、咨询和教育等原来供需直接接触的服务现在可以采用远距离信息传递的方式，通信革命大大提高了服务的国际可贸易性，生产的专业化迅速发展。近年来，服务业国际化的范围从运输、工程建筑等传统领域转向知识、技术和数据处理等不断涌现的新兴领域，而现代科技的发展使物质生产和服务生产中的知识、信息投入比重不断提高，从而推动了服务业国际化的发展，以劳动密集为特征的传统服务贸易地位逐渐下降，以资本密集、技术密集和知识密集为特征的新兴服务业逐渐发展壮大。

（2）人为的进入壁垒

人为的进入壁垒是指服务行业中的政府管制。由于许多服务行业在国民经济中占有重要地位，因此许多国家对服务行业实行较严格的管制。这种现象在发展中国家尤为突出，当然在发达国家也有类似的情况。例如，一些发达国家对航空业实行管制，阻碍公司之间兼并联合的扩张行动。在这种情况下，许多服务业的跨国经营无法实现。随着世界经济一体化进程的加快，其中许多国际通行规则被普遍接受，更少的政府管制、更自由的全球经济市场大大降低了服务业对外扩张的进入壁垒。

新型服务业的发展主要是由经济网络型服务带动的，使经济网络型服务与工业的发展形成互补。与此同时，由于许多服务产品无法出口，因此，服务业更多地采用跨国公司的形式。跨国公司在资金、技术和信息上的巨大优势与跨国公司在全球范围内配置资源的经营行为，使其在服务领域占据了主导地位。由于新型服务业的知识化和信息化特征，服务业跨国公司比制造业跨国公司的资本密集度更高，技术优势更明显，也更易形成世界市场的垄断局面，形成其全球范围的网络优势。随着全球市场的融合、信息成本的降低、交易费用的进一步下降，在更加完全的市场中，服务业将比制造业更加具有跨国经营的发展倾向。

5.赢得信赖和全球学习

声誉在服务业中占据了首要位置。在很多情况下，由于转换成本较高，许多顾客倾向于选择固定服务商，与其形成长期的互动关系。顾客在选择服务商时看重的因素主要有质量、竞争力、可靠性等。考虑到转换成本高昂，选错服务商的后果往往是灾难性的，所以顾客总是利用各种途径去获得服务质量信息，服务企业也尽可能地提高和维护自己的声誉，并试图区别于竞争对手而提供更好的服务。

然而在大多数情况下，顾客很难获得准确的服务质量信息，也很难对服务质量作出合理的判断。顾客往往以公司规模、公司经营年数、公司主要顾客的清单来判断服务业企业的服务质量，因此服务业企业不断扩充规模并走向国际化，是为了更好地服务全球性顾客，更重要的是为了提高声誉、赢得信赖，将自身的实力外部化并表现出来，从而赢得更多的市场。

获得全球范围的网络优势是一些服务行业提升服务产品价值、赢得顾客信赖的重要渠道。目前，许多服务型跨国公司采用全球网络型组织结构，就是为了在国际竞争中提升产品价值、创造优势。另外，服务型跨国公司在全球扩张的同时，也是服务业企业全球学习的过程。在服务业企业中，知识的价值尤为重要，在企业各个节点上创造知识服务价值增值将成为服务业企业主要的竞争优势。因此，服务型跨国公司全球学习的过程也是创造价值的过程，增加了公司的无形资产价值，进而扩大了公司的竞争优势。

第三节　服务业跨国公司

一、服务业跨国公司的发展

大多数跨国公司是在第二次世界大战后才发展起来的，它的出现尚不足一个世纪。然而，在这一相对短暂的时期内，公司国际扩张的动因和国外活动的性质已经经历了较大的变化。近年来，较为重要的趋势之一就是服务业跨国公司的出现及发展。就海外经营扩张速度而言，来自发展中经济体和转型经济体的跨国公司比来自发达国家的跨国公司更快。中国继续成为世界上外国子公司数量最多的东道国。

服务业对外直接投资的迅速增长是在20世纪70年代以后，而且其中较大部分是中间服务业而不是最终消费服务业。投资主体不仅包括服务业跨国公司，也包括制造业跨国公司。由于服务业的特殊性质以及时代的发展，服务业跨国公司的出现及扩张形式都与传统制造业跨国公司不同，因此，对于服务业跨国公司的研究越来越受到人们的重视。

跨国公司是服务业对外直接投资的主体，不仅包括制造业跨国公司，而且包括服务业跨国公司。服务业跨国公司是指主要业务以向市场提供服务为主的跨国公司。

（一）制造业跨国公司在服务业的投资

服务业对外直接投资并不都是与服务业企业进行的。有相当数量的制造公司在国外投资建立附属性服务企业，如由制造业跨国公司设立的与金融和贸易相关的附属企业。促使这些公司涉足服务业的因素有很多，其中主要是为了降低成本和实现市场导向垂直一体化。随着现代服务业的迅速发展，为了寻求未来发展的新领域，有些制造业企业还接管了与其主要业务并没有联系的服务业企业。

以500强医药制造业在华投资为例，可以明显看出制造业跨国公司在服务业的投资活动增加。1984年至今，500强医药制造公司在华子公司数量与在华子公司注册资金总额不断增加。据医药魔方Invest不完全统计，2023年上半年，就有6家跨国药/械企追加对华投资，合计追加投资金额超过150亿元，单笔投资最高金额达10亿美元。随着我国医药市场规模的不断扩容，跨国药企对中国市场的重视程度也不断提高，中国区市场在其全球市场的地位不断提升。截至2023年，外企在华收入占其全球市场份额最高的仍是阿斯利康。除了直接投资建厂，阿斯利康还不断推动中国企业向国际化发展。2023年，阿斯利康与8家中国本土企业达成全球授权协议，总金额达约60亿美元，其中5家都是注册在上海的生物医药企业。亘喜生物更是成为首家被跨国药企全资并购的中国生物科技企业，引发行业高度关注。

2019年3月，武田制药投资1.1亿元扩建天津工厂，2020年9月竣工。2021年10月，武田制药中国地区总部、亚洲开发中心入驻上海。2022年6月，武田制药宣布研发亚太总部落户上海浦东。

2020年进博会期间，诺和诺德与上海自贸试验区临港新片区管委会签署战略合作框架协议，投资2亿元成立诺和诺德（上海）医药贸易有限公司，开展医药研发、成品进口及分销等业务，成为首家落户新片区的跨国制药企业。目前，员工已超过 3 500 人。

2021 年 11 月 7 日，第四届中国国际进口博览会上，作为全球最大家族制药企业，同时也是世界 500 强企业，勃林格殷格翰与成都市温江区举行视频签约仪式，共同宣布将在四川成都医学城投资建设德国金标准卒中康复中心——雾达康复成都项目。该项目也是第四届中国国际进口博览会成都团首个签约落地项目。

2023 年 3 月，阿斯利康与青岛签署投资合作协议，在青岛新建布地格福吸入气雾剂（pMDI）生产供应基地。该项目总投资额约为 4.5 亿美元。

2023 年部分世界 500 强医药制造企业名单见表 3-4。

表 3-4　　　　　　　　　　**2023 年部分世界 500 强医药制造企业名单**

2023 年排名	国家	企业名称	营业收入（百万美元）	利润（百万美元）
112	美国	强生	94 943.0	17 941.0
184	瑞士	罗氏	69 596.4	13 013.8
343	英国	葛兰素史克	43 034.7	18 439.4

（二）服务业跨国公司的成长

服务业跨国公司的发展是一个历史过程。早期在国外建立附属企业的公司逐渐建立了一些贸易商行、银行和房地产公司。19 世纪 60 年代和 70 年代，是自由竞争资本主义向垄断资本主义过渡的第一个历史时期，各种垄断组织开始涌现，于是就出现了制造业公司向国外扩张的第一次浪潮。此时的铁路、公用事业等服务行业的公司也开展了一些对外投资业务，特别是在一些殖民地国家和地区。20 世纪 70 年代以前，制造业跨国公司的活动超过服务业跨国公司的活动。但是从 20 世纪 70 年代开始，由于服务生产和商品生产之间相互作用的增强，网络和通信技术的迅速发展，以及国际政治、经济环境的变化，服务业跨国公司迅猛发展。制造业跨国公司的发展、货物贸易和技术贸易的急剧增长，以及市场需求等因素是最初促进国内服务业向国外投资的主要动因。在 20 世纪 70 年代初期，服务业仅占全世界对外直接投资存量的 1/4，1990 年这一比例不到一半，而 2002 年已上升到 60% 左右，估计为 4 万亿美元。在同一时期，初级部门占全世界对外直接投资存量的比例由 9% 下降到 6%，而制造业降幅更大，由 42% 下降至 34%。2019 年年末，服务业约占对外直接投资总流入量的 4/5，2022 年有所下降，服务业占对外直接投资总流入量的 44.4%。2023 年，服务业占对外直接投资总量的 55.6%。此外，由于母国和东道国服务部门的跨国程度落后于制造业，因此跨国投资进一步向服务业转移。

二、服务业跨国公司的特点

服务业跨国公司自 20 世纪 80 年代起迅速发展起来，成为国际贸易、投资中的中坚力量，在供给资金、转移技术、创造就业及推动贸易等方面都发挥了重要的作用。在其全球化经营过程中，服务业跨国公司日益呈现出以下特点：

（一）经营国际化

尽管服务部门的对外直接投资受到很多限制，并存在诸多服务业不宜进行跨国经营的阻碍因素，如缺少技术或者缺少相对于当地企业的优势，但是，几乎所有的服务业部门都有跨国化的倾向，或本身就是跨国公司而从事经营，只不过它们的影响和相对重要性在各个行业中有所不同而已。

服务业中的保险、银行、零售、广告、会计、餐饮、法律、咨询等行业的跨国化倾向比较突出。就多元金融业（包括银行、保险、房地产）而言，在2023年《财富》全球500强的公司中，大型多元金融业跨国公司排名见表3-5。

表3-5　　　　　　　　　　**2023年全球多元金融业跨国公司排名**

中文名称	英文名称	营业额（百万美元）	排名	所属行业	所属国家
中国工商银行	Industrial & Commercial Bank of China	214 766.3	28	商业储蓄	中国
通用电气	General Electric	76 555.0	167	多元化金融	美国
法国兴业银行	Société Générale	63 416.8	208	商业储蓄	法国
房利美	Fannie Mae	121 596.0	75	多元化金融	美国
中国建设银行	China Construction Bank	202 753.4	29	商业储蓄	中国
法国巴黎银行	BNP Paribas	89 563.60	127	商业储蓄	法国
花旗集团	Citigroup	101 078.0	99	商业储蓄	美国
中国农业银行	Agricultural Bank of China	187 061.1	32	商业储蓄	中国
荷兰国际集团	ING Group	48 062.2	297	商业储蓄	荷兰

（二）业务多样化

正如制造业公司的经营已扩展到服务业一样，一些服务业公司也日益扩展到制造业，并且在服务业各行业之间互相渗透。有些公司的经营多样化已发展到很高的程度，以至于难以或无法将其归类到某一特定的行业。

旅游、广告、会计等服务业部门的经营多样化趋势比较显著。在旅游业中，最常见的是旅馆和航空公司的"联姻"，以及逐渐出现的和出租汽车业的联合。在会计方面，美国会计行业的一些大型跨国公司近年来日益增加其在管理咨询业上的多种经营，逐渐地变成了财务咨询和专业服务公司。广告业也有类似情形，广告业跨国公司大多将其业务扩展到诸如公司或机构广告、公共关系、市场调研等行业。

一些服务业活动紧密相关，并试图实现规模经济，这是促使服务部门经营多样化和一体化的重要原因。典型的例子包括：

①金融服务业——银行、金融和保险服务；

②旅游业——旅馆、航空运输、出租汽车、铁路运输和旅游经营；

③信息服务业——数据处理、软件、电信服务、信息存储和检索；

④专业服务业——会计、广告、市场调研、管理咨询和公共关系。

（三）不平衡性

不平衡性指的是服务业跨国公司的地区分布不平衡性和行业分布不平衡性。

1.地区分布不平衡性

从地区看，目前一些大型服务业跨国公司在地区分布上主要集中在发达国家，发展中国家服务业跨国公司较少。发达国家几乎是所有的服务业跨国公司总部的所在地。服务业跨国公司的海外附属企业地区分布的主要格局反映了服务业对外直接投资的格局。

在所有发达国家和地区中，美国是拥有服务业跨国公司所设海外附属企业最多的东道国，其次是西欧和日本；在发展中国家和地区中，亚洲是服务业跨国公司所设海外附属企业最多的地区。美国服务业跨国公司所设海外附属企业最集中的地区是拉丁美洲，其次是亚洲；日本的重点则是在亚洲；西欧服务业跨国公司在亚洲、非洲和拉丁美洲设立海外附属企业的比重基本平衡。需要明确的是，海外附属企业的数量只是反映服务业跨国公司扩张的一项参考指标，不一定反映其参与跨国经营的规模或在公司全部经营中的份额。因为相当一部分附属企业只是发挥中介作用，以跨国化程度来衡量，服务业跨国公司总体上低于制造业跨国公司的水平。

2.行业分布不平衡性

从行业看，不同服务业跨国公司的发展也是不平衡的。在美国，虽然大部分服务行业都处于强有力的地位，但跨国公司拥有的国外附属企业主要集中在会计、广告、零售、旅馆、餐饮、市场调研、法律、证券和金融服务业。在西欧国家拥有相当数量的巨型跨国公司中，银行、保险、出版、航空和其他运输业设置的海外附属企业最多。

（四）战略转变

20世纪70年代以前，制造业跨国公司利用东道国的资源及廉价劳动力，先后带动了铁路、公用设施和基建等劳动密集型服务业企业的海外延伸。从投资规模和对东道国经济的影响来看，服务业只是作为制造业的补充并落后于制造业。从20世纪70年代起，一方面，由于制造业跨国公司不断成熟，对外投资结构升级，形式多样，为在发达国家经济地位日趋上升的服务业的对外发展奠定了基础；另一方面，产品及技术的国际贸易蓬勃发展，对为工商贸易提供服务的全球服务业发展的需求日益增加。20世纪80年代之后，服务业已不再是单纯地尾随在制造业企业之后走向海外，企业跨国化形成的国际竞争环境极大促进了服务业跨国公司的发展。特别是自20世纪90年代以来，各国放松了对历来限制严格的电信、金融等服务部门的管制，这成为服务业跨国公司迅速向海外扩张的契机。自21世纪以来，大多数国家的政策是继续鼓励外商直接投资，但限制性措施也不少。尽管保护主义的抬头引发了愈来愈多的担忧和政治辩论，但是总的政策趋势仍然是对外商直接投资更加开放。2007年，在联合国贸易和发展会议确认的近100项对外商直接投资具有潜在影响的政策变化，有74项旨在使东道国的环境更加有利于外商直接投资。然而，近些年来，不利于外商直接投资的政策变化的比例仍持续上升。

服务业跨国公司逐渐摆脱了纯粹提供中间性生产投入的传统角色，开始参与制造业活动，跨国银行接受跨国公司委托，承办并直接参与跨国公司所需要的银团、企业组建和变动等有关活动。但服务业跨国公司更多的是向同行业其他部类的服务领域扩展，这种多样化扩展主要强调相互衔接的一条龙服务，如跨国银行及其分支不仅为工业跨国公司提供资金，而且经办公司体系内的资金调拨、周转和结算，或为制造业跨国公司的外汇、资金、市场行情、企业变动和生产经营提供咨询意见；零售企业公司兼营保险和信用卡业务；数据处理公司同时经营软件和电信服务；会计师事务所除提供审计服务外，又将管理咨询、市场调研和公关等部门的服务集于一身。

（五）并购频繁

随着各国对外商投资限制的放松，跨国并购可以充分发挥其投资迅捷和有效避税的优势，逐渐成为对外直接投资的主要方式。跨国并购在服务业对外直接投资中也发挥了重要的作用。安永发布的《2023年上半年中国海外投资概览》显示，中国企业宣布的海外并购总额为117.3亿美元，为10年同期最低，同比下降14%；宣布的交易数量为224宗，同比下降13%，其中第二季度宣布的交易宗数环比大幅下降33%，为近年来单季新低。报告显示，中企在拉丁美洲宣布的并购金额在近十年首次排名第一，达到32亿美元，同比增长1 737%。近年来，中国在拉美的"朋友圈"不断扩大。

在欧洲，中企在欧洲宣布的并购金额为29.6亿美元，为近10年同期新低，同比下降44%；宣布的交易数量为61宗，同比下降24%。超四成并购金额投向金融服务业，其他热门行业还包括采矿与金属业和房地产、酒店与建筑业；主要目的地为英国和德国，并购金额分别逆势上涨117%和91%，两国合计并购金额占中企在欧洲宣布的并购总额的86%。

在北美洲，中企宣布的并购金额为19.5亿美元，同比减少28%；宣布的交易数量为49宗，同比增加11%。北美洲是本期唯一交易数量有所增长的大洲，虽然同比并购金额有所下降，但交易活跃程度有增无减，其中TMT（科技、传媒、电信）行业交易量大幅增长150%，主要投向软件开发和电子元件等领域。中企在医疗与生命科学和TMT行业的并购额占中企在北美洲并购总额的75%。

在亚洲，中企宣布的并购金额为16.3亿美元，同比下降61%；宣布的交易数量为87宗，同比下降3%。亚洲前三大并购目的地为越南、新加坡和日本，合计占总并购金额的64%，其中对越南投资逆势上涨，投资金额和数量增幅都超过200%。从整体来看，中企在东盟的并购活跃度有所上升，并购数量同比增长35%。中企在亚洲并购的主要行业为房地产、酒店与建筑业，金融服务业以及先进制造与运输业。

在非洲，中企宣布的并购金额为6.1亿美元，同比减少24%，主要投向南非和埃及的先进制造与运输业。第二季度的主要交易为中企收购南非某水泥生产商，是该企业积极推进海外发展战略、布局新兴市场的又一关键举措，预计将强化其在该区域的领先地位。中国已成为非洲第四大投资来源国，并保持非洲第一大贸易伙伴国地位。

（六）带动技术扩张

跨国公司因为拥有雄厚的资金实力在世界各地安排生产，已成为现代技术的发源地、散播者和推动器（现代技术包括产品设计、生产技术、工艺等硬技术，还包括雇员技能培训、管理经验、金融技术等软技术）。制造业跨国公司建立国际分支网络的目的是实施相似体系内的劳动分工，将劳动密集度相对高的那部分生产转移至海外分支机构，母公司则保留资本和技术相对密集部分的生产，从而拉开母公司与子公司间的技术层次。

与制造业相比，服务业跨国公司用于硬技术研究和开发的投资并不多，而是以软技术优势见长，而且由于服务业产品的生产和消费难以分割，从母公司生产中分离出技能相对低的那部分服务的可能性很小，因而服务业跨国公司向海外分支转移的技术更安全，更接近母公司的水平。

日趋发达的跨境信息流动降低了服务业海外活动的成本，跨国的计算机网络和通信系统使服务业跨国公司的海外分支成为母公司全球战略的重要组成部分。母公司能够更有效地组织起全球范围的活动，通过海外分支向发展中国家输出当地尚不完善的现代服务，而在发达国家则提供价格更低廉、质量更优的服务。会计、保险、租赁、跨国银行、数据处理和信息传递等现代服务领域的跨国公司，对东道国乃至世界经济的发展都产生了重大的影响。

三、服务业跨国公司模式选择

（一）服务业跨国公司的组织形式

一般地说，大多数服务业跨国公司，特别是大型跨国公司，与制造业跨国公司一样，会采取非股权安排和股权投资的组织形式。但由于服务自身的特点，服务业对外直接投资所在国法规的性质，以及服务业跨国公司相对于当地竞争对手的竞争优势的特性，服务业跨国公司有时不得不采取一些特定的组织结构。

1.非股权安排

非股权安排是指在一般不涉及股权或企业产权的条件下，通过契约转让一项或几项无形资产而进入目标国市场。非股权安排具体可分为特许经营、管理合同、许可证合同、战略联盟等方式，在服务业中运用得最成功的是特许经营。

2.股权投资

股权投资是指服务业对外直接投资者通过全部或部分参股在目标国展开经营，其经营体一般包括海外分支机构、海外附属企业和办事处等，其大体上可以分为新设和并购两种方式。

非股权安排的优点在于它投入的资金和时间较少，以及存在的风险相对较小，这是股权投资所无法比拟的。但是股权投资的优点也是很明显的，它可以通过跨国公司体系内的信息与资源共享，实现无形资产的交易内部化，可以将信息不对称所导致的市场失灵降到最低，解决了非股权安排在品牌、管理等方面难定价的问题，也避免了由于机密泄漏等带来的损失，有利于投资者实现资产所有权收益。此外，非股权安排一般都有一定的期限，投资者在将自己的经验和技术进行全球传授的同时，也为自己树立了众多潜在的竞争对手，而股权投资形式所产生的分支机构隶属于跨国公司，在其全球战略下统一行动，不会对投资者造成巨大的威胁。

（二）服务业跨国公司进入选择

巴克利-卡森模型综合考虑了区位、内部化、金融变量、文化（包括信任和心理距离等）、市场结构和竞争战略、技术改造成本（为适应当地需求状况）以及到国外经营的成本等因素对跨国公司进入模式的影响。[①]同时，该模型还对20种进入模式进行了比较，较为全面地发展出了跨国公司进入模式的分析框架。

巴克利-卡森模型认为企业活动主要包括生产活动、销售活动、研发活动和营销活动，而这些活动之间存在中间产品的流动（如图3-4所示）。

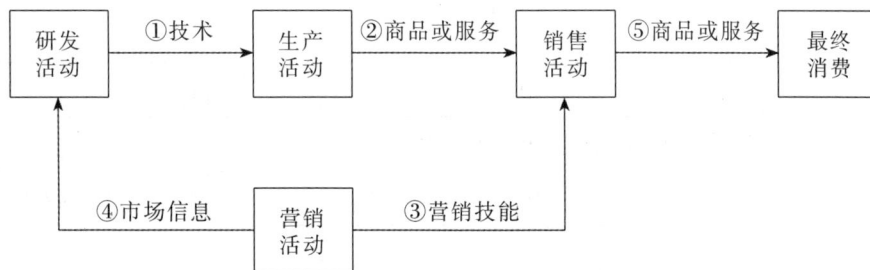

图3-4　企业活动中的中间产品流动

①对于技术流动过程，企业可以通过市场、内部化和联盟3种形式来进行。在内部化的情况下，企业可以选择将生产安排在国内（出口）或国外（跨国公司）来完成，因此，技术的流动可以有4种方式。

②对于商品或服务流动过程，企业同样可以选择市场、内部化和联盟3种形式来进行。

商品或服务以及技术的流动过程的不同选择形成了12种基本进入模式（见表3-6）。

表3-6　　　　　　　　　　跨国公司的12种基本进入模式

技术转移（生产活动） ＼ 商品或服务转移（销售活动）	内部化1	市场2	联盟3
内部化1	1.1　普通对外直接投资	1.2　生产对外直接投资和特许销售	1.3　生产对外直接投资和联盟销售
市场2	2.1　生产分包和自己销售	2.2　许可证	2.3　生产分包和联盟销售
联盟3	3.1　联盟生产和自己销售	3.2　联盟生产和特许销售	3.3　联盟生产和联盟销售
出口4	4.1　出口和自己销售	4.2　出口和特许销售	4.3　出口和联盟销售

在12种基本进入模式中，有一部分需要拥有自己的生产或/和销售设施与设备，见表3-6中灰色区域的6种情况。对于这6种基本情况，跨国公司又可以新建或并购的方式获得，特别是其中的1.1情况下需要区分生产和销售两种设备、设施的新建和并购。如果

---

①　BUCKLEY, CASSON. Analyzing foreign market entry strategies: Extending the internalization approach [J]. Journal of International Business Studies, 1998, 29 (3): 539-562.

用 A 表示新建获得生产设施，用 B 表示并购获得生产设施，用 C 表示新建获得销售设施，用 D 表示并购获得销售设施，那么，对表 3-6 进行分化就可以得到最终的 20 种模式（见表 3-7）。

表 3-7　　　　　　　　　　　跨国公司的 20 种进入模式

技术转移（生产活动） ＼ 商品或服务转移（销售活动）	内部化 1		市场 2	联盟 3
内部化 1	1.1　AC	1.1　AD	1.2　A	1.3　A
	1.1　BC	1.1　BD	1.2　B	1.3　B
市场 2	2.1　C	2.1　D	2.2　许可证	2.3　生产分包和联盟销售
联盟 3	3.1　C	3.1　D	3.2　联盟生产和特许销售	3.3　联盟生产和联盟销售
出口 4	4.1　C	4.1　D	4.2　出口和特许销售	4.3　出口和联盟销售

以上所有可能的进入模式对制造业跨国公司来说都是适用的，而对服务业跨国公司适用与否则是由其提供服务的性质决定的。如果服务业跨国公司提供的生产和消费可以分离，那么它与制造业跨国公司一样具有这些进入模式；反之，则不同。由于不可分离性，买卖双方要直接接触，甚至买者也参与了生产，因此，生产设施同样也是销售设施，商品或服务转移过程在这种服务企业中不再存在。

在这种情况下的出口也是不可能的，技术转移过程也只能采取内部化、市场和联盟 3 种方式，加上内部化分为新建和并购 2 种，所以销售和生产不可分离的服务业跨国公司的进入模式只有 4 种：内部化-新建、内部化-并购、许可证（市场）和联盟。而其他的模式都需要将生产和消费进行分离，因此这些模式在生产和销售不可分离的服务行业中是不可行的。一些学者在建立简单假设的基础上对这 4 种模式进行了优劣比较，得出如下的结论：

①由于并购属于内部化，而联盟是内部化和市场的结合，因此可以推测在大多数情况下，联盟的技术和营销技能转移的信任建立在成本大于内部化-并购的基础上；

②要转移的技术、技能越是复杂和专业，内部化-新建模式越是有利；

③东道国和母国的文化、语言等社会差异越大，许可证（市场）模式就越可能被选择；

④东道国的竞争对手越强，选择内部化-新建和许可证（市场）的可能性就越小，而选择内部化-并购模式则较为有利。

四、服务业跨国公司理论

按照传统服务业性质来讲，服务业应当是劳动密集型、当地化、个性化倾向特别明显的一个行业。即使后来出现的新兴服务业多数是以技术密集型为主，但是由于服务商品的无形性、不可分离性、异质性、不可存储性和所有权的不可转让性，服务商品一直被归为非贸易品，不存在规模经济。因此，一直以来对跨国公司的研究几乎都是在制造行业进行的。

许多经典的跨国公司理论，如1960年海默的垄断优势理论、1966年弗农的产品生命周期理论、1976年巴克利和卡森的内部化理论，以及后来1977年邓宁的国际生产折中理论等，都是基于制造业的国际化生产扩张进行研究的。而20世纪50—80年代以来正是制造业跨国公司空前大发展的时代，这些经典理论较好地分析了这一现象，这也证明了理论是与时代背景紧密相关的。

虽然我们不能否认这些经典理论对于跨国公司理论的指导意义，但值得注意的是，这些经典理论已不能很好地解释如今服务业跨国公司兴起中出现的许多新现象。

例如，许多服务业跨国公司相对于直接投资建立子公司而言，更倾向于采用非股权安排形式或是合伙形式，同时母子公司之间保持着一种较松散的网络联系，各公司独立性较强，许多业务甚至采取外包形式，这就使得内部化优势不再明显，因此内部化理论也就不能很好地解释许多服务业跨国公司全球化过程中松散而富有弹性的网络型组织结构。在此问题上，我们所熟知的餐饮业的许可证安排以及运输业中的外包形式就是最好的例证。

弗农的产品生命周期理论是针对当时制造业竞争加剧，成熟期产品的技术已不再居于主要地位的情况提出的，降低产品成本成为制造业跨国公司扩张的主要动力。而这对于性质较特殊的服务业产品来讲是不太适用的，虽然服务业产品可能存在生命周期，但是价格竞争绝不是服务行业的主要竞争因素。

海默的垄断优势理论以及邓宁的国际生产折中理论所提及的所有权优势有助于理解服务业跨国公司的出现、扩张，然而目前许多服务业跨国公司实行的网络组织结构以及战略联盟形式都给公司带来了较强的竞争优势，这种由全球网络所带来的优势是与所有权优势有较大差别的，值得去分析研究。

与此同时，海默的垄断优势理论以及邓宁的国际生产折中理论等都以市场的不完全性作为理论前提。服务业跨国公司之所以出现并不断发展壮大，其中一个重要的前提就是随着科技手段进步，信息更加丰富，政府管制减少，市场不完全性减弱，而交易成本不断降低，再以市场的不完全性作为前提或基础就显得落后于时代。

五、中国服务业吸引外资概述

自改革开放以来中国第三产业的年平均增长速度超过10%，社会生产和人民生活对服务的需求旺盛，服务市场不断扩大并日趋活跃，服务业在国内生产总值中的比重逐年上升，到2023年，已占54.6%。其中第一产业增加值89 755亿元，比上年增长4.1%；第二产业增加值482 589亿元，增长4.7%；第三产业增加值688 238亿元，增长5.8%。第一产业增加值占国内生产总值比重为7.1%，第二产业增加值比重为38.3%，第三产业增加值比重为54.6%。第三产业在整个国民经济中一直处于瓶颈地位，虽有所改善但未得到根本缓解。正如党的二十大报告中所提到的："推进高质量发展还有许多卡点瓶颈。"中国的服务贸易进口大于出口，是逆差国，说明我国服务产业整体水平低、实力弱，需要大力发展。

从世界范围看,中国不仅是最大的货物市场,而且也是最大的服务市场,中国服务市场之广、潜力之大,非一般地区和国家可比。基于此,党的二十大报告要求"依托我国超大规模市场优势,以国内大循环吸引全球资源要素"。美国著名管理学家彼得·德鲁克曾经忠告美国投资者:"在中国,最大的商机不是在制造业,而是在服务业。"

(一)中国服务业吸引外商直接投资现状

2010年,只有47%的外国对华投资流向制造业,而10年前这一数据是66%。2024年1—5月,全国新设立外商投资企业21 764家,同比增长17.4%;实际使用外资金额4 125.1亿元人民币,同比下降28.2%。从行业看,制造业实际使用外资1 171.1亿元人民币,占全国实际使用外资的比重为28.4%,较2023年同期提高2.8个百分点。高技术制造业实际使用外资504.1亿元人民币,占全国实际使用外资的12.2%,较2023年同期提高2.7个百分点。智能消费设备制造业、专业技术服务业实际使用外资分别增长332.9%、103.1%。表3-8说明了2023年中国服务业实际利用外商直接投资的情况。

表3-8　　　　　　　　2023年中国服务业实际利用外商直接投资的情况

行　业	企业数(个)	实际使用金额(亿美元)
交通运输、仓储和邮政业	13 890	3 052
批发和零售业	205 902	13 249
金融业	16 556	5 513
租赁和商务服务业	89 328	47 560
卫生和社会工作	904	815
制造业	121 415	29 714
房地产业	18 716	22 123

目前,各国的服务行业,特别是发达国家的服务行业竭力挤进中国市场。这既给我国市场带来了竞争活力,也给我国服务企业提出了严峻的挑战。2000—2008年,在中国的美国跨国企业70%以上的销量来自中国国内市场,仅有8%重新出口到美国。这说明在华的跨国公司的产品制造和服务投入并不是为了本国市场,而是中国市场。以保险业为例,外资保险公司一进入中国就显示出强劲的发展势头,其业务发展非常迅速,市场份额不断扩大。随着改革开放的深入和扩大,德国安联保险、意大利忠利保险、英国英杰华保险、加拿大宏利保险等众多知名公司纷纷在华开展业务。截至2013年年底,共有15个国家和地区57家保险公司在华设立了327个营业性机构。2020年,全国实现原保险保费收入45 224.44亿元,其中外资保险公司原保险保费收入354.44亿元,在全国保费收入中占0.79%。中国寿险市场位居亚洲第2位,仅次于日本,在全球位居第4位。2024年第一季度,保险公司原保险保费收入2.2万亿元,同比增长5.1%。赔款与给付支出7 352亿元,同比增长47.8%。新增保单件数206亿件,同比增长30.1%。其中,财产险保费收入为3 710亿元,人身险保费收入达17 834亿元。目前外资独资险企、合资险企(持股比例超25%)共有44家,其中人身险公司24家,财产险公司20家。从第一季度业绩来看,24家人身险机构合计实现保险业务收入1 600.56亿元,较2023年同期的1 203.13亿元同比增长

了 33%。从规模来看，有 5 家机构一季度保险业务收入超过 100 亿元，分别是中意人寿、友邦人寿、中宏人寿、招商信诺人寿、工银安盛人寿；从同比增速来看，复星保德信的增长最快，同比增长 148.21%，中宏人寿紧随其后，同比增长 88.66%。未来预期富裕阶层消费者将贡献大部分保费，这个市场将是整个寿险市场的必争之地。在寿险密度和深度上，中国远不如欧美和日本，足见未来有广阔的发展空间。

对于服务型跨国公司来讲，中国市场还有一块很有潜力的市场，那就是商务中介机构，包括会计师事务所、律师事务所、资信资产评估机构、咨询业等。无论在经验、声誉上，还是在管理、组织以及人才方面，发达国家服务业跨国公司都具有明显优势，而中国广大的市场需求给服务业跨国公司的发展提供了肥沃的土壤。

（二）在华服务业跨国投资动因

1. 对集聚经济的追求

集聚经济是指由于经济活动和相关生产设施的区域集中而形成的正的外部性以及规模和范围经济。跨国公司对集聚经济的追求主要体现在以下几个方面：

（1）对产业基础和产业配套能力的要求

地区较强的产业配套能力和良好的产业基础往往来自特定产业在该地区的集中。跨国公司对制造业进行纵向一体化投资时要求该地区有良好的产业基础作为依托。这体现在：生产上有前向、后向和水平联系的供应商、生产商和销售商之间的紧密合作，原材料能及时获得，中间产品能快速转产，最终产品能迅速销售，运输及库存费用能不断降低，同时产品的技术水平和质量能有充分的保障。

（2）对城市化的要求

城市化集聚效应主要体现在：

第一，本地区和周围地区市场的潜在规模。城市化水平高的地区人口规模增长较快，从而促使城市市场规模相应扩大，这对市场导向性的投资有较大吸引力。

第二，服务业的集聚效应。大城市往往是大学或研究机构、金融机构、法律咨询、广告等中介服务组织的密集区。在跨国公司制造业投资系统化过程中，需要服务业的配套支持，需要建立采购中心、研发中心和销售中心等服务性机构。

第三，基础设施规模效应。基础设施是维系各类生产和生活活动的基本物质条件，不可或缺。从经济角度讲，基础设施的建设必须有足够的人口支持，如航空港建设。没有足够的人口支持，效益就会非常低下。城市化程度高的地区有足够的人口支持，为基础设施建设创造必要的条件，而优越的基础设施又是吸引外资的重要优势。当地基础设施条件好，意味着区域内部人流、物流、信息流的载体容量大，整体功能强，也意味着各种"流"向外辐射的能力强。

（3）对外资集聚程度的要求

大量的实证研究表明，对外直接投资增量的区位选择受到特定区位对外直接投资存量的影响。外商投资决策受许多内部和外部不确定性的影响。外商作为一个"陌生人"，在对某地区进行投资时存在很大的不确定性，在搜集公用信息（如市场规模、基础设施和外资政策）和专用信息（如劳动力市场的运作、外资政策的具体执行情况等）时又会涉及较高的信息成本。为避免这种问题，外商在选择投资区位的时候往往会采取"跟进"策略，选取外资集聚地进行投资。

2. 对法治环境与政策环境的要求

跨国公司在华直接投资呈现系统化投资、产业链投资、研发本土化和技术转让增多等特点。在这一过程当中，跨国公司的投资规模、项目品种和投资范围都将扩大，公司运作开始集合各种社会条件和因素，通过法律手段、法律形式表现出来，并通过一定的法治体制实现其作用和效力，指挥分支机构实施其权威性。因此，它们比一般外商更注重投资区域立法的完善程度和政策环境。大型跨国公司在中国设立地区总部之所以"入境问法"的理由就在于此。它们坚信，它们的投资业务升级的前提条件是法治环境和政策环境有较大的改善。

3. 政府职能部门工作效率和服务意识

跨国公司很注重投资地区政府对企业投资的态度及扶持政策执行的情况，包括政府的廉洁程度、信息披露渠道和政务公开透明度，以及政府各部门提供服务的效率和质量等。这对于跨国公司设立区域总部来说尤其重要，因为它们不希望因为政府的运营效率低下和服务态度不好而降低公司总部指挥各分支机构的效率，从而影响整个公司的运营成本。上海市政府的外商投资工作委员会，采取了"一个窗口、一个图章、一个机构、一站式服务"的方式，大大提高了工作效率，在吸引大型跨国公司到上海投资方面起到了重要的作用。这些对投资环境的要求也反映了影响大型跨国公司在华投资的区位因素是成本、集聚经济、法律和政策环境等。与一般外商不同的是，大型跨国公司更倾向于具有生产成本低、集聚经济明显、法律制度完善、政府工作效率高和服务态度好等综合区位优势的地区。这也能解释为什么大型跨国公司在华投资集中在东部沿海地区，即长江三角洲、IT产业集聚的珠江三角洲和工业基础好的环渤海湾地区，尤其是作为金融和商业中心的上海与作为信息技术开发基地的北京和天津。

（三）在华服务业跨国公司投资对中国服务业的影响

在华服务业的跨国公司对中国服务业的促进作用和负面作用同时存在。从正面影响来看，在华服务业跨国公司的投资：

第一，优化了中国服务业内部结构，增强了其国际竞争力。跨国服务公司的进入，其先进的管理经验和带来的竞争迅速培育了一批具有竞争实力的中国企业。

第二，打破了服务业行业垄断，优化了市场结构。以服务业中的交通运输业为例，国际物流先进企业，如DHL等进入中国市场，打破了原先中国物流业的垄断现状，不仅促进了中国邮政EMS业务的迅速发展，更培育了相当一部分具有竞争力的民营物流企业，如顺丰、申通、圆通等。

第三，延长了服务业产业链，形成了产业集群并拓展了新兴服务业。目前，制造业、生产性服务业、消费性服务业三者相互促进、相互依赖的良性互动机制，不但延长了产业链条，也有力地推动着产业集群的发展。同时，服务业的迅速发展，减少了第三产业的经营成本。以阿里巴巴集团为代表的电子商务快速发展，中国相当一批B2B、C2C、B2C等电商平台也促进了国际电商企业如亚马逊等进驻中国。

第四，通过技术转移和外溢提高了服务业技术水平。有研究表明，服务业跨国公司在中国的经营活动，通过竞争效应、人员流动效应、关联效应等已经形成了一定程度的技术溢出，如零售业、快餐业、金融服务业等，都已经通过服务业跨国公司的技术转移和外溢，极大地提高了我国同行的技术水平。同时，在华的服务业跨国公司也促进了我国服务人员的就业，为就业人员技术水平的提高起到了促进作用。

当然，服务业跨国公司在中国的经营也不是高枕无忧的。

首先，许多服务业跨国公司表示至今仍然处于亏损状态，高昂的固定成本以及员工费用，使许多公司入不敷出，短时期内还无法盈利。

其次，服务专业人员的缺乏是服务业跨国公司遇到的主要问题，而且许多跨国公司在花费巨大代价培训员工后，员工却跳槽了，这也是非常棘手的问题。

最后，基础设施的落后以及制度的不完善对服务业跨国公司的发展造成了很大影响。

但是，由于拥有先进入者优势，在华服务业的跨国公司迅速占领了市场，培养了一批具有品牌忠诚度的消费者，这对尚处于起步阶段的中国服务业公司提出了巨大的挑战。中国企业如何应对这种国际化竞争成为决定中国未来服务业国际化的关键所在。

尽管如此，广阔的中国市场还是吸引了越来越多的服务业跨国公司来华投资。不难预测，随着中国日益与世界接轨，中国的服务市场成为世人瞩目的焦点。中国现在十分重视塑造附加价值链及制造"中国设计"产品，从"中国制造""中国创造"到"中国想象"，中国服务业的升级也将引导在华服务业跨国公司新的投资动向。

第三章拓展阅读

素养园地

以高水平对外开放拓展中国式现代化发展空间

我国已经迈上全面建设社会主义现代化国家的新征程，比历史上任何时期都更接近、更有信心和能力实现中华民族伟大复兴的目标。我们要以实际行动扎实推进中国式现代化，为全面建设社会主义现代化国家、推动构建人类命运共同体作出更大贡献。中国国际贸易促进委员会（以下简称中国贸促会）担负着促进对外贸易、双向投资和经济技术合作等重要职责。

一、坚持促稳提质，推动加快建设贸易强国

党的二十大报告强调："推动货物贸易优化升级，创新服务贸易发展机制，发展数字贸易，加快建设贸易强国。"强化贸易促进是推动外贸稳规模和优结构、加快从贸易大国迈向贸易强国的必然要求。中国贸促会要以更大力度推动外贸稳规模、优结构，精心组织出国经贸展览，持续培育海外品牌展，扩大办展规模，支持各地方各行业举办国际化、专业化展览会，优化重点展会供采对接，帮助企业聚焦优势产品和重点市场增加出口，加大先进技术、重要设备、优质消费品等进口。聚焦维护全球产业链、供应链的韧性与稳定性，筹办中国国际供应链促进博览会，打造上中下游融通、大中小企业链接、产学研用协同的高端平台。强化市场开拓服务保障，密切跟踪外贸企业新诉求并及时推动解决，加强

对企业培训指导、帮扶纾困和风险排查等工作。

二、坚持提升服务，助力营造国际一流营商环境

党的二十大报告指出："合理缩减外资准入负面清单，依法保护外商投资权益，营造市场化、法治化、国际化一流营商环境。"当前，招商引资国际竞争更加激烈。中国贸促会要充分发挥联系外资紧、服务平台多、工作覆盖面广的优势，拓展全国贸促系统服务外资企业工作专班功能，以更大力度促进外资稳存量、扩增量。加强与跨国公司和外国商协会的常态化联系，引导外资企业正确理解我国政策举措、增强信心、稳定预期，推动更多优质外资项目落地。着眼于推动扩大制度型开放，健全营商环境监测体系功能，助力自贸试验区、海南自由贸易港制度创新和产业集聚。举办粤港澳大湾区发展工商大会，支持港澳工商界参与国家全面开放和现代化经济体系建设。完善商事法律公共服务体系，举办全球工商法治大会，加强商事认证、知识产权服务等工作，增强国际仲裁和商事调解公信力，努力把我国打造成国际商事争议解决目的地。

三、坚持互利共赢，深化拓展对外经贸关系

党的二十大报告强调："深度参与全球产业分工和合作，维护多元稳定的国际经济格局和经贸关系。"经贸关系的发展归根到底要依靠企业的生产经营合作。中国贸促会要继续发挥开放窗口和桥梁纽带作用，加强民间外交、经济外交工作，做实多双边工商合作机制，同各国工商界加强沟通联系，为中外经贸合作牵线搭桥，促进提升贸易投资合作质量和水平，更好推动双边、区域和多边合作。办好全球贸易投资促进峰会，深化与各国贸易投资促进机构、商协会组织等交流，不断开创合作共赢新局面。推动共建"一带一路"高质量发展，加强政策宣介，办好"一带一路"企业家大会等重点活动，促进健康、绿色、数字、创新等新领域合作。助力建设面向全球的高标准自贸区网络，高质量实施《区域全面经济伙伴关系协定》（RCEP）等自贸协定，完善公共服务平台，编著重点行业应用指南，面向企业举办系列论坛和培训活动，帮助企业用好用足自贸协定政策红利。

四、坚持胸怀天下，积极参与全球经济治理

党的二十大报告指出："中国积极参与全球治理体系改革和建设，践行共商共建共享的全球治理观，坚持真正的多边主义，推进国际关系民主化，推动全球治理朝着更加公正合理的方向发展。"中国贸促会要树立世界眼光，增强战略思维，倡导平等、开放、合作、共享的全球经济治理观，广泛调动工商界力量，共同推动多边机制更好地发挥作用，促进国际宏观经济政策协调。加强国际展览局、国际商会等重要国际组织工作，深化与世界知识产权组织、联合国工业发展组织等机构战略合作，积极参与国际经贸规则和标准制定，培养和推荐更多人才到国际组织任职或工作，在数字经济、绿色低碳等领域加强分析研判并提出务实建议。打造全媒体传播格局，提升重大问题对外发声能力，讲好中国工商界故事，传播好中国声音。

资料来源　任鸿斌．以高水平对外开放拓展中国式现代化发展空间［J］．求是，2023（10）：49-53.

关键术语

国际生产折中理论　所有权优势　内部化优势　区位优势　服务业对外直接投资　服务业跨国公司　服务业特许经营　股权投资　非股权安排

复习与思考

1. 什么是国际生产折中理论？如何运用国际生产折中理论来解释服务业跨国经营？

2. 什么是所有权优势？服务业跨国经营的所有权优势有哪些？

3. 什么是内部化优势？服务业跨国公司内部化优势有哪些？

4. 什么是区位优势？如何根据区位优势确定服务业对外直接投资？

5. 服务业跨国经营有哪几种模式？怎样根据三优势模型来确定跨国经营的具体模式？

6. 简单分析如何选择服务业跨国经营的股权战略。

7. 分析服务业跨国经营的动因。

8. 什么是服务业的对外直接投资？对外直接投资转向服务业的原因有哪些？

9. 论述服务业发展对外直接投资的影响。

10. 分析我国服务业吸引外资和对外直接投资的现状。

11. 服务业跨国公司具有哪些特点？

12. 简析服务业跨国公司的进入模式选择。

阅读分析

资料一　　　　　　　　**上海迪士尼案例分析**

上海迪士尼乐园位于上海市浦东新区川沙新镇，于2016年6月16日正式开园。它是中国第二个、世界第六个迪士尼主题公园。

在该乐园建设过程中，上海市政府和美国华特迪士尼公司（以下简称迪士尼公司）引入了PPP模式，由中美双方共同注资管理公司，采用银团贷款、降低财务杠杆等一系列创新举措，创造了独特的迪士尼度假区"上海模式"。

中美双方合资设立了两家业主公司和一家管理公司。上海申迪旅游度假开发有限公司（以下简称申迪旅游）为上海申迪（集团）有限公司（以下简称申迪集团，陆家嘴集团、锦江国际、上海文广集团、百联集团各持股45%、25%、20%和10%）的全资子公司，持有业主公司57%的股份，迪士尼公司持有43%的股份。在管理公司中，迪士尼公司持有70%的股份，申迪旅游持有30%的股份（如图3-5所示）。

不同于其他城市的管理模式，上海迪士尼确立了以政府主导、国企投资参与的股权融资管理模式。申迪集团注册资本为204.51亿元，股东均为国资背景，陆家嘴集团、锦江国际、上海文广集团、百联集团均隶属上海国资委。申迪集团子公司申迪旅游具体负责与迪士尼公司的合作经营，共同投资、建设和运营上海迪士尼主题乐园及配套设施，并发展相关产业。其余公共建设由上海地方财政支付，政府背书提供信用担保。

在融资模式上，从申迪集团对外公布的资产负债表中可以看出，资产负债率为51%，相当稳健。资产561.92亿元，其中乐园有关固定资产436.16亿元，占比77.6%。负债286.95亿元，其中短期借款1.85亿元，占比0.7%；应付债券19.34亿元，占比6.7%；应付账款64.87亿元，占比22.6%；长期借款119.88亿元，占比41.8%。上海迪士尼采用的是以长期借款为主、商业信用和发行债券为辅的债务融资模式。

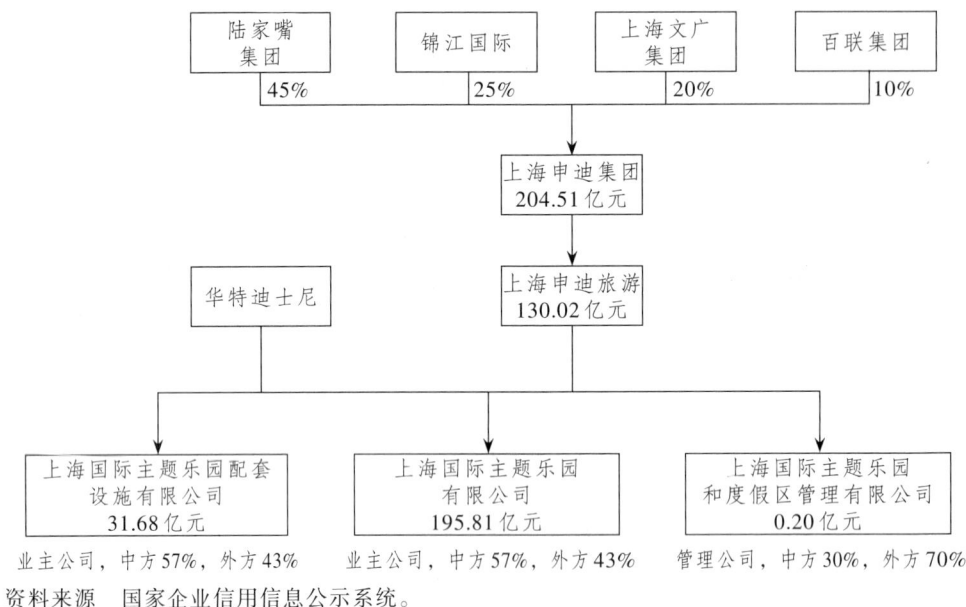

资料来源　国家企业信用信息公示系统。

图3-5　上海迪士尼股权投资结构图

上海迪士尼的融资模式，实质是"政府搭台+国企运营+银团贷款"的运作模式，承担了上海向第三产业转型的任务。上海市作为全国经济的排头兵，近年来经济增速放缓，面临着经济结构调整及向第三产业转型的压力。上海大手笔巨资引入迪士尼，不仅承担了大浦东联动开发的重任，也通过游客经济拉动观光、购物、餐宿消费等，大力发展旅游业，彰显了向第三产业转型的决心和魄力，带动了经济的发展。

资料来源　谭朝晖. 上海迪士尼融资模式浅析与创新建议［J］. 现代商业，2020（11）：91-93.

讨论：

（1）结合上述案例，分析上海迪士尼在对外直接投资中的股权战略、特点及存在的问题。

（2）中国在服务业对外引资的过程中应该注意哪些问题、采取什么对策？

资料二　　　　　　　　商业特许经营TOP280

特许经营是一种先进的商业发展方式，餐饮、零售、生活服务企业是服务行业的重要组成部分，为消费者提供实现美好生活的各项所需。在服务业中，聚集了大量以特许加盟为主要发展模式的连锁企业，这些企业在2023年之后，恢复和发展较为迅速。为进一步了解这些服务类企业的发展最新情况，中国连锁经营协会开展了"2023年商业特许经营TOP280"统计调查工作。

总体来看，2023年商业特许经营TOP280呈现如下特点：

一、行业集中度高

2023年，商业特许经营TOP280涵盖了餐饮、便利店、生活服务、专业专卖店等业态，其中餐饮业98家，占比35%；便利店80家，占比29%；生活服务60家，占比21%；专业专卖店42家，占比15%。

TOP280门店总店数达到了631 003家，相比2022年门店数572 130家增长了10.29%。

其中拥有万家以上门店的加盟品牌有9家，行业集中度进一步提升。

TOP280榜单也显示，门店在5 000家以上的品牌35家，占比12.5%，门店总数占TOP280门店总数54.32%；门店在1 000~5 000家的品牌99家，占比35.36%，门店总数占TOP280门店总数的34.63%。

在280家企业中，前面20%的企业（前56家）占门店总数的66.98%。

二、加盟热点聚焦在新茶饮、零食折扣、咖啡等业态

近几年来，随着服务行业的发展，加盟领域也发生了结构性变化。新茶饮，咖啡、零食折扣和食品专卖业态表现亮眼，很多企业短短几年的时间就发展到了很大的规模。例如，零食折扣业态的赵一鸣和零食很忙已超过7 000家，新茶饮业态的霸王茶姬超过3 700家，咖啡业态的瑞幸咖啡达到16 000家等，这些企业发展都非常迅速。

三、快速发展的生活服务类企业的特征

生活服务类企业顺应了中国经济的变化，取得了比较好的发展。这些企业具备如下几个特点：

1.市场下沉

分析这些发展迅速的新兴品牌，我们也发现，大部分新兴企业不仅在一、二线市场有竞争力，同时在下沉市场，尤其是三、四、五线市场都有良好的表现。

2.性价比和质价比高

新的经济周期，除金字塔顶端的那部分之外，绝大多数消费者普遍看中性价比和质价比；同时，更多的渠道选择让消费者不愿为产品支付溢价，这些企业普遍适应了变化，具备较高的性价比。

3.消费场景适应性强

在一、二线城市，消费者追求便利性，对外卖和即时零售的需求较高；三到五线城市，消费者闲暇时间相对较多，逛的意愿更强。这些扩张迅速的品牌，在不同区域、不同场景，满足消费者需求的能力都很强。

此外，茶饮企业作为中式轻餐饮的代表，模式便于复制，产品可携带，便于就餐，有很强的扩张属性，可以适应不同的消费场景，也有利于企业的快速发展和扩张。

4.偏重制造型，重视企业效率

此外，观察这些发展迅速的企业，主要以年轻人作为目标客户主体，并大多偏重制造型，普遍集中在小业态企业中；同时，都采用数字化手段，拓宽管理边界和管理效率。

以上是这些快速发展的企业的普遍特征。未来我们也要关注老龄少子化趋势，以及文化消费和体育消费的快速发展的趋势。

四、优秀加盟体系的特点

分析榜单可以看到，排名靠前的生活服务类企业，主要还是依靠一套成熟的加盟体系，支撑企业的快速发展，这些优秀企业构建的加盟体系有这些特征：

（1）企业自身具备有竞争力的商品和服务，赢得消费者信任；

（2）让加盟商可以盈利，赢得加盟商信任。总部和加盟商各自投入一定的资源，通过合作，各自创造各自的价值，共同获利。好的加盟体系，加盟商通过正常经营可以挣钱，是合作的基本条件。

（3）良好的生态，赢得上下游供应链伙伴信任。随着行业竞争越来越激烈，特许企业通过上下游企业的密切合作，优化每个环节的成本结构，是企业高效运营的关键。因此，赢得上下游供应链伙伴的信任和支持，共创高效的供应链协同是企业健康发展的重要保证。

服务行业对于稳定就业具有重大作用。当前阶段，国内就业面临一定挑战，根据万博经济研究所数据，目前中国有1.7亿农业就业人口，将来可能会继续释放几千万劳动力；工业2.3亿就业人口会保持相对稳定，因此，未来新增或释放出的劳动力主要依靠服务行业来吸收，这是服务行业对中国经济稳定最大的贡献。协会愿意和行业一起，推动中国服务行业持续健康有序发展。

资料来源　中国特许经营协会. 2024中国特许加盟大会 & 生活服务业发展大会在北京开幕［EB/OL］.（2024-06-06）［2024-06-16］. http://www.ccfa.org.cn/portal/cn/xiangxi.jsp?id=445742&type=1.

讨论：

（1）为什么服务业企业经营过程中往往采取特许经营的方式？

（2）以上案例均分析中国商业特许经营的案例，试列举出服务业跨国公司成功实现非股权安排的实例，分析这些服务业企业跨国经营模式选择的原因以及这些企业的特点。

第四章　国际服务贸易政策

内容提要

通过本章学习，掌握国际服务贸易政策的演变规律及所依据的规律，掌握从自由服务贸易政策到保护服务贸易政策的不同特点及适用情况。结合中国服务贸易政策的应用，理解中国在应对经济不同发展阶段时所应采取的恰当的服务贸易政策。

❖ 引例

技术服务贸易市场与技术服务贸易政策

第一次世界大战后，美国以拥有最高水平的技术而自豪。此时，技术是从美国单向流向欧洲或日本的。美国开发出的技术首先在当地投入企业化生产，当达到某种程度的标准化后，再将这些技术转移到其他发达国家，最后流到发展中国家。当然，在美国取得专利的基本技术在日本进行企业化生产的例子也有。

随着时间的推移，虽然美国在绝对技术水平方面占有的优势地位仍没有改变，但是，在发达国家之间的技术差距相对缩小了。尤其是在有关制造和应用方面的技术，日本的实力很强，因此，日本在贸易方面的竞争力就越来越强，以致美日之间产生了一些贸易摩擦。这些情况迫使日本必须改变接受、改造并应用美国技术的方式，转向为自己积极开发新技术、努力出口新产品的战略。

在企业实施适当的出口战略的同时，需要政府出台有关的政策：

1.直接的（积极的）政策

（1）技术引进政策：为适当地引进技术，由政府进行管理和管制。

（2）技术出口政策：促进技术出口以及适当的出口政策。

2.间接的（补充的）政策

间接的（补充的）政策主要是研究和开发技术的政策，改造和吸收引进的技术，自主研究和开发新技术。

综上所述，在进行技术服务贸易时，无论采取直接的政策，还是采取对其补充的间接政策，都要以研究和开发技术为基础。这是因为，如果过分地依赖引进国外技术，不对其进行改造并在适合本国经济类型的基础上消化和吸收，就不能提高本国的技术水平，使自己永远处于技术从属型的地位。研究开发活动能够提高本国的技术水平，使本国可以自主开发新技术，在引进技术时也可以加强与对方国的谈判能力，而且一定的研究开发能力也是出口技术的基础。

在当今世界，国际服务贸易政策呈现出自由化与保护性贸易政策这两个看似相互矛盾但仍将长期共存的现象。几乎每一国的服务贸易政策都是以混合型的贸易政策为主，兼顾了自由化与保护性的双重特点。无疑，这种服务贸易政策的背景一方面以国际服务贸易自由化作为支撑，随着服务业在世界经济中的地位日益重要，特别是以跨国公司作为服务贸易主体的迅速发展，以及通信和信息技术、交通运输业迅猛发展，越来越多的服务贸易要求跨越国别限制，进入自由发展阶段；但另一方面伴随着国际服务贸易中发达国家与发展中国家的不平衡地位，特别是随着发展中国家劳动力成本优势的显现，其给发达国家带来了潜在的威胁，保护性贸易政策的呼声也日渐提高。

因此，本章将就国际服务贸易政策的渊源进行讨论。

第一节　服务贸易政策的演变

不言而喻，国际贸易政策不会早于国际贸易，只会与之同时出现或稍晚一些出现。各国制定国际贸易政策的出发点是国际贸易对其政治和经济等诸多方面的影响，以及各国对待国际贸易的态度。不同时期和不同国家的国际贸易政策往往是极不相同的。

早期的国际服务贸易规模较小，项目单一，在全部服务贸易收入中，运输服务和侨汇等相关的银行服务就占70%以上。新的服务贸易内容，如电信、计算机软件，甚至是信息高速公路、多媒体技术、知识产权类服务及其他与现代生活相关的服务，直到第二次世界大战后才出现，有些则是在20世纪80年代末90年代初刚刚兴起的。因此，在贸易政策上，早期的服务贸易限制较少，再加上当时的世界政治经济体系主要由少数几个工业发达国家所操纵，所以，在全球范围内基本上采取的是服务贸易自由化政策。第二次世界大战后，西方国家为了恢复经济，从国外大量引进服务人员，并欢迎技术转让和金融服务入境，于是，服务贸易进入了有组织、有商业利益导向的发展阶段。在这一阶段，美国作为世界经济的"霸主"，通过"马歇尔计划"和"道奇计划"，分别对西欧和日本进行"援助"，伴随着货物输出，大量的资金和技术等服务也输往境外，并取得了巨额的服务收入。在该阶段，总体上发达国家的服务贸易壁垒较少，而发展中国家对服务贸易表现得并不积极，相反，设置了重重障碍，限制境外服务的输入。

20世纪60年代以后，随着世界各国医治战争创伤的结束，经济迅速发展，大家普遍意识到服务外汇收入是一项不可忽视的外汇来源。同时，出于国家安全、领土完整、民族文化与信仰、社会稳定等政治、文化及军事方面的考虑，各国均对服务的输出入制定了各种政策和措施，其中不乏鼓励性质的，但更多的是限制性的，再加上传统的业已形成的限制性经营惯例，从而极大地限制了国际服务贸易的发展。

由于服务贸易项目繁杂，方式多样，因此，规范它的政策和法规也就层出不穷，加之各国基于本国的发展水平和具体情况，又实施不同的管理手段，所以更加重了它的复杂性。如果说服务贸易自由化更多地体现于一些鼓励性的措施与法规的话，那么服务贸易的保护则一般是依靠一国政府的各种法规和行政管理措施等非关税壁垒来实施的，很难对其加以量化分析。由于在壁垒和"合法"保护之间存在许多"灰色区域"，所以服务贸易自由化目标的实现比商品贸易要困难得多，其中充满不确定性和主观随意性。

从国家角度来看，发达市场经济国家因其国内服务业竞争力较强，一般主张服务贸易的自由化，要求发展中国家开放服务市场，以便它们具有优势的服务业进入发展中国家的服务市场。服务业比较落后和在某些服务部门不具备优势的发展中国家则不得不进行保护，对发达国家的服务业进入本国服务市场作出各种限制性规定。但有时为了引进外资和先进的服务，不仅开放某些服务项目，还常常以税收减免等优惠，鼓励外国的服务业进入本国市场。

第二节　自由服务贸易政策

一、自由贸易与经济效率

通常认为贸易自由化与生产率增长之间呈正相关关系，但也有人对贸易政策与全要素生产率增长的关系表示怀疑。这些争论主要表现3个方面：

（一）生产率的提高与自由化的联系

这种联系有多种解释：

①贸易壁垒的拆除使厂商直接暴露在竞争中，迫使其更加努力提高劳动生产率。

②自由化允许厂商参与更为广泛的国际市场竞争，如果这些厂商规模报酬递增且自由化导致厂商或行业产出增长，那么平均成本将会下降，生产率得以提高。

③将宏观经济稳定性与自由化效应结合起来。一个稳定的宏观经济环境可以创造健康的投资环境并引发技术革新和增长，伴随更高的投资水平，出现更快的资本替代率和更高的生产力增长率。通过社会稳定计划，某些贸易政策的变革可以导致更加稳定的宏观经济环境。

（二）新增长理论

贸易自由化改变了厂商经营的市场条件，包括可用技术和投资 R&D 的动机等，促进了创新和技术变革，因为自由贸易比保护贸易提供更多的学习和创新的机会。这对企业家学习和创造新技术、新方法，为出口或与进口竞争等都提供了更大的激励。新增长理论强调提高生产率的4个内生变量：提高专业化程度带来的收益、人力资本存量增大带来的收益、"干中学"带来的收益以及投资 R&D 带来的收益。在这4个内生变量中，正的外部性导致更高的生产率。

（三）服务的相关理论

尽管许多理论试图找到生产率增长与贸易自由化之间的联系，但没有一种理论是令人信服的。另外，发展中国家实行贸易自由化后，厂商和产业的经验事实与许多现行理论相互冲突。新增长理论所强调的内生技术革新的结论也只是在某些情况下符合这一联系，并且这种分析大多针对制造业而不是服务业，相比之下，有关国际服务贸易自由化效应的讨论显得不足。然而，我们有理由相信，服务业通过自由化不仅可以提高分配效率，还可以提高生产率，因为许多服务投入直接有利于新技术的创新和吸收。更为重要的是，国际服务贸易经常涉及要素的移动，而非产品的移动，它们更可能体现生产率增长的跨境外溢效应。因此，服务贸易自由化对促使生产率提高的技术创新的刺激，很可能比没有要素移动的商品贸易自由化的直接效应来得大。

二、服务贸易自由化的福利效应分析

福利效应分析是国际贸易纯理论的一项重要内容。基于货物贸易的传统国际贸易理论认为，自由贸易在理想状态下能够带来经济福利的增加。服务贸易自由化的福利影响要比货物贸易自由化来得复杂。

基于自由化的国际服务贸易政策的福利效应分析理论来源主要是比较优势理论。根据社会分工所形成的福利，其主要包括消费者剩余和生产者剩余两部分。由于服务贸易本身是无形的，因此服务贸易的自由化也就演变成服务贸易中要素移动的自由化，其福利分析的依据也转变成在比较优势理论的基础上，研究要素移动自由化对服务贸易输入国和输出国的影响。

在图4-1中，假定两国的服务贸易要素分别为$VMPL_1$与$VMPL_2$，当一国实行自由服务贸易政策时，服务贸易中所蕴含的要素自由移动，由于B国的工资率（O'H）高于A国（OC），因此要素向A国移动。由于自由服务贸易政策，两国要素的移动应处于两国工资率相等的地方，即E点。这时，A国的总产出从OFGA下降到OFEB，而B国则从O'JMA上升到O'JEB，世界产出增加了EGM（阴影部分）。

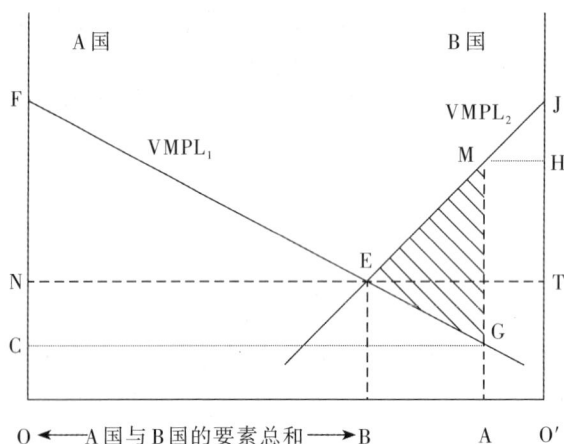

图4-1 国际自由服务贸易福利分析

三、服务贸易自由化的政策选择

从前面对服务贸易自由化的福利效应分析中可知，作为各种实际影响因素之一的自由化政策的不同选择，在很大程度上会给贸易国带来不同的福利收益和成本。

（一）服务贸易自由化的宏观影响

这里意欲从国家整体角度探讨这一影响。

无论对发达国家还是对发展中国家，服务贸易都是一把双刃剑，它既可能危及国家安全和主权，也可能因为能够提高国家竞争力而又最终维护国家安全。前已证明，服务贸易自由化给贸易国带来的福利收益大于同等条件下货物贸易自由化的福利收益，然而，服务贸易自由化进程需与国家竞争力和货物贸易自由化发展相适应，否则，将导致国家福利损失。

1.服务贸易自由化与国家安全

服务贸易自由化进程中一个最为敏感的问题就是国家安全问题。国家安全涉及五种基本的国家利益，即政治利益、经济利益、军事利益、外交利益和文化利益。服务贸易比货物贸易更多地涉及国家安全问题。

2.服务贸易自由化与国家竞争力

服务贸易自由化推动服务部门专业化的发展，而服务部门专业化一方面产生规模经济效应，另一方面导致服务部门技术标准化和服务综合化。这些均构成一国服务部门竞争力的基础。政府在权衡国家安全利益和服务贸易利益时将随时间而波动，有时可能更多地强调国家安全利益，有时则更多地考虑维护或提高竞争力。比如，军用信息技术往往领先于民用信息技术，一旦前者转化为后者，将会极大地推动工业、服务业，特别是服务贸易的发展。但当国家安全的要求特别强烈时，不仅限制军民两用信息技术出口，而且还限制这种转化，最终可能损害国家经济竞争力。

我们的分析是建立在服务贸易自由化可以提高竞争力的假设基础之上的，这种假设先后被迈克尔·波特等经济学家从不同角度给予理论分析和数据论证。获得低成本优势和寻求产品差异性是服务贸易自由化提高厂商乃至国家经济竞争力的基础。在此基础上，服务贸易给予厂商或国家竞争优势的基本要素可分解为六个：①服务技术（高技术）要素；②服务资源要素；③服务管理要素；④服务市场要素；⑤服务资本（投资）要素；⑥服务产品要素。

波特将上述6个要素与波特的国家竞争优势组合理论结合起来，认为生产需求条件、相关与支持产业、企业战略、结构和同业竞争、机会和政府构成一国竞争力的基本因素。在这些因素形成的钻石体系的演变过程中，波特指出国家经济竞争力的提高一般经历4个阶段：

第一阶段为要素主导阶段，如农业生产优势依赖基本要素；

第二阶段为投资主导阶段，国家竞争优势主要表现为政府和企业积极投资，要素以及企业战略、结构和竞争环境持续改善；

第三阶段为创新主导阶段，该阶段的竞争产业建立基于完整的竞争力钻石体系，企业向着国际化和全球化方向发展；

第四阶段为丰裕主导阶段，该阶段竞争力来自前3个阶段财富与创新技能的积累。

如果说波特理论在一定程度上反映国家竞争力变化过程，那么服务贸易将对除第一阶段外的其他3个阶段的发展产生影响，而且这种影响随着经济竞争力水平的提高而不断加深。

总之，服务贸易自由化既与一些敏感性问题，如国家安全，特别是经济安全和文化安全密切相关，又对国家经济竞争力的提高施加越来越强烈和越来越广泛的影响。正因为如此，目前还没有一个国家愿意完全开放本国服务市场，也没有一个国家倾向于执行严格的服务进口替代政策。

（二）发达国家服务贸易自由化的政策取向

发达国家对发展中国家开放本国服务市场的条件是以服务换商品，即发展中国家以开放本国服务市场为交换条件要求发达国家开放其商品市场，而对于同等发达国家或地区，则需要相互开放本国服务市场，这就是所谓的"服务贸易补偿论"。发达国家自由化服务贸易政策主要体现在：

①以开放本国商品市场为条件要求发展中国家开放本国服务市场；

②对于同等发达程度的国家或地区，则需要相互开放本国市场；

③以维护国家安全和竞争优势为理由，对其服务出口采取管制措施。

另外，发达国家还以维护国家安全和竞争优势为借口，强调有必要对本国服务出口采取管制政策。需要指出的是，发达国家强迫其他国家开放服务市场，以及限制本国涉及敏感性问题的服务出口，都是以它们自身的利益为出发点，对此发展中国家必须采取相应的对策。

（三）发展中国家服务贸易自由化的政策取向

很明显，不能简单地就服务贸易自由化是否符合发展中国家的利益得出结论。然而，在服务贸易自由化大趋势下，发展中国家能否从中获利，在很大程度上取决于自身的政策取向。

发展中国家为保护国家经济安全和文化遗产，甚至为捍卫国家主权，对外国服务进出口采取种种限制乃至完全禁止的政策是可以理解的。在现阶段完全开放本国服务市场，特别是金融服务市场，对于发展中国家是不现实的自由化理想，至少对于本国经济安全来说是危险的，特别是对那些经济规模较小的发展中国家。然而，如果完全封闭本国服务市场，这既难以有效做到，又会带来一些保护成本。因此，发展中国家既难以选择传统的保护战略，特别是像工业那样选择传统的进口替代战略，又不能选择一步到位的完全自由化战略，于是，混合型、逐步自由化的服务贸易发展战略就成为发展中国家的备选方案。发展中国家在服务贸易自由化进程中，应注意两点：一是开放的基本步骤和顺序；二是每个基本步骤和顺序中涉及哪些服务部门或服务领域，它们对于开放服务市场的影响如何。按照这样的思路，发展中国家开放本国服务市场可以按照以下5个步骤进行：

①逐步放松对国内服务市场的管制；

②逐步开放本国商品贸易市场，降低商品关税水平；

③逐步开放服务产品市场，减少服务产品领域的非关税壁垒；

④逐步开放服务要素市场，减少有形服务贸易的关税和非关税壁垒；

⑤实现服务贸易自由化。

第三节　保护服务贸易政策

一、服务贸易壁垒产生的原因、定义及种类

（一）服务贸易壁垒产生的原因

既然服务贸易自由化能够给有关贸易国带来一定的好处，那么为什么在现实经济中服务贸易比货物贸易存在更多的阻碍呢？其原因至少有以下方面：

①微观经济学根源，即政府实施干预的主要依据在于自然垄断、信息不对称和经济外部性。

②政府出于本国经济独立性的考虑。

③政治和文化上的考虑。

（二）服务贸易壁垒及其种类

所谓服务贸易壁垒，一般是指一国政府对外国服务生产者或提供者的服务提供或销售所设置的有阻碍作用的政策措施，即凡直接或间接地使外国服务生产者或提供者增加生产或销售成本的政策措施，都有可能被外国服务厂商视为贸易壁垒。服务贸易壁垒当然也包括出口限制。

服务贸易壁垒的目的是：一方面在于保护本国服务市场，扶植本国服务部门，增强其竞争力；另一方面旨在抵御外国服务进入，削弱外国服务的竞争力。

与商品贸易壁垒相似，服务贸易壁垒也大体划分为关税与非关税壁垒两大类。与商品贸易不同，非关税壁垒在服务贸易理论分析中占有更重要的位置。有关服务贸易壁垒分类的讨论有许多，下面介绍两种分类。

罗伯特·鲍德温（Robert E. Baldwin）将主要贸易壁垒分为12种，美国经济学家S.本茨将其中的11种分成两大类应用于服务业。

第一类是投资/所有权问题，包括以下几种：

①限制利润、服务费和版税汇回母国；

②限制外国分支机构的股权全部或部分由当地人持有或控制，这基本上等同于完全禁止外国公司进入当地市场；

③劳工的限制，如要求雇用当地劳工，专业人员须经认证以及取得签证和工作许可证等；

④歧视性税收，如额外地对外国公司收入、利润或版税征收不平等税金等；

⑤对知识产权和技术转移等信息贸易活动缺乏足够保护。

第二类是贸易/投资问题，包括以下几种：

①政府补贴当地企业并协助它们参与当地或第三国市场的竞争；

②政府控制的机构频繁地执行一些非营利性目标，以对抗外国生产者的竞争优势；

③烦琐的或歧视性许可证规定、收费或税赋；

④对外国企业某些必要的进口物资征收过高的关税，或直接进行数量限制，甚至禁止进口；

⑤不按国际标准和惯例提供服务；

⑥限制性或歧视性政府采购规定。

上述服务贸易壁垒的分类较为零散，不便于理论分析，于是人们选择了一种比较合适的分类方法，即把服务交易模式与影响服务提供和消费的壁垒结合起来进行分类，从而将服务贸易壁垒划分为以下几种形式：

（1）产品移动壁垒

其包括数量限制、当地成分或本地要求、补贴、政府采购、歧视性技术标准和税收制度，以及落后的知识产权保护体系等。

（2）资本移动壁垒

其主要形式有外汇管制、浮动汇率和投资收益汇出限制等。

（3）人员移动壁垒

种种移民限制和出入境烦琐手续，以及由此造成的长时间等待等，都构成人员移动的壁垒。

（4）商业存在壁垒

商业存在壁垒又称开业权壁垒或生产者创业壁垒，即限制市场准入，是指对外国服务业厂商在本国开设企业或公司进行诸多的限制。

如果按照乌拉圭回合谈判采纳的方案，服务贸易壁垒又可分为两大类：影响市场准入的措施和影响国民待遇的措施。虽存在某些无法归入以上两大类的其他措施，如知识产权等，但人们认为现在应集中探讨市场准入和国民待遇问题。市场准入措施是指那些限制或禁止外国企业进入国内市场，从而抑制市场竞争的措施。国民待遇措施是指有利于本国企业但歧视外国企业的措施，包括两大类：一类是为国内生产者提供成本优势，如政府补贴当地生产者；另一类是增加外国生产者进入本国市场的成本，以加剧其竞争劣势。

这种分类方法较为有效，其原因在于：

首先，它便于对贸易自由化进行理论分析。现有国际贸易理论一般从外国厂商的市场准入和直接投资环境两大角度分析贸易自由化的影响。

其次，它便于分析影响服务贸易自由化的政策手段。

二、服务贸易保护程度的衡量

（一）名义保护率

名义保护率（nominal rate of protection，NRP）是衡量贸易保护程度最普遍使用的指标。它通过测算世界市场价格与国内市场价格之间的差额，衡量保护政策的影响。世界银行将名义保护率定义为：由保护引起的国内市场价格超过国际市场价格的部分与国际市场价格的百分比。名义保护率是指一国实行关税保护使商品的国内市场价格高于国际市场价格的百分比，其公式为：

$$名义保护率=\frac{国内市价-进口市价}{进口市价}\times100\%$$

（二）有效保护率

"有效保护"的概念最初是由澳大利亚经济学家马克斯·科登（Max Corden）和加拿大经济学家哈里·约翰逊（Harry Johnson）提出来的。他们将有效保护定义为包括一国工业的投入品进口与最终品进口两者在内的整个产业结构的保护程度。假如这一结构性保护的结果为正，那么，其关税保护是有效的；反之，则是无效的。由此可见，一国的关税政策是否有效，不仅要看其最终产品受保护的程度，还要看受保护的那个产业的进口中间产品是否也受到了一定的保护，从而使得该产业的实际保护为正。在已知某产品的名义关税、自由贸易条件下该产品的各项原材料投入价值占产出价值的比例，以及各项原材料的名义关税的条件下，有效保护率（effective rate of protection，ERP）的计算公式为：

$$有效保护率 = \frac{国内加工增值 - 进口加工增值}{进口加工增值} \times 100\%$$

$$T_e = \frac{T - \sum a_i t_i}{1 - \sum a_i}$$

式中：T_e为有效保护率；T为该产品的名义关税；a_i为自由贸易条件下，该产品的各项原材料投入价值占产出价值的比例；t_i为各项原材料的名义关税。

从中可以看出：最终产品的税率越高，或中间投入品的税率越低，则其有效保护率越高。这就为按加工层次而使用逐步升高的关税税率结构提供了理论依据，并在国际关税减让谈判中，提供了对初级产品的关税可以多减让一些，而对最终产品的关税不可减让过多的策略依据。通过有效关税，一些有效保护率较高的行业可以把本国原来不景气的经济资源吸引过去，影响本国的资源配置。

（三）生产者补贴等值

生产者补贴等值（producer subsidy equivalent，PSE）或生产者补贴等值系数（PSE co-efficient）方法最早被经济合作与发展组织用于对其成员方农业政策和农产品贸易的分析报告。随着这一衡量方法在许多国家的运用过程中被改进，尤其是在乌拉圭回合多边贸易谈判中被广泛接受之后，这一指标日益受到重视，并不断完善。生产者补贴等值是用来测算关税和非关税壁垒，以及其他与分析相关的政策变量保护程度的一种指标。

三、服务贸易保护政策的比较与选择

（一）关税、补贴和配额

在国际商品贸易领域中，关税、出口补贴和进口配额的区别是这样的：关税能给政府带来收入，出口补贴却要增加政府的支出。另外，从时间角度看，每一届政府的任期都是有限的，因此政府总是更乐意选择可以增加政府即期收益的关税政策，把只能在将来才会有收益的出口补贴政策置其政策篮子的最底层。关税一般优于进口配额。如果一国要使用进口配额政策，那么为了减少这一保护政策的经济扭曲程度，就应当坚定不移地实施进口许可证的拍卖制度，以防止寻租行为的发生。

在国际服务贸易领域，情况有些不同。从服务进口国角度看，作为一种扩大进口竞争产业产出规模的手段，对服务业产出的补贴一般优于关税。因为，一般认为，在服务领域为本国厂商提供成本优势的政策将优于外国厂商面对成本劣势的政策。关于关税与配额的关系，尽管评估各种数量限制措施非常困难，我们依然可以找出决定其社会成本的两个主要变量，即租金目标和受影响产业的竞争态势。如果国内厂商获取配额租金，且所有受影响的市场是完全竞争的，那么，关税和配额在静态和效率意义上相同。如果配额租金流向外国厂商，那么，与关税相比，配额在进口竞争产业中的成本则是十分高昂的。

可以得出结论：从经济成本角度衡量，对产出的补贴＞关税＞配额。

(二) 进口限制、开业障碍和管制

1.进口限制

目前尚难找到限制国际服务贸易的典型案例，但在实际经济中存在大量这样的事实。可以认为，如果政策目标是使本国进口竞争产业的规模大于没有实施任何政策时的规模，那么，成本最低的方法就是给国内服务生产者以补贴。美国政府对本国服务提供商提供的各种行业性补贴或政策性补贴，使其服务厂商具备强大的成本竞争优势，这足以说明补贴可以很好地达到限制服务进口的目的。出于部门利益的考虑，与执行对本国厂商直接补贴的政策相比，许多财政部门更愿意看到政府执行对外国厂商和本国消费者征税的政策，然而这又不利于本国总体福利的提高，因为前已述及，在征税与补贴之间，选择后者更有利于本国服务厂商的竞争。

2.开业障碍

开业权常常涉及政治上的敏感问题，但从经济角度看，则是一种简单的服务销售的进口选择方式。通过开业实体，服务生产者将服务进口问题转变为服务销售问题。如果要达到支持本国进口竞争产业的政策目标，最优方式则是对这些产业进行补贴，次优方式是对在当地开业或通过贸易提供服务的外国服务提供者征税，从而抑制外国服务提供者的竞争效率（这类措施往往不会给政府带来财政收益）。与商品贸易领域不同，对开业权的禁令和数量限制，无论从经济效率角度，还是从财政收益角度，将难以长期维持下去。

3.管制

政府管制能够使国内接受服务的消费者获得公平的经济利益，或在一定程度上保护消费者利益免受国内服务厂商低质量服务的侵害。理论和实践都表明，这种原本为了保护享受本国服务的消费者（改善了消费者的逆向选择境况），限制本国服务提供者道德风险的措施，客观上对外国服务提供者的竞争起到了抑制作用。因此，政府必须明确，选择管制目标不仅是基于服务消费者的利益，而且也基于服务提供者的利益。

在上述三者之间，使进口竞争产业产出规模扩大的政策选择顺序是：管制≥进口限制≥开业障碍。

第四节　中国服务贸易政策

中国服务贸易政策的制定应遵循一定的原则和规则，根据本国的国情，以促进中国服务业发展为根本前提，同时引入竞争。

一、借鉴国际服务贸易数据统计经验，为制定政策提供可靠依据

中国的服务贸易政策应建立在中国服务贸易统计的框架下。我国在GATS签署不久，就在上海开展了服务贸易试点工作。但到目前为止，服务贸易统计系统尚在建设之中，难以获得具有国际可比性的数据。例如，在GATS确定的4种服务中，涉及过境交易的有第1、2和4种，它们可以通过BOP统计获得。然而，由于BOP统计存在资本和金融账户统计上的偏差，如外商投资中存在假外资、撤资、外商利润汇回以及外商同国外母公司资金

往来缺乏统计等情况，造成上述3种服务贸易额的统计不全。因此，BOP统计和FATs统计互为补充，才能反映服务贸易的全貌，形成完整的服务贸易统计体系。我国FATs统计还处在初建阶段，无法从统计中了解全貌，因此在决策分析上缺乏基本的量化数据。

中国服务贸易数据统计工作应：

第一，从补充统计立法开始，抓紧制定《服务贸易统计条例》，以完善《中华人民共和国统计法》。

第二，借鉴国外经验，减少统计盲区，提高透明度。为保证及时准确地获得数据，应加大统计执法检查力度，根据有关法律对拒报、迟报、伪报、修改统计数据的单位进行严肃查处，直至追究刑事法律责任，以保证统计数据的真实性。

第三，建立健全服务贸易统计网络。建立和完善BOP和FATs这两类统计的全国性网络。

第四，允许推动服务贸易民间统计的合法存在，容忍统计竞争，打破统计垄断。

第五，积极参与国际统计合作，适度允许中外统计服务竞争。

二、加快服务内贸的全面彻底开放，有条件地兑现开放承诺

1.重视培养非国有服务经济的竞争力

我国产业组织结构不合理问题十分突出，主要表现为产业集中度低、专业化水平不高、缺乏竞争力等。提高竞争力不能仅仅依靠国有经济相互兼并重组，还要靠市场的作用和非国有经济的力量。发达的市场经济国家服务业的明显特征是对内开放、自由化加快发展，而对外处处设防，即使承诺的，都可能找理由进行限制，区域集团也是内松外紧。而中国的情况则相反，对外承诺忠实履行，对内尤其是对非国有资本，限制甚至超过对外，但对中国服务业形成最大威胁的恰恰是国外非国有服务经济。

2.给予国内非国有服务经济公平的待遇

服务经济的规模竞争力是国家服务经济安全的保障。国有经济垄断之大规模，于国家长期竞争力的发展不利。对国内企业并购的鼓励并实施可操作的程序，有利于中国服务企业地位提升。

3.适度政府管制可用于特定的服务市场

贸易自由化趋势使政府制定和实施促进服务业发展政策的空间越来越小，但政府仍可在许多方面影响服务业的发展，如制定税收和市场准入管制条例，为基础设施建设确定最基本的规划和管理权限。政府采购还可在很大程度上调节服务市场。管制是合理合法的，但要以促进国内竞争为前提，而国内竞争是培养国际竞争力的前提，这是我国几乎所有行业的教训。对外，服务管制是我国现在打破外国对我国货物出口限制的少数几张牌。服务业自由化并不是无条件的，应坚持对等、渐进原则，在开放中培育和增强自身的竞争力。

三、选择开放中适度保护的服务经贸政策

我国过去对外商进入采取严格限制的政策是必要的。入世前后，我国主动或被动地加快了服务业对外开放的步伐，开放领域已从过去局限于宾馆、餐饮发展到今天的各个服务

领域，包括银行、保险、交通、建筑、商业零售、广告、房地产、卫生、教育等。

（一）开放中适度保护

加快市场经济建设，提高经济服务化程度和服务经济私有化程度。对外服务贸易严格由国家宏观调控，积极参与国际分工和国际交换，积极拓展国际服务市场，鼓励服务经济"走出去"，并且按照世贸组织和《服务贸易总协定》的灵活性原则适度保护。

（二）分阶段自由化

根据服务贸易自由化的理论，我们这个发展中大国既不能参照贸易强国的模式，也不能简单依据弱国、小国的选择。一要把握开放的基本步骤和顺序；二要协调每个开放步骤和顺序中的综合福利效应，充分获得服务进口和出口的综合效益。目前除电信和金融业外，发达国家还没有完全对外国服务提供者开放本国服务产品市场。美国对海运服务贸易实施各种非关税措施就充分说明了这一点。从美国对服务产品市场的现行管制措施来看，多数发展中国家距离开放本国服务市场所需的条件和环境依然十分遥远。亚洲金融危机从一个方面说明，保持本国服务市场的适度开放，对那些期望借助服务贸易提高经济竞争力的发展中国家至关重要。

1. 货物贸易市场与服务贸易市场的开放相配合

只有先逐步实现本国货物贸易市场的自由化，才谈得上服务贸易市场自由化问题。以现代信息服务贸易为例，现代信息服务贸易是服务贸易的核心，只有先建立现代信息产品的自由市场，才能谈得上实现信息服务的自由贸易，至少信息服务自由贸易的发展不能领先于信息产品自由贸易的进程。

2. 放松对国内服务市场的国内管制可快于服务进口

实现服务贸易自由化在理论上是可行的，对世界福利是最优的，但现实中的服务贸易自由化必然是有条件、有前提的自由化，这种约束条件必然是存在一定的政府干预和限制措施，如存在政府管理条件下的服务市场特别是金融服务市场的自由化等。放松对本国服务市场的管制，虽是服务贸易自由化的要求，但国际服务贸易自由化程度远不如货物贸易，而中国国内服务业市场化水平大多不如制造业。现阶段对外开放面临的主要问题是如何把握好开放度的问题。

3. 逐步实现服务贸易要素的自由化

条件成熟后逐步开放本国运输、建筑和旅游等服务产品市场，减少服务产品的非关税壁垒，是发展中国家开放本国服务市场优先考虑的领域。逐步开放技术、资本和管理等服务要素市场，减少有形服务产品的关税和非关税壁垒，也是发展中国家开放本国服务市场的必要条件之一。但是目前即使发达国家也没有完全放开对本国服务要素市场的管制，限制劳动力跨国提供服务的措施依然大量存在，特别是在欧盟成员国中。

（三）在适度保护的同时仍要积极放宽限制条件

在经济全球化和服务经济自由化不断发展的当今世界，保护只是促进本国服务业健康发展的手段，而提高服务业竞争力、实现国家利益最大化才是根本目的。我国一方面要研究探索与我国实际情况相适应，最有利于我国经济发展和市场稳定运行的服务业开放办法及合理的限制措施，以使现阶段由服务业扩大开放所造成的损害降到最低程度；另一方面要把握时机，勇于突破旧的服务体制，提高服务经济竞争力，壮大服务经济规模。

四、完善服务经济安全保障措施，提高服务贸易立法水平

（一）立法改革应与WTO规则和入世承诺相一致

中国从入世起全面接受了WTO的监督。2002年12月，WTO总理事会及下属20多个机构完成了对中国的首次过渡性审议。我国16个主要贸易伙伴也对中国的立法及行政改革给予了充分的肯定。自2002年1月起，中国开始向WTO定期通报。中国成为贸易大国后，将接受两年一度的审议，对国际法的严肃性要认真对待。为涉外服务经济提供透明、便利和公平的法律环境，适度保持准入管制的同时，还要提高政法服务水平，提高办事效率，简化审批环节，以便所有的规范具有操作性和公平性。由于国内协调机制和信息流通机制的落后，目前立法还有相互矛盾的地方。

（二）发挥社会团体作用，应对日益增多的国际争端，尽快开放社会团体登记制度

社会中介组织必须是在企业信任、自发自愿、有竞争、有监督基础上的纯民间组织，而不是二级政府组织。服务中介组织的管理人员必是经招聘竞争上岗的社会精英，他们应是懂外语、懂国际法、善于交涉的新时代专业人才；否则，不足以承担为企业争取权益的重任。现在中国服务企业纷纷加入外国协会的现象值得注意。

（三）建立全面预警和防范机制，以维护经济安全

在服务开放中可能损害国家经济安全的主要表现有：
①因不正当竞争造成我国大量专业人才流失和实质性产业损害；
②凭借经济实力的绝对优势而形成商品和服务的垄断；
③以非法的手段进行金融投机而引发可能的金融危机；
④以非法的手段获得商业信息和情报；
⑤以非法的手段获得市场准入而牟取暴利等。
防止危害国家经济安全的预警机制。
首先，有完整而准确的信息及情报监测系统，应根据国际惯例重视发展企业情报服务和民间商业性情报组织；
其次，完善反不正当竞争法律和反垄断法，依据WTO救济规则和例外措施加强防范，鼓励、方便企业起诉和应诉。

（四）对服务海外投资要宽严得当

对服务业"走出去"，应放宽审批条件但严格监控。应尽量减少投资项目的审批环节，审批部门应正确看待企业立项工作。尤其是对非国有企业等有健全的董事决策机制的企业，国家可制定《海外投资促进法》（过渡时期用暂行条例），在税收、带动出口补贴

（WTO规则允许范围之内）、用汇等方面给予"走出去"企业以实质性扶持。结合外贸权的下放，可对海外投资企业试行"走出去"登记制。

第四章拓展阅读

素养园地

服务贸易政策——关于支持服务贸易创新发展基金政策

为贯彻落实党的十九大关于推动形成全面开放新格局推进贸易强国建设和中央经济工作会议关于大力发展服务贸易的精神，将发展服务贸易作为扩大开放、调整经济结构的重要着力点，经国务院批准，财政部、商务部和招商局集团共同发起设立了服务贸易创新发展引导基金（以下简称服贸基金）。根据《服务贸易创新发展引导基金设立工作方案》关于建立项目信息征集协调机制的要求，将有关事项通知如下：

一、服贸基金相关情况

服贸基金是外经贸领域的第一只国家级政府投资基金，按照财政出资引导、社会资金参与、市场方式运作、专业机构管理的原则运营，旨在拓宽融资渠道，扶持服务贸易企业发展壮大。

1. 基金规模

服贸基金总规模300亿元人民币（币种下同），分3期募集。首期基金规模100.08亿元，目前已完成首期资金的认缴工作，并开始投资运营。

2. 运作模式

服贸基金按照"母基金参股子基金＋母基金直投项目"方式运作。一是增资和新设投资于服务贸易相关领域的私募投资基金；二是安排部分资金用于直接投资符合一定条件的服务贸易企业。

3. 投资领域

服贸基金及其子基金投资的企业应满足下列条件之一：

（1）符合商务部等部门制定的《服务出口重点领域指导目录》列明的重点领域；

（2）符合商务部等部门制定的《服务外包产业重点发展领域指导目录》列明的重点领域；

（3）列入《国家文化出口重点企业目录》的服务贸易企业；

（4）商务部等部门文件中明确的服务贸易发展的其他重点领域。

4. 投资决策及运营管理

招商局资本管理（北京）有限公司（以下简称服贸基金管理机构）负责管理服贸基金，对潜在投资项目进行调查、分析、筛选、评估，由投资决策委员会（以下简称投决会）进行投资决策。服贸基金管理机构设立项目库（https://FMFundNaNft.com），作为项目信息征集、筛选、管理的平台载体。

二、积极做好项目推荐工作

为充分发挥服贸基金的作用，广泛宣传做好推介，请支持服贸基金做好项目推荐的有关工作。

（1）利用年度工作会议、培训、调研、座谈会等多种渠道向服务贸易企业推介服贸基金，动员符合条件且有融资需求的服务贸易企业在项目库网站自行填报项目信息。

（2）服务贸易发展部际联席会议成员单位、各省级商务和财政部门、有关国家级行业协会可向服贸基金管理机构推荐有较大服务出口潜力且有重要引导带动作用的企业名单和项目信息，纳入项目库管理。服贸基金及其子基金可充分利用项目库有关信息，自主履行项目的评估、决策程序，对有关单位推荐项目具有采纳或否决权。

（3）建立工作联系机制，请各单位加强与服贸基金管理机构的联系对接。

三、完善项目库管理

（1）服贸基金管理机构负责项目库建设和运营维护。服贸基金及其子基金投资的服务贸易项目信息均纳入项目库。

（2）服贸基金管理机构应充分发挥好项目库作用，投资前深入分析项目信息，投资中加强项目研究独立决策，投资后密切跟踪项目进展情况，努力帮助被投资企业提升竞争力。

（3）服贸基金管理机构应利用项目库加强对项目的分类管理，定期向商务部、财政部报送投资项目进展信息，并向推荐单位反馈推荐项目进展情况。

四、加强政策协调形成发展合力

服务贸易是对外贸易稳定发展的新引擎，是建设贸易强国的重要支撑，也是推动形成全面开放新格局的重要内容。服贸基金是新时代促进服务贸易创新发展的重要方式。对服贸基金及其子基金投资的企业，各省级商务、财政部门应加强与有关部门的政策协调，在对外投资备案（核准）、外汇、保险、海关、信息等方面提升便利化服务水平，发挥政策叠加效应形成发展合力，进一步提升"中国服务"的国际影响力。

资料来源 商务部《关于支持服务贸易创新发展引导基金做好项目库工作的通知》。

关键术语

服务贸易壁垒 名义保护率 生产者补贴等值 自由服务贸易政策 保护性服务贸易政策 福利效应分析 有效保护 服务贸易自由化 国家竞争优势

复习与思考

1. 服务贸易自由化对国家安全的影响主要表现在哪些方面？
2. 波特认为的国家经济竞争力提高的四个阶段是什么？
3. 如何进行自由服务贸易政策的福利效应分析？
4. 保护性服务贸易政策包括的内容和核心是什么？
5. 中国在服务贸易政策的选择上有哪些依据？
6. 保护性服务贸易政策的理论依据是什么？

7.贸易保护度的衡量指标是什么？

8.中国服务贸易政策的趋向是什么？

9.试用国家竞争优势理论解释中国服务贸易政策的选择。

10.中国服务贸易适度开放与彻底开放对中国服务业的影响分别是什么？

11.中国服务贸易开放后，如何平衡外资与本土企业在市场上的竞争？

阅读分析

资料一　　　　　　　**美国服务贸易管理和促进体系的主要特点**

美国是世界上服务业最发达的国家。服务业占美国全部经济活动的比重超过80%，对经济增长和就业具有举足轻重的影响。美国在金融、电信、保险、交通运输、旅游、娱乐、咨询、教育培训、医疗保健等服务贸易领域都具有强大的竞争优势。美国不仅设立了管理服务贸易的专门机构，而且在联邦政府与地方政府、政府部门与企业，以及民间组织、立法机构与管理部门之间形成了有效的协调机制。

一、美国商务部是服务贸易政府管理的核心部门

服务贸易涉及部门繁多，世界各国服务贸易管理机构往往分散在不同部门。从表面上看，美国服务贸易管理部门也是分散的：商务部、美国贸易代表办公室、国务院、财政部、海关总署等相关政府部门都参与服务贸易的管理。但实际上，美国商务部是服务贸易的主要管理部门，承担着服务贸易统计分析、战略制定、日常管理、出口促进和贸易救济等具体工作，在美国服务贸易管理体系中处于核心地位。

二、中介组织在服务贸易管理中发挥重要作用

美国服务贸易中介机构既有美国服务业联盟（Coalition of Service Industry，CSI）等具有行业协会性质的机构，也有美国产业贸易咨询中心（Industry Trade Advisory Center，ITAC）等半官方、半私营的组织，还有加州公共政策研究院等地方非官方研究机构。中介机构一方面为商务部、美国贸易代表办公室提出服务贸易政策建议，另一方面为服务业企业提供市场和政策咨询，帮助企业开拓国际市场。同时，通过各种研讨会、年会等方式，在政府与企业之间互通信息，协调政府与企业之间以及各行业在国际服务贸易谈判中的立场，传递各方面的利益要求，与政府共同促进美国服务出口，提高美国服务业的国际竞争力。这些中介组织对外是美国服务业及其企业的窗口，对内则在政府和企业之间起到了桥梁和纽带的作用。

三、政府部门同企业和民间组织之间形成了有效的协调机制

由于服务贸易涉及的种类繁多、发展速度较快、遇到的问题也多，政府各部门需要加强协调与合作。为了促进和扩大服务出口，美国商务部会同美国贸易代表办公室、财政部、运输部、进出口银行、小企业局、国际开发署以及美国贸易与开发署等机构向美国服务企业尤其是中小企业提供全方位的服务，为其提供开拓国际市场的机会。民间组织则主要在贸易促进和信息咨询等方面发挥作用。美国各州自行制定不同服务行业的市场准入法规。各州政府还对本州服务企业开拓海外市场提供各种帮助和服务。有的州设立了服务贸易促进机构，有的州通过半官方机构开展工作，如加州就通过社区大学和国际贸易促进中心开展贸易促进工作。各州在海外设立了250多个促进机构，重点促进旅游、教育等各州服务贸易重点部门。

资料来源 根据中国商务部网站相关内容汇总整理得出。

讨论：针对美国服务贸易发展现状，分析美国服务贸易政策对促进服务贸易发展的作用。

资料二 　　　　　　　　　　　**我国高铁产业的发展**

20世纪90年代初我国提出兴建高速铁路（简称高铁）的计划，比世界高铁产业最发达的国家至少要晚20~30年。1990—2004年年初，我国高铁产业走的是自主研发的封闭式发展道路。由于严重缺乏经验和技术，研发效率低下，发展进程缓慢，直到2002年才真正建成我国第一条高铁（秦沈客运专线），速度也仅达到321.5千米/小时（试验速度）。自2004年起，中国高速铁路走上了技术引进、消化吸收再创新的快速发展之路，从政策支持到资金保障，从战略高度全方位积极推动中国高铁发展并走向世界。2008年之后，中国开始参与制定高铁国际标准，尝试建立高铁技术中国标准体系。中国顺利实现了从技术落后者到技术领先者的转变，无论是已建规模、在建规模，还是营运时速，都成为世界的领头羊。截至2023年年末，全国铁路营业里程15.9万千米，其中高铁营业里程4.5万千米。投产新线3 637千米，其中高铁2 776千米。铁路复线率为60.3%，电气化率为75.2%。全国铁路路网密度165.2千米/万平方千米，比上年末增加4.1千米/万平方千米。

我国高铁建设不断"走出去"，开创了新局面。亚吉铁路、蒙内铁路、匈塞铁路贝诺段、中老铁路、雅万高铁等一批项目投产运营。技术装备出口全球100多个国家和地区。中欧班列累计开行超8.2万列、790万标箱，通达欧洲25个国家217个城市。西部陆海新通道货物流向120个国家（地区）473个港口。中国高铁从无到有再到"走出去"是一个通过战略性贸易政策促进比较优势动态升级的经典案例。

我国高铁产业的快速发展主要得益于政府的战略性贸易政策的支持。2003年，铁道部①制定了《中长期铁路网规划》，2008年又批准通过了其调整方案。该文件制定了"四横四纵"的高铁中长期发展规划。2004年4月，国务院与铁道部确定了我国高铁发展总方针，明确规定外国合作企业必须向我国企业全面转让技术并提供技术服务和培训。2008年2月，科技部与铁道部共同签署了《中国高速列车自主创新联合行动计划合作协议》，并联合中国科学院、清华大学、浙江大学等国内多家知名科研院所和高等院校的杰出人士，形成了一个集产、学、研于一体的完整的技术创新与产品开发体系，为我国高铁产业的持续发展和竞争优势的长期保持提供了强大的技术支持。2011年7月，国务院出台33号文件，对与我国铁路投融资相关的部门的权责进行了明确的界定，为我国高铁发展提供了良好的内部融资环境。2014年的《政府工作报告》也提出了铁路改革发展的新要求，那就是从战略高度推动出口升级，鼓励铁路等大型成套设备出口，为我国高铁产业的出口提供了有力的政策保障。

我国高铁产业的快速发展还得益于国家资金的大力支持。从我国高铁建设的资金来源看，不计各级地方政府投入，仅国家投资和铁道部贷款就超过了总投资额的80%。与此同时，我国政府还积极参与制定高铁的国际标准。2014年9月1日，我国铁路总公司开始研

---

① 2013年3月10日，铁道部实行铁路政企分开。国务院将铁道部拟定铁路发展规划和政策的行政职责划入交通运输部；组建国家铁路局，由交通运输部管理，承担铁道部的其他行政职责；组建中国铁路总公司，承担铁道部的企业职责；不再保留铁道部。

制我国标准动车组，以期建立统一的中国技术标准体系。

2018年，交通运输部制定了《高速铁路基础设施运用状态检测管理办法》，进一步加强检测工作，完善检测体系，提高管理水平。2022年，《"十四五"现代综合交通运输体系发展规划》出台，提出到2025年，以"八纵八横"高速铁路主通道为主骨架，以高速铁路区域连接线衔接，以部分兼顾干线功能的城际铁路为补充，主要采用250千米及以上时速标准的高速铁路网对50万人口以上城市覆盖率达到95%以上。全国铁路营业里程达到16.5万千米，其中高速铁路5万千米。

资料来源　徐元康. 我国高铁产业的战略性贸易政策分析［J］. 宁夏社会科学，2018（5）：95-99.

讨论：

（1）我国政府为发展高铁事业采取了哪些手段和措施？

（2）为什么我国政府选择高铁作为战略性贸易政策的目标？

（3）为什么要运用战略性贸易政策？它的理论依据何在？谈谈你对这一贸易理论的认识。

现状篇

第五章 国际服务贸易

内容提要

本章介绍了21世纪以来国际服务贸易的起源、现状和发展，重点在于介绍国际服务贸易发展所呈现的特点和发展趋势，并对世界服务贸易的发展提出了对策及展望。

❖ 引例

毫无疑问，《舌尖上的中国》（以下简称《舌尖》）创造了纪录片的纪录，《舌尖》第二季在全国所有的电视节目中，收视率居首位，不仅在国内六大视频网站的点击率将近2亿次，而且在新浪微博周五21点首播时，中国平均每20个参与用户，就会发出一条与《舌尖》第二季相关的微博（见表5-1）。

表5-1　　　　　　　　　《舌尖》第一、第二季的数据对比

《舌尖》第一季	对比指标	《舌尖》第二季
496 486	百度指数	240 838
12万条	微博搜索量	70万条
600万次（1周内）	淘宝指数	200万次（2小时内）
0.5%	首播收视率	1.75%
500万元	总成本	1 000万元
1 000万元	总收入	2亿元

《舌尖》第二季开创了一种全新的做O2O（online to offline）的商业模式。以《舌尖》第二季为例，在第二季上线之前，央视纪录频道跟天猫、我买网、1号店等电商平台达成了合作，节目内容为电商带来了巨大销量。据统计，第一集《脚步》播出时，贵州鱼酱厂的一年存货都卖光了，四川腊肉7天卖出了1万份，空心挂面两天卖出1 156份。

然而，一部纪录片同时也探索了中国在版权、广告宣传方面走出国门之路，2012年8月30日，引发各界关注的《舌尖》图书版登陆韩国。2012年8月29日，该书的出版方光明日报出版社与韩国海星国际出版机构进行了版权贸易签约仪式。同时，光明日报出

版社与其他出版商签署了中文繁体字版和英文版《舌尖》的版权贸易协议。法国、意大利、西班牙、日本等国的出版商也预先约定在此次博览会和法兰克福国际图书博览会上与光明日报出版社进一步洽谈外文版权。优秀的国产纪录片通过服务贸易的方式出口已经成为中国探索国际服务贸易市场的新方法。

資料来源　邹玲，史小兵. 舌尖2"绝望主妇"[J]. 中国企业家，2014（10）：55-57.

第一节　国际服务贸易发展现状

作为国际贸易的重要组成部分，服务贸易在一国的经济活动中占据着越来越重要的位置，已日益成为一国产业结构调整和支柱产业战略替代的工具。根据2002年联合国等6个国际组织发布的《国际服务贸易统计手册》界定的范围，国际服务贸易包括居民与非居民之间的服务贸易以及通过外国附属机构和自然人移动实现的服务贸易。新发布的手册将此定义扩大，把境外的国际分支机构提供的服务贸易包括在内。贸易一方向另一方提供服务并获得收入的过程称为服务出口或服务输出，购买他人服务称为服务进口或服务输入。

一、全球价值链的提出与附加值贸易的扩张

由于企业国际生产网络的扩张，以及其全球价值链中子公司与其合作伙伴间投入品和产出品贸易的扩大，全球货物贸易、服务贸易和对外直接投资在过去10年呈现出指数级增长。其中，全球价值链的出现，更是为附加值贸易和服务贸易的发展提供了新的基础。表5-2对全球价值链的概念进行了描述。

表5-2　　　　　　　　　　　　全球价值链的概念

项目	国际商务——公司角度	经济——国家角度
定义	全球价值链是指由领先企业（跨国公司）从事的散布于全球的各种工作和活动的供应链	全球价值链解释了出口中可能包含的进口投入，即出口中包含国外和国内创造的附加值
范围	全球价值链目前主要存在于具有这种供应链特征的行业，比如电子产品、汽车和纺织行业以及离岸服务业	通过研究和必要的统计计算，全球价值链和增加值贸易涵盖所有贸易，即所有的出口和进口都是价值链的一部分
投资和贸易的作用	投资和贸易是互补的，也是企业国际化经营的替代模式，即企业可以通过设立子公司或通过贸易进入国外市场或获得资源	国家需要利用投资建立生产能力（投资能带来产生附加值的要素）；投资和出口附加值均对GDP有贡献

資料来源　根据UNCTAD相关资料整理汇总得出。

全球价值链的提出，使我们在计算国际服务贸易的方式、方法上都产生了创新，也顺

应了国际目前对全球价值链（global value chain，GVC）下的服务附加值进行重新界定的趋势。

> ❖ **专栏 5-1**
>
> ### 了解附加值贸易数据和指标
>
> 一国的出口品（或服务）可以分为国内生产的附加值和包含在出口商品及服务中的进口（国外）附加值。此外，出口品可以进入国外市场作为最终消费品或作为中间品再次出口到第三国（或销回原产地）。对全球价值链的分析既考虑到出口品国外附加值（价值链上游），又考虑到包含在第三国出口中的出口附加值（价值链下游）。本报告所使用的指标也是最常用的指标，具体如下：
>
> 1. 国外附加值
>
> 国外附加值作为出口品的一部分，可用于衡量进口投入占一国出口总额的比重。
>
> 2. 国内附加值
>
> 它是国内生产的出口品的一部分，也就是出口品中对 GDP 有贡献的部分。国外附加值和国内附加值的总和为总出口品价值。
>
> 国内附加值与其他变量相关：
>
> ①作为 GDP 的一部分，国内附加值衡量了贸易对一国 GDP 的贡献。
>
> ②作为全球附加值贸易的一部分，国内附加值可以用于比较全球出口品中一国的份额，或全球 GDP 中一国占全球总出口的份额，或一国占全球 GDP 的份额。
>
> 3. 全球价值链参与程度
>
> 它表明一国的出口份额，通过增加国外附加值，成为多阶段贸易加工的一部分。国外附加值用于一国出口品出口的同时还用于其他国家的出口品出口。尽管其他国家将出口品用于进一步出口的程度从表面看与一国政策制定者关系不大，因为这种程度并不会影响国内附加值对贸易的贡献，但参与度是衡量一国出口品参与国际生产网络一体化程度的重要指标。因此，参与度是研究贸易与投资关系的重要依据。
>
> 全球价值链参与度弥补了国外附加值和国内附加值指标的局限性，根据定义，在价值链初期（例如原材料出口商），各国出口品的国外附加值较低。该指标将各国参与包括上下游在内的全球价值链的程度描绘得更加具体。
>
> GVC 指标用于评估某一产业依赖国际一体化生产网络的程度。工业产业附加值贸易数据能为各国的比较优势和比较竞争力提供有价值的指标，从而为发展战略和政策提供基础。目前，已经设计出一系列复杂方法来衡量 GVC 的长度。
>
> 一国 GVC 参与度衡量出口份额，能有效衡量出口对 GVC 的依赖度。在某种程度上，它也是衡量一国出口品受限对 GVC 的"损害"程度的一个指标，代表了 GVC 在各国冲击下的易损性。
>
> 资料来源　《2013 年世界投资报告》。

根据《2023 年世界投资报告》，贸易中的国外附加值经过 20 年的持续增长，似乎于2010—2012 年达到了顶峰。贸发会议的全球价值链数据显示，2017 年国外附加值在贸易中的比重下降了 1 个百分点，降至 30%。与上一个 10 年相比，无论是发达国家还是发展中国家，所有地区的全球价值链的增长率都大幅下降。全球跨境并购销售额下降最严重的是服务业，其次是制造业。在服务业，跨境并购净销售额下降了 54%，达 2 150 亿美元。2021 年相比 2020 年外商直接投资流入量与外商直接投资流出量都有所增长。可见各国在服务业的发展过程中，有相当大的比重并不能真正为本国服务出口或服务贸易的发展作出贡献。

二、新一代信息技术和专业化程度提高，促使服务贸易加速发展

自 20 世纪 60 年代以来，国际服务贸易开始加速发展。1979 年，全球服务贸易以 24% 的增长速度首次超过了增幅为 21.7% 的货物贸易。20 世纪 80 年代以来，为了应对全球市场竞争，跨国公司不断调整资源配置和公司经营战略，按照成本和收益原则剥离非核心的后勤与生产服务业务，再加上技术的飞速发展，大大增强了服务的可贸易性，服务贸易增长异军突起，服务产品的生产也成为国际投资的重要领域。1980—2010 年，全球服务贸易出口总额已经从 3 600 亿美元扩大到 36 950 亿美元，期间增长了 10 倍。随着 2010 年欧洲债务危机的爆发，国际货物贸易发展放缓，而国际服务贸易呈现出了抗风险能力，保持稳定增长。2011 年世界服务进出口总额为 80 150 亿美元，比 2010 年增长了 10.6%。其中，出口额为 41 500 亿美元，同比增长 11%；进口额为 38 650 亿美元，同比增长 10%。进入 2013 年，国际服务贸易继续保持增长。2019 年，世界服务出口总额为 6.144 万亿美元；世界服务进口总额为 5.826 万亿美元。2023 年，世界服务出口总额为 7.839 万亿美元；世界服务进口总额为 7.244 万亿美元。世界贸易货物出口额与服务出口额的对比见表 5-3。

表 5-3 　　　　　　　　　　　世界贸易货物出口额和服务出口额对比表

项　　目	金额（万亿美元）	增长率（%）		
	2023 年	2022 年	2023 年	2014—2019 年
货物出口额	23.8	24.9	-4.6	0.35
服务出口额	7.839	15	9	3.87

资料来源　世界银行。

推动这一发展的两个基本因素是服务外包和可贸易性提高。前者主要是专业化、社会分工深化，推动制度安排的调整，进而产生了巨大的需求；后者主要是科学技术的应用，尤其是信息技术的导入，进而产生了巨大的供给。

在全媒体泛在化技术条件下，社会数据的数量和复杂程度都达到了一个新的高度，云计算（cloud computing）、大数据（big data，mega data）以互联网为技术支撑，催生出新一代的信息技术。云计算是基于互联网的相关服务的增加、使用和交付模式，通常涉及通过互联网来提供动态易扩展且经常是虚拟化的资源。云是网络、互联网的一种比喻说法。大数据或称巨量资料是指需要新处理模式才能具有更强的决策力、洞察力和流程优化能力的海量、高增长率和多样化的信息资产。这些技术改变了人们的生活以及所有行业的运营

效率，催生了如电子商务等创新的商业模式和业态，也促进了服务业的发展，改变了服务贸易的结构。

三、服务贸易结构进一步优化，资本、技术、知识密集化趋势日益明显

近些年，许多新兴服务行业从制造业中分离出来，形成独立的服务经营行业，其中技术、信息、知识密集型服务行业发展最快，其他如金融、运输、管理咨询等服务行业，由于运用了先进的技术手段，也在全世界范围内迅速发展，以高新技术为核心的服务业已成为服务贸易发展的推动器。相应地，服务贸易在交易范围日趋扩大、服务品种不断增加的同时，其结构和竞争格局也发生了很大变化，主要表现在：资本密集型、知识密集型服务贸易发展迅速，居服务贸易的主导地位，而传统服务贸易总体份额趋于下降。世界服务贸易正逐渐由传统的以自然资源或劳动密集型为基础的服务贸易，转向以知识密集型或资本密集型为基础的现代服务贸易。在世界服务贸易的构成中，1970年，国际运输服务贸易占38.5%，国际旅游占28.2%，其他服务占30.8%。经过40多年的发展，这种结构有所变化。2021年，在世界服务贸易中，运输服务增长最快，同比增长40%。2023年，在世界服务贸易中，旅游服务增长最快，同比增长39%（见表5-4）。其他服务同比增长8%，这里的其他服务包括：通信、建筑、计算机和信息、保险、金融、专有权利使用费和特许费、其他商业服务（个人、文化和休闲服务，政府服务等可统计项目）等部门。这些资本密集型、技术密集型或知识密集型的服务部门，在技术创新、制度创新的持续推动下，增长速度很快远远超过在服务贸易中一直占比重较大的运输服务部门，在世界服务贸易中扮演着越来越重要的角色。

表5-4   世界服务贸易出口部门构成

项　　目	金额（亿美元）	增长率（%）			
	2023年	2020年	2021年	2022年	2023年
运输服务	13 484	−16	40	25	−12
旅游服务	15 737	−62	14	74	39
其他服务	46 539	2	17	3	8

资料来源　根据WTO的国际贸易统计数据库相关数据整理得出。

四、发达国家在服务贸易中占有主导地位，发展中国家地位不断上升

从服务贸易地区构成看，国际服务贸易呈现出明显的不平衡性，主要集中在欧洲、北美和东亚三大地区，仅欧盟就占全球服务贸易总额近一半。

从国别构成看，发达国家占据国际服务贸易的绝对主导地位，占全球服务进出口总额的75%以上。其中，美、德、英3国就占了全球服务贸易总额的30%。近年来，发展中国

家和地区的服务贸易出口稳步增长。2023年，美国、中国、德国、法国依然稳居世界服务贸易前4位，但只有中国是发展中国家（见表5-5）。

表5-5　　　　　　　　2023年世界主要服务贸易国家进口额排名

排　名	国家	进口额		
		金额（亿美元）	占比（%）	增长率（%）
1	美国	7 145	9	2.6
2	中国	5 490	7	19
3	德国	5 062	6.45	9
4	法国	3 225	4.1	12

亚洲服务进出口继续保持稳定增长。2023年，亚洲的服务出口总额为19 050亿美元，占世界贸易总额的24.3%，比上年增长8%；进口总额为19 752亿美元，占世界贸易总额的27.27%，比上年增长8%。

欧洲服务进出口也保持稳定增长。2023年，欧洲的服务出口总额为39 223亿美元，占世界贸易总额的50.03%，比上年增长9%；进口总额为34 333亿美元，占世界贸易总额的47.40%，同比上升12%。

2023年，非洲服务出口额为1 458亿美元，比上年增长17%；进口额为1 735亿美元，比上年下降4%。作为主要国家的埃及，其出口总额位于非洲首位，出口增长率为24%。

美国在国际上销售的服务进出口额达17 200亿美元，同比增长6.8%，它仍然是世界上最大的服务出口国，占全球服务出口的21.94%。随后是3个欧洲国家，它们在一定程度上占据了全球市场的15.64%。中国是发展中经济体中最大的服务出口国。发展中国家的五大服务出口国都是亚洲国家。2023年，它们占据了近15%的全球市场份额，与所有其他发展中经济体的总和相等。

从行业分布来看，发达国家在金融、保险、通信、计算机和信息、专有权利使用费和特许费、咨询、广告宣传等服务业中所占比重较高，而发展中国家发展较快的服务业有旅游、建筑、运输等。

五、全球对外直接投资重点转向服务业，商业存在实现的服务贸易规模扩大

全球金融体系的结构性缺陷、宏观经济环境存在恶化风险，以及会对投资者信心造成严重影响的地区性重大政策变动，都将导致对外直接投资的进一步降低。

2022年，全球外国直接投资（FDI）下降了12%，至1.3万亿美元。下降的主要原因是发达国家的资金流动和交易量减少。2020年大幅下滑，2021年出现反弹。融资条件收紧、利率上升和金融市场不确定性尤其影响了国际项目融资价值和跨境并购（M&A）。

2022年，国际项目融资交易额下降了25%，而跨境并购交易额下降了4%。流向发达经济体的外国直接投资，主要集中在欧洲和北美。发达经济体2022年的下滑反映了金融市场的不确定性和刺激计划的结束，但发达市场外国直接投资流动的波动性仍继续影响总价值。在欧洲，外国直接投资总额受到主要渠道经济体波动以及在卢森堡经营的电信企业大量撤回资本的影响。在美国，资金流入下降了26%，跨境并购价值减半有显著的影响。

2022年，流向发展中经济体的外国直接投资整体增长了4%，达到9 160亿美元。这一增长主要是由于拉丁美洲和加勒比地区有强劲的增长。流入非洲的外国直接投资下降了44%，至450亿美元，2021年非洲的外国直接投资增长是创纪录的一年，这是由于南非的一次公司金融交易。流向亚洲发展中国家的外国直接投资保持在6 620亿美元。该区域是最大的外国直接投资接受国，占全球流入量的一半。2022年，拉丁美洲和加勒比地区的外国直接投资增长了51%，达到2 080亿美元，这得益于对大宗商品和关键矿产的高需求。流向84个结构薄弱、脆弱和小型经济体的资金下降了4%，达410亿美元。2022年，流入最不发达国家、内陆发展中国家和小岛屿发展中国家的资金合计占世界总量的3.2%，高于2021年的2.9%。

继2017年和2018年的大幅下降之后，2019年全球对外直接投资流量小幅上升，流入1.54万亿美元，增加3%，但仍低于过去10年的平均水平，较2015年峰值低25%左右。FDI增长主要是由于流入发达经济体的资金增多，因为2017年美国税制改革的影响减弱。流向转型经济体的资金增加，而流向发展中经济体的资金略有减少。2019年，受全球资本市场估值上升和跨国公司盈利能力提高的推动，外国直接投资存量增加了11%，达到36万亿美元。

流向发达经济体的外国直接投资也在增长。尽管宏观经济表现疲软，投资者面临着政策的不确定性（包括贸易紧张和英国脱欧），但仍然出现增幅。这一趋势主要是受欧洲外国直接投资的推动。

20世纪90年代以来，全球跨国并购由传统制造业向服务业集中的趋势也不断增强。以全球服务业跨国并购出售额为例：1991年全球服务业并购出售额为432亿美元，随后逐年持续增加；2000年全球服务业并购出售额高达8 423亿美元；2001—2003年全球服务业并购出售额有所下降，从2001年的3 685亿美元下降到2003年的1 620亿美元；2004年与2005年又开始回升，分别为2 404亿美元和3 792亿美元；2013年私募股权投资跨国并购达2 229件，金额达1 820亿美元，占全球投资的22%。如果从全球服务业并购出售额占全球并购额的比重看，1991—1995年全球服务业并购出售额占全球并购额的比重为46.2%，1996—2000年上升到63%，2001—2003年转变为59.3%，但在1987—2003年，全球服务业跨国并购出售额占全球并购额的比例年均高达58%。2004年、2005年该比重分别为63%和56%。而到了2013年，该比例数字保持在50%左右。与此相适应，通过商业存在实现的服务贸易规模不断扩大。2007年，通过商业存在实现的服务贸易大约是跨境提供的1.5倍。但是受2008年世界金融危机的影响，2008—2010年对外直接投资流量减少最多的是服务业。2010年跨境并购交易值上升了36%，但仍然只有2007年最高值的1/3左右，进入发展中经济体的跨境并购值翻了一番。2022年，跨境并购销售额达到7 070亿美元，下降4%。在制造业领域，跨境并购下降了42%，至1 420亿美元，而针对服务业的交易略有下降，下降了5%，至 4 420 亿美元。在第一产业，并购价值翻了两番多，达到 1 220 亿美元，打破了长达 10 年的下降趋势。在 2021 年价值上升后，药品并购销售额下降了 51% 至 360 亿美元，而交易数量下降了 22% 至 169 笔。2021 年最大的一笔交易发生在制药行业：CSL Behring（澳大利亚）以 117 亿美元收购 Vifor Pharma（瑞士），而 Biocon Biologics（印度）以 33 亿美元收购 Viatris（美国）的生物仿制药业务。2019 年，发达国家的跨境并购销售额下降了 40%，达 4 110 亿美元。由于欧元区经济增长乏力和英国脱欧，欧洲并购销售额减半至 1 900 亿美元。以美国公司为目标的交易总额为 1 570 亿美元，仍然相当可观，占跨国并购总额的 32%。在发展中国家和转型经济国家的净并购销售额下降了 37%，达 800 亿美元。2021 年相比 2020 年外商直接投资流入量与外商直接投资流出量都有所增长。表 5-6 列示了 2020—2022 年部分经济体外商直接投资情况。

表 5-6　　　　　　　　**2020—2022 年部分经济体外商直接投资情况**　　　　　金额单位：10 亿美元

区域经济体	外商直接投资流入量			外商直接投资流出量		
	2020	2021	2022	2020	2021	2022
发达经济体	315	597	378	350	1 244	1 031
欧盟	133	51	−107	−38	573	224
北美洲	123	453	338	247	447	452
发展中经济体	647	881	916	382	485	459
非洲	39	80	45	1	3	6
亚洲	516	662	662	383	445	396
东亚和东南亚	404	547	547	336	371	355
南亚	71	53	57	11	18	16
西亚	35	56	48	38	55	27
拉丁美洲和加勒比地区	90	138	208	−1	38	59
大洋洲	1.0	1.3	1.2	−0.9	−1.6	−2.1
结构脆弱、易受冲击的小经济体	38	43	41	6	2	0.4
最不发达经济体	23	26	22	1.4	−0.6	1.4
内陆发展中经济体	15	19	20	−1.4	1.6	−2.2
小岛屿发展中经济体	6	6	8	1.0	0.8	1.6

资料来源　《2023 年世界投资报告》。

六、服务贸易全球化、自由化与贸易壁垒并存

各国产业结构的升级，必将不断推动服务贸易的发展，服务贸易的全球化、自由化

是长期趋势。由于服务贸易的发展空间和盈利空间都很大，所以，在服务业具有较强垄断竞争力或相对竞争力的国家和地区，会通过世界贸易组织和区域性贸易组织，积极推动服务贸易的自由化和全球化。但是，与此同时，开放服务市场意味着大量要素的跨国移动。一些敏感性领域，如金融、保险、通信以及航空运输等，往往关系到服务贸易输入国的主权和安全，各国必然对相应的服务进口进行限制。由于各国经济发展水平与阶段的不同，在国际分工中处于不同的地位，它们从服务贸易的自由化和全球化中获取的利益是不对等的。为保护国内某些弱势服务产业，国际竞争力较弱的国家往往对本国服务市场开放施加诸多限制。例如，服务产品移动壁垒、资本移动壁垒、人员移动壁垒和商业存在壁垒。

近年来，在多边贸易体制的推动下，国际服务贸易壁垒有所降低。发达国家在服务贸易许多项目中都具有绝对或相对优势，率先削减了本国服务贸易壁垒。与此同时，发达国家对发展中国家也提出了更多的降低服务贸易壁垒的要求，主要是要求取消对外资开放的限制，推进市场自由化。新兴国家则向发达国家提出了开放劳动力市场的要求。

由于每个WTO成员服务贸易市场的开放均是以其在服务贸易具体承诺减让表中的具体承诺为基础的，因此其开放程度并不一致。即便是在承诺开放的服务部门，也可能存在经谈判达成的各种准入、经营条件等方面的限制。在实践中，一些国家的准入条件缺乏透明度，或规定了繁杂的审批条件和程序，或对服务提供商服务经营设置各种形式的限制，这些壁垒措施隐蔽性强、涉及面广，预计服务贸易壁垒的隐蔽化趋势将继续存在。

第二节　国际服务贸易发展趋势

一、全球服务贸易持续快速增长

20世纪60年代以来，全球产业结构加快调整，经济全球化迅猛发展，有力地推动了全球服务业的发展，服务业在世界经济中的地位持续攀升。1990年，全球服务业占全球GDP的比重突破60%，标志着全球服务型经济格局的形成。2010—2023年，服务业产值占GNP或GDP的比重，发达国家为70%以上甚至80%，中等收入国家为50%以上，低收入的发展中国家也在30%~50%。

伴随服务型经济的发展，全球经济竞争的重点正从货物贸易转向服务贸易。20世纪70年代，世界服务贸易出口与货物贸易出口均保持快速增长且大体持平，年均增长17.8%。进入20世纪80年代，世界服务贸易出口平均增速开始高于货物贸易，20世纪80年代后期年均增长10%以上。到了20世纪90年代，服务贸易平均增速呈波动下降趋势，约为6%，恢复到与货物贸易基本持平的状态。其间乌拉圭回合《服务贸易总协定》于1994年最终签署，成为世界服务贸易全球化发展的标志。跨入21世纪后，世界服务贸易出口进入稳定增长期，增幅逐渐回升，2004年首次突破2万亿美元。这一期间世界服务贸易平均增速略低于货物贸易。2007年全球服务贸易进出口总额比2006年增加了10 524亿美元。2010年全球服务贸易进出口总额为72 100亿美元，比2009年增长12.2%。2023年，世界经济和贸易仍处于深层调整和变革之中，在转型中延续了低速增长，全世界服务贸易进出口总额15.08万亿美元，旅游服务贸易约为3.02万亿美元，运输服务约为2.99万亿美元，仍为国际服务贸易进出口的主体。WTO的统计数据显示，在货物贸易总额下滑的背景之下，服务贸易依旧保持了稳步增长（见表5-7）。

表 5-7   1980—2023年世界服务贸易进出口额   单位：亿美元

年份	进出口额				出口额				进口额			
	总额	运输	旅游	其他	总额	运输	旅游	其他	总额	运输	旅游	其他
1980	7 674	3 021	2 117	2 536	3 650	1 344	1 035	1 271	4 024	1 677	1 082	1 265
1981	7 918	3 131	2 086	2 701	3 740	1 370	1 039	1 331	4 178	1 761	1 047	1 370
1982	7 673	2 907	2 019	2 747	3 646	1 278	1 012	1 356	4 027	1 629	1 007	1 391
1983	7 373	2 737	1 974	2 662	3 544	1 207	1 006	1 331	3 829	1 530	9 68	1 331
1984	7 619	2 778	2 170	2 671	3 656	1 227	1 099	1 330	3 963	1 551	1 071	1 341
1985	7 827	2 760	2 284	2 783	3 816	1 247	1 158	1 411	4 011	1 513	1 126	1 372
1986	9 055	2 923	2 809	3 323	4 478	1 332	1 430	1 717	4 576	1 591	1 379	1 606
1987	10 749	3 386	3 467	3 896	5 314	1 541	1 757	2 016	5 435	1 845	1 710	1 880
1988	12 253	3 891	4 057	4 305	6 003	1 783	2 028	2 192	6 250	2 108	2 029	2 113
1989	13 412	4 240	4 397	4 775	6 564	1 929	2 207	2 428	6 848	2 311	2 190	2 347
1990	16 009	4 865	5 292	5 852	7 805	2 232	2 648	2 925	8 204	2 633	2 644	2 927
1991	16 749	4 982	5 485	6 282	8 247	2 287	2 766	3 194	8 502	2 695	2 719	3 088
1992	18 706	5 324	6 339	7 043	9 243	2 442	3 191	3 610	9 463	2 882	3 148	3 433
1993	19 003	5 317	6 326	7 360	9 419	2 437	3 234	3 748	9 584	2 880	3 092	3 612
1994	20 764	5 812	6 879	8 073	10 339	2 659	3 515	4 165	10 425	3 153	3 364	3 908
1995	23 535	6 669	7 747	9 119	11 724	3 034	4 045	4 645	11 811	3 635	3 702	4 474
1996	25 023	6 745	8 253	10 025	12 567	3 098	4 345	5 124	12 456	3 647	3 908	4 901
1997	25 879	6 883	8 311	10 685	13 074	3 168	4 370	5 536	12 805	3 715	3 941	5 149
1998	26 531	6 802	8 394	11 335	13 407	3 135	4 396	5 876	13 124	3 667	3 998	5 459
1999	27 603	7 007	8 701	11 895	13 949	3 246	4 553	6 150	13 654	3 761	4 148	5 745
2000	29 364	7 653	9 041	12 670	14 817	3 477	4 734	6 606	14 547	4 176	4 307	6 064
2001	29 577	7 557	8 878	13 142	14 848	3 448	4 635	6 765	14 729	4 109	4 243	6 377
2002	31 554	7 776	9 347	14 431	15 963	3 602	4 852	7 509	15 591	4 174	4 495	6 922

年份	进出口额				出口额				进口额			
	总额	运输	旅游	其他	总额	运输	旅游	其他	总额	运输	旅游	其他
2003	36 125	8 886	10 362	16 877	18 325	4 085	5 349	8 891	17 800	4 801	5 013	7 986
2004	43 409	11 095	12 214	20 100	22 204	5 091	6 363	10 750	21 205	6 004	5 851	9 350
2005	48 419	12 604	13 268	22 547	24 832	5 769	6 878	12 185	23 587	6 835	6 390	10 362
2006	54 553	14 071	14 447	26 035	28 183	6 449	7 542	14 192	26 370	7 622	6 905	11 843
2007	65 077	16 751	16 713	31 613	33 812	7 730	8 695	17 387	31 265	9 021	8 018	14 226
2008	73 391	19 484	18 326	35 581	38 036	8 948	9 625	19 463	35 355	10 536	8 701	16 118
2009	64 260	15 305	16 343	32 612	33 116	7 035	8 543	17 538	31 144	8 270	7 800	15 074
2010	72 100	17 450	17 900	36 750	36 950	7 850	9 400	19 700	35 150	9 600	8 500	17 050
2011	83 005	19 970	20 122	42 913	42 583	8 793	10 669	23 121	40 422	11 177	9 453	19 792
2012	85 022	20 350	21 053	43 619	43 499	8 919	11 107	23 473	41 523	11 431	9 946	20 146
2013	95 460	21 005	23 260	51 195	48 427	9 431	12 174	26 822	47 033	11 574	11 086	24 373
2014	102 789	21 662	25 322	55 805	51 869	9 791	12 715	29 363	50 920	11 871	12 607	26 442
2015	10 8293	19 655	24 181	64 457	49 745	8 923	12 216	28 606	58 548	10 732	11 965	35 851
2016	99 295	18 792	24 607	55 896	50 351	8 555	12 369	29 427	48 944	10 237	12 238	26 469
2017	107 886	20 666	26 482	60 738	54 958	9 413	13 375	32 170	52 928	11 253	13 107	28 568
2018	117 922	22 836	28 565	66 521	60 390	10 345	14 448	35 597	57 532	12 491	14 117	30 924
2019	121 952	22 906	29 048	69 998	62 372	10 466	14 860	37 046	59 580	12 440	14 188	32 952
2020	101 099	19 205	11 308	70 586	51 898	8 779	5 662	37 457	49 201	10 426	5 646	33 129
2021	114 305	26 172	12 786	75 347	62 507	12 248	6 480	43 779	51 798	13 924	6 306	31 568
2022	138 111	32 678	21 920	83 513	71 939	15 256	11 285	45 398	66 172	17 422	10 635	38 115
2023	150 833	29 935	30 227	90 671	78 396	13 484	15 737	49 175	72 437	16 451	14 490	41 496

资料来源 根据 WTO 的国际贸易统计 数据库相关数据整理得出。

未来几年世界服务贸易将继续保持快速增长。其主要推动因素包括：世界经济继续稳定增长；世界产业结构升级继续驱动服务贸易快速发展，国际产业转移的速度与规模也将继续扩大，转移重心加速由制造业向服务业转移，其中金融、保险、旅游和咨询等服务业和信息、电子产业等技术密集型产业则是产业国际转移的重点领域；货物贸易保持增长趋势，直接拉动与其密切相关的运输、保险等服务贸易部门贸易量快速增长；国际投资倾向于服务业，为服务贸易的发展提供了强劲动力。另外，科技的发展、服务外包等新的贸易方式的兴起、全球及区域服务贸易壁垒的逐渐削减也将为世界服务贸易的发展作出贡献。

二、服务贸易结构调整加快

20世纪80年代以来，世界服务贸易结构发生了很大变化。世界服务贸易结构逐渐向新兴服务贸易部门倾斜，以通信、计算机和信息服务、金融、保险、专有权利使用和特许为代表的其他服务类型占比从1990年的37.5%逐步增长，2010—2023年，其他服务类型基本稳定在50%左右。旅游、运输等传统服务贸易部门保持稳定增长，但所占比重下降。

近年来，全球信息技术革命的不断发展增强了服务活动及其过程的可贸易性，通信、计算机和信息服务、咨询等新兴服务行业不断扩张。同时，与近年来出现的大型呼叫中心、数据库服务、远程财务处理等一样，新的服务贸易业务逐渐衍生出来。国际服务贸易竞争的重点将集中于新兴服务行业，以电子信息技术为主和以高科技为先导的一系列新兴服务将成为未来各国国民经济发展的主要支柱和强大动力。

三、服务贸易地区格局不平衡性继续存在

由于当代世界各国经济和服务业发展严重不平衡，各国的对外服务贸易水平及在国际服务市场上的竞争实力悬殊，与国际货物贸易领域相比，全球各国和各地区服务贸易发展的不对称性更加突出。近年来，虽然发展中国家在世界服务贸易中的地位趋于上升，但发达国家仍占主导地位。

从服务贸易出口总量看，美国、英国等发达国家在世界服务贸易中占据主导地位。1980年以来，美国、英国、德国、法国和日本一直居服务贸易出口前5名。但近些年来，中国服务贸易占比逐渐提高，2023年，全球服务贸易出口总额排名前5名的国家是美国、英国、德国、爱尔兰和中国，这5个国家服务贸易出口额占全球服务贸易出口额的比重分别是10.5%、6.27%、5.54%、5.06%、4.84%。从国别构成看，发达国家仍然占据国际服务贸易的绝对主导地位，占全球服务进出口总额的67.9%以上，但是，广大发展中国家已经充分意识到抓住新一轮国际产业转移对本国经济发展的重要性，并开始利用比较优势大力发展服务业和服务贸易。发展中国家除在劳务输出、建筑工程承包、旅游等传统服务贸易中继续保持一定优势外，在通信、计算机和信息服务方面也在加大投入，发掘区位优势、人力资源优势和政策优势，积极承接发达国家的外包业务。从世界范围来看，发展中国家的服务贸易出口竞争力正在增强。

四、服务外包成为新的服务贸易形式

近年来，随着跨国公司的战略调整以及系统、网络、存储等信息技术的迅猛发展，服务外包正逐渐成为服务贸易的重要形式，给世界经济注入了新的活力。世界发达国家和地

区是主要服务外包输出地，在全球外包支出中，美国占了约2/3，欧盟和日本占了近1/3，其他国家所占比例较小。发展中国家是主要的服务外包业务承接地，其中亚洲是承接外包业务最多的地区，约占全球外包业务的45%。目前，印度是亚洲的外包中心，墨西哥是北美的外包中心，东欧和爱尔兰是欧洲的外包中心，中国、菲律宾、巴西、俄罗斯等国家已经逐步成为区域性或全球性服务外包中心。

服务外包市场规模将迅速扩大。通用电气（GE）就曾提出，公司外包业务的70%将采用离岸模式。部分跨国公司已经在扩大外包业务范围。这表明跨国公司的经营理念将进一步发生变革，非核心业务的离岸外包将成为大的趋势。在世界最大的1 000家公司中，大约70%的企业尚未向低成本国家外包任何商务流程，服务外包市场潜力巨大。同时，世界服务外包的规模将继续扩大。离岸服务外包是服务贸易的重要形式，由于成本和专业化分工的发展，劳动力价格的走高，跨国公司倾向于将更多业务外包给其他国家和地区，成为扩大服务贸易的重要形式。其中，信息服务外包仍是服务业外包的主流，占据了60%以上的全球外包市场。

五、商业存在和生产性服务业成为服务贸易的主要方式

按照WTO的定义，服务贸易四种供应模式中的过境交付、境外消费和自然人移动的贸易额通过国际收支平衡表统计反映出来，而商业存在模式则是通过外国附属机构服务贸易统计反映出来，而目前仅有少数国家（美国等OECD国家）能够实现FATs统计。由于服务产品的无形性、不可存储性，在消费国内部通过商业存在服务，有利于服务提供者批量生产，取得规模效益，降低成本和价格。因此，随着经济全球化进程的加速，世界范围的产业结构调整和转移进一步升级，跨国直接投资以高于世界经济和货物贸易的速度增长。从20世纪70年代开始，由外商直接投资产生的，通过外国商业存在所实现的国际服务贸易规模迅速扩大，在一些发达国家已经超过了跨境方式的服务贸易。20世纪90年代以来，全球对外直接投资总额的一半以上流向了服务业。在全球对外直接投资的资金部门中，金融、基础设施等服务业所占的比例在增加。相比之下，制造业所占比例在继续下降。在20世纪90年代初期，服务业在全球对外直接投资流入存量中的比例为49%，而到2006年则上升到62%，并持续发展。发生在服务业的跨国并购活动远比其他领域活跃。金融、保险、旅游和咨询等服务也是国际产业转移的重点领域。从进口方面看，美国境内的外国附属机构服务贸易规模自1990年起就已经开始超过跨境服务贸易规模；从出口方面看，美国海外服务机构服务贸易规模从1996年开始超过跨境服务贸易规模。1995年，美国通过商业存在方式实现的服务贸易总规模首次超过跨境交付。

生产性服务业是与制造业直接相关的配套服务业，是从制造业内部生产服务部门独立发展起来的新兴产业，本身并不向消费者提供直接的、独立的服务效用。它依附于制造业企业而存在，贯穿于企业生产的上游、中游和下游诸环节中，以人力资本和知识资本作为主要投入品，把日益专业化的人力资本和知识资本引入制造业，是第二、三产业加速融合的关键环节。生产性服务业务广泛地存在于金融保险业、信息服务业、现代物流业、专业服务业、商业服务业等。这种新兴的服务业为服务贸易的发展创新商业模式，建立新型业态。当今世界，科学技术的发展日新月异，科技与服务业之间的关系更加紧密。在科技进

步和组织创新的推动下，全球生产性服务企业根据商业环境的变化不断创新商业模式、服务方式和经营业态，开拓新的市场空间。服务业特别是生产性服务业的技术进步与创新也是整个产业链技术进步与创新的源泉，推动了各国的经济发展和产业结构升级，在供应链、运营、销售渠道、服务方式、盈利模式等方面开展创新，实现新兴产业的集群化发展。

六、发展服务贸易越来越成为各国关注的焦点

随着世界新一轮产业结构的调整和贸易自由化进程的持续推进，服务业和服务贸易在各国经济中的地位还将不断上升，服务贸易发展整体趋于活跃。世界各国纷纷制定加快发展服务贸易的战略。欧美等经济发达国家利用其服务贸易发展水平领先的优势，通过各种多边、双边谈判要求世界各国开放服务贸易市场，以此来扩大服务贸易的出口。在WTO新一轮谈判以及区域性经济合作的谈判中，服务贸易都成为主要议题。世界服务贸易领域的利益格局将在各方博弈中重新构建。各国为顺应这一趋势不断调整国内的经济政策。一方面积极推动服务贸易的自由化，率先削减本国服务贸易壁垒；另一方面国际服务贸易的保护程度实际上也在变相提高。在内在需求和外来推动的双重因素下，如何加快发展服务贸易、增强服务贸易竞争力必将成为各国长期关注的焦点。

素养园地

汇聚全球服务贸易发展合力

2023年中国国际服务贸易交易会在北京开幕。本届服贸会将继续发挥扩大开放、深化合作、引领创新的重要平台作用，为全球服务业和服务贸易发展凝聚共识、增强信心、汇聚合力。

在百年变局加速演进、世界经济复苏动力不足的背景下，全球服务贸易和服务业合作深入发展，为恢复全球经济活力、增强世界经济发展韧性注入了强大动力。联合国贸发会议数据显示，2022年，全球服务贸易总额为7万亿美元，同比增长15%。面对严峻复杂的外部环境，我国服务贸易展现出较强韧性，保持较快增长。2022年，我国服务进出口总额近6万亿元，同比增长12.9%，规模创历史新高。

自创办以来，服贸会累计吸引196个国家和地区的60余万家参展商参展，成为拓展服务贸易国际合作的重要平台，有力促进了我国的开放水平，助力构建国际一流营商环境，构建良好的产业发展生态。在服贸会举办地北京，自中央提出支持北京建设国家服务业、扩大开放综合示范区，打造中国（北京）自由贸易试验区以来，已推出10余个专项改革方案近500条措施，有40项创新经验案例向全国推广。自2020年到2023年6月，北京市实际利用外资551.4亿美元，占全国的9%。其中，服务业利用外资占比达到96.5%，为全国构建高标准服务业开放制度体系积累了新的经验。

本届服贸会对于合力推动服务贸易高水平开放、持续深化服务贸易务实合作、共同激活服务贸易创新动能具有重要意义。随着数字技术的快速发展和全球化进程的加速，服务业和服务贸易呈现出数字化、智能化、绿色化等新趋势。聚焦新热点，本届服贸会设置了

多个主题和议题，进一步突出创新引领作用，综合展及9个专题展重点展示芯片技术等专精特新成果，60余家企业和机构将在人工智能等领域首发一批新产品、新技术。这不仅反映了当前全球服务业和服务贸易发展的热点和前沿，也为参会者提供了交流思想、探索合作机会的重要平台。

随着全球服务业和服务贸易的持续发展，服贸会将扮演更加重要的角色：为各国政府和企业提供更深入的政策对话和协商机制，推动全球服务贸易规则的制定和完善；为全球服务贸易自由化和便利化提供更有效的推动力和保障机制，促进全球经济和社会的繁荣与发展。

当前，外部需求减少、风险增多等问题依旧突出，我国服务贸易发展仍面临一定压力和挑战。但也要看到，我国服务业基础正不断夯实。随着相关支持政策举措加快出台，服务贸易在强国建设中将发挥更大作用，也将为全球服务业和服务贸易发展作出更大贡献。

资料来源　金观平. 汇聚全球服务贸易发展合力［N］.经济日报，2023-09-03（1）.

关键术语

服务贸易全球化　服务贸易壁垒　传统服务贸易　新型服务贸易　全球价值链

复习与思考

1.国际服务贸易的发展具有哪些特点？

2.世界服务贸易的结构呈现出怎样的变化？

3.怎样理解服务贸易自由化与服务贸易保护之间的关系？

4.国际服务贸易的壁垒主要有哪些？

5.为什么说国际服务贸易的地区不平衡还将持续存在？

阅读分析

资料一　　　　　《区域全面经济伙伴关系协定》解读

2020年11月15日，15国贸易部长签署了《区域全面经济伙伴关系协定》（RCEP），这标志着当前世界上人口最多、经贸规模最大、最具发展潜力的自由贸易区正式启航。

RCEP是一个现代、全面、高质量、互惠的大型区域自贸协定。其由序言、20多个章节（包括初始条款和一般定义、货物贸易、原产地规则、海关程序和贸易便利化、卫生和植物卫生措施、标准、技术法规和合格评定程序、贸易救济、服务贸易、自然人临时流动、投资、知识产权、电子商务、竞争、中小企业、经济技术合作、政府采购、一般条款和例外、机构条款、争端解决、最终条款章节）、4个市场准入承诺表附件（包括关税承诺表、服务具体承诺表、投资保留及不符措施承诺表、自然人临时流动具体承诺表）组成。

RCEP是目前全球体量最大的自贸区。RCEP自贸区的建成意味着全球约1/3的经济体量将形成一体化大市场。RCEP囊括了东亚地区主要国家，将为区域和全球经济增长注入强劲动力。

RCEP是区域内经贸规则的"整合器"。RCEP整合了东盟与中国、日本、韩国、澳大利亚、新西兰多个"10+1"自贸协定以及中、日、韩、澳、新西兰5国之间已有的多对自贸伙伴关系,还在中日和日韩间建立了新的自贸伙伴关系。RCEP通过采用区域累积的原产地规则,深化了域内产业链价值链;利用新技术推动海关便利化,促进了新型跨境物流发展;采用负面清单推进投资自由化,提升了投资政策透明度,这些都将促进区域内经贸规则的优化和整合。

RCEP实现了高质量和包容性的统一。货物贸易最终零关税产品数量整体上将超过90%,服务贸易和投资总体开放水平显著高于原有"10+1"自贸协定,还纳入了高水平的知识产权、电子商务、竞争政策、政府采购等现代化议题。同时,RCEP还照顾到不同国家国情,给予最不发达国家特殊与差别待遇,通过规定加强经济技术合作,满足了发展中国家和最不发达国家的实际需求。可以说,RCEP最大限度兼顾了各方诉求,将促进本地区的包容均衡发展,使各方都能充分共享RCEP成果。

RCEP在市场开放方面达成了哪些重要共识?

就服务贸易方面而言,日本、韩国、澳大利亚、新加坡、文莱、马来西亚、印度尼西亚等7个成员采用负面清单方式承诺,我国等其余8个成员采用正面清单承诺,并将于协定生效后6年内转化为负面清单。就开放水平而言,15方均作出了高于各自"10+1"自贸协定水平的开放承诺。中方服务贸易开放承诺达到了已有自贸协定的最高水平,承诺服务部门数量在我国入世承诺约100个部门的基础上,新增研发、管理咨询、制造业相关服务、空运等22个部门,并提高了金融、法律、建筑、海运等37个部门的承诺水平。其他成员在中方重点关注的建筑、医疗、房地产、金融、运输等服务部门都作出了高水平的开放承诺。

服务贸易章节除市场开放及相关规则外,还包含了金融服务、电信服务和专业服务3个附件,对金融、电信等领域作出了更全面和高水平的承诺,对专业资质互认作出了合作安排。

金融服务附件代表了我国金融领域的最高承诺水平。首次引入了新金融服务、自律组织、金融信息转移和处理等规则,就金融监管透明度作出了高水平承诺,在预留监管空间、维护金融体系稳定、防范金融风险的前提下,为各方金融服务提供者创造了更加公平、开放、稳定和透明的竞争环境。这些规则将不仅有助于我国金融企业更好地拓展海外市场,还将吸引更多境外金融机构来华经营,为国内金融市场注入活力。

电信附件制定了一套与电信服务贸易相关的规则框架。在现有的"10+1"协定电信附件基础上,RCEP还包括了监管方法、国际海底电缆系统、网络元素非捆绑、电杆、管线和管网的接入、国际移动漫游、技术选择的灵活性等规则。这将推动区域内信息通信产业的协调发展,带动区域投资和发展重心向技术前沿领域转移,促进区域内产业创新融合,带动产业链价值链的提升和重构。

专业服务附件对RCEP成员就专业资质问题开展交流作出了一系列安排,主要包括加强有关承认专业资格机构之间的对话,鼓励各方就共同关心的专业服务的资质、许可或注册进行磋商,鼓励各方在教育、考试、经验、行为和道德规范、专业发展及再认证、执业范围、消费者保护等领域制定互相接受的专业标准和准则。

资料来源 [1]商务部. 商务部国际司负责同志解读《区域全面经济伙伴关系协定》(RCEP)之一[EB/OL]. (2020-11-16)[2024-06-23]. http://www.mofcom.gov.cn/article/i/jyjl/l/202011/20201103016062.shtml. [2]商务部. 商务部国际司负责同志解读《区域全面经济伙伴关系协定》(RCEP)之二[EB/OL]. (2020-11-17)[2024-06-23]. http://www.mofcom.gov.cn/article/i/jyjl/l/202011/20201103016364.shtml.

讨论：

（1）仔细研读 RCEP 正文，讨论 RCEP 与 GATS 的区别与联系，思考 RCEP 的签署给国际服务贸易带来的变化是什么。

（2）RCEP 的签署对中国发展新兴服务贸易的机遇与挑战是什么？中国如何应对？

资料二　　　　　　　　　　　**全球服务贸易发展之路怎么走？**

2022 年，全球服务出口达 7 万亿美元，同比增长了 15%，高于同期货物贸易的发展，已占到全球贸易比重的近 1/4，服务贸易被普遍认为是国际贸易中最具活力的重要部分。然而，在经济全球化遭遇逆流，单边主义、保护主义明显上升，"脱钩""断链""去风险"等给全球贸易和投资合作带来巨大挑战的背景下，作为全球贸易增长和经济复苏的重要动力，服务贸易的发展之路又在何方？

2023 年 9 月 3 日，由商务部、国务院发展研究中心和北京市人民政府联合主办的 2023 年服贸会服务贸易发展高峰论坛在北京国家会议中心举办，旨在开展服务贸易领域的政策沟通与学术交流，搭建服务贸易领域的国际高端对话交流平台，助力全球服务贸易高质量发展。论坛期间，与会中外嘉宾就"服务贸易开放发展新趋势"和"服务贸易便利化"两大主题展开探讨交流。

加强开放合作是首要任务。扩大和深化服务贸易合作具有系统性、全局性的意义。当前，推进服务贸易发展面临新的机遇。作为可持续发展和共享繁荣的重要驱动力，服务贸易发展有利于增强发展的包容性、普惠性。数字技术革命为服务贸易发展注入了强大的动力。服务贸易规则的制定取得了新的进展。此外，各国都需要从本国实际出发，提高监管的水平和效率，用精准监管为服务贸易健康发展保驾护航。

服务贸易是一座"桥头堡"，众多利益方都能从服务贸易中获益，未来应当为服务贸易注入更多活力。发展服务贸易不是"闭门造车"，各国应当进一步加强国际合作，在更加规范、公平的服务贸易环境中实现共生共荣。

市场的开放以及全球经济的现代化能够进一步促进贸易增长，服务、商品、资本的跨境流动不可逆转，未来须进一步打破贸易方面的一些限制和壁垒。我们应在相关领域采取正面积极的措施，促进 WTO 更好地发挥作用，推动服务贸易成本降低、效率提升，这些将是未来发展的重要基石。

开放服务贸易能够拓宽市场机会。如今，亚洲区域内的区域经济一体化仍在持续深化。亚行的区域经济一体化指标显示，2005—2022 年，区域内的经济活动比重不断增加，这反映出本地区经济体为降低相互间的经济壁垒和促进形成更紧密的经济伙伴关系而作出的持续努力和承诺。为维持这一势头，本地区经济体不仅要继续实行货物贸易和投资开放，而且要不断扩大服务贸易和投资开放。

除了开放合作，在推动服务贸易发展的过程中，便利化水平也至关重要。

服务业的贸易成本明显高于制造业，其原因一方面在于贸易和投资壁垒，另一方面也与监管的要求与程序有关。降低服务贸易成本，需要推动形成更可预期、更加透明、更加简化的监管制度，提高贸易便利化水平。各国对于监管制度的设计存在异质性，也有趋同性，监管能力建设面临不同挑战，各国可以通过精诚合作来解决这些问题。各国之间应该形成和谐的、统一的、规范的框架共识，为服务贸易发展创造更好的外部环境。

　　作为拉动全球服务贸易增长的重要力量，中国服务贸易如何在全球化的道路上行稳致远？一是积极参与全球服务贸易的治理，做全球服务业开放的重要推动者和积极贡献者；二是加快推进服务业的制度型开放，推动实现世界的合作共赢。

　　当前和今后一个时期，中国将重点完善负面清单管理制度，深入实施《中华人民共和国外商投资法》《优化营商环境条例》等，保障外资企业依法依规平等享受国家产业和区域发展的支持政策，确保外资企业在政府采购、招投标、知识产权保护、标准制定等方面享受平等待遇，努力营造市场化、法治化、国际化的营商环境。

　　资料来源　孟妮. 全球服务贸易发展之路，怎么走？［N］. 国际商报，2023-09-05（3）.

　　讨论：各国之间应该采取哪些措施促进全球服务贸易的发展？

第六章　中国服务贸易

内容提要

中国服务贸易快速发展，但中国服务贸易仍呈现逆差的状态，因此，分析中国服务贸易的结构、地区分布对理解中国服务贸易具有重要的意义。

❖ 引例

中国服务贸易进出口规模再创新高

服务贸易是国际贸易中最具活力的重要组成部分，也是全球化的重要动力。2022年，全球可数字交付的服务出口达到4.1万亿美元，占全球服务出口的比重达55%，而中国可数字交付的服务出口也超过了2 100亿美元，占服务贸易出口的比重超过一半。

扩大和深化服务贸易合作具有系统性、全局性的意义。当前推进服务贸易发展面临新的机遇，数字技术的革命为服务贸易发展注入了强大的新动力，服务贸易规则的制定也取得了新进展。中国坚持服务贸易创新发展，服贸试点地区已经扩大到了28个，为服务贸易的制度创新、模式创新探索新的路径、新的经验。

《中国服务贸易发展报告2022》统计显示，中国服务贸易进出口规模再创历史新高，连续9年位居全球第二。报告认为，中国服务贸易已成为推动外贸增长、构建新发展格局、培育国际合作和竞争新优势的重要力量。未来中国服务贸易发展面临数字化转型、高水平开放和超大市场规模等关键机遇，也面临国际经贸规则深刻调整等重要挑战，要牢牢抓住机遇，积极应对挑战，实现高质量发展。

加快数字化转型、大力发展数字贸易，已成为世界各国把握数字时代机遇和应对经济形势不确定性的"金钥匙"。基于此，国务院发展研究中心对外经济研究部和中国信息通信研究院联合推出研究报告《数字贸易发展与合作报告2023》。

数字服务贸易在2020年和2021年都在高速增长，尽管在2022年增速有所回落，但也保持了增长。2022年，全球数字服务贸易规模为3.82万亿美元，同比增长3.9%。从行业上看，电信、计算机和信息服务增速继续领跑。预计未来几年数字服务贸易的快速增长仍将成为全球贸易最具活力的组成部分。过去20年，数字服务贸易的发展速度大大超过了其他类型的贸易，服务贸易数字化转型可以促进创新、提高生产力。许多经济体尚处于发展数字服务和数字服务贸易的早期阶段，这一行业充满活力，如何释放潜力，应置于政策议程的首位。

地方的创新探索对中国服务业开放起到了非常明显的示范引领作用。北京是首个服务业扩大开放综合试点城市，也是目前全国唯一的服务业扩大开放综合示范区。过去几年，北京重点扩大的十个行业的开放度都有明显提升，其中开放度提升最为明显的是会计行业。

资料来源　陈雪柠. 中国服务贸易彰显开放活力［N］. 北京日报，2023-09-04.

第一节　中国服务贸易发展现状

当前全球经济增速放缓，但全球服务贸易总体发展较快，成为拉动世界贸易增长的新引擎。2009年至2016年，全球服务出口年均增长率为4.55%，2022年全球服务出口71 270.6亿美元，同比增长14.8%。全球经济复苏进程加快，新一轮产业变革，特别是数字经济的蓬勃发展将推动全球服务贸易的持续增长，新兴经济体有望成为拉动服务贸易增长的主要引擎，数字技术将推动新兴服务贸易加快发展，交付模式不断创新，全球服务外包市场将继续快速发展。同时，全球服务贸易也将面临贸易保护主义等方面的严峻挑战。

2022年，中国加快推进《"十四五"服务贸易发展规划》实施，推动全面深化服务贸易创新发展试点总体方案122项政策举措落地见效，出台《关于推动外贸保稳提质的意见》等政策举措，帮扶服务贸易企业应对风险挑战，全国服务贸易实现平稳增长。2022年，中国服务进出口8 891.1亿美元，同比增长8.3%，连续9年稳居世界第二。其中，中国服务出口4 240.6亿美元，中国服务进口4 650.5亿美元，服务贸易逆差小幅扩大，增长至409.9亿美元。2022年，中国服务出口同比增长7.6%，占全球比重为5.9%。其中，运输、知识产权使用费、电信计算机和信息服务出口增长较快，分别同比增长13.9%、12.7%、8.4%。

一、服务贸易增长速度快

中国的跨境服务贸易进出口从1982年的43.4亿美元增长到2005年的1 570.8亿美元，23年间增长了35.2倍。其中，服务贸易出口739.1亿美元，增长近29倍，年均增长15.9%，是同期世界服务贸易平均出口增速的2倍。20世纪80年代以来，除个别年份外，中国服务贸易出口增速一直高于同期世界服务贸易平均出口增速和全球服务贸易主要出口国家（地区）的增速，中国的服务贸易出口增速变化情况与全球变化趋势基本保持一致。20世纪80年代和90年代，中国服务贸易进出口总额年均增长速度分别为10.8%和20.9%，服务贸易出口增速分别为11.1%和18%。与世界各国相比，无论是相对于发达国家，还是相对于发展中国家，我国服务业年均10.8%的发展速度都是非常快的。除了1990年由于特殊原因我国第三产业增长率为2.3%之外，其他年份均在8.4%以上，1992年甚至达到12.4%。世界银行的统计数据显示，1978—2007年，高收入国家服务业年均增长3.5%，中等收入国家为5.5%，低收入国家为4.6%。可见，我国服务业增长速度明显高于世界平均水平。在发达国家中，服务业增长较为强劲的是美国、德国和日本，但这3个国家的增速也赶不上我国。1997—2022年中国服务贸易进出口额世界排名见表6-1。

表6-1　　　　　　　1997—2022年中国服务贸易进出口额世界排名

年　份	进出口总额	出口额	进口额
1997	13	15	11
1998	12	14	12
1999	13	14	10
2000	12	12	10
2001	13	12	10
2002	9	11	9
2003	9	9	8
2004	9	9	8
2005	9	9	7
2006	8	8	7
2007	6	7	5
2008	5	5	5
2009	4	5	4
2010	4	4	3
2011	4	4	3
2012	3	5	3
2013	3	5	2
2014	2	5	2
2015	2	5	2
2016	2	5	2
2017	2	—	—
2018	2	—	—
2019	2	—	—
2020	2	—	—
2021	2	—	—
2022	2	—	—

　　2023年，我国服务贸易稳中有增，规模创历史新高。全年服务进出口总额65 754.3亿元，同比增长10%。其中，出口26 856.6亿元，下降5.8%；进口38 897.7亿元，增长

24.4%。服务贸易逆差 12 041.1 亿元。2023 年，知识密集型服务进出口 27 193.7 亿元，同比增长 8.5%。其中，知识密集型服务出口 15 435.2 亿元，增长 9%，增长最快的领域是保险服务，增幅达 67%。知识密集型服务进口 11 758.5 亿元，增长 7.8%，增长最快的领域为个人文化和娱乐服务，增幅达 61.7%。知识密集型服务贸易顺差 3 676.7 亿元，同比扩大 423.5 亿元。

二、服务贸易出口额占贸易出口额比重偏低

从全球贸易发展态势来看，全球服务贸易出口与货物贸易出口的比例稳中有升，从 1982 年的不足 20% 提高到 2016 年的 30.7%。2022 年，全球服务出口 71 270.6 亿美元，同比增长 14.8%，占全球货物和服务贸易出口总额的 22.3%，占比较上年提高 0.5 个百分点。1982—2019 年，中国服务贸易出口额占贸易出口总额的比重一直保持在 5% 以上，1982 年为 9.4%，2019 年为 11.4%，服务贸易逆差减少。2022 年，中国服务出口 4 240.6 亿美元，同比增长 7.6%，占全球比重为 5.9%。其中，运输，知识产权使用费，电信、计算机和信息服务出口增长较快，分别同比增长 13.9%、12.7%、8.4%。

三、服务贸易发展滞后于货物贸易

我国服务贸易的发展水平落后于货物贸易的发展水平。1989 年以前，中国服务贸易出口增速总体上低于货物贸易出口增速；1989—1994 年，服务贸易出口增速高于货物贸易出口增速；1995 年以后，尽管服务贸易出口增长较快，但同期的货物贸易出口增长更快。2023 年，中国服务进出口同比增长 10%，其中出口下降 5.8%，进口增长 24.4%。表 6-2 是 2016—2023 年中国服务贸易进出口状况的数据。

表 6-2　　　　　　　　　2016—2023 年中国服务贸易进出口状况　　　　　　　　金额单位：亿元

年份	进出口总额	同比（%）	出口额	同比（%）	进口额	同比（%）	出口与进口差额
2016	43 948.0	7.9	13 918.0	2.2	30 030.0	10.7	−16 112.0
2017	46 991.1	6.9	15 406.8	10.7	31 584.3	5.2	−16 177.5
2018	52 402.0	11.5	17 658.0	14.6	34 744.0	10.0	−17 086.0
2019	54 152.9	3.4	19 564.0	10.8	34 588.9	−0.5	−15 024.9
2020	45 642.7	−15.7	19 356.7	−1.1	26 286.0	−24.0	−6 929.3
2021	52 982.7	16.1	25 435.0	31.4	27 547.7	4.8	−2 112.7
2022	59 801.9	12.9	28 522.4	12.1	31 279.5	13.5	−2 757.1
2023	65 754.3	10.0	26 856.6	−5.8	38 897.7	24.4	−12 041.1

四、服务贸易长期逆差

1982—1991年，我国服务贸易进出口基本处于平衡状态，一直保持小额顺差。自1992年首次出现逆差后，除个别年度（1994年）外，我国服务贸易一直是逆差。2010年，中国服务贸易逆差达221亿美元，较2009年虽有减少，但仍是世界服务贸易出口前10位国家中3个出现逆差的国家之一。维持最大逆差的来源是运输服务、保险服务与专有权利使用费和特许费，3项逆差额为552亿美元，为中国服务贸易逆差总额的2.5倍左右。到2013年，中国服务贸易逆差进一步扩大至1 184.6亿美元。2020年12月，我国国际收支口径的国际货物和服务贸易收入19 130亿元人民币，支出15 201亿元人民币，其中，货物贸易收入17 197亿元人民币，支出12 699亿元人民币，顺差4 498亿元人民币；服务贸易收入1 933亿元人民币，支出2 501亿元人民币，逆差568亿元人民币。2023年，全年服务贸易持续快速增长，服务进出口总额达65 754.3亿元，服务贸易逆差12 041.1亿元。我国服务贸易长期都是逆差，出境旅游、留学等居民普遍需求是我国国际服务贸易的重要输出项，具有较强的季节性因素。

五、可数字化服务贸易稳定增长①

新一轮科技革命和产业变革加速演进，全球数字经济蓬勃发展，催生了以数据为关键生产要素，数字服务为核心，数字订购与交付为主要特征的数字贸易，成为国际贸易发展的新趋势和新引擎。中国高度重视数字经济、数字贸易发展，密集出台数字经济产业政策，适度超前布局数字基础设施，统筹谋划数字贸易发展，加快建立数字领域国际交流合作体系。2022年，中国可数字化服务进出口3 727.1亿美元，同比增长3.4%，占服务进出口的41.9%。其中，可数字化服务出口2 105.4亿美元，同比增长7.6%，占服务出口的49.6%；可数字化服务进口1 621.7亿美元，同比下降1.6%，占服务进口的34.9%（见图6-1）。

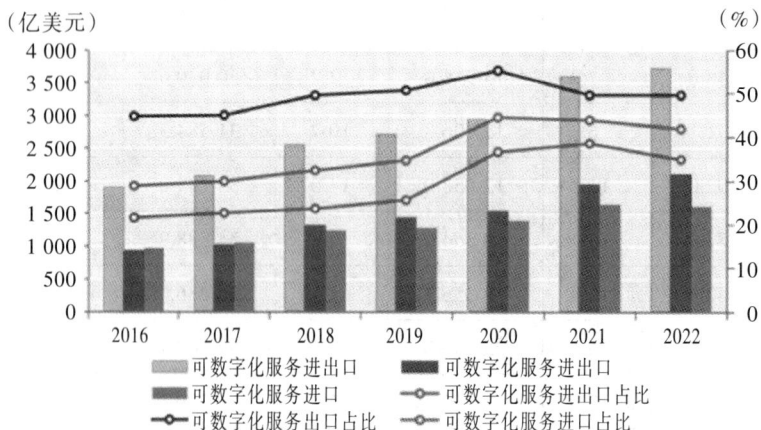

图6-1　2016—2022年中国可数字化服务进出口、出口和进口规模及占比

资料来源　中华人民共和国商务部。

---

① 《中国服务贸易发展报告2022》。

（一）电信、计算机和信息服务引领服务贸易数字化进程

近年来，电信、计算机和信息服务赋能实体经济数字化发展的作用不断加强。大数据、人工智能、工业互联网、智能机器人等新一代信息技术和智能科技迅速在诸多服务领域得到应用，广泛渗透至社会生产生活场景。信息技术外包和制造业融合发展促进制造业数字化转型，催生产业链供应链合作新模式。2022年，电信、计算机和信息服务进出口1 241.8亿美元，同比增长3.8%，占可数字化服务进出口的33.3%。其中，出口861.5亿美元，增长8.4%，占可数字化服务出口的40.9%；进口380.3亿美元，下降5.2%，占可数字化服务进口的23.5%。

（二）知识产权成为创新发展新亮点

中国推进《知识产权强国建设纲要（2021—2035年）》《"十四五"国家知识产权保护和运用规划》实施，全面提升知识产权创造质量、运用效益、保护效果、管理能力和服务水平，加强知识产权国际合作，参与全球知识产权治理，知识产权强国建设迈出新步伐。2022年全年授权发明专利79.8万件，每万人口高价值发明专利拥有量达到9.4件，在世界知识产权组织（WIPO）发布的《2022年全球创新指数报告》中排名提升至全球第11位。商务部、国家知识产权局认定南京市江宁区等9个行政区（功能区）为首批知识产权服务领域特色服务出口基地，推动知识产权服务业高质量发展。2022年，知识产权服务进出口577.0亿美元，占可数字化服务进出口的15.5%。其中，出口132.7亿美元，增长12.7%，占可数字化服务出口的6.3%；进口444.3亿美元，占可数字化服务进口的27.4%。

（三）金融和保险服务保持较快增长

2019年以来，中国进一步放宽金融业市场准入，推出11条金融业对外开放措施，推动金融市场双向开放，放宽外资保险公司准入条件，形成涵盖股票、债券、保险、衍生品及外汇市场的多渠道、多层次开放格局。2022年，金融和保险服务进出口341.8亿美元，同比增长8.3%，占可数字化服务进出口的9.2%。其中，出口95.4亿美元，下降6.1%，占可数字化服务出口的4.5%；进口246.3亿美元，增长15.2%，占可数字化服务进口的15.2%。

（四）其他商业服务保持主导地位

2022年，会计、法律、咨询、研发设计等其他商业服务进出口1 522.5亿美元，同比增长4.6%，占可数字化服务进出口的40.8%。其中，出口997.9亿美元，增长8.0%，占可数字化服务出口的47.4%；进口524.6亿美元，下降1.4%，占可数字化服务进口的32.3%。

（五）个人文化和娱乐服务进出口有所回落

2020年以后，个人文化和娱乐服务进出口增速有所回落。2022年，个人文化和娱乐服务进出口43.9亿美元，同比下降15.0%，占可数字化服务进出口的1.2%。其中，出口17.8亿美元，下降6.2%，占可数字化服务出口的0.8%；进口26.1亿美元，下降20.2%，占可数字化服务进口的1.6%。

六、服务贸易的管理较为落后

服务贸易涉及的相关服务行业较多。现阶段,我国的服务贸易管理体制还存在许多缺陷,服务贸易政策缺乏透明度,政府对于服务贸易发展的认识不足。

我国服务贸易管理滞后主要表现在:

第一,管理体制不顺,中央和地方在服务业对外贸易中政策不统一。全国缺乏统一的促进服务贸易发展的协调管理部门。

第二,缺少能够规范我国对外服务贸易中各行各业行为准则的法规或法律,我国政府关于服务贸易发展的政策缺乏透明度,不利于服务业进出口的健康发展。

第三,对国外服务贸易发展的有关事态没有系统分析和研究,既不了解国外的做法,也没有掌握各国的需求。

第四,统计不规范,这不利于对外交流和政府决策,不利于中国特色社会主义市场经济与国际市场的接轨。

第五,服务业有关职能部门在对外贸易管理上责任不明确。主要表现为管理上多头交叉,条块分割,各部门难以行使行政管理职能。

第六,服务业各部门内只局限于管理直属系统,有些部门对直属系统实行保护主义,造成行业垄断,不利于该行业的培育和发展,更不利于该行业企业提高国际竞争力,参与国际竞争。

七、服务贸易制度型开放稳步扩大[①]

近年来,中国推出了一系列重要举措提高服务贸易开放水平,积极探索服务领域规则、规制、管理、标准等制度型开放,持续增强服务业外资吸引力。2022年,中国实际使用外商直接投资1 891.3亿美元,同比增长8.0%。其中,科技成果转化服务、信息服务等高技术服务业吸引外资实现快速增长,按人民币计价的增幅分别达35.0%和21.3%。

(一)推动自贸试验区高质量发展

自2013年9月上海自贸试验区正式挂牌以来,中国已先后设立21个自贸试验区及海南自由贸易港,基本形成覆盖东西南北中的改革开放创新格局,推出了一系列首创性实践,实现了一系列突破性进展。自贸试验区外商投资准入负面清单条目由190项缩减至目前的27项。自2022年1月1日起,新版自贸试验区外资准入负面清单施行,实现了制造业条目清零,服务业持续扩大开放。2022年,中国推动出台支持自贸试验区建设的文件56份,赋予自贸试验区更多先行先试的改革任务。稳步推进海南自由贸易港建设,落实好海南自由贸易港跨境服务贸易负面清单,市场准入特别措施、外汇管理简化等政策接续落地或完成首单,服务贸易自由化便利化水平显著提升。2022年,21个自贸试验区以不到4‰的国土面积,实现了全国18.1%的外商投资。

---

① 《中国服务贸易发展报告2022》。

（二）服务业扩大开放综合试点扩围

服务业扩大开放综合试点是党中央、国务院关于推进高水平对外开放的重大举措。2022年，国务院同意在沈阳市、南京市、杭州市、武汉市、广州市、成都市开展服务业扩大开放综合试点，服务业扩大开放综合试点增至11个，形成了"1+10"的试点示范格局，展现了中国加大现代服务业领域市场准入开放力度的决心。自试点以来，试点示范省市围绕方案目标任务，服务国家重大战略，开展差异化探索，形成一批创新性强、推广价值高的试点经验和案例。2022年，商务部印发《国家服务业扩大开放综合试点示范最佳实践案例》，再次向全国推广知识产权服务等8个综合类案例，为各地统筹推进服务业开放创新、加快发展现代服务业提供借鉴。

第二节 中国服务贸易发展动因与原则

一、中国服务贸易发展的动因

（一）人民币国际化助推中国服务贸易发展

我国自从加入WTO以来，国际贸易发展飞速，规模不断扩大，"中国制造"也走遍全球。近些年来，中国的经济实力显著增强，对外贸易长期保持顺差。按美元计值，2023年，我国经常账户顺差2 530亿美元，其中，货物贸易顺差5 939亿美元，服务贸易逆差2 078亿美元；资本和金融账户逆差2 151亿美元，其中，资本账户逆差3亿美元，非储备性质的金融账户逆差2 099亿美元，储备资产增加48亿美元。2023年，我国国际收支运行总体稳健，年末外汇储备保持在3.2万亿美元以上。我国外汇市场韧性明显增强，市场预期基本平稳，外汇交易理性有序。随着中国国际贸易的不断扩大，人民币的使用也越来越频繁，并且使用范围也越来越广泛。同时，为了避免国际金融动荡对我国金融市场的冲击，摆脱对世界货币如美元、欧元等的依赖，提高人民币的独立性，使人民币国际化就成了中国经济发展的必然趋势。人民币国际化提高了服务贸易中货币结算环节的便利性，加之人民币对世界主要货币如美元、欧元、日元的汇率走强，我国居民出境旅游、购物、留学意愿增强。

（二）中国对高端服务产业需求增强

从企业的角度看，中国制造业面临服务化、创新化、集群化的转型。这是企业升级、转型和可持续发展不可或缺的重要方式，企业对知识或技术密集型产业和品牌有执着的追求。来自中国企业对服务的需求贯穿了制造业整个产业链，如系统和解决方案、设计和研究、维修和支持、零售和分销、安装和运行、金融、咨询等。同时，随着云计算、电子商务、移动互联、3D打印、高端医疗等产业技术的发展，企业对高知识、高技术、高互动、高创新的技术服务需求增加，在产业集群的背景下，技术专业化分工趋势明显。企业既可以节约成本，又可以获得高端的技术服务。

从居民的角度出发，对高端服务产业需求增加主要是基于以下动因：

1.中国居民可支配收入增加，居民对休闲产业需求增加

2012年，中国人均GDP超过了6 000美元，进入了一个中等收入国家的水平，给衣食住行各方面的消费都带来了一系列的变化。根据《中国出境旅游发展报告（2023—2024）》，2023年，中国出境旅游人数超过8 700万人次，预计2024年出境旅游人数为1.30亿人次。

2.中国居民出境消费能力增强

中国游客的购买力在迅速攀升。中国旅游研究院公布的数据显示，中国游客认为在境外购买奢侈品的价格会比境内便宜。欧洲不少商品的价格低于国内，特别是奢侈品，在欧洲购买比中国国内便宜很多。联合国旅游组织官网2024年发布的《世界旅游晴雨表》显示，2023年，中国游客出境游消费总额达1 965亿美元，居全球首位。2023年，国际旅游业（包括客运）出口总收入预计为1.7万亿美元。按旅游业对GDP的直接贡献计算，2023年旅游业对全球经济的贡献初步估计为3.3万亿美元，约占全球GDP的3%。

（三）跨境电子商务快速发展

中国服务贸易发展的一个重要动因在于近几年来跨境电子商务快速发展，这是全球电子商务发展的结果之一。跨境电子商务是指分属不同关境的交易主体，通过电子商务平台达成交易、进行支付结算，并通过跨境物流运送商品、完成交易的一种国际商业活动。2023年，中国跨境电商进出口额达2.38万亿元，增长15.6%。其中，出口1.83万亿元，增长19.6%；进口5 483亿元，增长3.9%。随着中国自贸区的扩容和建设，跨境电商中的服务业，如金融服务、咨询、物流、创新产业等，将呈现快速发展的态势。

二、中国服务贸易发展的基本原则

（一）统筹规划、渐进有序原则

中国对服务贸易自由化应持积极态度。中国货物贸易的开放和其他发展中国家贸易开发的实践表明，在全球经济日益信息化的时代，服务贸易的发展将为本国经济的长足进步创造条件。但服务贸易的开放应以本国经济发展状况为基础，加强服务网络一体化，提高行业进入成本，积极实施产业重组，提高市场竞争强度，以保证国内服务业在市场中占有一定的份额。产业之间应加强协调，互相合作，以降低成本、提高竞争力。应充分发挥行业组织的作用并加强在国际市场中的斡旋能力，实行渐进式开放，逐步实现自由化。

（二）部门不平衡原则

由于社会属性、自身特点和发展程度等方面的差异，服务贸易自由化在各部门的进度不可能完全一致，而应根据条件分批进行。自由化在部门间的进程应着重考虑以下方面：在国民经济和社会发展中的地位和作用、国内供应的稀缺程度、国内服务提供者竞争力的高低与国家安全的关联度等。对于可能危害到国家经济安全的服务部分，严禁开放；对于尚不具备在国际市场竞争的幼稚服务部门应谨慎开放；对于国内刚刚发展起来的服务产业，可以通过引进外资或技术鼓励发展；对于已经具备一定竞争优势的服务产业，应加大扶持力度，特别是对于一些具有战略意义、对相关产业具有辅助和带动作用的服务产业给予重点扶持和鼓励。

（三）地区平衡发展原则

由于经济基础水平的差异，服务业和服务贸易在地区之间也出现不均衡发展势头，应充分认识服务贸易开放对内陆地区服务业发展、经济增长和减缓地区经济不平衡的意义，本着地区公平和均衡的原则给予内陆地区同等的机会。同时，由于不同地区经济发展水平的差异，各服务产业部门也具有不同特点，应形成梯度发展规则：在东部沿海经济较发达的地区，应鼓励资本和技术密集型服务产业的发展；对于中西部经济欠发达地区，则鼓励劳动密集型产业发展，建立良好的产业结构以利于未来其服务产业升级。

第三节 中国服务贸易展望

一、中国发展服务贸易的总体目标

服务贸易是服务业进步的标志。扩大服务贸易出口，不仅有利于改善服务贸易国际收支、优化中国外贸出口的整体结构，而且对于改善中国在国际分工中的地位、促进中国产业结构调整、走可持续发展的道路，都具有重大的历史意义和现实意义。党中央、国务院高度重视我国服务贸易的发展，党的十八大报告明确提出"发展服务贸易，推动对外贸易平衡发展"，党的二十大报告指出："推动货物贸易优化升级，创新服务贸易发展机制，发展数字贸易，加快建设贸易强国。"

要实现这一目标，就必须加快转变外贸增长方式，扩大服务贸易出口，不断提高服务贸易在全国外贸总额中的比重，兼顾服务贸易总量增长与收支平衡。

要积极推进计算机和信息、金融、保险等新兴的资本和技术密集型服务贸易出口与继续扩大旅游、运输等传统劳动密集型服务贸易出口相结合，改善中国服务贸易出口结构，促进中国服务贸易的健康发展。

要将稳妥扩大中国服务业开放与积极开拓国际服务业市场相结合。对内以开放促竞争，以开放促发展，增强中国企业的国际竞争力；对外大力实施服务业"走出去"战略，促进中国企业在外分支机构在当地提供商业服务，提高其利用"两个市场""两种资源"的能力。

要坚持服务贸易的全面发展与优势区域和企业的重点突破相结合，积极建设服务贸易示范区和服务业外包基地，优先支持中国具有较强国际竞争力和增长潜力的企业出口。

二、中国发展服务贸易的潜力

中国的服务业和服务贸易将在国民经济结构调整和新一轮对外开放中获得更大的发展

动力。中国发展服务贸易正面临前所未有的历史机遇。

（一）服务业的发展潜力大

2023 年，我国服务业增加值占 GDP 比重增至 54.6%，但仍低于 2000 年发达国家 70.1% 的平均水平。与发展水平相近的"金砖"国家相比，我国服务业占比也明显偏低。2017 年，巴西、俄罗斯和印度的服务业占比分别为 68%、60.3% 和 57%，南非 2011 年服务业占比已达到 68.3%。这也就意味着，我国服务业还有很大的发展空间。据预测，到 2025 年，中国服务业增加值占 GDP 比重将达到 60%。

（二）服务贸易领域的对外直接投资有广阔的增长空间

中国服务业对外直接投资的流量逐年显著增加，在总的对外直接投资中所占的比重也逐年上升，已经超过 50%，成为对外直接投资的主体。其中，服务业对外直接投资中，租赁和商务服务业以及批发和零售业所占比重相对较高。

（三）服务贸易进口将持续增长

近年来，中国货物贸易保持快速增长趋势。2023 年，我国货物贸易进出口总值 41.76 万亿元，同比增长 0.2%。其中，出口 23.77 万亿元，增长 0.6%；进口 17.99 万亿元，下降 0.3%。货物贸易的增长将直接拉动与其密切相关的运输、保险等服务贸易部门进口的增长，从而推动中国服务贸易进口总量的持续增长。同时，随着对外开放程度的进一步加深，金融、保险、会计、律师、教育、咨询等国内服务领域的需求将继续扩大，通过国际市场和外国在华附属机构获得服务将更加普遍。

（四）服务贸易出口增长后劲足

目前，中国企业在境外的保险、分销、运输等服务领域几乎没有分支机构，与一些著名外国公司在国内设立大量企业形成鲜明对比。随着"走出去"战略的深入实施，更多的中国企业将在境外设立分支机构，提供的"中国服务"将逐渐增多。同时，以"服务外包"为特征的新一轮国际产业转移也为发展服务贸易出口提供了难得机遇。中国服务贸易规模不仅居发展中国家之首，而且已经形成一些优势产业，具备一定基础。中国旅游业、建筑业、其他商业服务业、运输业等在国际市场的份额排名都比较靠前。特别是中国货物贸易进出口已经排名世界第一，持续高速的货物贸易增长对与货物贸易相关的服务贸易出口的带动作用也非常明显。根据中国经济在世界经济中地位大幅度提升的现实和国际经验判断，中国在部分服务贸易领域已经进入快速发展的转折性阶段。

中国发展服务贸易在产业、投资、人才等方面具备了其他大部分发展中国家所不具备的后发优势。可以预见，中国承接国际服务业的转移会像当年承接制造业的转移那样，成为全球的焦点。中国应把握当前国际服务业转移的有利机会，加快中国服务贸易发展，这将会极大地有利于优化贸易结构和转变贸易增长方式，从而提高整体出口竞争力。

三、影响当前中国服务贸易发展的因素

（一）制约服务贸易发展的因素

1.传统服务行业发展水平较低

运输、旅游是传统的贸易依赖型或劳动密集型服务行业，其发展离不开对外贸易的发展，以及旅游资源的开发和利用，其附加值有进一步提升的空间。中国需要不断完善运输和旅游服务结构，挖掘其比较优势，缩短国际差距。例如，中国国际运输发展结构不平衡，货物运输占主导地位，国际旅客运输竞争力相对不足，需要考虑如何从日益频繁的国际人员往来中获得行业发展，以及如何满足货物贸易发展需要，为其提供更多以及更高质量的服务。旅游作为"无烟产业"，获得众多国家青睐，而中国的旅游产品品质、配套设施建设和宣传推广均有待进一步提升。

2.高附加值行业竞争力相对薄弱

金融、保险、咨询、计算机和信息服务、广告宣传和电影/音像属于技术密集型和知识密集型的高附加值服务行业，是国际服务贸易中发展较快和较集中的行业。中国在这些领域起步较晚，竞争力较弱，直接影响到市场占有率。部分服务行业在价格制定、产品设计以及服务提供等方面均经验不足。在我国加入WTO，各项承诺不断履行，银行、保险、证券、电信、分销等服务贸易部门对外开放的过程中，高附加值行业竞争力需要逐渐调整并加以提高。

3.专业人才储备相对匮乏

发展高附加值服务行业，需要充足的人才储备。因人才匮乏、知识老化带来知识含量和服务理念的差距，以及技术水平和创新能力的不足，影响了中国国际服务贸易竞争力的提高。尤其是在以高附加值以及资本、技术和知识密集型为特征的金融、咨询、计算机和信息服务等行业，相关高层次服务人才仍然相对缺乏，难以为这些服务行业的发展提供有效的人才储备保障。

（二）有利于服务贸易发展的因素

1.我国经济平稳、快速发展，为服务贸易发展奠定基础

改革开放以来，我国经济取得了长足的发展。当前我国正处在工业化的进程中，制造业的发展尤为突出。随着工业化的不断推进，第三产业和服务贸易发展的基础也在提升。

2.加入世界贸易组织，有助于培养服务贸易市场竞争力

随着加入世界贸易组织各项承诺的履行，服务贸易领域开放力度加大，跨境服务贸易规模不断扩大。在高附加值以及资本、技术和知识密集型银行、保险、证券、电信等服务贸易领域，对外资开放有助于中国服务贸易部门学习借鉴国外先进经验，打破部分行业垄断局面，并扩大服务贸易进出口规模。

3.鼓励和促进服务贸易发展的政策、法律逐步完善

《对外贸易法》包含对国际服务贸易的法律解释。我国"十一五"规划明确提出服务贸易进出口发展目标，具有政策导向作用。近年来，《海商法》《商业银行法》《保险法》

等涉及服务贸易相关子行业的法律、法规的颁布，使中国涉及服务贸易领域的立法面貌有所改观。不过，中国尚未出台有关服务贸易的一般性法律，部分领域法律仍然存在空白，完善服务贸易的政策法规体系任重道远。

四、中国发展服务贸易的对策

（一）加强服务贸易发展的统筹协调，建立和完善服务贸易管理体系

服务贸易涉及金融、保险、电信等诸多服务业部门。商务部主要负责服务贸易的整体管理工作，负责服务贸易的战略和政策制定、统计、促进工作，负责国际多边谈判、对外事务协调、服务业利用外资政策等事务。具体的服务贸易事务分属几十个相关部门，中央和地方在服务贸易政策和规章方面存在差别性，服务贸易统计工作也滞后于服务贸易发展的需要。这些既不利于国内服务业的发展和对内开放，也不利于中国服务贸易的对外谈判和对外开放。所以，服务贸易要发展，就必须加强整体协调。中国将推动建立各部门密切配合、中央和地方互动、政府和企业紧密联系的全国服务贸易协调管理机制。通过加强宏观规划、调查统计、市场促进、政策协调、对外谈判等工作，政府管理将更加务实、高效。

（二）制定中国国际服务贸易统计制度，建立和完善服务贸易统计体系

按照联合国等六个国际组织共同确定的国际服务贸易统计标准，结合中国的实际情况，以跨境交付和外国附属机构两条主线建立中国服务贸易统计体系。中国要加强对服务贸易进出口的运行分析，实时掌握进出口的产业动态和国别市场格局，发现问题。加强与国际组织的联系，跟踪服务贸易统计规则的变化，不断完善统计方法，调整统计范围，细化统计项目，增强统计的时效性和可比性。

（三）积极推进服务贸易重点领域的发展，形成有竞争力的产业体系

选择重点服务行业部门进行出口促进，是中国产业结构和贸易结构调整的需要，是适应世界经济和贸易发展格局、抓住国际产业结构调整的战略机遇期、提升中国综合竞争力的需要，意义重大而深远。服务贸易包括许多分支部门，情况不同，问题复杂。要综合全球服务贸易的发展趋势、国际市场需求前景、中国服务贸易出口的部门发展潜力以及对中国经济发展的重要性等多种因素，按照"重点促进""深入挖掘""特别关注"三个方面就文化、软件、建筑等开展出口促进工作。

（四）研究制定鼓励服务贸易发展政策，完善服务贸易的政策法规体系

2015年，国务院印发《关于加快发展服务贸易的若干意见》，这是国务院首次全面系统地提出服务贸易发展的战略目标和主要任务，并对加快发展服务贸易作出全面部署。国家要完善服务贸易的立法。目前中国尚没有一部关于服务业的一般性法律，现有立法未成体系，相当一部分领域法律处于空白状态，已有的规定主要表现为各职能部门的规章。应建立和完善符合国际规则的服务业和服务贸易法律、法规体系，制定与国际接轨的服务业

标准化体系。

（五）研究服务贸易发展规律，建立符合市场经济要求的服务贸易促进体系

要把握服务贸易不同于传统货物贸易的特点，按照市场经济规律开展工作。要搭建服务贸易出口促进平台，充分利用国内广交会、厦洽会、文博会等平台，增加服务贸易交易的内容。要组织服务外包企业在美国等服务外包发包地参加服务外包展览，为企业创造参与国际交流与合作的机会。与国际组织和国际知名的中介机构建立联系，把中国有优势的服务贸易企业推向国际市场。办好中国服务贸易指南网，为中国企业提供国际市场信息，帮助企业联系国际合作伙伴。要培育以企业为主体的服务贸易行业协会：在政府主管部门的指导下，由企业自发组建中国服务贸易行业协会，积极为中国服务贸易企业提供优质服务。

（六）加大服务贸易领域的开放力度，提高服务贸易领域的国际竞争力

从中国改革开放的实践来看，哪个领域开放得早，哪个领域就发展得快。中国要加大服务贸易的对外开放力度，根据服务贸易自身的发展水平和承受能力，通过有序开放，不断提高产业素质和整体竞争力，促进现代服务业的快速发展。

（七）实施服务贸易品牌战略，加快培育服务贸易龙头企业

要把扶持服务贸易自主出口品牌作为商务部实施品牌战略的一项重要内容，加大资金扶持力度。要发展优势品牌，打造一批主业突出、具有核心竞争力、能够发挥龙头骨干作用和参与国际竞争的服务企业、企业集团。全面研究、规划现有服务出口品牌，从中确定一批有影响、有发展潜力的品牌，在市场开拓、跨国经营、信息服务等环节予以重点扶持，逐步做大做强"中国服务"。

（八）加强对地方服务贸易工作的指导，促进服务贸易区域协调发展

要充分发挥地方政府在发展服务贸易中的作用。中国的上海、北京、江苏、广东等地的服务贸易已达到了相当的水平，可以根据中国不同地区服务贸易的特点和行业优势，以长三角、珠三角、环渤海地区和中西部大城市为重点，建设3~5个国家级服务贸易示范区，培育中国服务贸易的增长带。定期组织示范区交流经验、相互观摩，对示范区的管理人员进行培训。充分发挥地方政府在发展服务贸易中的作用，鼓励地方政府为示范区企业提供政策支持。通过示范区的示范、窗口和辐射作用，引导促进中国服务贸易快速发展。

素养园地

"十四五"服务贸易发展的三大趋势

党的十九届五中全会对扩大服务业对外开放作出了重要部署，指明了重要方向。"十四五"时期，加快推进以服务贸易为重点的高水平开放，是我国加快建立高水平开放型经

济新体制的一个重要目标，也是构建新发展格局的重要任务。

一、经济转型升级推动服务贸易高质量发展

当前，我国经济转型升级正处于关键时期，对服务贸易需求明显增加。

首先，进入工业化后期，产业结构正由工业主导向服务业主导转型升级。其次，我国进入消费新时代，消费结构正由物质型消费为主向服务型消费为主转型升级。最后，随着新一代信息技术不断突破和广泛应用，数字经济发展迅速。

二、服务业市场开放推动服务贸易较快发展

《中共中央关于制定国民经济和社会发展第十四个五年规划和二〇三五年远景目标的建议》提出，要"有序扩大服务业对外开放"。当前，我国服务业市场开放进程呈现加快的大趋势，不仅开放程度不断深化，而且重点领域开放实现重大突破。

第一，要着力实现服务业市场开放的重要突破。一是推动服务业市场向社会资本全面开放。二是加快推进服务业对外开放进程。三是清理并大幅削减服务业领域边境内壁垒。

第二，要以制度型开放推进制度性变革。一是强化服务业领域的竞争政策基础性地位。二是推进服务业领域内外标准对接。

三、服务贸易在推动自由贸易进程中的作用提升

推动服务贸易高质量发展，离不开更高水平开放环境的支撑，我们既要着力打造以服务贸易为重点的制度型开放新高地，也要推进以服务贸易为重点的区域性自由贸易进程。

（一）着力打造以服务贸易为重点的制度型开放新高地

第一，对标世界最高开放标准推进海南自贸港建设。海南自贸港建设，要充分学习借鉴国际自由贸易港的先进经营方式、管理方法和制度安排，聚焦贸易投资自由化便利化，建立与高水平自由贸易港相适应的政策制度体系。建议率先在服务贸易领域实行自贸港政策与制度的"早期安排"。

第二，加快推进粤港澳服务贸易一体化。加快实现粤港澳服务贸易一体化，在拓宽港澳服务业发展空间的同时，将带动广东制造业的转型升级。

（二）推进以服务贸易为重点的区域性自由贸易进程

一是尽快实现中日韩服务贸易发展新突破。二是要抓住机遇，以服务贸易合作为重点形成中欧经贸合作新局面。

总之，推动服务贸易发展，不仅适应国内服务型消费需求，而且有利于形成与各国、各地区合作共赢的巨大市场空间，成为推动双边多边自由贸易的重要引擎。我们要找准关键点，不断推动自由贸易进程，从而更好助力高水平对外开放。

资料来源 迟福林."十四五"服务贸易发展的三大趋势［N］.经济日报，2021-02-05.

关键术语

服务贸易结构 商业存在 服务贸易全球化 服务贸易壁垒 服务外包 传统服务贸易 新型服务贸易 服务贸易管理体制

复习与思考

1.为什么说商业存在会成为服务贸易的主要方式?

2.阐述中国发展服务贸易的总体目标和服务贸易开放的基本原则。

3.论述中国发展服务贸易的应对策略。

4.中国服务贸易发展的特点与中国货物贸易相比有何不同?

阅读分析

资料一 全国第一张服务贸易领域负面清单发布

根据《全面深化中国(上海)自由贸易试验区改革开放方案》以及上海"扩大开放100条"的相关要求,上海市在服务贸易领域率先开展制度创新,探索实施跨境服务贸易负面清单管理模式,并编制印发了《中国(上海)自由贸易试验区跨境服务贸易负面清单管理模式实施办法》(以下简称《实施办法》)、《中国(上海)自由贸易试验区跨境服务贸易特别管理措施(负面清单)(2018年)》(以下简称《特别管理措施(负面清单)》)。其中,《实施办法》旨在推进跨境服务贸易负面清单管理的法治化、制度化、规范化和程序化,构建与负面清单管理模式相匹配的,权责明确、公平公正、透明高效、法治保障的跨境服务贸易事中事后监管体系,是全国第一部确定以负面清单模式对服务贸易进行管理的地方政府文件。《特别管理措施(负面清单)》从自贸试验区深化改革开放的要求出发,以建设开放度最高的自由贸易试验区为目标,本着遵循国际通行规则的原则,以国际化、透明度、开放度为标准,全面检索了现行有效的法律、法规、规章和国家有关规定,是全国第一张服务贸易领域的负面清单。

一、《中国(上海)自由贸易试验区跨境服务贸易负面清单管理模式实施办法》主要内容

《实施办法》共15条,主要内容包括:

1.明确了跨境服务贸易的定义

《实施办法》将"跨境服务贸易"的概念界定为"由境外向自贸试验区内开展服务交易的商业活动",并通过列举的方式将跨境交付、境外消费、自然人移动这三种模式予以涵盖。

2.确立了跨境服务贸易管理与开放的基本原则

《实施办法》提出自贸区跨境服务贸易的管理与开放遵循"大胆闯、大胆试、自主改"的要求,坚持法治理念、坚持制度创新、坚持放管结合,为建设"五个中心",服务"一带一路"建设和联动长江经济带提供支持,确保自贸区跨境服务贸易管理与开放于法有据、风险可控。

3.建立了负面清单管理模式

负面清单依据现行法律、法规、规章和国家有关规定编制,根据国民经济行业分类,统一列明跨境服务贸易领域对境外服务和服务提供者采取的,与国民待遇不一致、市场准入限制、当地存在要求、资质许可等特别管理措施。对列入负面清单的跨境服务贸易行为,由各部门按照相应法律法规规定实施管理;在负面清单以外则按照境外服务及服务提供者与境内服务及服务提供者待遇一致的原则实施管理。

4.明确部门管理职责

《实施办法》科学、合理地配置了跨境服务贸易监管的部门职责，明确由自贸试验区推进工作领导小组统筹协调跨境服务贸易扩大开放与事中事后监管；各行业主管部门依法履行监管职责，完善本行业跨境服务贸易管理措施；自贸试验区管委会负责会同相关部门实施负面清单；外汇、税务、出入境、通信、海关等部门配合事中事后监管的具体实施。《实施办法》还提出要发挥本市服务贸易发展联席会议功能，建立跨部门联动制度，提升协同监管水平。

5.明确规定试点开放领域应当配套风险防范制度

《实施办法》明确本市积极推进自贸试验区跨境服务贸易对外开放，推动适时修订"负面清单"。同时明确，对于进一步开放试点领域，自贸试验区管委会应会同相关管理部门探索建立相应事中事后监管制度，建立风险防控机制，防范产业、数据、资金、人员等方面的安全风险。办法自2018年11月1日起施行。

二、《特别管理措施（负面清单）》主要内容

根据国际通行自由贸易协定中负面清单的内容形式，《特别管理措施（负面清单）》在结构上分为"编制说明"和"特别管理措施列表"两部分内容。

"编制说明"主要对跨境服务贸易定义进行界定；对"负面清单"所列特别管理措施为不符合国民待遇等原则的措施予以界定；对负面清单的适用范围（自贸试验区范围内）、法规依据和行业分类标准予以说明；对清单中未列出的与国家安全、公共秩序、文化、金融、政府采购等方面相关的特别管理措施，明确按照相关规定执行等。

"特别管理措施列表"本着与外商投资准入负面清单相衔接的原则，根据《国民经济行业分类》（GB/T 4754—2017），以表格形式进行编写，共梳理出159项特别管理措施，涉及13个门类，31个行业大类。

资料来源　上海市人民政府. 市政府新闻发布会介绍本市最新制定的《中国（上海）自由贸易试验区跨境服务贸易负面清单管理模式实施办法》和《中国（上海）自由贸易试验区跨境服务贸易特别管理措施（负面清单）》［EB/OL］.（2018-10-09）［2024-06-23］. https://www.shanghai.gov.cn/nw12344/20200813/0001-12344_57058.html.

讨论：上海市发布《实施办法》和《特别管理措施（负面清单）》文件有何意义？

资料二　　　　　　　　　内外联动促服务贸易协调发展

近年来，随着经济全球化的纵深推进和服务经济的崛起，我国服务贸易快速增长。我国服务贸易结构也在持续优化，知识产权使用服务、金融服务和电信服务等知识密集型服务业的出口规模持续攀升，意味着我国服务贸易逐渐向全球价值链中高端环节攀升，这为推动我国外贸可持续发展、培育经济增长新动能作出了巨大的贡献。2020年8月，商务部正式发布《关于印发全面深化服务贸易创新发展试点总体方案的通知》，这表示我国继续推动服务贸易改革开放、推进服务贸易治理体系和治理能力现代化。

从构建新发展格局的视角来看，我国服务贸易发展还面临着一系列的难点和痛点：一是境内仍存在阻碍服务贸易投资和消费的"隐性壁垒"。二是对外仍面临贸易保护主义和逆全球化的挑战。三是双向开放仍面临国外技术封锁和产业链断裂等不确定性风险。当前我国服务贸易发展仍面临 3 种不平衡——陆海和东西部区域发展不平衡、国有和民营企业市场竞争不平衡、垄断和非垄断行业开放不平衡。

我国亟须通过深化改革开放来解决失衡发展问题，突破瓶颈、补齐短板。

一是以对内开放激活市场优势和内需潜力，促进消费升级。健全服务贸易区域分工协作体系，形成有效的分工协作与优势互补机制。结合自身特色优势实现差异化发展，避免重复恶性竞争，消除行政区划壁垒，解决好地方治理壁垒破除和利益再平衡问题，并依托新一代信息技术实现服务消费内容升级，从而不断释放服务内需潜力，促进服务消费提质扩容。

二是以对外开放利用外部市场和资源要素，加速结构升级。为了更好地应对不确定性因素的冲击，应坚定不移推进服务贸易对外开放，携手完善全球治理体系，用"拉钩"来应对"脱钩"，积极构建客户新渠道，开拓企业新市场。此外，促进民心相通，凝聚文化共识，并基于此，以商业化和市场化的方式消除各国政府和民众对中国服务贸易或服务输出安全性的顾虑，在互惠互利中实现合作共赢、促进共同发展。

三是推动高质量发展，重塑新发展格局。以先发地区帮扶和带动后发地区、构建公平开放透明的营商环境和契约制度，以市场机制完善行业进退和资源配置制度，多措并举构建"地区-行业-企业"多层次协调新发展格局，为促进服务贸易高质量发展营造内外联动的新机制、新环境。

资料来源 陈秀英. 内外联动促服务贸易协调发展［N］. 经济日报，2020-09-25.

讨论：请阅读《关于印发全面深化服务贸易创新发展试点总体方案的通知》全文，学习中国发展服务贸易在新常态经济形势下的新举措和新思维。

第七章　国际服务贸易协议

内容提要

通过本章学习，掌握《服务贸易总协定》的发展历史、特征和主要内容，以及主要局限和后续谈判；了解服务贸易的区域性协议。

❖ 引例

2012年7月16日，世界贸易组织争端解决专家组就美国诉中国电子支付WTO争端案（WTO案件编号：DS413）发布专家组报告。专家组裁定，中国在《服务贸易总协定》下就"电子支付服务"（Electronic Payment Services）作出了承诺；中国要求由"银联"办理港澳人民币清算业务，构成市场准入限制，违反了GATS第16条"市场准入"；中国在银行卡发卡、终端、收单等方面给予"银联"优越地位，违反了GATS第17条"国民待遇"。中美对此裁决均未提出上诉。至此，持续两年之久的中美电子支付WTO争端告一段落。

针对此项裁决，美国白宫发言人公开表示："本案的胜利凸显出，对抗中国不公平的贸易做法是本届总统的重点工作。这是美国赢得的又一项判决。"而与此同时，中国商务部表示，专家组裁决驳回了美方关于涉案措施使"银联"成为唯一服务提供者的指控，认定涉案措施没有禁止外国服务提供商进入中国市场；专家组还驳回了美方关于外国服务提供商可以通过"跨境交付"方式提供电子支付服务的主张，并认定外国服务提供商在中国设立"商业存在"必须满足中国服务贸易具体承诺减让表的有关设立要求，"中方对专家组上述裁决表示欢迎"。

中美双方对专家组裁决似乎都显示了一定的乐观态度，双方也都没有提出上诉。那么此案到底谁胜谁负？值得我们深入探讨。

本案美方挑战的是银联在中国的银行卡市场的"垄断地位"，被业界称为VISA对银联大战。在诉讼策略上，美方作了精心准备。首先，其把涉案服务称作一项独立的整体的"电子支付服务"，而不是多种服务的简单叠加，这样可以避免某个具体环节挑战失败导致其仍然面临市场壁垒的情形；其次，美方同时挑战"市场准入""国民待遇"两大问题，希望VISA能够进入中国并和"银联"一较高下，这样"毕其功于一役"。从专家组裁定的结果来看，美方的部分诉讼主张得到专家组的支持，如GATS下"电子支付服务"的归类；"发卡方要求""终端机具要求""收单方要求"违反国民待遇义务，等等。中方为此将不得不修改有关规章和政策文件。就这些方面而言，美方的起诉至少取得了部分名义上的胜利。

从中方角度来看，针对美方的指控，中方没有简单进行逐一反驳，而是关注到更深层次的市场准入条件问题。中方提出了美方先前忽视的一个问题，即中国并未在市场准入方面设置实体的条件或者障碍。美方认为，中国在加入WTO时承诺开放"支付服务"，但仅允许银联一家提供该项服务，形成了数量限制。然而，在抽丝剥茧般地举证后，美方发现，关于中国银行卡市场只有银联一家垄断的指控，是一种对现实情况的误读。专家组显然也意识到，仅仅依据中国银联是中国境内唯一的银行卡服务提供者的现实，并不能证明中国存在电子支付服务的市场准入壁垒，因此驳回了美方指控。

从实际效果上看，明眼人可以看出，美国在最核心的诉讼主张方面（市场准入）并未得到专家组支持，美方可以称得上是失败。VISA进入中国市场，首先需要解决"市场准入"问题，就是破除所谓的中国"市场准入壁垒"。但是专家组讲得很清楚，美国没能证明"中国银联"存在垄断地位，中国并没有阻挠VISA进入中国市场。也就是说，美国指控的所谓"壁垒"，事实上根本就不存在，中国法律并没有阻止其他电子服务提供商进入其市场。而下一步，如果VISA要进入中国，就必须老老实实地以商业存在（模式3）方式，满足中国服务贸易具体承诺减让表的有关设立要求；中国有权对跨境交付（模式1）方式的电子支付服务进行限制。可以说，在最重要的市场准入方面，本案除了解决"中国香港/澳门要求"这个小问题外，VISA实际上什么也没有拿到，"竹篮打水一场空"。

资料来源　陈雨松．VISA诉银联，究竟谁赢了？——美国诉中国电子支付WTO争端案评析［J］．金融法苑，2014（1）：276-295．

第一节　《服务贸易总协定》概述

一、《服务贸易总协定》产生的背景

（一）发达成员对服务贸易自由化的倡导

以美国为首的发达成员积极倡导服务贸易自由化。美国的服务贸易自由化主张源于两个方面：一是跨国公司集团的压力；二是推进美国在国际服务贸易和国际投资领域的利益。美国在许多服务行业，如金融、保险、数据处理、电信、广告、影视娱乐等部门都具有明显的优势。作为世界最大的服务贸易出口国，美国急切地希望打开其他成员的服务贸易市场，通过大量的服务贸易出口来弥补其货物贸易逆差，推动经济增长。各成员对服务贸易的不同程度的限制，成为美国利益最大化的障碍。为了促使国际社会在国际服务贸易方面达成有利于美国的国际协定，美国在GATT中极力主张建立服务贸易自由化的国际规则，积极倡导实行全球服务贸易自由化。

早在东京回合谈判中，美国政府就根据《1974年贸易法》的规定，试图把服务贸易作为该回合谈判的议题之一，因为当时有更加迫切的问题需要解决，美国没有提出服务贸易的减让谈判，但在东京回合中所达成的海关估价、政府采购协议中写入了一些服务贸易的内容。发展中成员和一些发达成员抵制美国的提议。欧共体起初对美国的提议持疑虑态度，但经过调查发现自身的服务贸易出口量要高于美国，转而坚决地支持美国。日本虽然是服务贸易的最大进口国，呈逆差形势，但由于在国际货物贸易中呈现顺差，加之为调解与美国之间日益尖锐的贸易摩擦，也支持美国的主张。

（二）发展中成员对服务贸易自由化态度发生转变

当美国开始提出服务贸易问题时，绝大多数发展中成员都坚决反对服务贸易自由化，主要原因是：

①服务业中的许多部门，如银行、保险、证券、通信、信息、咨询等，都属于资本-知识密集型行业，发展中成员的这些行业都是发展很薄弱的，不具备竞争优势。

②发展中成员的服务部门尚未成熟，难以抵挡发达成员激烈竞争的冲击，过早地实行服务贸易自由化会挤垮这些尚处于幼稚阶段的民族服务业，因此，在这些行业获得竞争力以前，发展中成员不会实施开放政策。

③有些服务行业还涉及国家主权、机密和安全。随着发达成员在服务贸易谈判问题上的认识逐步统一，发展中成员坚决抵制的立场有所改变。

首先，一些新兴的发展中成员的某些服务业已取得相当的优势，如韩国的建筑工程承包就具有一定的国际竞争力，新加坡的航空运输业在资本、成本和服务质量上也具有明显的优势，这些成员希望通过谈判扩大本国优势服务的出口。

其次，大部分发展中成员一方面迫于来自发达成员的压力，另一方面认识到如果不积极地参与服务贸易谈判，将会形成由发达成员制定服务贸易规则的局面，自己只能成为被动的接受者，自身利益将会受到更大的损害。因此，许多发展中成员先后表示愿意参加服务贸易谈判。

二、服务贸易谈判的历程和《服务贸易总协定》的产生

乌拉圭回合服务贸易谈判大体上经历了3个阶段。

（一）第一阶段（从1986年10月27日到1988年12月中期审议前）

此阶段谈判的主要内容包括：
①服务贸易的定义；
②适用服务贸易的一般原则、规则；
③服务贸易协定的范围；
④现行国际规则、协定的规定；
⑤服务贸易的发展及壁垒等。

在这一阶段，各成员的分歧很大，主要集中在对国际服务贸易如何界定问题上。发展中成员要求对国际服务贸易采用比较窄的定义，将跨国公司内部交易和诸如金融、保险、咨询、法律服务等不必跨越国境的交易排除在外，而美国等发达成员主张使用较为宽泛的定义，将所有涉及不同国民或国土的服务交易都归为国际服务贸易。多边谈判最终基本上

采取了欧共体的折中意见——不预先确定谈判的范围，根据谈判的需要对国际服务贸易采取不同的定义。

不难理解，发展中成员由于自身服务业的发展还处于相对落后的地位，对于服务贸易领域中很多问题的认识远远不如发达成员清楚，害怕轻易同意发达成员的意见后，会使本国（地区）的服务业在今后的国际服务贸易竞争中陷入和国际货物贸易领域一样的被动局面。但是，对于发达成员来讲，尽可能多地让各成员开放各自的服务市场，有利于它们在这一领域的优势得以充分发挥。因而，发展中成员认为国际服务贸易范围的界定越窄越好，发达成员恰恰相反。

（二）第二阶段（从中期审议至1990年6月）

在加拿大蒙特利尔举行的中期审议会上，谈判的重点集中在透明度、逐步自由化、国民待遇、最惠国待遇、市场准入、发展中成员的更多参与、保障条款和例外等服务贸易的基本原则。此后的工作主要集中于通信、建筑、交通运输、旅游、金融和专业服务各具体部门的谈判。

但是绝大多数发达成员认为，服务贸易的有关协定能否成功的关键就在于乌拉圭回合谈判结束以后，各成员能否承担相同的义务。它们明确表明"搭便车"是不能被接受的，而且一些发达成员认为谈判的进展过于缓慢，因此希望能够在1990年取得突破。欧共体就此提出了1990年谈判的3个阶段：①就总框架的目标达成一致；②就框架本身进行谈判；③就市场准入等承诺展开谈判。

与此同时，各成员代表同意采纳一套国际服务贸易的准则，以消除国际服务贸易中的诸多障碍。发达成员和发展中成员都有一些代表团向服务谈判组分别提出自己的多边框架方案，阐述了各自的立场和观点。具有代表性的方案主要有美国、欧共体、拉美11国和亚非7国的提案。1990年5月4日，中国、印度、喀麦隆、埃及、肯尼亚、尼日利亚和坦桑尼亚7个亚非国家向服务贸易谈判组联合提交了《服务贸易多边框架原则与规则》的提案，对最惠国待遇、透明度、发展中成员的更多参与等一般义务，以及市场准入、国民待遇等特定义务进行了区分。后来，GATS的文本结构采纳了亚非7国提案的主张，并承认成员发展水平的差异，对发展中成员作出了很多保留和例外，这在相当程度上反映了发展中成员的利益和要求。

事实上，这些提案都有一个共同点，即都主张在多边义务框架下，制定具体部门的贸易自由化措施。多边义务框架由一些共同遵守的原则和承诺组成，作为GATS的总方针和以后进一步谈判的准绳，而具体部门的具体承诺保证服务贸易自由化的具体运行。各提案都主张通过多边协商逐步实现国际服务贸易的自由化。

由于发达成员和发展中成员在世界服务业所处的地位有很大的差异，上述的亚非7国提案强调指出，应该采取措施使发展中成员加强其服务业，以便更好地进入国际市场。"肯定清单"能够使发展中成员选择那些对自己和发达成员都有利的部门就市场准入问题达成承诺。最后的GATS采取了"肯定清单"的方式，事实上既是发展中成员的重大胜利，也是各成员充分意识到发展中成员的方案更具有较强的现实可操作性。

（三）第三阶段（从 1990 年 7 月至 1993 年 12 月）

这一阶段经历了从 GATS 的框架内容的基本明朗到最终达成 GATS。在 1990 年 12 月的布鲁塞尔部长级会议上，服务贸易谈判组修订了《服务贸易总协定多边框架协议草案》，其中包括海运、内陆水运、公路运输、空运、基础电信、通信、劳动力移动、视听、广播、录音、出版等部门的草案附录，但是由于美国与欧共体在农产品补贴问题上的重大分歧而没有能够最终结束谈判。

经过进一步的谈判，在 1991 年年底形成了 GATS 草案。该草案包括 6 个部分、35 个条款和 5 个附件，规定了最惠国待遇、透明度、发展中成员的更多参与、市场准入、国民待遇、争端解决等重要条款，基本上确定了协定的结构框架。经过各成员的继续磋商谈判，协定草案根据各成员的要求进一步修改，1993 年 12 月 5 日，贸易谈判委员会在搁置了数项一时难以解决的具体服务部门谈判后，最终通过了 GATS。

1994 年 4 月 15 日，各成员在马拉喀什正式签署了 GATS。该文本在总体结构和主要内容上，对协定草案框架并没有进行任何重大的改变，只是在部分具体规范上有所调整。GATS 的最后文本包括 6 个部分和 29 个条款（第 29 条包含 8 个附件），它于 1995 年 1 月 1 日正式生效。至此，长达 8 年的乌拉圭回合谈判终于正式结束，虽然有几个具体服务部门的协定尚待进一步磋商谈判，但 GATS 作为多边贸易体制下的规范国际服务贸易的框架性法律文件，它的出现是服务贸易自由化进程中的一个重要的里程碑。

三、《服务贸易总协定》的结构

GATS 由 3 个大的方面组成：

一是适用于所有成员的基本义务的协定，即《服务贸易总协定》条款；

二是作为《服务贸易总协定》的有机组成部分、涉及各服务部门的特定问题和供应方式的附件，以及关于最惠国待遇豁免的附件；

三是根据《服务贸易总协定》的规定应附在《服务贸易总协定》之后，并成为其重要组成部分的具体承诺。

GATS 包括序言和 6 个部分 29 个条款。其中，28 个条款是框架协议，规定了多边贸易体制下各方在服务贸易领域中应遵循的基本原则；第 29 条是附件。

（一）序言

序言部分主要阐述了成立 GATS 的宗旨，即在透明度和逐步自由化的条件下，扩大服务贸易，并促进各贸易伙伴经济增长和发展中成员服务业的发展。

序言用较大的篇幅强调了发展中成员的积极参与和其自身的特殊情况，对发展中成员的利益给予了充分重视，并特别提出对最不发达成员应给予特殊照顾。这是广大发展中成员积极斗争的结果，也是 GATS 赖以存在的重要基础之一。发展中成员应努力在今后服务贸易的部门开放谈判中，充分利用 GATS 的基本原则和目的，以争取对自身有利的谈判结果，从根本上改变此序言仅仅是象征性而非实质性地促进各成员，特别是发展中成员的服务水平和经济发展的状况。

（二）框架协议

1.第一部分（第1条）：服务贸易的范围与定义

（1）服务贸易的范围

根据GATS第1条的规定，该协定适用的范围是WTO各成员所采取的影响服务贸易的各项措施。这指出了服务贸易规则与货物贸易规则的主要不同：货物贸易规则主要是以削减关税的方式促进货物贸易自由化的发展；服务贸易自由化的主要障碍不是关税，而是"措施"或"法规"。因而GATS调整的范围主要是各成员有关服务贸易的"措施"，通过规范各成员制定和实施的"影响服务贸易的措施"，逐步达到实现服务贸易自由化的目的。

根据GATS第1条及第28条的规定，"措施"是指一成员以法律、法规、规则、程序、决定、行政命令以及其他形式所采取的任何措施。根据制定和实施措施的主体不同，措施可以分为：

①中央政府或地方政府所采取的措施；

②由中央政府或地方政府授权的非政府团体所采取的措施。

GATS与GATT相似的是，它也要求各成员全力保证中央以下的各级政府均遵守GATS规定的义务和承诺。

（2）服务贸易的定义

GATS第1条规定了"服务"的定义，包括所有的服务部门，只有那些行使政府职权时提供的服务除外。根据定义，这些除外服务是指既不在商业基础上提供，也不与任何其他服务提供者竞争的服务，如中央银行的服务和社会保障服务等。具体地讲，服务贸易有以下4种形式：

①跨境交付，是指自一成员领土向任何其他成员领土提供服务。这种服务形式的特点是服务提供者和消费者分别处于不同的国家（地区），如电信、邮政、计算机网络等提供的跨境服务。从各方面来看，这种形式都是最简单的国际服务贸易形式，与国际货物贸易一样，强调的是买方与卖方在地理上的界线，跨境的只是服务本身。

②境外消费，是指在一成员境内向任何其他成员的服务消费者提供服务，如涉外旅游服务、涉外医疗服务、提供留学教育服务，以及船舶、飞机等在外国进行维修等。与第一种形式一样，这也是一种相对简单的国际服务贸易形式，涉及的问题较少，因为它不要求服务的消费国（地区）允许服务提供者进入其境内。

③商业存在，是指一成员的服务提供者通过在任何其他成员境内的商业存在提供服务，如在境外开设银行、保险、会计师事务所等。这种服务贸易往往与对外直接投资联系在一起。值得注意的是，服务贸易领域的对外直接投资不属于《与贸易有关的投资措施协议》规范的范围，而是受GATS的规范。这也许是最重要的一种服务贸易形式，特别是从其未来发展的方向来说。这种服务贸易形式涉及的问题较多，因为它要求服务的提供者与消费者位于同一地点，除了涉及服务提供者的跨境问题，还更多地涉及一成员服务提供者能否在另一成员境内开业的国内政策问题。不过，有关商业存在的规则与关于国际货物贸易的关税及其他边境措施有很大的不同，GATT仅仅是在补贴和技术标准等领域才涉及第三方的政策问题，而GATS是从一开始就不得不面对外国服务提供者商业存在的开业权等国内政策问题。从这个角度来看，GATS开辟了一个崭新的领域。

④自然人移动，是指一个成员的服务提供者通过在任何其他成员境内的自然人存在提供服务。这种形式一般与第三种形式相联系而存在，有时也会单独存在，即入境的自然人可能是以外国服务提供者的雇员形式出现，也可能是以个人身份的服务提供者的形式出现，如技术专家以个人身份到国外提供技术服务等。不过，GATS有一个附件就此作了明确的说明，即GATS与那些到他国（地区）寻找就业机会的自然人无关，与各成员就公民权、居留权和就业权所设定的条件也无关。

在乌拉圭回合谈判的结果中，各成员服务贸易具体承诺减让表中所包含的承诺涉及大约150种不同形式的服务贸易活动。其中，有一些服务贸易活动可以通过上述全部4种方式提供，但也有另外一些由于其自身具有的某些特征，不能通过其中的某些方式进行。比如，专业顾问提供服务时就可以采用上述4种方式：国外客户前来会面、来往信函、在国外客户所在地设立机构、本人前往访问国外客户。但是旅游服务就不能采用跨境交付、商业存在和自然人移动这些方式来实现，旅游者只能在到达外国的某个旅游地之后才能享受相关的服务。

2.第二部分（第2~15条）：各成员的一般义务与原则

第二部分是GATS的核心内容之一，各成员一旦签约，就必须普遍遵守这些条款的要求。

本部分包括以下条目：

（1）最惠国待遇

最惠国待遇是指各成员应立即和无条件地给予其他成员服务和服务提供者以不低于其给予某一成员相似服务和服务提供者的待遇，即使有可免除的特殊情况，也应在协定生效前申请最惠国待遇的例外。

最惠国待遇最为典型的例外条款有以下几种：

①边境贸易的例外。最惠国待遇原则不适用于任何成员为便利边境贸易所提供的或将要提供的权利和优惠。

②关税同盟和自由贸易区的例外。GATS有"经济一体化"的例外条款，与GATT第24条类似。

③服务贸易的一次性例外。GATS规定，在该协定生效时，已在双边或几个国家之间签有服务贸易优惠协定的，可一次性列出豁免清单，作为最惠国待遇原则的例外，但一般要在2005年取消。

④知识产权领域的例外。成员给予任何其他国家或地区的知识产权所有者或持有者的下述一些权利，对世界贸易组织成员可不适用最惠国待遇原则：在一般司法协助的国际协议中享有的权利；《与贸易有关的知识产权协定》第4条规定，在世界贸易组织成立前已生效的国际知识产权保护公约中规定的权利。

最惠国待遇要求所有按照多边贸易规则开展国际服务贸易的国家和地区对其他所有贸易国家和地区实行无歧视待遇。最惠国待遇的实施能使贸易各方建立和维持一种以规则为基础，而不是以经济实力为基础的平等贸易关系，使得各成员国际服务贸易在最有利的环境中运作。从经济学角度讲，无条件最惠国待遇是一项最有效率的原则。它可确保消费者购买到低成本、低价格的服务，也可使服务提供者不受某些政策所强加的不利措施的影响，从而有效地降低贸易成本。

（2）透明度

透明度是指成员公布其所有由中央政府、地方政府和非政府立法部门发布、修改并生效的法律、条例、行政规章和各种措施，以及所签署的与国际服务贸易有关的国际协议。

由于各国（地区）有着不同的文本、不同的社会经济结构和民族特性等，透明度原则为外国企业分公司或海外子公司创造了条件，使它们能清楚地了解一个国家（地区）的特殊规章、条例和市场惯例，增加了国际贸易的可预见性，使贸易双方能预先准确地测算出贸易成本和经营风险，从而便于成交决策。为了提高透明度，各成员都需要建立一个专门的咨询机构来负责向其他成员提供必要的资料和答复其他成员在此方面提出的各种咨询。

透明度的一个例外附则是，对于任何一个成员，那些一旦公布即妨碍执法、违背公共利益或损害特定公私企业合法商业利益的机密信息可以不予以公示。

（3）发展中成员的更多参与

考虑到发展中成员与发达成员在服务贸易领域的不平衡状态，GATS要求发达成员采取一些具体措施来增强发展中成员境内服务部门的实力和竞争力，并对发展中成员的服务出口提供有效的市场准入，以增强发展中成员的参与能力。

①各成员（主要是发达成员）应通过商业性的技术转让，增强发展中成员境内服务业的生产能力、效率和竞争力。

②应帮助发展中成员改善销售渠道和信息网络。

③应对发展中成员有竞争力的服务输出部门放宽市场准入的条件。

④发达成员在GATS生效的两年内必须建立联系点，以便发展中成员及时、有效地获得各种服务市场准入的材料。这些联系点的设立将有助于发展中成员获得进入市场所需的有关信息。

⑤上述两项内容的实施，应特别考虑最不发达成员。

（4）经济一体化

随着世界经济一体化程度的不断加深，区域性的经济一体化组织将对服务贸易领域的贸易自由化产生影响，其中既会有促进的方面，也肯定会有干扰和阻碍的方面。为了防止和减少消极情况的发生，规范经济一体化组织在服务贸易领域的行为，GATS作出了专门的规定。大多数发展中成员的一体化协定大体上包括服务贸易自由化，但还没有通过放宽劳动力移动这些手段来实施这一目标。在这些协定下，由于服务贸易受到区别对待和严格管制，要想在服务贸易自由化方面取得进展相当困难。因此，服务贸易的重点仍将放在发展和增强成员之间的基础设施网络上。

（5）国内法规

尊重国内法规，但要求这些法规不得与其有关法规相抵触或妨碍该国所承诺的义务的履行；各成员本着公正、合理及客观的原则来制定和管理所有影响服务贸易的措施，不得导致其他成员的服务提供者过重的负担；发展中成员有权进行特殊安排，包括可以在某些部门为了实现国家政策目标而采取垄断授权的方式，允许其对服务和服务提供者提出要求，以使其满足某些法规等。

国内法规条款的目的是确立GATS与各成员国内法规之间的关系。发展中成员可以根据本条的规定，在GATS相关条文及本国承诺的基础上，通过国内法规的制定和执行，把其他成员的服务和服务提供者纳入本国的法制体系中，进行有效的管理，这对于保证发展中成员的经济、社会安全及公众利益极为有利。

（6）承认

承认是指对服务者任职资格的认可。服务贸易涉及领域非常广泛，服务质量往往取决于服务提供者的学历、职称，以及从事专业的经历、经验、能力、语言水平等。各成员都比较注重对这些任职条件实施限制，结果造成对服务贸易自由化的阻碍。因此，协定要求签约各方相互认可对方的各种任职条件，并最终按照国际统一标准加以合作。

（7）垄断和专营服务提供者

由于各成员服务贸易中均不同程度地存在某些部门的垄断或专营现象，不可避免地对国际服务贸易自由化的发展构成阻碍。协定并不反对创建和维护垄断服务，但任一成员在进行垄断经营时，不应违背最惠国待遇原则和服务贸易谈判中所承诺的义务；如果违背，贸易对方可向成员提出请求，要求给予制裁。

（8）商业惯例

GATS第9条规定了成员之间在取消限制服务贸易竞争的商业惯例方面进行合作的义务。与1994年的GATT不同，GATS承认服务提供者的"某些商业惯例"可能会抑制竞争，从而限制服务贸易。应其他成员的请求，成员应就此问题进行磋商，并进行信息交流，以最终取消这些限制性商业惯例。

（9）紧急保障措施

GATS规定，在协定生效3年后，在非歧视原则的基础上完成保障措施的谈判，并加以实施。实际上在众多服务贸易部门很难制定具体的保障措施，而只能在实施过程中逐步充实。但各成员在实施旨在维持国际收支平衡的保障措施时，应当是非歧视的，并要求与国际货币基金组织协商一致。该成员国际收支一旦改善，就应逐步取消相应的保障措施。某一成员在实施或修改任何保障措施时，都应及时通知成员全体。发展中成员强调在多边框架内的任何保障条款都应允许其采取保障行动，一是出于保障国际收支平衡的需要；二是为了应对由于所有权集中、市场主宰和限制性商业习惯做法而出现的局面，以及由此造成的对贸易的消极影响。除此之外，任何保障条款还应准许其设立服务部门、保护幼稚产业以及纠正服务产业结构等。该领域谈判各方所面临的困难之一，就是这样的责任将涉及对进口渗透和服务进口（几乎没有措施、标准对这种服务进口进行约束）冲击经济的裁决。有必要探索上述困难及保障条款对服务贸易的潜在适用性。由于最初的承担义务谈判与GATS谈判是在同一时期进行的，谈判的方式使得对保障条款问题的考虑进一步复杂化。然而，在制定保障条款时，主要关注点是避免纳入GATT第19条中经实践证明行不通或在GATS框架中被滥用的条款。应当指出的是，乌拉圭回合《保障措施协议》的确解决了GATT第19条的许多弊端。《保障措施协议》还规定，适用保障措施的各缔约方应努力保持同等的减让水平，为达到这一目标，成员可采取一切适当的贸易补偿手段。

（10）支付和转移与确保国际收支平衡的限制措施

不得影响国际货币基金组织成员在《国际货币基金组织协定》下的权利和义务，包括使用符合协议条款的外汇措施，前提是该成员对任何资本交易，除非按GATS第12条规定或应国际货币基金组织的要求，不得实施与其有关该交易的具体承诺不一致的限制。

如果某一成员发生严重的国际收支困难，可以在已经承担GATS义务的服务贸易中实施限制措施，并且符合非歧视原则及服务于一成员保护境内幼稚产业及纠正服务产业结构等需要。

（11）政府采购

根据GATS第13条的规定，成员政府机构为了政府使用而不是为了商业销售或转售而进行的服务采购，可以不适用有关最惠国待遇、国民待遇和市场准入的规定。有关政府采购的规则将留待今后的谈判来完成，谈判在《建立世界贸易组织协定》（简称《WTO协定》）生效后2年内结束。在政府采购领域，缺乏规则会导致服务贸易中的许多不确定性，并且会在服务贸易中造成贸易扭曲。

（12）一般例外

各成员在下列情况下，可以免除对GATS的义务：

①对公共道德或维持公共秩序进行必要的保护；

②对人类、牲畜或植物的生命和健康进行必要的保护；

③为防止瞒骗和欺诈的习惯做法与处理服务合同违约而采取的措施；

④为保护、处理和防止扩散个人资料中的个人隐私，以及保护个人记录和账户秘密而采取的措施；

⑤不公布与国家安全有关的信息资料；

⑥有关直接或间接供给军事机构使用的服务行为；

⑦处理有关裂变材料或提炼裂变材料而采取的措施；

⑧为维护国际和平与安全而采取的措施；

⑨为避免双重征税，国际协定的缔约方采取的差别待遇，不被视为违背最惠国待遇原则。

对上述例外条款，成员在实施时不能因不同成员而采取不同措施，即不构成歧视，同时不能对服务贸易造成武断的、变相的限制。由于欧共体在声像部门谈判中遇到麻烦和美国对国民税收的强烈要求，GATS第14条"一般例外"在乌拉圭回合结束之际成为着重讨论的问题。欧共体建议将"文化例外"的内容纳入GATS第14条，或将关于文化独特性的内容纳入协定的某些其他条款。最后，由于其他成员发表了保留意见，欧共体只得将有关声像部门协议纳入其最惠国义务免除，并且不将该项部门纳入其具体承诺减让表中。

（13）补贴

各成员服务贸易（特别是发展中成员的服务贸易）中比较普遍地存在补贴，在某些情况下，补贴对服务贸易可能具有扭曲作用。因此，GATS第15条规定各成员应该通过多边谈判制定必要的规则来减少这类扭曲作用的影响。但考虑到发展中成员服务贸易部门中补贴的重要性和必要性，在此问题上应给予发展中成员一定的灵活性。此外，所有成员应相互交换其境内提供给服务部门的补贴的资料。某一成员在认为另一成员的补贴使其受到损害时，可以提出磋商请求，另一成员应对这一请求予以考虑。

3.第三部分（第16~18条）：承担特定义务

该部分规定了各成员服务部门开放的特定义务，具体包括市场准入、国民待遇和附加承担义务。其中前两项是GATS中最重要的条款，也是谈判中各方争论的焦点。

（1）市场准入

市场准入是经过双边或多边谈判而承担的义务，实施对象包括成员的服务和服务提供者。GATS要求各成员开放市场，给予其他成员的服务和服务提供者以优惠待遇，其优惠程度不低于根据一致商定的、在其他减让进度表中确定的条款限制和条件下提供的待遇。因此，市场准入条款的宗旨是逐步消除限制措施。

GATS第16条规定，当一成员承担对某个具体部门的市场准入义务时，它给予其他成员的服务和服务提供者的待遇应不低于其在具体承诺减让表中所承诺的待遇，包括期限和其他限制条件。这意味着对于其他成员以商业存在形式进入的服务和服务提供者，承诺该部门具体开放义务的成员应在其境内承担义务，即从该成员境内向任何其他成员境内提供服务的市场准入义务。如果跨境资本流动是该项服务的主要部分，那么该成员有义务允许这类资本流动。如果一成员允许外国服务提供者在其境内开业，它就有义务允许有关的资本转移至其境内。任何一成员对作出承担义务的服务部门或分部门，除了在其承担义务的计划表中列出外，不能维持或采用下述限制措施：

①采用数量配额、垄断、专营服务等方式来限制国外服务提供者的数量；

②采用数量配额或要求测定经济需求的方式来限制外国服务交易的总金额或资产额；

③采用配额或要求测定经济需求的方式，来限制服务交易的总量或用数量单位表示的服务提供总产出量，或对外国服务机构所必须雇用的自然人的数量进行限制；

④对外国服务提供者通过特定的法人实体或合营企业提供服务的方式进行限制或要求的措施；

⑤对外国资本的参加限定其最高股份额，或对个人的或累计的外国资本投资额进行限制的措施。

关于发展中成员提出的承担特定义务，GATS采纳了"肯定清单"方式，将能够开放的部门、下属部门和交易列入目录。本书把市场准入和国民待遇的概念区分开来，并在具体承诺减让表中为市场准入和国民待遇设立单独的栏目，因为根据GATS，市场准入和国民待遇条款不属于一般义务，但可作为个别部门和分部门议定的承担义务进行交流。市场准入承担义务将根据服务贸易的定义进行谈判，外国的提供者不得接受第4条"发展中成员的更多参与"所描述的一般责任作为市场准入的一个条件。GATS规定，缔约方可以在它们占有比较优势的那些部门或下属部门寻找自由化，并在自由化最符合其经济、社会和发展利益的部门给予减让。这种方式意味着，与GATT的货物贸易的情况一样，谈判是从成员自己的强势部门开始并扩展到其他部门的。

（2）国民待遇

国民待遇是指任何成员在相同的环境下，给予其他成员的服务和服务提供者在所有法律、法规、行政措施、决定等方面的待遇应不低于其给予本国（地区）服务和服务提供者的待遇。国民待遇在GATS中并不适用于所有的部门，而是针对每一成员在承诺义务的计划表中所列的部门。如果外国服务提供者本身竞争力较弱，在享受同等竞争条件时受到损失，则不能要求给予赔偿。GATS的国民待遇是从实施的结果来评估的，不管其给予外国服务和服务提供者的待遇形式是否与本国（地区）同类服务和服务提供者相同，只要实施的结果相同就可以了。任何成员对国民待遇措施的修改如果有利于本国服务企业，不管形式上相同或不同，都是违背国民待遇原则的。在GATS中，每个行业规定的国民待遇条款不尽相同，而且一般都要通过谈判才能享受，所以各成员在给予其他成员国民待遇时，都有附加条件。这是服务贸易国民待遇与货物贸易国民待遇的根本区别。

4.第四部分（第19~21条）：逐步自由化

该部分规定各成员尤其是发展中成员服务贸易逐步自由化的原则及权利。本部分包括3个条款，即具体承诺的谈判、具体承诺减让表和减让表修改。这一部分实际上是第三部分规则的延伸。这里所说的"义务"主要是指市场准入和国民待遇，其目的是为具体部门的谈判规定原则、程序、范围、目标和一些特殊例外，旨在促进第三部分具体承诺的落实。

GATS第19条第2款体现了第4条"发展中成员的更多参与"的精神。依据这一条款，发展中成员不应该被要求承担与其发展目标和技术目标相抵触的自由化方式，而且发展中成员的逐步自由化应根据其市场竞争能力和服务出口的实际水平来掌握，而不应由假想的市场机会来评价。

GATS第19条第3款则说明，在确立今后谈判准则之前应根据GATS的目标，包括第4条第1款所规定的内容，对国际服务贸易的情况进行评估。本条有积极的重要意义。评估应该采用恰当的数据资料，特别是在全球范围和部门层次上确定服务贸易在国际经济、国家集团、各个国家（地区）的重要性，密切关注部门的发展，尤其是有关GATS的影响，以及说明服务和货物的关系，各部门中贸易、生产、投资和就业之间的关系。

在国际服务贸易中，维持竞争地位所需的信息网络和分配渠道在许多服务行业中十分显著。信息技术本身是一种服务，同时是促进许多其他服务活动国际化的一个必不可少的要素。当代信息技术以计算机网络为载体，发达成员间已达成多种网络协议，用于建立服务网络和分配渠道，这可能会成为发展中成员进入市场的一大壁垒。不过，公共电信设施应用于市场和服务部门，特别是当全体用户共享网络存取和共同分担网络费用时，市场准入壁垒可能被大大削弱。增强国际市场运输服务生产能力所需的系统及基础设施分配的极度不平衡，是发展中成员增加其服务出口的一大障碍，特别是在金融、声像、软件、专业和旅游等服务部门。传统上旅游业被认为是对发展中成员最有利的服务部门，这主要是由于国际收支显示发展中成员在旅游业上有着巨大的贸易顺差。但全球的旅游收入被有能力的成员所控制，计算机预订系统是体现信息网络重要性的一个突出例子。在航空运输领域，拓展分配渠道只能靠艰苦的双边谈判，而利益要取决于链接和共享现有的渠道和信息网络。

关于最不发达成员，GATS序言、第4条第3款、第19条第3款及《关于有利于最不发达成员的措施决定》规定，应特殊考虑它们的严重困难，只要求它们承担与其自身发展、金融和贸易需要、管理和机构能力相适应的义务和减让。值得注意的是，对最不发达成员而言，履行GATS一般义务和原则本身就是承担重大的义务。尽管最不发达成员经济上存在严重困难，但大多数成员还是提交了具体承诺减让表。

5.第五部分（第22~26条）：制度条款

该部分主要规定了GATS的争端解决机制及组织机构，包括磋商、争端解决和执行、服务贸易理事会、技术合作和与其他国际组织的关系等条款。

首先，当一成员就影响GATS执行的任何事项向另一成员提出时，该成员应给予合作。

其次，如果争端双方通过协商不能达成协议，则可向成员全体提出，请求仲裁。

再次，成员全体通过仲裁后，应得到有效的实施；如果一成员不能有效地执行仲裁，则通过所有成员"联合行动"对其进行制裁。

最后，在技术合作方面，各成员应通过建立的联系点进行合作，对发展中成员提供的技术援助，应在 GATS 秘书处的监督下，在多边的水平上进行。

WTO 是迄今为止唯一具有争端解决机制的国际性组织，这一机制在促进国际经济贸易一体化方面发挥了巨大的作用。其中，"争端解决和执行"条款对维护各成员的合法利益至关重要。在对发展中成员有重大利益的减让没有如实履行时，它可以诉诸争端解决谅解，与相关方进行磋商，甚至根据第 21 条"减让表修改"的规定，调整义务来维护自身的利益。

6.第六部分（第 27~28 条）：最后条款

该部分主要规定了成员可拒绝给予本协定的利益的情况以及协定中的相关名词的定义。

（三）附件

GATS 第 29 条是有关某些具体服务贸易部门的附件。附件有 8 个：最惠国待遇豁免的附件、提供服务的自然人移动的附件、空中运输服务的附件、金融服务的附件、金融服务的附件二、海运服务谈判的附件、电信服务的附件、基础电信谈判的附件。

1.最惠国待遇豁免的附件

无限制寻求第 2 条"最惠国待遇"第 2 款规定的义务免除可能会缩小 GATS 的适用范围。此附件详细列出了一缔约方在协定生效时免除第 2 条第 1 款义务的条件。义务免除不仅涉及现行措施，而且涉及未来措施。例如，欧共体免除清单中所列的几项"义务免除"指的是未来措施。比如，基于现在的欧盟与这些缔约方及有关国家之间的双边协定，适用于所有部门长期措施的免除项目，其中规定：法人的开办权及自然人设立机构的权利、免除协定参加方的公民有关居留和工作许可的要求。关于弃权准许，规定"在特殊情况下，部长级会议可以根据本协定或任何的多边贸易协定取消一缔约方的义务"，其先决条件是任何决定应得到 3/4 成员通过。大会或总理事会应每年对弃权这一项进行检查。

发达成员列入的最惠国待遇义务免除要比发展中成员多。在 1993 年 12 月 15 日之前无法对它们要求的免除义务进行鉴别的发展中成员，不得不接受 GATS 所规定的苛刻的条件。在最惠国原则适用方面，互惠制在许多成员的有关外国银行市场准入的规定中继续存在。如果一缔约方的银行在另一缔约方境内没有被给予相同的机会，那么该缔约方可以根据互惠制原则拒绝给予另一缔约方银行的市场准入。这些原则虽然与最惠国待遇原则相冲突，但是，在一些成员最初提案中被列为要遵守的规章制度的一部分。

关于免除的终止，附件第 6 节规定："原则上，这些豁免不能超过 10 年，无论如何，它们应受到贸易自由化谈判的制约。"这表明，10 年的期限不是一成不变的，还可以延长。实际上，附件没有对免除义务的内容设定规则或附加条件，而且最惠国待遇免除义务计划中所列的大多数免除义务项目是没有规定期限的。

2.提供服务的自然人移动的附件

所谓自然人移动是指一成员的自然人进入另一成员境内提供服务。在有关服务业的谈判中经常会涉及自然人移动问题，这是因为许多服务的实现都需要具有专业知识和实践经验的人员，而且所有拥有国际业务的供应商都可能面临着只有将具有一定专业知识和实际经验的工作人员送到外国市场，有关的业务才能成功地开展的问题。各成员为规范这种移动制定了各种措施，以保护其边界的完整和保证自然人能够有秩序地通过边界，但这些措施应不使其他成员根据其具体承诺应获得的利益受到损害。

在乌拉圭回合后，根据《关于自然人移动问题谈判的决定》，各成员继续就自然人移动问题进行谈判，并于1995年7月28日达成一项补充协定。但由于各成员在此问题上分歧较大，该协定在1996年6月30日生效时也仅有5个成员签字接受，因而其普遍性大打折扣。其主要内容是承认大多数的自然人跨境移动受东道国"经济需求认定"的限制，即自然人移动应以东道国国内经济发展需要为前提。其具体内容包括：①东道国认为本国不能提供相应的服务；②有关服务的需求必须公告；③在劳动力录用、工资水平及劳动条件方面应该对不同成员的自然人同等对待；④服务提供者的业务资格应该获得认证；⑤有关的服务提供者应该已被某一在承诺方开设商业机构的法人预先雇用。

3.空中运输服务的附件

该附件适用于影响空运服务和相应的辅助服务的贸易措施。它将运输权利和可能影响运输权利谈判的直接有关活动排除在GATS的范围之外。然而该附件适用于飞机修理和维修服务、推销空运服务和电脑预约系统服务。要至少每5年检查一次附件的实施情况。澳大利亚、马来西亚、新西兰、北欧国家和新加坡建议为了迅速而有准备地进行这种检查，需要设立空运服务工作组来收集、编制包括航空部门的统计资料和模式在内的有关信息。

4.金融服务的附件

有关金融服务的乌拉圭回合谈判是极其艰难的，所以，迄今为止，涉及金融服务方面承担义务的谈判没能取得令人满意的结果，其主要原因不仅在于金融服务的特殊性，更重要的是这个部门中互惠原则广泛应用所产生的障碍。互惠本身是与最惠国原则不相符的。然而，长期以来，互惠制是成员法律和法规的一部分。许多欧盟国家的法律普遍存在一些互惠条款。美国几个州涉及外国银行市场准入的法律条款中，互惠制是其中的一条。该条款同样适用于处理联邦政府债券的某些活动。在承担义务谈判各个阶段提交的提案中，各缔约方都把注意力放在这些互惠政策上，并且普遍表示，一旦它们对其他缔约方提案的质量表示满意，它们就愿意放弃这些互惠政策。但这种满意程度是很难达到的。实际上，美国的提案包括一个适用于其他国家的双重方案，根据这个方案，一些早已存在的外国银行被准许进入其市场，今后的准入要依据自由化承担义务而定。其他缔约方宁愿继续就承担义务进行谈判，以期达成一个更能让人接受的结果。承担义务谈判期间意见不统一之处，不仅包括不同国家自由化的进度，而且包括它们银行业的现有市场开放程度。某些受到来自OECD主要国家强大压力的发展中成员已经表示，原则上它们接受自由化的目标，但同时它们表示要对自由化的发展速度进行严密监控。谈判中各成员的分歧毫无疑问反映了人们的观念以及谈判立场的实际差异，因此，缔约方要达成一套互相可接受的承担义务是很困难的。

对国家及国际级别的银行进行严格监督的制度有着严重的薄弱环节，其中的突出事件是1991年国际信贷商业银行的倒闭。OECD国家普遍采取措施，向更为严厉的审慎政策过渡，这符合1992年7月巴塞尔银行监管委员会发布的《国际银行集团及其跨境机构监管的最低标准》。这项声明评价了国际银行集团及其跨境机构监管的状况和国际信贷商业银行倒闭暴露出来的缺点，主要围绕4个问题：第一，所有的国际银行或银行集团应在强化的基础上接受本国管理机构的充分监管。第二，跨境银行机构的建立应提前征得银行所在国和本国监管机构的同意。第三，本国的监管机构有权从它们银行的境外金融机构搜集信息。第四，如果东道国认为上述3个标准中有任何一个没有得到满足，则可以施加限制措施来满足其审慎的要求，包括禁止银行机构的建立。

金融服务的附件规定，缔约方有权采取审慎措施，包括保护投资者、储蓄者、投保人或金融服务提供者、信托义务拥有人，或者保证金融体系完整和稳定的措施。附件收录了一个章节，内容是有关确认任何其他成员所采取的审慎措施；另一个章节是有关金融服务的定义，包括其组成部分——保险业、银行业及相关的服务。通过协调或其他办法取得的对其他成员审慎措施的认可，可以建立在与有关成员达成的协议或安排的基础上，或者可以自动地被认可。对于其他有利益关系的缔约方，应提供足够的机会来谈判加入这样的协定或安排，或通过谈判达成类似的文件。金融服务的附件受到马来西亚等国提交的提案的影响。关于国内法规，附件的第2条（a）款规定："不应当阻止一缔约方采取基于审慎理由的措施"，而且"这些措施与协定不一致的地方，不能作为逃避缔约方按本协议所承诺的责任与义务的借口"。根据争端解决条款，第4条是为专家小组解决审慎问题和其他金融事务争端而制定的。条款规定，专家小组"应具备必要的处理有关的具体金融服务争端的专门技能"，但没有对此类专家小组的权限做具体规定。

5.金融服务的附件二

金融服务的附件二规定："尽管有第2条和免除第2条义务附件第1、2款的规定，一成员在《WTO协定》生效起4个月后的60天内，应将有关金融服务与本协议第2条第1款不一致的措施列入附件。"附件二还规定在《WTO协定》生效起4个月后的60天内，任何缔约方可以不顾GATS第21条的规定，对计划安排中所列的全部或部分金融服务承担义务进行改进、修改或撤销，但要进行赔偿性调整。

6.海运服务谈判的附件

该附件规定，本部门内的最惠国义务免除只有在《关于海运服务谈判的部长决定》实施之日起才生效；如果谈判失败，在海运服务谈判组提交最终报告之日生效。在谈判结果实施之前，缔约方可以自由改进、修改或撤销所有或部分其在该部门所作的承诺，而不需要给予补偿。

7.电信服务的附件

该附件确认了电信服务部门的双重职能，特别是电信是一种传递手段。该附件的目的是要确保按合理和无歧视原则和条件，让服务提供者进入和使用公共电信传输网络及服务，服务的提供包括在其具体承诺减让表中。之所以需要这样的附件，是因为电信对于大多数服务的传递，如金融服务的传递起着战略性作用。因此，在不包括具体承诺减让表中议定的承担义务的情况下，附件本身并不会在任何部门，包括电信部门导致自由化。

该附件确保了在作为传递手段的电信服务的使用条件下，不会削弱具体承诺减让表所规定的市场准入承担义务。这些承担义务受到提供给广大公众使用的现有电信能力的限制，因此，除了在它们各自计划表中所规定的以外，并没有责任批准其他缔约方设立、建立、获取、租借、经营或提供电信传输网络或服务，或要求缔约方建立不是广泛地向公众提供服务的设施。

该附件第 5 条（g）款规定：发展中成员可依照其发展水平，对公共电信网络和服务的进入和使用规定必要的合理条件，以加强其境内电信设施和服务能力，并增强其参与国际电信服务的能力。这些条件应在该成员的具体承诺减让表中明确规定。迄今为止，只有泰国在它的具体承诺减让表中列入这些条件（建设–经营–转让要求）。

该附件第 6 节规定了通过国际电信联盟、联合国开发计划署、世界银行等机构的发展计划进行技术合作，以及利用有关国际电信服务和信息技术的信息。该条款可能已阻止了发展中成员通过交叉补贴来为现代化电信服务的扩展筹措资金。本附件还在第 5 条（b）款中规定了用户的权利，这将给发展中成员带来额外费用和困难，并削弱它们控制电信网络的能力。第 5 条（c）款中的有关跨境数据流动，意味着发展中成员不能采取措施来加强其资料的存储，如通过保证使用本地数据库或者复制送往境外的数据。尽管上述责任只适用于具体承诺减让表中所包括的各部门，但还不清楚在有关"跨境"供应方式的承担义务还没有作出时，上述责任是否同样适用。上述条款对发展中成员利益产生的不利影响可通过第 5 条（g）款中的特别安排来减缓。

8. 基础电信谈判的附件

该附件包括有关这个部门的市场准入和国民待遇谈判。将此附件列入是为美国的公司着想，因为美国想把此部门排除在最惠国待遇范围以外。美国已将基础电信服务部门私有化了，而多数其他成员把此部门保留在邮电部门内。因此，在最惠国待遇的基础上给予优惠待遇就会使美国没有能力同这些成员谈判市场准入问题。根据《关于基础电信谈判的部长决定》已建立了有关此分部门的谈判小组。在有关基础电信谈判结束前将不会对最惠国待遇适用和豁免作出规定。

四、《服务贸易总协定》的基本原则

GATS 规定了各成员必须遵守的基本原则，其中最重要的原则有最惠国待遇、国民待遇、透明度、市场准入、经济一体化、发展中成员的更多参与、国内法规。

五、《服务贸易总协定》的特征

GATS 是在以往 GATT 成果的基础上发展起来的，它具有以下一些主要特征：

1. 借鉴和沿袭了 GATT 的基本原则和精神

1986 年，进行 GATS 谈判时有一个争论的焦点，就是国际服务贸易与货物贸易是在一起谈还是分开谈，也就是所谓的"单轨制"还是"双轨制"。美国主张单轨制，也就是将国际货物贸易的一般原则适用于国际服务贸易领域。其他成员大多主张双轨制，即对国际服务贸易进行单独谈判。由于 GATT 已经实施几十年，其中有很多成功的经验，有一些原则对服务贸易谈判也有影响，特别是国际货物贸易和服务贸易有相通的地方，因此，GATS 所确定的各项基本原则，如最惠国待遇、国民待遇、透明度和市场准入原则等都体现和发展了 GATT 关于贸易自由化的一些基本原则和基本精神。

2.一般义务和特定义务分别规范

GATS的这一特点是很明显的。

一般义务与原则中规定的是最惠国待遇等方面的义务，该类义务对所有成员和所有服务部门均有约束力，而不论成员是否已开放或同意开放这些服务部门。

特定义务是指市场准入和国民待遇等方面的义务。该类义务是依成员的具体承诺而产生的，只适用成员承诺开放的服务部门和承诺开放这些部门的成员，而且该类义务应受到成员在作出承诺时所列条件和限制的制约。

对于一般义务，除特殊的协定规定了例外条款外，原则上应予普遍遵守；对于特定义务，除成员已明确承诺适用的情形外，原则上不予适用，二者正相反。GATS具有这样的特征是发展中成员与发达成员在服务贸易谈判中斗争的结果，也可以说，GATS是协调、折中的产物。当初在进行服务贸易谈判时，美国提出了一个高标准的全面自由化的计划，也就是要像国际货物贸易自由化那样，实行迅速的、全面的自由化。美国之所以提出这样的主张，只是因为美国服务贸易非常发达，占绝对优势；但欧共体与大部分发展中成员都主张逐步自由化。最后，GATS采用大多数成员的意见，采用逐步自由化方式，通过特定承诺，分步骤地开放成员市场，允许市场准入和给予国民待遇。

3.大量具体规范和具体承诺尚待进一步谈判明确

GATS是一份框架性的法律文件，对很多问题只是规定了原则和程序，实质内容都需要经过谈判、签协议来完成。GATS中不少条款并未规定明确的规则和义务，而仅是笼统地提出有关问题，并对成员就这些问题进一步磋商作出严格或非严格的安排。这从正文、附件和部长级会议决定中都有所体现，都是要求各成员通过不断的谈判来达成协议。GATS给谈判留了很大的空间。

第二节　《服务贸易总协定》的意义与局限性

一、《服务贸易总协定》的意义

GATS的生效是GATT成立以来在推动世界贸易自由化发展上的一个重大突破，它扩大了全球贸易体制的涵盖领域，初步形成了制定规则、组织谈判、解决争端三位一体的全球服务贸易协调与管理体系。其通过规则约束、减让谈判、保障条款、惩戒措施等，形成了一套有效的运作机制，对扫除国际服务贸易壁垒、推动国际服务贸易自由化起了相当大的作用。

乌拉圭回合谈判结束后，在WTO的框架下，国际服务贸易自由化又取得了一些新的进展：1995年7月28日达成了有关自然人移动方面的协定；1997年，WTO又通过了3项重要的协定，即《基础电信协定》《信息技术协定》《开放全球金融服务市场协定》。这些协定对国际服务贸易和各成员的服务业的发展都产生了重大影响，使各成员的服务业在以开放市场为主要目标的多边国际规则的规范下运行。

（一）GATS对国际服务贸易的影响

GATS对国际服务贸易的发展产生了深远的影响，主要体现在以下几个方面：

1.国际服务贸易有了第一个共同遵守的国际规则

长期以来，在国际服务贸易领域缺乏一套世界各国（地区）共同遵守的规则，各国（地区）的服务贸易政策和规则的协调主要有两个特点：

①服务贸易政策协调以双边和区域协调为主要形式，许多国家（地区）签订了双边贸易协定，在服务贸易上相互给予互惠待遇。

②服务贸易政策的国际协调以行业为主，有关规则谈判都是在国际电信协会、国际民航组织、国际清算银行、国际海事咨询组织等国际性行业组织的主持下进行的。有关政策和规则的双边性和行业性的特点，决定了这样的协调方式并不能完全适应国际服务贸易的发展趋势，并在一定程度上妨碍了国际服务贸易在更大范围内的自由化，进而减缓了世界服务贸易流量的增加。

《乌拉圭回合部长宣言》对国际服务贸易的谈判宗旨作了如下描述："这一领域的谈判应旨在处理服务贸易的多边原则和规则的框架，包括对各部门制定可能的规则，以便在透明度和逐步自由化的条件下扩大服务贸易，并以此作为促进所有贸易伙伴的经济增长和发展中成员发展的一种手段。这种框架应尊重服务业的国家法律和规章的政策目标，并应考虑到有关国际组织的工作。"该宣言还提出："《关税及贸易总协定》的程序和惯例应适用于这些谈判。"这表明GATS从一开始就吸取了GATT 40多年来在国际货物贸易谈判中积累的宝贵经验，并在组织机构上加以保证，从而使得WTO各成员在国际服务贸易领域有了第一个共同认可和遵守的国际规则。

2.推动国际服务贸易自由化

国际服务贸易自由化是GATS的基本精神，这主要体现在最惠国待遇、透明度、市场准入、国民待遇、发展中成员的更多参与和逐步自由化的原则上。GATS通过一系列措施为国际服务贸易逐步自由化第一次提供了体制上的安排与保证，对于建立和发展国际服务贸易多边规范是一项重大突破。它确立了通过各成员连续不断的多边谈判，促进各成员服务市场开放和发展中成员服务贸易增长的宗旨，使各成员有了进一步谈判的基础，得以向国际服务贸易自由化的方向迈进。

各成员按照GATS的要求，并且根据自身的经济发展水平，对本国（地区）某些服务部门实行适度开放作出了有关承诺，并提交了减让清单，而且不论是发达成员还是发展中成员都已经开始行动起来了。这些活动都将有助于构筑一个更加开放的国际服务贸易大市场，促进全球服务贸易自由化的发展。

3.促进国际服务贸易自身和相关的国际货物贸易的发展

由于国际服务贸易同世界产业结构的发展紧密联系，并且具有多样性和复杂性的特点，因此，GATS不仅会对国际服务贸易本身产生直接影响，而且会对国际货物贸易和国际经济关系产生连带的影响。

在国际服务贸易领域，GATS的宗旨是推动全球有效开展"公平自由"的服务贸易，削减国际服务贸易中的壁垒。因此，GATS的生效和运行必然首先会促进传统服务项目和高新技术服务项目的国际贸易额的较大幅度增长，这对各国（地区）服务业水平会提出新的和更高的要求，从而刺激各国（地区）研究新技术，改善经营管理，提高本国（地区）服务业水平，促使世界服务业整体水平大大提高。

在国际货物贸易领域，新的国际服务贸易体制将促进与服务密切相关的国际货物贸易的发展。同时，由于发达成员在国际服务贸易领域存在显著的比较优势，为了更有效地发挥自己在该领域的优势，这些成员有可能在国际货物贸易方面对发展中成员作出更多的让步，以换取后者在国际服务贸易领域的让步，这样就会促进国际货物贸易的增长。此外，新的国际服务贸易体制对对外直接投资的发展有促进作用，因此会推动国际服务贸易和国际投资活动向更深层次发展。

4.促进国际服务交流与合作

GATS不仅对国际服务贸易的扩大和发展起着巨大的推动作用，而且必将使得各成员从对本国（地区）服务市场的保护和对立逐步转向开放和对话，倾向于不断地加强合作与交流。特别是在透明度和发展中成员的更多参与条款中有关提供信息、建立联系点的规定，更有利于各成员在国际服务贸易领域的信息交流和技术转让。此外，定期谈判制度的建立为成员提供了不断磋商和对话的机制和机会。这些都使得各成员在国际服务贸易领域中更乐意采取积极合作的态度，从而在客观上促进全球服务贸易的发展与繁荣。

5.协调各成员利益

GATS在制定协定时采取了普遍义务与承诺下的部门义务分开规范的做法，使各成员在国际服务贸易领域遵守共同原则和普遍义务的同时，又可根据本国（地区）服务业发展的实际，安排本国（地区）服务市场开放的步骤。协定考虑到各成员发展水平的不同和转型经济体的情况，制定了国际服务贸易谈判所应遵循的方针：谈判应当在部门清单的基础上进行，所达成的义务和保留（如关于部门目录、部门与分部门等）应该建立在适当分解的水平上；给予发展中成员适当的灵活性，但必须约束在"严格限制的水平内"分阶段实施。这些都体现了规则的原则性与灵活性的有机统一，从而既可以推动各成员在具体服务部门的谈判迅速进入实质性阶段，也便于满足各成员不同的利益和要求。

GATS在条文中涉及发展中成员时，鉴于其在世界服务贸易中的相对劣势地位，为发展中成员提高国际服务贸易的参与程度、加强本国（地区）服务业的竞争力、扩大服务贸易出口做了照顾性的特别规定，特别是在最惠国待遇、透明度、市场准入、国民待遇、逐步自由化，以及经济技术援助等方面。这些规定有助于发展中成员更好地参与服务业的国际分工和交换，使其服务业整体水平大大提高。

（二）GATS对发展中成员的特殊意义

在乌拉圭回合及其后举行的有关谈判中，各成员迈出了国际服务贸易自由化的第一步。但是与国际货物贸易不同的是，很难对国际服务贸易自由化产生的贸易影响进行量化分析，因为在国际服务贸易领域没有等同于关税的东西，并且国际服务贸易的保护更多的是通过歧视外国服务提供者的国内法规实现的，消除这些保护措施所能产生的影响也不易量化。但是人们普遍认为，多数成员都承诺不撤销或修改其已经采取的自由化措施。因此，出口服务企业可以从这些承诺中获得安全进入外国市场的好处。GATS对发展中成员的服务业有以下好处：

1.有利于发展中成员的服务业产生由竞争加剧所带来的效率

外国电信、银行和保险等服务业的进入，将会促使受到高度保护的发展中成员境内相关产业采取新的措施，提供更好的服务，从而提高自己的竞争力。发展中成员服务业的改善不仅对公众有好处，而且对出口制造业也有好处。制造业在国际市场上是否有竞争力，很大程度上取决于国内的电信、金融等服务业的效率。

发展中成员的服务业还可以从开放中得到与外国服务业合作的机会，从它们的先进技术与管理经验中受益。本国（地区）服务业可以利用政府在谈判中对服务业市场准入所设的限制，要求外国合作者提供先进的技术，开展员工培训。

发展中成员的企业在与外国企业商谈合作时，遇到的一个很大问题是不熟悉服务和技术的商业性和技术性内容，而GATS要求发达成员建立联系机构，为发展中成员的服务业提供相关的信息。

2.发展中成员的服务业将从GATS中获得新的出口机会

发展中成员出口的服务主要是劳动密集型服务，或者是需要使用较多技术高度熟练人员的服务。从发展中成员的比较优势来看，其以下方面的服务业的国际贸易将会得到很大的发展：商业服务（包括管理咨询服务、计算机服务、职业服务和租赁服务），建筑和工程服务，教育服务，环保服务，健康服务，旅游（旅行）服务，娱乐、文化和体育服务等。

在已经结束的服务贸易谈判中，尽管很多成员都承诺在一定的条件下允许"自然人移动"，而不要求设立办事处或公司，事实上也确实有些发展中成员已经通过有技术的自然人移动输出计算机软件和健康（护理）方面的服务，但是，很多成员在作出承诺时都对从事服务业的企业雇用临时的技术人员附加了一些条件，如要求本国公司只与那些外国的法人签订合同。因此，在向国外提供服务方面，以"商业存在"形式出现的公司要比单纯以"自然人移动"形式提供服务更具有优势。

另外，服务贸易的谈判也为发展中成员之间相互提供服务和进行合作提供了有利的条件。值得注意的是，虽然各国（地区）都在很多的服务部门作出了一些承诺，但这些承诺都是与境内的法律相联系的，有些只是确认了现有的做法，如批准设立分公司或子公司；有些只是部分接受了新的义务。因此，对于国际服务贸易真正所面对的壁垒，不仅要看各国（地区）的服务贸易具体承诺减让表，而且要研究其相应的国内法规。当然，WTO要求各成员建立有关的咨询机构，这可以使贸易伙伴方的企业和政府获得相关的资料。

二、《服务贸易总协定》的局限性

（一）发达成员和发展中成员利益的不平衡

服务贸易规则对发展中成员的不利因素表现在以下两个方面：

其一，该规则是依据OECD发达成员的标准制定的。虽然后来发展中成员有较多参与，但由于南北本身存在差距，其在内容制定上必然偏重发达成员的利益。然而，它要求发展中成员遵照执行，以对等原则进行服务贸易谈判。这种做法忽视了南北双方发展水平的差距，对发展中成员显然是不公平的，同时导致了GATS内在的总体不平衡。

其二，发达成员借助国际多边规则的制定打入了发展中成员不具竞争力的服务业市场，却并未将普惠制等原则向该领域扩展，从而迫使发展中成员的服务业处于进退维谷的困境。

尽管GATS也有关于发展中国家差别和优惠待遇的条款，但这些条款仅仅停留在政治意愿上，在实践操作中并不存在切实可行的条款保证，并没有增进发展中成员在服务贸易中的利益；相反，发达成员承诺的部门大多是较易开放的，而对发展中成员具备比较优势和增长潜力的部门，发达成员承诺得最少。在谈判中，发达成员总是逼迫发展中成员在关键领域承诺较多的开放义务。

（二）贸易规则的约束力不强

由于贸易规则中国民待遇原则不具有普遍适用性，所以各成员依据自身发展实力按具体承诺减让表中所列明的服务部门和提供方式分别承诺。在许多服务产品具有供需双方不可分离的特征的情况下，这种承诺方式往往使得这些部门的承诺减让形同虚设。国际服务贸易中的市场准入原则实际上是一种对外国服务进口数量的限制。在国际货物贸易多边规则中，取消数量限制是一条最基本的普遍适用性原则，而在国际服务贸易多边规则中，它的适用范围与国民待遇原则一样，都不是普遍适用的。这两条不具有普遍适用性的原则，大大降低了国际服务贸易多边规则的约束力。另外，服务贸易规则对各国国内政策没有严格的限制，只要求对服务贸易提供的来源不能有歧视待遇，它允许成员实施不符合甚至有损于经济效率的政策措施，这就为成员在市场准入前提下设置运营障碍打开了方便之门。

由于对成员众多的国内法规缺乏严格约束，而且对一些会对国际服务贸易公平竞争产生扭曲影响的贸易做法没有规定普遍适用的原则，甚至允许继续规定限制，这样必然刺激某些成员在现阶段加紧对不受约束的服务部门制定限制，或采取继续沿用甚至扩大不公平的贸易做法，借此提高本国多边贸易谈判的筹码。这严重阻碍了服务贸易自由化的进程。

（三）减让结果不尽如人意

服务贸易减让部门覆盖率不高，如市场准入方面，即使是高收入国家，其覆盖率也不超过50%；不同类型国家之间覆盖率差别较大，不但发达成员与发展中成员的差别很大，连发展中成员内部的差距也很大。发达成员与发展中成员利益不平衡，发达成员承诺的服务部门大多是比较适宜于开放的部门，而在运输服务、邮政服务、基础电信服务、研究与开发服务、教育服务、健康服务、社会服务及娱乐服务方面的承诺较少，但发展中成员在健康服务、社会服务及娱乐服务部门有潜在的出口利益。

此外，服务贸易壁垒无法量化的问题严重阻碍了服务贸易自由化的进程。GATS在实现货物贸易自由化方面成效卓越的根本原因在于，它抓住了"关税"这一突破口，通过多边贸易谈判降低关税，以减少贸易壁垒。而国际服务贸易不能像货物贸易那样通过关税措施加以管理、调节进出口流向。因此，在制定服务贸易规则时，难以找到有效的突破口，只能通过法律或法规的手段进行调节，因而成效甚微。

第三节　多哈回合中的服务贸易谈判

一、谈判进程

2001年11月，WTO第4届部长级会议在卡塔尔首都多哈举行第4次部长级会议，启动了又一轮多边贸易谈判，因而被称为"多哈回合"。多哈回合确定了农业、非农业产品市场准入、服务贸易、规则谈判、争端解决、知识产权、贸易与发展以及贸易与环境8个议题。这次会议把服务贸易作为8个议题之一，标志着又一轮服务贸易谈判开始了。从严格意义上讲，这一轮服务贸易谈判在多哈回合启动前就已经开始了。自乌拉圭回合结束后，服务贸易谈判虽然没有取得什么实质性进展，但是谈判的脚步一直没有停下来。根据GATS第19条第1款的规定，成员应自《WTO协定》生效日起5年内开始定期连续举行数回合之谈判，逐步实现更高水平的自由化。为此，2000年1月，WTO正式发起了又一轮服务贸易谈判。一般来讲，规则谈判被认为是市场准入谈判的基础，在此基础上又一轮服务贸易谈判大致分为3个阶段：

（一）第一阶段（2000年1月—2001年3月）：规则制定阶段

第一阶段谈判主要集中在两大议题上：

①程序制定议题，包括服务贸易谈判准则及程序和与此相关的服务贸易评估、服务贸易自主自由化（autonomous liberalization）处理模式等问题；

②GATS规则制定议题，包括紧急保障措施、政府服务采购、服务补贴和国内法规等问题。

WTO服务贸易委员会（CTS）于2001年3月制定了《服务贸易谈判准则和程序》，确定了谈判目的、原则、方式及范围。

第一阶段服务贸易谈判结束后，各成员就谈判的方针和流程达成了共识。在此基础上，各方就谈判目标、方式和范围作了具体的部署，为接下来的谈判奠定了基础。同时，各成员明确表示了对《服务贸易总协定》基本原则的支持，如各成员政府在追求境内政策目标的前提下对服务提供者的政策作出调整和变动，并对境外服务提供者开放的部门和开放程度作出规定，同时给予发展中成员和最不发达成员一定的政策灵活性。

（二）第二阶段（2001年3月—2006年7月）：具体承诺谈判阶段

这一阶段的主要任务不仅包括正式开始具体承诺自由化的实质谈判，还包括第一阶段未完成的规则制定方面的议题。原定于2005年1月完成的多哈回合谈判，由于受到其他议题的干扰，准备不足，造成各成员对服务贸易谈判缺乏足够的信心，以及受美国政府贸易谈判"快车道"（fast track）授权于2007年6月30日到期等因素的影响，多哈回合的谈判预定结束日期被推迟至2006年年底。在这一阶段开始时期，服务贸易谈判主要就以下方面的内容进行：关于最不发达成员特殊待遇问题、关于服务贸易评估问题、关于自主自由化待遇问题。

服务贸易的谈判进程并不如人意，尤其是在2004年以前，大多数成员将精力放在农业问题和新加坡议题上，这直接导致了服务贸易谈判进展缓慢。2004年8月通过的《多哈工作计划》成为一个转折点，这份计划对各成员提交开放服务贸易的承诺建议规定了明确的期限，使得服务贸易谈判进展开始加快。2005年，随着在农业出口补贴、棉花出口补贴、最不发达成员支持政策3个议题上达成共识，服务贸易谈判的进展再次获得重视，这主要体现在2005年在中国香港举行的世界贸易组织第六次部长级会议通过的《部长宣言》中。其内容包括：①为不同服务行业和供应模式的市场准入承诺及服务贸易规则的制定确定了具体的目标；②在重申市场准入谈判以双边要价和出价为主的同时，启动了多边谈判方式；③重申了对发展中成员特殊待遇的原则，积极敦促发展中成员的参与，在服务谈判中为发展中成员和最不发达成员提供足够的弹性；④为今后的服务贸易谈判制定蓝图，定下清晰的时间表，以此引导成员在2006年加快服务贸易谈判的步伐，以期达成最终的成果。

然而，在2006年，谈判又遇到了新的问题。在2006年4月3日的服务贸易谈判中，中国、印度、巴西等发展中成员共同提出要求发达成员开放服务行业劳务市场的方案。该提案包含的服务行业有医疗、建筑等24个领域，并要求发达成员为发展中成员的技术人员提供具有一定居留时间的劳务和入境许可，但发达成员对该提案反应消极。自然人移动问题一直是发达成员和发展中成员争议的焦点，这个问题在多哈回合谈判中未能达成统一意见。而对于之后的农业和非农产品市场准入问题，由于谈判主体的立场仍存在巨大分歧，所以会议不得不提前结束，多哈回合谈判被迫中断。

多哈回合谈判虽然没有取得预期的效果，但是我们不可以否认，其在推动服务贸易自由化上取得了一些积极的进展。多哈回合谈判的中断在一定程度上打击了成员参与谈判的积极性，但并没有停止各成员对服务贸易自由化的研究，它们仍积极地致力于让服务贸易谈判重新走上政治舞台。

（三）第三阶段（2007年4月到目前）：后续谈判阶段

2007年4月中下旬，WTO成员自多哈回合谈判重启后首次就服务业举行为期两周的集中正式谈判，并以多边和双边谈判为主要形式，就加大具体服务部门的市场准入进行重点会谈，但最终离达成协议还相去甚远。2008年7月，小型部长级会议在日内瓦举行，WTO 30多个成员的部长就新改进的出价和要价进行了交流，然而这种交流不代表谈判的最终结果。在会议上，参与方主要提及的内容包括：①强调服务业对经济和社会发展的重要性；②针对服务提供模式，多数成员表示它们要求改进模式4（自然人移动）的准入条件；③消除应用机制与已有承诺之间的空白；④建立对国内法规有限限制的重要性的意愿。遗憾的是，发达成员与发展中成员对于特别保障机制（special safeguard mechanism，SSM）的争议无法达成共识，小型部长级会议宣告破裂，导致包括服务业在内的其他议题谈判也无法顺利完成，多哈回合谈判以失败告终。

2009年11月30日，世界贸易组织第七次部长级会议在瑞士日内瓦拉开序幕，这是继2005年中国香港会议之后世贸组织所有成员的最高贸易官员4年来首次聚首。经过8年的多哈回合谈判依然没有打破僵局，全球贸易因为经济危机出现了自第二次世界大战以来最严重的萎缩。鉴于多哈回合谈判毫无起色，在避谈多哈回合谈判的同时，该次的世贸组织部长级会议将重点放在了审视自身上，会议的主题被选定为"世贸组织、多边贸易体系和当前全球经济形势"。

2013年12月7日，在世界贸易组织第九次部长级会议上，多哈回合谈判的第一份成果——《巴厘一揽子协定》获得成员全数通过，成为多哈回合谈判零的突破。该协定向世界传递了积极的信号，维护了多边贸易体系。

自多哈回合服务贸易谈判正式开启以来，WTO各成员都表示会积极参与谈判，并期待服务贸易谈判取得实质性成果（见表7-1）。虽然成果并不明显，但不可否认的是，其也取得了一定的进展，主要体现在市场准入谈判中。例如，许多成员表示将进一步开放不同的服务贸易领域，并向目标市场提交了多项诸边要求，有的涵盖了不同的服务行业（如视听服务、电脑及相关服务、金融服务、物流服务、海运服务、电信服务等）。

表7-1 多哈回合服务贸易谈判的成果

时 间	主 要 成 果	作 用
2000年1月—2001年3月	又一轮服务贸易谈判正式启动，明确了谈判的主要内容，制定了《服务贸易谈判准则和程序》	为服务贸易谈判提供了基本的框架及原则
2001年11月—2003年9月	正式启动了服务贸易规则谈判，包括紧急保障措施谈判、国内法规、政府采购和服务补贴等以及谈判的结束时间；一部分成员提交了最初要价	为服务贸易谈判制定了时间表，为具体承诺谈判打下了基础
2004年8月—2006年7月	通过了《多哈工作计划》，进一步明确了各成员提交承诺建议及谈判的期限；香港《部长宣言》启动多边谈判方式，制定了清晰的谈判时间表；更多成员向目标市场提交了多项开放服务贸易的诸边要求	为完成多哈回合服务贸易谈判指明了方向
2007年4月—2008年12月	进一步提出新的服务贸易出价和要价清单，重申了自然人移动、国内监管等问题的重要性	肯定了服务贸易谈判继续进行的必要性和重要性
2013年12月	通过了《巴厘一揽子协定》；该协定主要涉及贸易便利化、农业以及相关服务、发展问题等方面的内容	促进全球服务贸易与货物贸易的发展；加大了对发展问题的关注力度
2015年12月	逐步取消农产品出口补贴	解决发达成员对农产品的补贴问题
2017年12月	通过《关于妇女与贸易的宣言》	在贸易方面赋予妇女经济权利

二、多哈回合服务贸易谈判屡陷困境的原因

1.服务贸易谈判的方法不够科学，阻碍了谈判进程

多哈回合谈判采用一揽子计划谈判方式，即所有的议题达成协议后完成谈判。这种全体一致的谈判方式适用于WTO成员较少的情况，而截至2024年2月，WTO已经拥有166个成员，且谈判涉及的议题众多，让所有成员就所有议题达成一致几乎是不可能的。更何况，不同议题的分歧非常容易产生交叉影响，2006年由于在农业与非农产品谈判问题上出现僵局而导致所有WTO谈判（包括服务贸易谈判）全部中止就是最好的例证。同时，由于在服务贸易领域采用要价-出价的谈判方式，所以各WTO成员的要价与出价及其修改的意愿、进度与效率直接影响了谈判的进度。

2.谈判议题过于庞杂，多样化、复杂化的特征日趋明显

由于国际贸易竞争格局的不断变化和各国服务贸易利益的多样化诉求，新的议题不断加入多哈回合谈判，仅是服务贸易就涉及人权、劳工标准、环境、补贴、竞争与反垄断、政府采购、国内法规、准入前国民待遇等方面的议题，谈判越来越复杂，各成员之间的分歧也越来越大。

3.主要的WTO成员参与谈判不够积极，没有形成积极推动谈判的合力

由于在谈判议题上与其他成员存在巨大的分歧，欧美等成员认为世贸组织没有能够推动贸易和投资的自由化，谈判没有取得看得见的成果，已经表现出对WTO体制的失望，参与谈判的意愿也越来越弱，另起炉灶的意愿增强且可能性加大，进程也逐步加快。由美国主导并积极推动的《跨太平洋伙伴关系协定》《跨大西洋贸易与投资伙伴关系协定》《服务贸易协定》（TiSA）谈判已经彰显了其开始抛弃WTO的意图。

4.发达成员与发展中成员之间的贸易发展水平差异导致贸易利益冲突

发达成员主导的WTO体制没有也不可能在短期内改变，欧美成员主导了多哈回合服务贸易规则的谈判，而这成为决定谈判进程的主要力量。多数发展中成员的服务贸易提供能力非常薄弱，谈判参与度比较低，而发达成员缺乏强烈的政治意愿来进行实质性的让步从而推动谈判。发展中成员更关心的是如何解决货物贸易方面的分歧，而不是服务贸易的进一步自由化问题。因此，在多哈回合服务贸易谈判的历程中，我们可以清楚地看到发达成员与发展中成员之间的利益冲突与博弈。发达成员由于自身在服务贸易领域的优势，所以强调谈判应实现更高水平的服务贸易自由化，要求各成员减少各种限制性壁垒，进一步完善多边规则，并促进其更加有效地实施。而发展中成员由于本身服务贸易发展水平的限制和换取发达成员在其他领域的让步及融入国际贸易体系的现实需要，所以在不反对服务贸易自由化的同时，特别强调各成员应尊重和保留对服务贸易进行管理的权力。发展中成员认为，推动服务贸易的进一步自由化必须考虑各成员之间的整体和部门服务贸易的实际发展水平，考虑到发展中成员的利益，遵循逐步自由化的原则，在互惠互利以及权利和义务平衡的基础上进行。可以预料，在今后的服务贸易谈判中，发达成员与发展中成员的冲突还会以不同的形式表现出来，影响甚至决定服务贸易谈判的进程。

关键术语

透明度　最惠国待遇　市场准入　国民待遇

复习与思考

1.《服务贸易总协定》的基本框架是什么？
2.《服务贸易总协定》的原则是什么？
3.《服务贸易总协定》适用于哪些服务贸易类型？
4.《服务贸易总协定》对最惠国待遇原则有什么规定？
5.《服务贸易总协定》对市场准入有什么规定？

阅读分析

中国与RCEP伙伴服务贸易分析

服务贸易已成为全球贸易最具活力的组成部分，在经贸发展中发挥着越来越重要的作用。为更好地促进区域贸易发展，中国、日本、澳大利亚、韩国、新西兰和东盟10国共同签署了《区域全面经济伙伴关系协定》。

RCEP实施以来，区域贸易成本大幅降低，产业链、供应链联系更加紧密，各成员间的贸易往来更加密切。2023年，中国对RCEP其他14个成员合计进出口12.6万亿元，较协定生效前的2021年增长5.3%。RCEP持续为成员和企业带来实实在在的红利。

近年来，多数RCEP成员服务贸易发展迅速，服务贸易额占GDP的比重不断提高。2023年，中国服务贸易总额达到65 754.3亿元人民币，同比增长10%，其中，服务进口额为38 897.7亿元人民币，增长24.4%。

RCEP成员众多，服务贸易规模悬殊。中国和印度虽然是发展中国家，但由于本身经济体量大，服务进出口规模也较大，在全球服务进出口中的比重较大。其余国家的服务业水平低，服务贸易整体规模较小。

通过分析RCEP成员的服务贸易结构，并测算中国与RCEP伙伴服务贸易的竞争性与互补性，得到以下结论：

第一，由于要素禀赋、产业结构和经济发展水平的差异，中国与澳大利亚、新西兰、泰国和越南等国家的服务贸易竞争性不强。然而，中国与韩国、新加坡和菲律宾的服务贸易结构较为相似，潜在的服务贸易竞争性较强。

第二，中国与RCEP伙伴均存在服务贸易竞争力较强的部门，建筑、计算机、财务和其他商务服务是中国具有竞争力的行业，而在保险、运输、特许权等领域的竞争力不足。

第三，中国的进口服务贸易与大多数RCEP伙伴的出口服务贸易存在明显的互补性，其中与马来西亚、新西兰、越南等国的服务贸易结构契合度较高，互补性较强。中国的出口服务贸易与日本、韩国、新加坡、泰国、马来西亚和印度尼西亚的进口服务贸易的互补性指数较高，与越南、柬埔寨和缅甸的进口服务贸易的互补性指数增长较快。

第四，中国的出口服务贸易与RCEP伙伴的进口服务贸易的互补性突出领域分布在运输、建筑、保险和计算机等领域，而中国的进口服务贸易与RCEP伙伴的出口服务贸易的互补性突出领域相对集中，以旅游、建筑等领域为主。

资料来源　[1] 杜方鑫，支宇鹏. 中国与RCEP伙伴国服务贸易竞争性与互补性分析 [J]. 统计与决策，2021，37（8）：132-135. [2] 孟夏，李俊. RCEP框架下的服务贸易自由化 [J]. 南开学报（哲学社会科学版），2019（1）：156-166.

讨论：

（1）RCEP的签订对国际服务贸易的发展具有怎样的推动作用？

（2）RCEP成员的服务贸易结构对我国国际服务贸易的发展有怎样的启示？

第八章 区域性服务贸易

内容提要

本章主要学习服务贸易的区域性协议，通过对欧盟、北美及东南亚区域服务贸易协议的研究，理解区域服务贸易的发展现状与趋势。

❖ 引例

解释政策，澄清误解

一、关于审议效果问题

一是解释了中方的相关政策。中国商务部在会前准备了2万多字的《中国政府政策声明》，该声明解释了中国政府贸易政策的一些发展变化，成员们通过这份声明可以看到中国致力于改革开放的决心。同时，WTO秘书处从其角度准备了一份关于中国贸易政策的《秘书处报告》。WTO成员可以通过这两份文件了解过去3年审议期里中国贸易政策发生的变化。

二是对成员关心的具体问题，进行了解释和澄清。有一些成员对中国的一些政策走向不太清楚，存在一些疑惑。对此，中方介绍，双循环绝不是封闭的国内循环，而是更加开放的国内国际双循环。《中华人民共和国行政许可法》《中华人民共和国外商投资法》都明确规定，政府的行政机关及其工作人员不得通过行政手段强制技术转让。

三是参与审议的60多个部门可以对成员的问题进行深入的研究思考，进一步了解，这有助于中国今后进一步完善自己的贸易政策，从而推进与WTO其他成员之间的贸易投资关系的发展，也避免一些误解和可能出现的贸易争端。

四是这次贸易政策审议进一步增强了世贸组织成员对WTO价值的认同、对WTO贸易政策审议这个功能的意义的认同。所以，它有助于在世贸组织遇到困难的情况下增强人们对世贸组织的信心。

二、关于承诺问题

在加入世贸组织的时候，中国有一份加入议定书和一份加入工作组报告，这两份文件规定了中国加入世贸组织之后需要履行的义务，确定了中国需要履行WTO义务的一个时间表。如果大家对照这个时间表，会看到中国早已经完全履行了世贸组织规定的义务，中国作出的承诺也得到了完全履行。对此，WTO先后几任总干事以及绝大部分WTO成员都对此充分肯定和普遍认可。

三、关于补贴问题

中方支持对世贸组织进行必要的改革，对在世贸组织改革框架下启动补贴有关谈判讨论持开放态度。具体来讲，我们有如下具体的主张：一是农业补贴必须与产业补贴同时讨论，以确保在这两个重要的领域都能实现公平竞争；二是应讨论加严反补贴反倾销等贸易救济纪律等内容，以解决贸易救济措施滥用的问题；三是应讨论恢复不可诉补贴的问题，主要是为各成员应对气候变化等情况留出政策空间。

四、关于特殊与差别待遇问题

WTO有专门的规定，发展中成员在市场开放和遵守规则方面享受特殊与差别待遇，具体的权利和义务还要通过谈判来决定。在加入世贸组织以后达成的这些协定里，中国享受的特殊与差别待遇也比较少。中国根据权利和义务平衡来确定自己要不要享受特殊与差别待遇。在未来的谈判中，中国作为负责任的大国和最大的发展中国家，仍然会坚持权利和义务相平衡，根据自身经济发展的水平和能力，务实处理特殊与差别待遇，推动世贸组织改革，维护发展中成员的合法权益，捍卫多边贸易体制。

五、关于国有企业是否享受特殊待遇问题

《中华人民共和国宪法》第十六条规定，国有企业在法律规定的范围内有权自主经营。中国的国有企业是"自主经营、自负盈亏、自我约束、自我发展"的独立市场主体，和其他所有制企业一样，公平参与市场竞争，没有享受特殊待遇。实际上，近年来，我们还积极推进国有企业的混合所有制改革，国有企业并不享受特殊待遇，它是《中华人民共和国宪法》规定的开展自主经营的市场主体。

六、关于区域自由贸易协定与WTO的关系问题

区域自由贸易协定是WTO多边贸易体制的有益补充，并不是和WTO相冲突、相矛盾的。自贸协定一般都是"WTO+"，不仅包括货物贸易的开放、服务贸易的开放，还包括投资的开放，而且其货物贸易、服务贸易开放的水平，要比WTO的开放水平高得多。WTO对投资开放没有规定，而自贸协定对其是有规定的。区域自由贸易协定的贸易自由化、便利化水平更高，甚至涉及投资领域和规则领域，可以认为是这些新规则的"试验田"。这些"试验田"产生的成果，如果今后被WTO所采用，那么对全球贸易投资的自由化、便利化是非常有好处的，这是自由贸易区或者自由贸易协定的优点。

同时，中国对符合世贸组织原则的、开放的、透明的、包容的自由贸易协定也持开放态度，中国也在加快实施自贸区战略，积极参与区域自由贸易协定谈判。到2021年10月，中国已经和26个贸易伙伴签署了19个自贸协定。2020年，中国和其他14个成员正式签署RCEP，于2022年年初正式生效。中国还提出正式加入《全面与进步跨太平洋伙伴关系协定》（CPTPP），这也体现出中国对区域自由贸易协定的重视。

七、关于产能过剩问题

产能过剩可以说是经济发展中具有普遍性、周期性、结构性的问题，是全球面临的共同挑战，需要各方共同应对。实际上，中国是相关国家中化解过剩产能努力最大、效果最好的国家。中国在2015年推进供给侧结构性改革以来，在去产能方面取得的效果非常显著。中国对未来是否出现产能过剩问题保持高度警惕，致力于通过市场化、法治化的方式建立完善化解产能过剩的长效机制。

资料来源 国务院新闻办公室于2021年10月28日上午10时举行新闻发布会,商务部副部长兼国际贸易谈判副代表王受文、商务部世贸司司长鄢东介绍世贸组织第八次对华贸易政策审议情况,并答记者问。

第一节 欧盟服务贸易规则

截至2024年4月,欧盟共有27个成员,分别为法国、德国、意大利、荷兰、比利时、卢森堡、丹麦、爱尔兰、希腊、西班牙、葡萄牙、奥地利、芬兰、瑞典、波兰、捷克共和国、匈牙利、斯洛伐克、斯洛文尼亚、塞浦路斯、马耳他、拉脱维亚、立陶宛、爱沙尼亚、保加利亚、罗马尼亚和克罗地亚。欧盟人口为4.5亿(2024年4月统计数据),GDP高达16.96万亿欧元(2023年统计数据),是当今世界上经济实力最强、一体化程度最高的区域政治、经济集团组织。

欧盟的产生是个较为漫长的历史过程。1951年,最初的6国(法国、意大利、联邦德国、荷兰、比利时、卢森堡)在巴黎签订了《欧洲煤钢联营条约》,正式成立"欧洲煤钢共同体"。1957年3月25日,6国在罗马签订《欧洲经济共同体条约》《欧洲原子能共同体条约》,统称《罗马条约》,决定建立欧洲经济共同体、欧洲原子能共同体。该条约于1958年1月1日正式生效。1967年7月1日,6国正式将欧洲经济共同体、欧洲原子能共同体、欧洲煤钢共同体的部长理事会及委员会等主要机构合并,统称欧洲共同体,简称欧共体。1991年12月,欧共体在荷兰马斯特里赫特召开特别首脑会议,签订了《欧洲经济和货币联盟条约》《欧洲政治联盟条约》,统称《马约》。1993年11月1日,《马约》在得到所有成员的批准后正式生效,欧共体正式更名为欧盟。

一、欧盟内部的服务贸易协议

(一)《罗马条约》

欧盟内部服务贸易一体化的历史可追溯到1957年缔结的《罗马条约》。该条约明确指出,要消除共同体内部各种经济障碍,实现"商品、人员、劳务和资本的自由流通"。可见服务贸易自由化被看作构建欧洲经济共同体的重要政策目标之一,占有非常重要的战略地位。从广义上来讲,《罗马条约》提出的四大自由,除商品外都与服务业有关。

1.人员的自由移动

对自然人移动设置壁垒,可能来自国籍或个人专业资格方面的考虑;对企业法人的移动限制,则更多地集中在其执业资格的认定,即开业权和经营权的审定、授予方面。

为消除上述壁垒,《罗马条约》第52条规定:"必须在过渡时期内逐步消除对某一成员方公民在另一成员方国土上营业自由的限制,这种消除限制同样应扩展到对居住于另一成员方国土上的某成员方公民建立代理机构、分支机构及附属机构的活动。"第48条规定:"在共同体内部,劳动者的自由往来最迟应在过渡时期结束时得以实现。""它包括消除对成员方劳动者之间在就业、报酬及其他劳动条件方面基于国籍的歧视。"

根据上述规定，共同体成员的任何一个公民都可以应聘于其他任何一个成员的企业，可以因此而自由迁移，不仅可以因就业而居住于其他成员境内，而且在就业完毕后仍有权继续居留，也可以在其他成员境内从事非工资报酬性质的活动。企业法人也拥有在其他成员境内依法建立公司、设立营业所或分支机构的权力。该条约比GATS关于自然人及其移动条件的概念、范围要宽泛得多，国民待遇原则体现得更全面、更彻底。

2.金融服务

欧盟金融协议的内部协调始于20世纪70年代。金融服务一体化主要解决公司设立自由和经营自由两大问题。

1977年12月12日通过的欧共体的"第一号银行指令"，便是走向协调信贷机构法规的第一步，其中特别重要的是提出了"母国控制原则"，即由特定信贷机构设有总部的成员主管机构，对该信贷机构经营于各成员的分支机构实行全面监督，并就各成员主管机构的监督标准提出了要求。

1989年12月，欧共体发布了"第二号银行指令"，对信贷机构的监督制度，特别是准许营业的条件作了统一规定。该指令的具体协调内容包括准许营业条件、自有资金与清偿比率、信贷机构与非金融活动的监管、会计规则等。其附录制定了一个"银行业务项目表"，成为各成员信贷机构的经营指南，几乎覆盖了一般银行的所有经营项目。该指令要求成员必须在1993年1月2日前通过国内立法贯彻实施"第二号银行指令"的各项规定，这样，该指令实际上转变为直接约束欧共体银行业的统一法规。欧共体保险业内部一体化的目标也是消除各成员之间对保险服务开业权和经营权方面的限制。

3.运输服务

《罗马条约》奠定了共同运输政策的基础。该条约第74~84条就运输方面的歧视规定了一些明确的禁令，更重要的是，授权执委会为一项广泛的共同政策提出建议，以实现共同市场的总目标。

1961年4月，欧共体确认了运输部门的4个特点：①在提供基础设施方面高度的公共干预；②导致价格不稳定的供求弹性；③大量传统的公共服务责任；④运输和其他部门目标之间的复杂关系。这些特点决定了以后12年内共同市场建设道路上运输可能设置的那些障碍；在共同体一级把运输统一起来（在共同体内使运输服务自由流动）；在共同体内建立了运输体系的总体组织。

4.电信服务

欧盟在电信业单一市场的建设目标是在1998年1月1日前在大多数成员之间实现电信服务、网络系统服务的自由化。其具体实施计划是：

第一步，形成电信终端及网络设备的统一流通市场。这就要做好全欧盟范围内的统一标准化工作。1988年建立的欧洲电信标准研究院有力地推动了这一领域的进展。

第二步，实现电信服务经营自由化。从1990年起，除少数部门（如公共电话及基础电信网络）外，欧盟陆续放开了增值电信、资料信息传输等几乎所有部门的业务经营限制，在移动电话、固定网络等领域里实行了全方位开放。

（二）里斯本战略

2000年，欧盟理事会里斯本首脑会议通过了"里斯本战略"，提出"要在2010年之前将欧盟建设成为世界上最具竞争力和活力的以知识经济为基础的经济体"的目标。为促进此目标的实现，"里斯本战略"专门对推进内部市场服务业自由化提出了要求：

①要求欧盟委员会（简称欧委会）、理事会和成员发挥各自的作用，在2000年前提出消除阻碍欧盟内服务业自由流动壁垒的战略。

②加快汽油、电力、邮政、交通等领域的自由化进程，争取在这些领域实现完全可运作的内部统一市场。

③在2001年以前提出协调建立欧盟内单一法律环境的战略，推动成员合理地将欧盟法规转化为国内法，协调包括成员和欧盟两个层次的公共管理部门的履行职能。

（三）服务业内部市场战略

按照"里斯本战略"的要求，2000年年底，欧委会提出了"服务业内部市场战略"，提出"两步走"的战略：第一步是确认影响欧盟内服务业统一市场建立的因素；第二步是针对这些因素提出解决方案，尤其是形成消除壁垒的法律手段，从而使跨境提供服务和在国内提供服务同等便捷。

依据两步走的安排，2003年7月，欧委会提交了《服务业内部统一市场的现状》的研究报告，对欧盟内服务业市场的开放现状以及存在影响服务业自由化的各种壁垒进行了详尽的分析，分析了这些壁垒的共同特征，评估了这些壁垒对欧盟经济发展的影响。

2003年5月，欧委会出台的"2003—2006年欧盟内部统一市场战略"决定促进欧盟内部服务业市场一体化：

①推动欧盟部长理事会和欧洲议会尽快通过"销售促进法规"提案和"专业资格认证指令"提案，并敦促成员及时转换和有效实施以上指令规定。"销售促进法规"的目的是为欧盟内跨国商业促销提供便利，而"专业资格认证指令"的目的是消除专业服务人士在成员之间自由移动的障碍。

②欧委会在2003年年底前提出"内部市场服务业指令"（Directive on Services in the Internal Market），通过相互认证、行政管理的协调和合作，使该指令为便利欧盟内跨国服务业供应提供一个清晰的法律框架。

③颁布和实施多项指令，监督和支持各成员在服务业领域的政策和措施，鼓励服务业的发展。

这一战略同时强调，必须完善金融服务行动计划，在创建内部市场零售金融服务方面取得更大进展。总之，该战略的目的是在服务业领域形成真正的单一市场。

2004年5月，欧委会提出了"关于服务业内部市场的指令"（简称"服务业指令"），希望通过该指令建立一个有效地消除欧盟内阻碍服务领域自由化壁垒的法律框架，推动欧盟内部服务业市场一体化的进程。

（四）服务业指令

针对欧盟内阻碍服务市场自由化的众多壁垒，尽管欧委会可以直接援引欧共体有关条约中的规定，对成员限制服务业市场开放的行为向欧洲法院提起诉讼，要求其予以改正，但是这种处理方法只是针对个案处理，难以将消除壁垒的要求自然延伸到其他产品领域和其他国家，而且司法程序烦琐复杂、耗时耗力，一个案件从审理到执行往往需要几年的时间。

为了对消除欧盟内服务业市场壁垒、推动服务贸易自由化有一个系统、总体的安排，欧委会在对欧盟内服务业市场的总体情况进行深入调研后，提出了"内部市场服务业指令"。该指令致力于消除服务贸易一体化过程中的壁垒，推动服务领域的跨境开业，以期增强不仅是服务企业而且包括所有工业企业的竞争力。

"内部市场服务业指令"是一个全面的法律框架，是覆盖所有服务业领域的原则性总体规定，而不是具体到部门的细节规定。它并不针对具体贸易壁垒，也并不是提出消除壁垒的具体方法，而是对于推动欧盟内服务的自由流动确立一些共同的原则和指导性的规定。概括起来，该指令具有以下几个方面的基本内容：

①给予服务企业在行政许可上极大的简化。鉴于目前服务业跨境开业的主要障碍之一是各国行政机构在行政许可方面设立了烦琐的手续，使企业花费了过多的成本和精力在申请设立和开业方面，指令要求各国行政许可机构尽量简化许可手续和要求，为跨境开业或经营的服务企业提供简便有效的许可程序。

②首次要求成员政府全面检查自己国内法规有关服务市场歧视性、不透明的限制性规定，要求成员政府执行和转化欧洲法院有关案例法，力求为所有企业创造一个统一、稳定的法律环境，为不同地域的服务企业的竞争提供公平的起跑线。

③强调信息获取的便利化。为了解决信息不对称的问题，指令着重提出在信息提供上的要求：服务领域的各个利益方都应该有便利的获取信息的渠道，企业应该能够以最小的支出获取影响其经营的有关信息，服务消费者也应该能够简便地获取有关服务的信息。指令在程序上提出了"单一接触"（single point of contact）的概念，提倡一次性集中提供所有信息，以减少搜索信息的困难；在实现手段上鼓励使用网站等信息化手段。

④建立成员之间的合作与互信，界定服务输出方和接受方之间的监管责任，避免对跨境提供服务产生重复管辖。由于服务产品的特殊性，对服务企业和服务产品的监管尤其重要，跨境提供服务对如何实现监管提出了新课题。指令提出成员之间要明确责任、加强合作，既要避免重复管辖，又要避免出现监管的真空地带。

⑤明确服务产品消费者在一体化市场中的权益，保证其充分享有服务业市场一体化的好处。指令提出要从法律层面保障消费者自由选择服务的权利，消除任何具有歧视性和模糊性的规定，保证消费者在异地消费或者选用外国服务产品时也充分享有其权利。

⑥执行手段上采取欧盟与成员合作的形式，而非强制执行。鉴于服务业领域的开放是一个复杂渐进的过程，新老成员在这个领域有较大的利益分歧和不同的利益诉求，欧盟并不是通过法律、法令这样具有强制性的手段，而是使用指令这样较为缓和的手段推动服务贸易的一体化，以求在执行过程中得到成员更多的支持和合作。

二、欧盟对外服务贸易协议

欧盟服务贸易协议制定的主要依据是GATS。鉴于欧盟内部服务贸易一体化进展远远超过了WTO在这一领域的进展，因此如何消除客观上带来的这种内部优于外部的影响，自然受到外界的关注。欧盟对外界多次重申，它的内部单一市场经济绝不排斥对外开放和外来竞争的增加。这表现在：

一是欧盟积极参与乌拉圭回合服务贸易多边体制谈判，并在GATS和其他相关协议上签字。

二是在服务贸易开价单中，无论是对于市场准入还是国民待遇，都作出了较多的开放承诺。对此，世贸组织成员也给予了肯定的评价。

三是在认真履行乌拉圭回合服务贸易谈判承诺义务方面，欧盟也有一些实际表现。

不过，欧盟在处理其对外贸易关系时一直有双边主义的倾向，这对其贸易伙伴来讲始终是一种不稳定因素。以金融服务为例，在银行、证券、保险业的部门管理条例/理事会指令中，都有关于"互惠条款"的内容，其大意是：如果第三方（非欧盟成员）对来自欧盟成员的服务或服务提供者实行歧视待遇，欧委会即可拒绝该第三方在欧盟设立子公司或取得欧盟公司股份的申请。这是一种典型的双边互惠型的"国民待遇"。

欧盟单一市场经济的特征决定了其市场准入和国民待遇的适用有其自身特点。具体到服务贸易，适用规则如下：原则上，如果第三方公民或企业在欧盟某一成员取得了开业或提供服务的许可权，那么根据欧盟内部"单一执照"制度，该第三方有关机构或个人便具有在其他欧盟成员自由设立分公司或提供服务的权利。这就是说，在一个成员选准突破口，便可获得整个欧盟的"通行证"。从这个角度讲，欧盟内部一体化政策程度越高，给外部带来的利益就越多。这一点对于工程、商业等服务尤为重要。

当然，欧盟依然存在内部协调尚未完全到位的情况，许多外部非成员往往利用这些领域中的政策空隙，选择薄弱环节，寻找进入欧盟内部大市场的机会，可见内部一体化水平会直接影响欧盟外部政策的实施效果。欧盟近些年在一些主要的关键部门（如银行业）采取了一系列补救措施，旨在防止第三方规避行为的发生，加大内部的监管力度。

第二节 东南亚国家联盟服务贸易规则

东南亚国家联盟（Association of Southeast Asian Nations，ASEAN）简称东盟，其前身是由马来西亚、菲律宾和泰国于1961年7月31日在曼谷成立的东南亚联盟。1967年8月8日，马来西亚、菲律宾、泰国、新加坡和印度尼西亚5国在曼谷举行会议，发表了《东南亚国家联盟成立宣言》，即《曼谷宣言》，正式宣告东盟成立。

1976年2月，第一次东盟首脑会议在印度尼西亚巴厘岛举行，会议签署了《东南亚友好合作条约》以及强调东盟各国协调一致的《巴厘宣言》。此后，东盟各国加强了政治、经济和军事领域的合作，并采取了切实可行的经济发展战略，推动经济迅速增长，逐步成为一个有一定影响的区域性组织。

1984—1999年，文莱、越南、缅甸、老挝和柬埔寨相继加入东盟，使这一组织涵盖整个东南亚地区，形成一个人口超过5亿、面积达447.92万平方千米的10国集团。

20世纪90年代初，东盟率先发起区域合作进程，逐步形成了以东盟为中心的一系列区域合作机制。其中，东盟与中、日、韩（10+3），东盟分别与中、日、韩（10+1），东盟与中、日、韩、印、澳、新（10+6）合作机制已经发展成为区域经济合作的主要渠道。2003年，中国与东盟的关系发展为战略协作伙伴关系，中国成为第一个加入《东南亚友好合作条约》的非东盟国家。

东盟国家一直致力于加快区域经济合作进程，在经济实力和影响力方面不断得到加强，而且在地区和国际事务中发挥了越来越重要的作用。

一、东盟内部的服务贸易协议

1995年12月，东盟各国签署了《东盟服务业框架协定》，以实现服务贸易自由化。其后各国先后签署了《"电子东盟"框架协定》《东盟旅游协定》等，分别提出了推动区域信息通信服务贸易自由化与促进区域旅游的便利化、市场准入和市场共同开发等领域的合作等。

在东盟服务贸易自由化的框架下，区域内服务部门相互开放将有所加快，尤其是优先开放的金融、电信、旅游、海运、航空、建筑等服务部门。

《东盟服务业框架协定》的主要内容仍以GATS规范为主。其在序言中声称，东盟内部的经济合作会为建立服务贸易自由化框架规则提供保障，而服务贸易本身又会加强成员之间的经济合作，同时重申了对GATS原则和规则的承诺，并强调应将区域内贸易自由化扩展到服务贸易领域。

《东盟服务业框架协定》由14个条款构成，集中体现了东盟服务贸易的相关规则。其在结构上与GATS有许多相似之处，包括序言、主要条款、争端解决方式、补充和完善法规的地位、机构安排等条款。

第1条：宗旨。

宗旨是：①加强成员之间的服务合作，以增强本区域服务提供者在本区域内的经营效率、竞争力及多样化产品的供应能力；②在成员之间消除服务贸易的实质性限制；③除了GATS中的承诺外，各成员采取新的自由化措施，实现贸易自由化的目标。

第2条：合作领域。

合作领域包括：①建立或改善基础设施；②达成联合生产、营销和购买的安排；③共同研究和发展、信息交换等。

各成员应提出包含详细合作措施及力度的行动计划、进程安排以及谅解书，所有成员均应根据本架构协议参加合作安排。但是，如果其他成员还未准备好履行这些安排，则两个或两个以上的成员可以首先起步。

第3条：自由化。

规定各成员在一个合理的时间内实质性地消除所有现存的歧视性措施和市场准入限制，并禁止新的和更多的歧视性措施和市场准入限制。

第4条：具体承诺的谈判。

第1款规定，成员应按具体服务部门就影响贸易自由化的措施进行谈判。这类谈判应促使成员在GATS已有承诺的基础上进一步作出具体承诺，并根据最惠国待遇原则在区域内部实施。第2款规定，每一成员应在承诺列表中列明其具体的承诺事项。第3款规定，该框架并不阻碍任何成员基于边境地区内的服务流动而给予邻国优惠待遇。

第5条：相互承认。

协议规定，成员就服务提供者的执照和证书而言，每一成员可承认在另一成员获得的学历和从业经验、已获得的条件及所颁发的许可证或证明，但是，并非要求各成员承担接受达成此类相互承认协定或安排的义务。

第6条：利益的拒给。

《东盟服务业框架协定》的特惠不必给予非成员国民的自然人服务提供者，或者属于或受制于非成员居民的法人。

《东盟服务业框架协定》的第7—14条还就争端解决、与其他协议的关系、具体承诺的修改程序、制度安排、协议修改、新成员的加入等作出规定。

此外，东盟成员多次作出服务贸易减让承诺。

随着东盟区域经济一体化的不断发展，服务贸易自由化的进程也在不断向前推进。1999年9月的东盟经济部长会议使各成员对东盟区域服务贸易自由化的短期和长期目标有了统一认识：短期目标是达成所有成员的服务部门承诺减让，而长期目标是实现区域内所有服务部门的一体化和所有服务贸易提供方式的自由化。在2003年10月召开的第九次东盟峰会上，各成员达成了《东盟协调一致宣言Ⅱ》（Declaration of ASEAN Concord Ⅱ），正式宣布2020年将建成东盟经济共同体（ASEAN Economic Community，AEC），实现区域内商品、服务、人员与资金的自由流动。2005年12月，东盟峰会成员领导人决定加快区域经济一体化的步伐，比原定的时间提前5年，即于2015年完成AEC的建设，包括所有服务部门也要在2015年实现经济一体化。2015年12月31日，东盟宣布建成了东盟共同体。之后，东盟又宣布将继续建设东盟共同体，制定《后2015东盟共同体愿景》文件，通过了《东盟迈向2025年吉隆坡宣言》，规划了未来10年东盟共同体建设的路线图。需要指出的是，一方面，东盟共同体并非欧盟那样的高度一体化组织，其一体化程度较低；另一方面，东盟共同体既是目标，也是过程，是两者的结合体。

二、东盟对外服务贸易协议

东盟在推进内部一体化的过程中也在积极加强区域经济合作，周旋于中国、美国、日本、欧盟、印度等大国或地区之间，巧借大国或地区之间的矛盾与竞争实施大国平衡战略。从2001年开始，东盟开始启动同对话伙伴签订自由贸易协定的战略。

（一）中国-东盟服务贸易协议

服务贸易是中国-东盟自贸区的一项重要内容。2007年1月14日，中国与东盟10国在菲律宾宿务正式签署了中国-东盟自贸区《服务贸易协议》。

中国-东盟自贸区《服务贸易协议》是规范中国与东盟各国服务贸易市场开放和处理

与服务贸易相关问题的法律文件。中国-东盟自贸区《服务贸易协议》参照《服务贸易总协定》的模式，分为定义和范围、义务和纪律、具体承诺和机构条款4个部分，共33个条款和1个附件。该协议明确规定了双方在中国-东盟自贸区框架下开展服务贸易的权利和义务，同时列出了中国与东盟10国开放服务贸易的第一批具体承诺减让表。这些开放承诺是根据中国和东盟国家服务业的特点和具体需求而作出的。

根据中国-东盟自贸区《服务贸易协议》的规定，中国将在WTO承诺的基础上，在建筑、环保、运输、体育和商业服务5个服务部门的26个分部门，向东盟国家作出新的市场开放承诺，具体包括进一步开放上述服务领域、允许对方设立独资或合资企业、放宽设立公司的股比限制等内容。例如，中国在机动车保养和修理服务方面允许东盟企业设立独资子公司，在排污、垃圾处理、降低噪声等环境服务方面允许东盟企业设立独资企业。

东盟10国也分别在金融、电信、教育、旅游、建筑、医疗等行业向我国作出市场开放承诺。具体来说，新加坡承诺开放的领域主要包括商业服务，分销，教育，金融，医疗，文化、体育和娱乐，运输等部门；马来西亚承诺开放的领域主要包括商业服务、电信、建筑、金融、医疗、旅游和运输等部门；泰国承诺开放的领域主要包括专业服务、建筑及工程、教育、旅游和运输等部门；菲律宾承诺开放的领域主要包括商业服务、电信、建筑及工程、环境、旅游等部门；文莱承诺开放的领域主要包括旅游和运输等部门；印度尼西亚承诺开放的领域主要包括建筑及工程、旅游和能源服务。此外，东盟新成员柬埔寨、老挝、缅甸和越南在商业服务、电信、建筑、金融、旅游和运输等领域作出了开放承诺，在不同程度上减少了市场准入限制。

中国-东盟自贸区《服务贸易协议》在各国完成国内法律审批程序后，于2007年7月1日起正式生效。

中国-东盟自贸区《服务贸易协议》是我国在自贸区框架下与其他国家签署的第一份关于服务贸易的协议；是继中国-东盟自贸区《货物贸易协议》后，中国-东盟自贸区建设中取得的又一重大进展。它的签署有力地促进中国与东盟各国经济的融合，进一步推动双方服务业的开放与发展。

2010年1月1日，中国-东盟自由贸易区（China-ASEAN Free Trade Area，CAFTA）的正式建成标志着全球经济的重大转变，而两个经济体间最初的自由贸易协定可追溯至2004年，当时双方已就货物贸易达成了一致。到2010年，经过中国、东盟双方的努力，两者间的经贸合作已达到一定规模，东盟和中国的贸易占到世界贸易的13%，成为一个涵盖11个国家、19亿人口、GDP达6万亿美元的巨大经济体，是世界人口最多的自贸区，也是发展中国家间最大的自贸区。

随着经济往来的频繁和深入，中国和东盟的服务贸易逐步发展。2011年11月，中国与东盟签署了《关于实施中国-东盟自贸区〈服务贸易协议〉第二批具体承诺的议定书》，承诺对商业服务、电信、建筑、分销、金融、旅游、交通等部门的承诺内容进行更新和调整（WTO承诺），进一步开放了公路客运，职业培训，文化、体育和娱乐等服务部门；同时，东盟各国的第二批具体承诺涵盖的部门明显增加，许多国家的承诺还超出了WTO新一轮谈判的出价水平。该议定书在各国完成国内法律审批程序后，于2012年1月1日起正式生效。

2015年11月22日，中国与东盟签署了中国-东盟自贸区升级谈判成果文件《中华人民共和国与东南亚国家联盟关于修订〈中国-东盟全面经济合作框架协议〉及项下部分协议的议定书》。该议定书是我国在现有自贸区基础上完成的第一份升级协议，涵盖货物贸易、服务贸易、投资、经济技术合作等领域，是对原有协定的丰富、完善和补充，体现了双方深化和拓展经贸关系的共同愿望和现实需求。该议定书包括序言及货物贸易、服务贸易、投资、经济技术合作、未来工作计划和最后条款等章节，还包括原产地规则、原产地规则操作程序、第三批服务贸易具体承诺减让表等附件。

海关数据显示，2013—2023年，中国与东盟贸易年均增速为8.8%，高出同期中国整体年均增速3.8个百分点。2023年，双边贸易继续增长，规模达6.41万亿元，东盟连续4年保持中国第一大贸易伙伴地位，中国也连续多年为东盟第一大贸易伙伴。

中国-东盟自由贸易区由于各国服务发展具有较强的互补性，成为亚洲最重要的自由贸易区。建立中国-东盟自由贸易区，对中国与东盟都有着积极的意义。中国-东盟自由贸易区的建立，一方面，有利于巩固和加强中国与东盟之间的友好合作关系，有利于中国与发展中国家、周边国家的团结合作，也有利于东盟在国际事务上提高地位、发挥作用；另一方面，有利于进一步促进中国和东盟各自的经济发展，扩大双方贸易和投资规模，促进区域内各国之间的物流、资金流和信息流，促进区域市场的发展，创造更多的财富，提高该地区的整体竞争能力，为区域内各国人民谋求福利。同时，中国-东盟自贸区的建立有利于推动东盟经济一体化，对世界经济增长也有积极作用。

（二）东盟-日本服务贸易协议

自由贸易协定（FTA）的基本内核是取消关税和其他贸易限制，在区域组织内部实现商品的自由流通，但对成员以外的国家和地区的关税壁垒保持不变。

与FTA相比，经济伙伴协定（EPA）是一种经济一体化范围更广的协定，不仅包含传统的FTA要素，而且包括投资、服务贸易、知识产权、政府采购、竞争政策及人员移动等方面的内容。

日本与东盟签订EPA很大程度上是对中国与东盟签订FTA的回应。由于东盟率先与中国签订自由贸易协定，并于2003年启动"早期收获"计划，日本担心其在东南亚的地位被削弱，也加快了同东盟建立FTA的步伐。

2003年10月，东盟与日本达成《全面经济合作框架协议》，确定了自由贸易区的目标、措施以及时间表，但直到2008年4月双方才签订《东盟-日本全面经济伙伴关系协议》。在该EPA中，双方并未就服务领域达成协议，而是规定双方共同遵守《WTO协定》，逐渐实现众多部门的服务贸易自由化。根据服务贸易自由化的基本原则，双方应共同努力采取措施，以逐渐取消东盟与日本之间服务贸易过程中的歧视性规定；同时，要防止更多新的服务贸易歧视性措施的产生，不断拓展服务贸易自由化的广度与深度，加强双方在服务贸易诸多领域的紧密合作，从而增强该领域的竞争力。EPA规定，在其生效后，各成员应努力采取进一步促进成员之间符合《WTO协定》关于服务贸易自由化的措施，不断促进和扩大双方的服务贸易自由化发展。同时，在EPA生效后1年之内，日本与东盟成员代表要积极组成服务贸易委员会，以便处理该自由贸易区内有关服务贸易的相关事宜。

（三）东盟-韩国服务贸易协议

2007年11月，东盟与韩国在新加坡签署了东盟-韩国自由贸易区《服务贸易协议》，2009年5月生效。该协议参照《服务贸易总协定》的内容，明确了各方开展服务贸易的权利和义务，并在附件中列出具体承诺减让表。

1.韩国对东盟承诺超出WTO出价

韩国承诺对东盟开放10个部门，涉及85个分部门，超出其对WTO多哈回合谈判的出价。在水平承诺部分，韩国取消了外资进入的资金门槛（5 000万韩元）要求；在部门承诺方面，韩国不仅新增多个部门开放承诺，而且对许多已有出价部门予以进一步深化开放的承诺。

新增的服务部门主要涉及专业服务、通信服务、教育服务、运输服务等领域，如法律、房地产评估、安置和提供人员服务、建筑物清扫、专业设计、信使、语音邮件、高等教育、环境咨询、娱乐、航空器的维护和修理、铁路运输、美发和其他美容等服务。深化的承诺则涉及专业服务、通信服务、建筑服务、环境服务、金融服务、运输服务等多个领域，例如：

①取消社会与人类学研发、市场调研与民意测验服务的跨境交付与境外消费限制；

②放宽代理商的经销服务的跨境限制；

③放宽语音电话、电传、电报服务设立商业存在的限制，不要求强制性分包，取消合同金额限制；

④对批发和零售服务业的国外消费不设置市场准入限制，放宽设立商业存在的压力测试要求，并明确测试标准；

⑤取消计算机订座系统服务、航空服务的销售与营销服务的跨境交付限制。

2.东盟各国对韩国作出积极承诺

东盟各国积极对韩国作出服务贸易的减让承诺。

新加坡：在水平承诺中提高公司内部调动人员入境居留期限，新增多个部门开放承诺，对部分金融部门放开市场准入限制。例如，新增建筑、分销、教育、环境、健康社会、旅游、休闲文化、体育、运输、导游、视听服务的开放承诺，取消对国内银行的外资参股比在40%以内的限制。

印度尼西亚：水平承诺与部门承诺均高于WTO出价。在水平承诺方面，印度尼西亚对韩国允许董事、经理和技术专家/顾问居住期满后可延长两次，每次两年，WTO出价仅允许延长一年。在具体部门承诺方面，印度尼西亚也有许多比WTO出价更进一步的地方，如新增了能源等领域的许多部门开放承诺；在一些部门放宽市场准入程度，如允许提高长途电话、国际电话、电报服务业外资比例等。

泰国：水平承诺与部门承诺都高于WTO出价。在水平承诺方面，泰国对商务访问者和公司内部调动人员给予了更长的停留时间，并增加了对合同服务提供者的市场准入说明。在部门承诺方面，泰国增加了如其他计算机服务、相关科技咨询服务、高等教育服务、其他教育服务、露营和商队现场服务的开放承诺。在商业服务等部门，泰国作出了超出WTO出价的承诺，如进一步放宽设立公司的股比限制等。

马来西亚：水平承诺与WTO出价基本一致，新增分销、教育、航空服务等领域的开放承诺。

菲律宾：水平承诺与WTO出价基本一致，新增商业、邮政、建筑工程、环境等领域的开放承诺，在能源分销网络、污水处理服务、电信、财务顾问、矿业开发项目施工、旅游、餐饮、旅游代理、专业会议组织等领域作出比WTO出价更高的承诺。

文莱：水平承诺与WTO出价基本一致，新增语音邮件、建筑、旅游、海洋运输、航空器修复和维护等领域的开放承诺。

缅甸：开放7个服务贸易部门，新增商业、邮政、建筑和相关工程、环境的开放承诺。

柬埔寨：承诺开放12个部门，没有超出WTO出价。

越南：承诺开放11个部门，所涉及的分部门数量、具体承诺均与WTO出价相同。

老挝：还未加入WTO，但也承诺开放6个部门，涉及商业、环境、建筑、教育、金融、旅游等领域。

（四）澳新-东盟服务贸易协议

澳大利亚、新西兰与东盟国家间的友好关系由来已久，早在1974年和1975年，两国就分别与东盟建立了对话关系。《澳新-东盟自由贸易协定》是东盟继中国、韩国和日本之后与对话伙伴国签署的第四个自由贸易协定，于2009年2月27日正式签署。该协定是迄今为止东盟对外签订的内容最全面、自由化程度最高的自由贸易协定，同时是澳大利亚和新西兰作为整体与其他国家签订的第一个协定。该协定的主要内容不仅包含货物贸易、服务贸易、投资和争端解决机制等方面，还涉及知识产权、电子商务、竞争、海关程序、经济合作等内容。

《澳新-东盟自由贸易协定》在多方面体现了与GATS的一致性，如将服务提供方式分为4种类型：跨境提供、境外消费、商业存在、自然人移动；在市场准入、国民待遇原则及最惠国待遇原则方面，都是以GATS的相关定义为基础的，在具体规定上也援引了GATS的规定。但是，在与WTO规则一致的基础上，该协定也在很多方面超越了GATS的相关规定，如新增了承诺开放的服务部门、放宽了对已承诺服务部门的市场准入条件、放宽了自然人移动等。

1.服务贸易规则的框架

《澳新-东盟自由贸易协定》第8章为服务贸易规则的相关规定，共24条，涉及国民待遇、市场准入、特别承诺、承诺复查、最惠国待遇磋商、具体承诺时间表、时间表的修改、国内规章、透明度、规则的发展和应用、保密信息披露、垄断和独占服务提供者、商业实践、认证、支付和转移、补贴、保障措施、东盟新成员的参与、福利的拒绝获得、商业存在的待遇与保护、服务贸易委员会等内容。该协定的第9章为自然人移动规则，其主要是对服务贸易所涉及的自然人移动的规定，同时涉及货物贸易、投资等领域的自然人移动。

此外，该协定第8章包含关于金融服务和电信服务的附件；协定的附件3为各国对服务贸易领域的具体开放承诺表，各国均采用正面列表的方式，详细规定了各个服务部门在市场准入及国民待遇方面是否存在限制；协定的附件4为自然人移动的承诺表，各国均对自然人移动作出了具体的承诺。

2.国民待遇

《澳新-东盟自由贸易协定》规定，每一成员就承诺开放的服务部门，都必须对其他成员的服务和服务提供者给予国民待遇，即每一成员在可能影响服务贸易的所有措施方面，给予任何其他成员的服务和服务提供者的待遇，不得低于其给予本国同类服务和服务提供者的待遇。但是该协定也明确规定，该条款不得解释为要求任何成员对外国服务或服务提供者的竞争劣势作出补偿。

3.市场准入

在确定的"服务贸易"范围内，每一成员对任何其他成员的服务和服务提供者给予的待遇，在条款、限制和条件方面，不得低于其在特定服务承诺表和自然人移动承诺表中所同意和列明的内容。

同时，该协定规定了对市场准入的限制。在作出市场准入承诺的部门，除非在其特定服务承诺表和自然人移动承诺表中另有列明，否则一成员不得在其领域内维持或采取如下措施：

一是以数量配额、垄断、专营服务提供者或经济需求测试要求的形式，限制服务提供者的数量；

二是以数量配额或经济需求测试要求的形式，限制服务交易或资产的总额；

三是以配额或经济需求测试要求的形式，限制服务营运总数或以指定数量单位表示的服务产出总量；

四是以数量配额或经济需求测试要求的形式，限制特定服务部门或服务提供者可雇佣的、提供具体服务所必需且直接有关的自然人总数；

五是限制或要求服务提供者通过特定类型法律实体或合营企业提供服务的措施；

六是以限制外国股权最高百分比或限制单个或总体外国投资额的方式，限制外国资本的参与。

4.特定服务的承诺安排

该协定的附件3为服务贸易具体开放承诺表，各成员均采用"正面列表"的方式列出各国市场准入和国民待遇承诺表，部门划分与GATS对服务贸易部门的分类方法基本一致。但与GATS不同的是，该承诺表只列出了跨境提供、境外消费和商业存在3种服务提供方式，将"自然人移动"单独设立了承诺表。协定还规定，各成员应在协定生效之日起3年内开展后续回合的谈判，以进一步提高承诺水平，提高各成员在服务贸易领域的自由化水平。

在服务贸易开放水平上，各成员在水平承诺和部门承诺上均作出了超越WTO的承诺。例如，在水平承诺上，澳大利亚承诺对东盟国家外资投资新办企业（1 000万澳元）和购买现有企业（5 000万澳元）的资金门槛，并单独列出对自然人移动的规定；在部门承诺上，既新增了开放的服务部门，又放宽了开放部门的市场准入和国民待遇限制；在金融服务领域，也有进一步深化的承诺，放开了部分银行和金融服务的准入限制，取消法律服务领域商业存在的市场准入与国民待遇限制。

5.自然人移动

在自然人移动方面，协定有以下几个特点：

（1）各成员均作出了高于WTO出价的承诺

澳大利亚承诺允许跨国公司内部调动人员停留4年，最高还可延长至14年。新西兰承诺东盟商务访问人员可最长停留3个月；公司的董事、经理、专家等高级管理人员可最长停留3年；专业服务提供者经过新西兰劳动力测试最长可停留1年。大多数东盟国家所作出的承诺同WTO的承诺比较一致，但仍作出了少许更进一步的承诺，如马来西亚承诺公司内部调动人员中满足特定条件的高级管理人员和专家的停留时间最长可达10年，新加坡、菲律宾、泰国亦作出了类似的承诺。

（2）水平承诺和部门承诺并用的承诺形式

在承诺形式上，澳大利亚、新西兰、新加坡、柬埔寨、文莱、菲律宾等国家比较类似，仅仅列出了对各类人员移动的定义和限制。其余6个东盟国家的承诺形式比较类似于WTO服务贸易具体承诺减让表，既作出了水平承诺，又作出了部门承诺，其中部门承诺是对水平承诺的进一步限定。

第三节　亚太经合组织服务贸易规则

服务贸易自由化是亚太经合组织（APEC）贸易与投资自由化总体战略目标的一个重要组成部分。二者的进展及过程始终保持一致。1994年发表的《独立宣言》宣布了该地区贸易与投资自由化的长远目标：发达国家不迟于2010年、发展中国家不迟于2020年实现贸易和投资自由化。自由化的宗旨是：减少该地区贸易和投资壁垒，促进货物、服务和资本在各成员之间的自由流通。APEC分别在1995年和1996年通过了《执行茂物宣言的大阪行动议程》（以下简称《大阪行动议程》）和《马尼拉行动计划》，开始通过单边行动计划和其他行动计划两种途径，落实各成员对贸易自由化的承诺。

一、APEC服务贸易自由化的方式

亚太地区服务贸易自由化必须遵循APEC贸易与投资自由化的总的指导原则。

服务贸易自由化的方式与APEC的整体合作方式相同，将采取自愿与协调相结合的方式，即在协商一致的共同目标下，由成员自主自愿采取单边行动和执行集体行动，通过协调来推进自由化的进程。这是亚太地区独具特色的合作方式，是由该地区独特的经济特点所决定的。

有关协调机制的运作方式也与其他区域组织不同，具体表现为：它只对各成员方初始阶段和以后阶段的单边行动计划进行审议，而不对各个单边行动的可比性制定统一标准；审议的目的是要求各成员保持各自的行动计划的可比性，"其结果将反映为行动计划持续的、自愿进行的改进"。可见APEC现阶段采取的是一种偏重"纵向协调"的"软约束"机制。

二、《大阪行动议程》与服务业自由化

1995年11月，APEC领导人非正式会议通过的《大阪行动议程》，为贸易、投资自由

化及便利化制定了9条原则。这9条原则归纳起来主要有3点：

1.开放性

APEC奉行"开放的地区主义"，不搞排他性的贸易集团。

2.灵活性

在强调各成员方贸易、投资自由化措施的总体可比性的同时，也承认各国（地区）发展水平的差别和自由化起点的不同，允许在实现自由化的时间表上有所区别。

3.渐进性

实现贸易与投资自由化的长期目标需要一个颇为漫长的过程。

三、《马尼拉行动计划》与服务业自由化

《大阪行动议程》所规定的服务业领域的自由化目标是：①逐步减少服务贸易市场准入限制；②逐步为服务贸易提供最惠国待遇和国民待遇。为达到这一目标，APEC要求各成员：①为服务贸易多边谈判作出积极贡献；②扩大GATS在市场准入和国民待遇方面的承诺，并在适当时候取消最惠国待遇例外；③考虑采取进一步行动促进服务的提供。

于1997年1月起付诸实施的《马尼拉行动计划》是实施《大阪行动议程》宏伟蓝图的具体行动。该计划包括4个方面的内容：一是总论；二是集体行动计划；三是单边行动计划；四是关于经济技术合作项目的进展报告。由于服务贸易主要包括电信、交通、能源、旅游4个方面，所以APEC提出了在这4个方面的集体行动计划。

1.电信业

1996年，APEC 16个成员达成协议，在1998年以前实现APEC国际增值网络服务贸易准则一致；制定并通过一份电信服务业可完全实行自由化的部门参考清单。1997年，建立了一个关于一致性评估的相互认可协定模式，并经表决后执行。预期利益为：①电信标准和一致化的进一步协调将取消电信业的障碍；②电信服务市场的自由化将促进APEC成员的发展，并提供更多的获取信息技术的机会。

2.交通业

1996年完成公路交通协调项目第三期，分析本地区受管制的51种优先运输工具设计特征；在10个成员中进行电子数据互换通信试验；完成交通阻塞地点研究第三期，包括编制一个"最佳实践"手册，提出缓解交通阻塞的政策纲要；提交一份关于更具竞争力的航空服务选择报告，供交通部部长们考虑；完成海员项目第一期，评估本地区对受过训练的海员的供需状况。预期利益为：公路交通协调项目将提高公路交通工具标准的透明度，找出标准可以协调、相互认可、允许的领域，促进交通工具贸易。

3.能源业

1996年，部长们正式通过14项非约束性能源政策原则。同年，电力基础设施促进第二期计划实施，旨在确定有利于促进工商部门对电力基础设施进行投资的政策和机构安排。1997年，电力基础设施促进第二期计划实施，包括由部长们批准的旨在利用电力基础设施投资的特别商业论坛和电力管理部门论坛的工作计划。到2010年这段时间，电力部门投入巨额的资金，以满足电力需求的快速增长。

4.旅游业

1996年在智利召开消除旅游障碍和旅游业投资研讨会。预期利益为：旅游业是APEC成员的一个重要部门，有潜力为本地区经济增长发挥更大的作用，消除旅游业障碍将会提高这种作用。

第四节　上海自贸试验区服务贸易

一、上海自贸试验区概述

中国（上海）自由贸易试验区（China（Shanghai）Pilot Free Trade Zone），简称上海自贸试验区或上海自贸区，是中国政府设立在上海的区域性自由贸易园区，也是中国内地第一个自由贸易区，位于浦东，属于中国自由贸易区范畴。

（一）上海自贸试验区的建设历程

上海自贸试验区于2013年8月22日经国务院正式批准设立，于9月29日正式挂牌。

2014年12月28日，国务院决定扩展上海自贸试验区的范围，将浦东新区的陆家嘴金融片区、金桥开发片区、张江高科技片区纳入自贸试验区试点范围，面积从28.78平方千米扩展到120.72平方千米，为制度创新提供了更大的检验和压力测试空间。

2019年8月6日，国务院印发《中国（上海）自由贸易试验区临港新片区总体方案》，设立中国（上海）自由贸易试验区临港新片区。

1.综合保税区

综合保税区包括外高桥保税区、外高桥保税物流园区、洋山保税港区、浦东机场综合保税区，面积为28.78平方千米。外高桥保税区于1990年设立，是中国第一个保税区，也是目前中国国内经济规模最大、业务功能最丰富的海关特殊监管区；外高桥保税物流园区于2004年设立，是中国第一个保税物流园区；洋山保税港区于2005年年底设立，是中国第一个实行"区港一体"封关运作的特殊监管区域；浦东机场综合保税区于2009年设立，实行保税物流区域与机场货运区一体化运作模式。综合保税区即上海自贸试验区试点范围扩展前的区域，其27项制度创新成果在全国或部分地区推广；投资管理、贸易便利化、金融、服务业开放、事中事后监管等领域的28项措施在全国复制推广，海关监管和检验检疫6项制度创新在全国其他海关特殊监管区域复制推广。

2.陆家嘴金融片区

陆家嘴金融片区包含陆家嘴金融贸易区、世博前滩地区，是上海国际金融中心的核心区域、上海国际航运中心的高端服务区、上海国际贸易中心的现代商贸集聚区。这里将建立与国际通行规则相衔接的金融制度体系，与总部经济等现代服务业发展相适应的制度安排，持续推进投资便利化、贸易自由化、金融国际化和监管制度创新，加快形成更加市场化、法治化、国际化的营商环境。世博前滩地区是上海新一轮发展的重点区域，打造总部经济，航运金融，文化、体育和旅游业，高端服务业集聚区。

3.金桥开发片区

金桥开发片区于1990年成立，是上海的先进制造业核心功能区、生产性服务业集聚区、战略性新兴产业先行区和生态工业示范区。这里将以创新政府管理和金融制度、打造贸易便利化营商环境、培育能代表国家参与国际竞争的战略性新兴产业为重点，不断增强经济发展活力和创新能力。

4.张江高科技片区

张江高科技片区是上海贯彻落实创新型国家战略的核心基地。其推动上海自贸试验区建设与张江国家自主创新示范区建设深度联动，增强张江园区的创新力，重点在国家科学中心、发展"四新"经济、科技创新公共服务平台、科技金融、人才高地和综合环境优化等重点领域开展探索创新。

5.临港新片区

临港新片区位于上海大治河以南、金汇港以东（包括小洋山岛以及浦东国际机场南侧区域）。临港新片区由核心承载区、战略协同区两个部分组成，核心承载区为临港新片区管委会经济管辖范围，包含先行启动区；战略协同区主要指新片区其他范围内的奉贤、浦东、闵行区域。

上海自贸试验区坚持对标国际最高标准、最高水平，在投资、贸易、金融和政府职能转变等领域形成了众多向全国分层次、分领域复制推广的制度创新成果。而制度创新又激发了市场创新活力和经济发展动力。2023年，上海自贸试验区进出口值为2.2万亿元，同比增长5.8%，占同期全国22个自贸试验区进出口值的28.7%，高于全国自贸试验区进出口增速3.1个百分点。

（二）上海自贸试验区负面清单

在管理模式上，上海自贸试验区推出了"负面清单"制度。负面清单管理模式是指政府规定哪些经济领域不开放，除了清单上的禁区，其他行业、领域和经济活动都许可。这种模式的好处是让外资企业可以对照这份清单实行自检，对其中不符合要求的部分事先进行整改，从而提高外资进入的效率。作为一种制度创新，上海自贸试验区贯彻的是"法无授权不可为，法无禁止皆可为，法定职责必须为"，对外商投资准入特别管理措施进行创新，并在一年间不断减少负面清单的内容。

自贸试验区负面清单自2013年以来历经多次"瘦身"。2013年9月，自贸试验区第一份负面清单因上海自贸试验区设立而出台，设立之初为190项。2014年，自贸试验区负面清单缩减至139项。2015年，在自贸试验区扩容之际，负面清单减至122项，同时扩展到上海、广东、天津、福建4个自贸试验区。2017版自贸试验区负面清单减至95项，并覆盖当时的11个自贸试验区。2018年，自贸试验区负面清单减至45项。2019年，自贸试验区负面清单减至37项。2020年，自贸试验区负面清单由37项减至30项，缩减比例为18.9%，还有1项部分开放。2021年版自贸试验区负面清单完善了管理制度，提高了精准度，进一步缩减至27项，缩减比例为10%。至此，自贸试验区负面清单制造业项目清零。

（三）上海自贸试验区的服务业开放清单

上海自贸试验区服务业的扩大开放措施涵盖6个领域（见表8-1）。

表8-1 上海自贸试验区服务业扩大开放措施

领　域		具体内容
金融服务领域	银行服务	（1）允许符合条件的外资金融机构设立外资银行、符合条件的民营资本与外资金融机构共同设立中外合资银行；在条件具备时，适时在试验区内试点设立有限牌照银行 （2）在完善相关管理办法、加强有效监管的前提下，允许试验区内符合条件的中资银行开办离岸业务
	专业健康医疗保险	试点设立外资专业健康医疗保险机构
	融资租赁	（1）融资租赁公司在试验区内设立的单机、单船子公司不设最低注册资本限制 （2）允许融资租赁公司兼营与主营业务有关的商业保理业务
航运服务领域	远洋货物运输	（1）放宽中外合资、中外合作国际船舶运输企业的外资股比限制，由国务院交通运输主管部门制定相关管理试行办法 （2）允许中资公司拥有或控股拥有的非五星旗船，先行先试外贸进出口集装箱在国内沿海港口和上海港之间的沿海捎带业务
	国际船舶管理	允许设立外商独资国际船舶管理企业
商贸服务领域	增值电信	在保障网络信息安全的前提下，允许外资企业经营特定形式的部分增值电信业务，如涉及突破行政法规，须国务院批准同意
	游戏机、游艺机销售及服务	允许外资企业从事游戏游艺设备的生产和销售，通过文化主管部门内容审查的游戏游艺设备可面向国内市场销售
专业服务领域	律师服务	探索密切中国律师事务所与外国（中国港澳台地区）律师事务所业务合作的方式和机制
	资信调查	允许设立外商投资资信调查公司
	旅行社	允许在试验区内注册的符合条件的中外合资旅行社，从事除中国台湾地区以外的出境旅游业务
	人才中介服务	（1）允许设立中外合资人才中介机构，外方合资者可以拥有不超过70%的股权；允许中国港澳地区服务提供者设立独资人才中介机构 （2）外资人才中介机构最低注册资本金要求由30万美元降低至12.5万美元
	投资管理	允许设立股份制外资投资性公司
	工程设计	对试验区内为上海市提供服务的外资工程设计（不包括工程勘察）企业，取消首次申请资质时对投资者的工程设计业绩要求
	建筑服务	试验区内的外商独资建筑企业承揽上海市的中外联合建设项目时，不受建设项目的中外方投资比例限制

续表

领　域		具体内容
文化服务领域	演出经纪	取消外资演出经纪机构的股比限制，允许设立外商独资演出经纪机构，为上海市提供服务
	娱乐场所	允许设立外商独资的娱乐场所，在试验区内提供服务
社会服务领域	教育培训、职业技能培训	（1）允许举办中外合作经营性教育培训机构 （2）允许举办中外合作经营性职业技能培训机构
	医疗服务	允许设立外商独资医疗机构

注：以上各项开放措施只适用于注册在上海自贸试验区内的企业。

上海自贸试验区先行先试，以制度创新为核心，把防控风险作为重要底线，把企业作为重要主体，充分发挥浦东新区创新基础好、开放度高的优势，加快政府职能转变，在更广阔的领域和更大的空间范围内积极探索以制度创新推动全面深化改革的新路径，率先建立符合国际化和法治化要求的跨境投资和贸易规则体系。

上海自贸试验区是中国经济新的"试验田"，力争建设成为具有国际水平的投资贸易便利、货币兑换自由、监管高效便捷、法治环境规范的自由贸易试验区。上海自贸试验区的政策与经验强调复制性和推广性。

由此我们可以看出，上海自贸试验区在服务贸易中依托人民币国际化，通过上海自贸试验区的先行先试，加快金融、航运服务贸易等的发展，在未来更大范围的自由贸易中将起到至关重要的作用。

二、狭义的自贸区与广义的自贸区

本章前面介绍的欧盟、北美自由贸易区是广义的自贸区（Free Trade Area，FTA），即两个或两个以上国家或地区通过签署自由贸易协定，形成促进商品、服务、资本、技术、人员等要素自由流动的"大区"。而狭义的自贸区（Free Trade Zone，FTZ）是指在一国的领土内，被认为在关境之外并免于实施惯常海关监管制度的区域。上海自贸试验区属于狭义的自贸区。

广义的自贸区的主要特点为：

第一，由一国（地区）与多国（地区）签订自由贸易协定，并规定在该自由贸易协定下自由贸易的范围。由于这样的自贸协定通常是以国家为主体，因此自贸区往往覆盖了整个国家，包括的产业范围、区域范围都比较广。

第二，自贸区的成立需要经过多国（地区）之间数十年的谈判才能建立，通常是基于地缘优势。这种谈判往往耗时很长，对多国（地区）之间经济利益的划分比较敏感。

第三，自贸区往往采用渐进式的自由贸易，从一些影响面较小、相互贸易往来比较紧密的领域开始，并逐步扩大自由贸易的范围，因此在服务贸易领域的自由贸易往往是由多国（地区）之间贸易的依存度来决定。

虽然都是自贸区，但狭义的自贸区与广义的自贸区有着截然不同的区别：

第一，狭义的自贸区通过开展自由贸易试点，以城市或港口为依托开展自由贸易。

第二，狭义的自贸区的区域性更强。由于其不是以与某国（地区）签订协定为前提，而是允许在某个城市的自贸区内的所有企业开展自由贸易，因此，这种自贸区面对全世界所有的国家（地区）和企业，服务范围更广，但依托的地区性更强。

第三，狭义的自贸区通过精准的制度设计和制度创新，寻找新型自贸区建设之路。

第八章拓展阅读

关键术语

北美自由贸易区 《北美自由贸易协定》 欧盟 《罗马条约》 东盟 亚太经合组织

复习与思考

1.《罗马条约》提出的服务贸易的四大自由包括哪些？

2.简述《北美自由贸易协定》涉及服务贸易的金融部门的规定。

3.简述《东盟服务业框架协定》中关于服务贸易自由化规则的具体内容。

4.简述 APEC 服务贸易自由化的方式。

5."互联网+"为中国服务贸易带来哪些机遇和挑战？

6.上海自贸试验区在哪些方面体现了创新？

阅读分析

资料一　　　　　　　　　　　中欧文化贸易合作共赢

在中国与世界各地的文化贸易中，中欧文化贸易值得一提。作为世界两大力量、两大市场、两大文明，在经济全球化、文化多样化的时代背景下，中欧文化贸易具有全球性、战略性、示范性。

在中欧贸易往来中，文化贸易占据重要一席。中国每年都向欧洲进出口大量的核心文化产品及服务。欧盟是中国重要的文化贸易伙伴之一。中欧双方先后举办了中法文化年、意大利年、西班牙年、希腊文化年、中欧文化年等一系列大型文化交流活动。欧盟连续多年成为中国第一大贸易伙伴，中国则连续多年是欧盟的第二大贸易伙伴。

2013年，我国提出建设"丝绸之路经济带"，这项倡议将亚欧大陆的经济和文化联为一体。在2014年举办的第三届京交会上，首个由中国企业在欧洲投资开发的经济文化特区——中欧文化创贸区正式启动，项目选址位于欧亚大陆桥和新丝绸之路中线枢纽上的匈牙利布达佩斯。这一系列动作表明中国文化"走出去"步伐在加快。

我国对外文化贸易中还存在文化企业国际竞争力弱、文化贸易结构不合理、知识产权保护不到位、科技含量和创新能力低等诸多问题。要解决这些问题，中国需要在文化"走出去"的同时注重"引进来"，尤其要借鉴世界文化贸易发达国家的经验以及先进的科学技术。未来要加强中欧在文化贸易国际规则谈判中的合作，分享欧盟在制定文化政策、发展文化贸易等方面的经验；积极推动企业合作、学术交流，深化中欧非政府间文化项目的合作。建立引导和鼓励中国文化企业"走出去"，以电影、演艺、动漫、新媒体、网络、音乐等大众文化领域为重点，通过合作合资等多种方式开放欧盟市场，鼓励中国企业积极引进欧盟的优秀文化产品、人才、产业发展经验，提升文化企业的国际竞争力。

任何贸易都是优势互补的，中欧之间的文化贸易也不例外。一方面，中国文化"走出去"需要借鉴欧洲的先进经验与技术；另一方面，大部分欧洲国家经济低迷，需要扩大出口，以拉动本国经济，而中国恰好为欧洲提供了广阔的文化出口市场。

资料来源　高庆秀. 中欧文化贸易合作共赢［EB/OL］.［2024-04-08］. http://book.hexun.com/2015-01-08/172188212.html.

讨论：如何发挥中国与欧盟在文化服务贸易的互补优势并扩大两者的文化服务贸易？

资料二　　　　　　对构建"一带一路"国际贸易产业链的思考

2013年，国家主席习近平提出共建"丝绸之路经济带""21世纪海上丝绸之路"的倡议，随后共建"一带一路"倡议得到了国际社会的高度关注和相关国家的积极回应。"一带一路"成为连接欧亚大陆、太平洋与印度洋，打通我国向西、向南开放的通道，形成陆海统筹、东西互济的全方位开放新格局以及欧亚双向联动发展的重要纽带。新亚欧大陆桥（以下简称大陆桥）作为"一带一路"的核心通道，其中具备一定综合交通通道和区位优势的节点型城市面临历史性的发展机遇。

共建"一带一路"倡议能够带动共建国家对服务贸易发展的需求体现在：

1.国际物流需求

国际物流需求是指"一带一路"共建国家间商品贸易对国际化的物流网络、物流设施和物流技术的需求，以实现货物的高效流动与交换。这主要是对物流节点的通关、仓储、联运设施及服务的要求，选择最佳的方式与路径，以最低的费用和风险，保质、保量、适时地将货物从供方运到需方。

2.产业加工需求

产业加工需求是指贸易过程中产品处理和加工、组装的需求。其主要是按照贸易方的产品诉求或者贸易产品本身的特殊性，集聚原料、材料或零件，利用本地的生产能力和技术，对货物进行一定的加工处理再运至需求国。大陆桥共建国家的贸易主要是承接转口加工业务，按照所承接的业务特点不同，包括原材料精深加工、产品装配业务和协作生产、技术合作等。

3.商贸促进需求

商贸促进需求是指贸易过程中的行政服务需求和市场化服务需求。高效、便捷、全面的服务体系更有吸引力，包括"一站式"通关、集成化专业服务、完善的外围配套服务等，如国际采购、金融、跨国结算、专业市场、商贸展销、旅游、电子商务等。

"一带一路"国际贸易产业链的打造，有两个问题最为关键：

一是国际经贸合作机制和政策的创新和尝试，探索贸易通关、外汇结算、签证管理、企业登记备案、货物备案管理等方面的制度创新与突破，破除跨国家（地区）的贸易沟通障碍，在政策层面推动相关人流、物流、资金流的便利化。

二是如何具有吸引力，争取"一带一路"共建国家政府参与，以国际化战略协同与跨洲经贸沟通为思考原点，引导利益协同，谋求共同发展。

资料来源 张国民，邹丽萍. 对构建"一带一路"国际贸易产业链的思考［EB/OL］.（2015-04-14）［2024-07-01］. http://www.dongtanimc.com/yanjiu_detail/5465645e41480109.html.

讨论： 结合共建"一带一路"倡议的具体内容，谈一谈共建国家要如何构建均衡的服务贸易发展格局。

资料三 中澳自贸区的成立

2015年6月17日，中国与澳大利亚正式签署《中华人民共和国政府和澳大利亚政府自由贸易协定》（以下简称《中澳自贸协定》）。

《中澳自贸协定》在内容上涵盖货物、服务、投资等领域，实现了"全面、高质量和利益平衡"的目标，是我国与其他国家迄今已商签的贸易投资自由化整体水平最高的自贸协定之一。

在货物领域，双方各有占出口贸易额85.4%的产品实现零关税。减税过渡期后，澳大利亚最终实现零关税的税目占比和贸易额占比达到100%；中国实现零关税的税目占比和贸易额占比分别达到96.8%和97%。这大大超过一般自贸协定中90%的降税水平。

在服务领域，澳大利亚承诺对中国以负面清单方式开放服务部门，成为世界上首个对我国以负面清单方式作出服务贸易承诺的国家。中国则以正面清单方式向澳大利亚开放服务部门。此外，澳大利亚在假日工作机制等方面对中国作出专门安排。

在投资领域，双方相互给予最惠国待遇；澳大利亚对中国企业赴澳大利亚投资降低审查门槛，并作出便利化安排。

除此之外，《中澳自贸协定》在包括电子商务、政府采购、知识产权、竞争等"21世纪经贸议题"的十几个领域，就推进双方交流合作作了规定。

《中澳自贸协定》也是继韩国之后，我国与亚太地区又一个重要经济体签署的自贸协定。这对于推动RCEP和亚太自由贸易区（FTAAP）的进程，以及加快亚太地区经济一体化进程、实现区域共同发展和繁荣具有十分重要的意义。

资料来源 吴秋余. "朋友圈"大点好［N］. 人民日报，2015-07-06（17）.

讨论： 结合中国与澳大利亚之间服务贸易发展的特点，阐述中澳自贸区的成立对促进两国服务贸易发展的作用。

发展篇

第九章　传统国际服务贸易

内容提要

本章通过对运输服务贸易、旅游服务贸易、金融服务贸易和保险服务贸易的分别介绍，旨在概括传统国际服务贸易产业国际和国内的发展状况。结合我国入世承诺和相应法律、法规的建设，对这些传统服务贸易产业的进一步发展进行了分析。

❖ 引例

中国高铁"走出去"前景广阔

中国高铁建设从2004年起步，在路网建设、高速动车组技术、线下技术等方面都取得了很大的成绩。中国于2009年正式提出高铁"走出去"战略，但是中国高铁"走出去"前期积累经验是从2005年的安伊高铁开始的，以及后期中标多项海外高铁项目，如沙特麦加—麦地那高铁、莫喀高铁、中泰高铁（曼谷—呵叻段）等。中国高铁系统的全面"走出去"，在面临良好历史机遇的同时，也面临诸多挑战。

一、中国高铁"走出去"的历程

以2005年签约，于2014年7月25日正式通车的中国承建的土耳其"安伊高铁"工程合作项目为成功历程的标志，这是中国高铁技术跨国转移前期积累经验的首条线路，但它并不算中国高铁"走出去"中跨国技术转移的开始。

2009年启动的沙特麦加—麦地那高铁项目，是中国与沙特合作建设的项目，总金额为18亿美元（其中中铁十八局3.8亿美元），设计里程450千米，设计时速为360千米，于2018年9月14日全面建成。该项目是中国企业与沙特国家的企业以联合体的形式完成的首条穿越沙漠的高铁项目。

2015年6月18日，中俄签下了莫斯科—喀山高铁项目，设计里程和时速分别为770千米、400千米，项目金额约为224亿美元。

2015年10月16日，中国和印尼正式签署合同，雅万高铁项目于2017年4月4日进入全面实施，于2023年建成。该项目金额约为47亿美元，正线长142.3千米，设计时速为350千米，项目采取特许经营方式。

2017年4月15日，马来西亚与中国中车株洲电力机车有限公司签订购买列车的协议合同，将从中国购买包括动车组列车，合同金额约合12.5亿元人民币.这不是该国第一次向中国购买动车组列车，其早在2010年、2013年分别买过不同数量的动车组列车。

中泰高铁项目（设计时速为250千米）于2013年10月签署备忘录，以泰国农产品抵偿部分项目费用，因政变而陷入僵局。几经波折，2017年9月3—5日，由中国铁设集团公司与中国铁路国际有限公司合作承建的曼谷—呵叻段高铁线路项目正式签署。

二、高铁的国际技术转移方式选择

1. 非正式转移

非正式转移包括技术援助、技术交流、技术窃取等。技术援助主要指的是高铁技术援助国向高铁技术受援国无偿地或按照某优惠条件传授技术知识，通过向受援国派遣专家和技术人员，并提供技术服务等方式的一种国际技术转让方式。技术交流主要指各国技术单位之间就高铁技术进行的交流，交流途径包括国际会议交流、交谈、国际访问、技术服务和咨询等。

2. 正式转移

正式转移包括以下类型：高铁技术密集型商品的国际贸易、技术咨询服务类的服务贸易、技术招标类的技术贸易、合作式技术转移、许可证贸易和FDI式技术转移。

资料来源　韩小红. 中国高铁"走出去"中的国际技术转移战略研究 [J]. 科技管理研究，2020，40（17）：112—117.

第一节　运输服务贸易

一、运输服务贸易概述

（一）运输服务贸易的概念与分类

运输服务贸易是指以运输服务为交易对象的贸易活动，即贸易的一方为另一方提供运输服务，以实现货物或人在空间上的位移。

运输服务贸易按运输的对象，可分为货物运输服务贸易和旅客运输服务贸易；按贸易主体的性质，可分为国际运输服务贸易和国内运输服务贸易。

（二）运输服务贸易的特点

①运输服务贸易派生于货物贸易，货物贸易是运输服务贸易的本源，运输服务贸易是为货物贸易服务的。货物贸易和技术发展到一定程度，便出现了运输服务贸易。

②运输服务的提供者不生产有形产品，也就无产品可以储存，能储存的只有运输能力。

③在运输服务贸易中，中介人或代理人的活动非常活跃，对贸易的开展起着很重要的作用。

（三）运输服务贸易的主体与客体

运输服务贸易的主体是服务的需求者与提供者。运输服务的需求者是托运货物的贸易商或其他托运人，运输服务的提供者是拥有船舶、火车、汽车、飞机等运输工具，按客户的要求将货物从起运地运至目的地的承运人。运输服务贸易的主体双方构成了运输服务贸易的市场。

运输服务贸易的客体不是有形的货物，而是运输服务。运输服务按运输方式的不同可以分为海运服务、内河运输服务、航空运输服务、公路运输服务、铁路运输服务、管道运输服务和国际多式联合运输服务等。

二、运输行业发展概况

（一）国际发展概况

1.海运

2023年，集装箱运输市场面临严重的运力过剩。根据全球主要咨询机构的统计数据，2023年，全球集装箱船队运力同比增长8%左右，增速是2022年的2倍；全球原油海运运输量为19.751亿吨，同比增长5.7%；油轮新船交付约117艘，较2022年的208艘大幅下降，整体交付载重吨同比2022年大幅下降约47%。

2.航空运输

2008年全球金融危机以来，航空业深受波及，长时间萎靡不振，许多航空公司亏损严重。受国际油价走低、亚洲航空市场迅猛发展等因素影响，2021年的全球航空市场明显转暖。根据国际航空运输协会（IATA）的预测，2023年全球航空业的净利润将达到98亿美元，净利润率为1.2%；全球航空客运量将达到43.5亿人次，同比增长36.9%，恢复至2019年水平的94.1%。其中，国际客运量同比增长41.6%，达到2019年水平的88.6%，亚太航空公司国际客运量增长最为强劲，同比增长126.1%；国内客运量同比增长30.4%，比2019年高3.9%。

2023年，全球航空客运总量同比增长36.9%，达到2019年的94.1%。这一增长反映了全球航空旅行需求的持续恢复。国际客运量同比增长41.6%，达到2019年的88.6%。亚太地区的航空公司在增长方面引领了整个行业，其国际客运量增长最为强劲，同比增长126.1%。这一显著增长得益于中国取消旅行限制和国内市场的强劲增长。中国国内航空市场业绩表现抢眼，是拉动全球航空市场增长的重要因素。2023年第三季度，航空客运规模创季度历史新高，共完成旅客运输量1.8亿人次，同比增长108.3%，较2019年同期增长2.6%。

（二）国内发展概况

2023年，我国货物运输总量为557亿吨，比上年增长8.1%。货物运输周转量为247 713亿吨千米，增长6.3%。港口完成货物吞吐量170亿吨，比上年增长8.2%，其中，外贸货物吞吐量为50亿吨，增长9.5%；港口集装箱吞吐量为31 034万标准箱，增长 4.9%。

1. 铁路运输

截至 2023 年年底，我国铁路营业里程已达到 15.9 万千米，其中，高铁 4.5 千米，电气化率达到 73.8%。与 2012 年相比，全国铁路旅客发送量增长 103.6%，货运发送量增长 29%，总换算周转量增长 31.3%。全国铁路机车拥有量为 2.24 万台，其中，内燃机车 0.78 万台，占 34.7%；电力机车 1.46 万台，占 65.3%。全国铁路客车拥有量为 7.84 万辆，其中，动车组有 4 427 标准组、35 416 辆。全国铁路货车拥有量为 100.5 万辆。

2023 年，全年旅客运输总量为 93 亿人次，比上年增长 66.5%。旅客运输周转量为 28 610 亿人千米，同比增长 121.4%。其中，国铁集团完成旅客发送量 36.8 亿人，同比增长 128.57%，高峰日发送旅客突破 2 000 万人次，全年和高峰日旅客发送量均创历史新高；国铁集团总收入完成 1.25 万亿元，同比增长 10.62%。

2023 年，国家铁路货运总发送量完成 39.11 亿吨，比上年增加 0.08 亿吨，增长 0.2%，其中，集装箱发送量比上年增长 7.3%。国家铁路货运总周转量完成 32 638.50 亿吨千米，与上年基本持平。

2. 公路运输

2023 年年末，全国公路里程为 535.48 万千米，比上年末增加 7.41 万千米。公路密度为 55.78 千米/百平方千米，增加 0.77 千米/百平方千米。公路养护里程为 535.03 万千米，占公路里程的比重为 99.9%。全国四级及以上等级公路里程为 516.25 万千米，比上年末增加了 10.06 万千米。其中，二级及以上等级公路里程为 74.36 万千米，增加了 2.00 万千米。高速公路里程为 17.73 万千米，增加了 0.82 万千米；国家高速公路里程为 11.99 万千米，增加了 0.29 万千米。

2023 年，全年旅客运输总量为 93 亿人次，比上年增长 66.5%。旅客运输周转量为 28 610 亿人千米，增长 121.4%。全年完成营业性货运量 547.5 亿吨，同比增长 8.1%。公路货运量为 403.4 亿吨，同比增长 8.7%；水路货运量为 93.7 亿吨，同比增长 9.5%。

3. 水路运输

截至 2023 年年末，全国内河航道通航里程为 12.80 万千米，较上年末增加了 326 千米。其中，等级航道通航里程为 6.75 万千米，占内河航道通航里程的 52.7%。三级及以上航道的通航里程为 1.48 万千米，占内河航道通航里程的 11.6%。

截至 2023 年年末，全国拥有水上运输船舶 12.19 万艘，比上年末减少 0.40 万艘，净载重量为 2.98 亿吨，增加 0.13 亿吨；载客量为 86.18 万客位，增加 0.40 万客位；集装箱箱位为 298.72 万标准箱，增加 10.29 万标准箱。全国水路分别完成客运量 2.6 亿人次、货运量 93.7 亿吨，同比分别增长 121.6% 和 9.5%。

4. 港口发展

2022 年年末，全国港口生产用码头泊位为 21 323 个，比上年末增加 456 个。其中，沿海港口生产用码头泊位为 5 441 个，增加 22 个；内河港口生产用码头泊位为 15 882 个，增加 434 个。全国港口万吨级及以上泊位有 2 751 个，比上年末增加 92 个。从分布结构看，沿海港口万吨级及以上泊位有 2 300 个，增加 93 个；内河港口万吨级及以上泊位有 451 个，减少 1 个。从用途结构看，专业化万吨级及以上泊位有 1 468 个，增加 41 个；通用散货万吨级及以上泊位有 637 个，增加 41 个；通用件杂货泊位有 434 个，增加 13 个。

2023年，全国港口累计完成货物吞吐量169.7亿吨，同比增长8.2%，其中内外贸分别增长7.7%和9.5%；从货类看，煤炭、油品、金属矿石等大宗货物吞吐量保持较快增长。全国港口完成集装箱吞吐量3.1亿标箱，同比增长4.9%，其中，外贸集装箱吞吐量保持稳定增长，完成1.8亿标箱，同比增长5.0%。

5.民航运输

根据中国民用航空局的《2023年全国民用运输机场生产统计公报》，2023年，我国境内运输机场（香港、澳门、台湾地区数据另行统计）共有259个，其中，定期航班通航运输机场有259个，定期航班通航城市（或地区）有255个。

2023年，我国民用运输机场完成旅客吞吐量125 976.6万人次，比上年增长142.2%，恢复到2019年的93.2%。分航线看，国内航线完成121 244.8万人次，比上年增长134.8%，恢复到2019年的100.0%（其中，我国香港、澳门、台湾航线完成1 360.9万人次，比上年增长811.8%，恢复到2019年的48.9%）；国际航线完成4 731.8万人次，比上年增长1 184.6%，恢复到2019年的34.0%。我国完成货邮吞吐量1 683.3万吨，比上年增长15.8%，恢复到2019年的98.4%。分航线看，国内航线完成967.7万吨，比上年增长30.6%，恢复到2019年的90.9%（其中，我国香港、澳门、台湾航线完成80.0万吨，比上年增长0.8%，恢复到2019年的84.7%）；国际航线完成715.6万吨，比上年增长0.5%，恢复到2019年的110.8%。

6.邮政服务

2023年，我国邮政行业寄递业务量完成1 624.8亿件，同比增长16.8%，其中，快递业务量完成1 320.7亿件，同比增长19.4%。

2023年，我国邮政集团函件业务量完成9.7亿件，同比增长2.7%；包裹业务量完成2 472.6万件，同比增长40.7%；订销报纸业务完成167亿份，同比增长0.8%；订销杂志业务完成6.5亿份，同比下降5.9%；汇兑业务完成348.9万笔，同比下降19.5%。

三、中国加入世贸组织的承诺

中国运输服务领域加入世贸组织时的承诺主要如下：

1.海运（包括国际运输的货运和客运，不包括沿海和内水运输）

①设立注册公司，经营悬挂中华人民共和国国旗的船队；

②允许外国服务提供者在华设立合营船公司，外资比例不应超过合营企业注册资本的49%，合营企业董事会主席和总经理应由中方指定。

2.内水运输（货运）

允许在对外国船舶开放的港口从事国际运输。

3.航空运输（航空器的维修）

允许设立合资公司，要求中方控股或处于支配地位。根据经济需求测试情况，有许可证数量的限制。

4.铁路运输（铁路货运）

①允许建立合资企业，外资比例不超过49%；

②加入后3年内，允许外资控股；

③加入后6年内，允许设立外商独资子公司。

5.公路运输（公路卡车和汽车货运）

①加入后1年内，允许外资在公路货物运输合资企业控股；

②3年内允许设立外商独资子公司。

6.货物运输代理服务（不包括货检服务）

①加入时，有连续3年以上历史的外国货运代理企业可以在华设立中外合营货代企业，外资比例不超过50%；

②加入后1年内，允许外资控股；

③加入后4年内，允许设立独资子公司。

合资企业的最低注册资本应不少于100万美元。合资企业的经营期限不得超过20年。

中国对航运、公路运输等方面的承诺已兑现。从2005年1月1日起，中国允许开办外商独资道路货物运输企业。

四、中国运输行业的相关政策与法规

2012年3月，我国交通运输部发布了《关于加强国际海上旅客运输市场准入管理的公告》，明确国际船舶运输经营者经营进出中国港口的国际海上旅客运输业务，应当依据《中华人民共和国国际海运条例》的规定，取得国际班轮运输经营资格。以外国籍船舶在华开展多点挂靠业务的，应当依据交通运输部《关于外国籍邮轮在华特许开展多点挂靠业务的公告》要求获得特别批准；船舶应当具备与航区相适应的法定检验证书和船级证书；不予核准船龄超过30年的客船进出中国港口；外国籍邮轮在华开展多点挂靠等不定期或单航次国际海上旅客运输业务的，前述船龄限制由交通运输部综合考虑船舶技术状况予以核定；各级交通运输主管部门（港航管理机构）要加强对本地区国际海上旅客运输市场监督检查，加大现场检查力度，海事部门要加强对到港国际海上旅客运输船舶的安全监管。

2012年8月，我国交通运输部发布了《关于促进我国国际海运业平稳有序发展的通知》。通知要求各级交通运输主管部门充分认识当前国际海运形势的严峻性，针对航运低谷期特点，研究采取有效政策措施支持海运业发展。

为进一步促进航空运输的自由化，鼓励国内航空公司更多地参与国际竞争，2012年民航进一步放宽了中国航空公司经营中国至东盟10国、日本（除东京、大阪、名古屋以外城市）、韩国济州及美国塞班、关岛等国家和地区的国际航线的市场准入。

为实施外国航空公司在中国境内指定的销售代理直接进入和使用外国计算机订座系统许可，维护计算机订座系统服务市场秩序，保障消费者、外国航空公司、销售代理和外国计算机订座系统服务提供商的合法权益，根据相关法律、法规，2012年，中国民用航空局制定并实施了相关管理规定。

2014年，我国废止了37件交通运输规章，包括《中华人民共和国理货员证书规则》《港口国际集装箱码头管理暂行规则》《中华人民共和国公路管理条例实施细则》《外国船舶检验机构在中国设立常驻代表机构管理办法》《航行国际航线船舶及外贸进出口货物理货费收规则》《国际集装箱班轮运输运价报备制度实施办法》等。

2014—2015年，我国交通运输部颁布了《铁路运输企业准入许可办法》《内河运输船舶标准化管理规定》《关于修改〈国内水路运输管理规定〉的决定》《关于修改〈外商独资船务公司审批管理暂行办法〉的决定》等。

2015年，我国交通运输部还发布《中华人民共和国内河海事行政处罚规定》（2017年、2019年、2021年修正）、《中华人民共和国海事行政许可条件规定》（2016年、2017年、2018年、2021年修正）、《中华人民共和国内河船舶船员值班规则》（2020年修正）、《中华人民共和国内河船舶船员适任考试和发证规则》（2020年修正）、《中华人民共和国防治船舶污染内河水域环境管理规定》（2022年修正）。

党中央、国务院高度重视标准化工作，为深化标准化工作改革，先后出台了《深化标准化工作改革方案》《国家标准化体系建设发展规划（2016—2020年）》等一系列文件，明确提出了在"十三五"期建设标准化体系的要求。交通运输部发布的《交通运输标准化"十三五"发展规划》，也明确提出"到2020年，建成适应交通输运发展需要的标准化体系"，这与国务院深化标准化工作改革的总体目标是一致的。

2016年，我国交通运输部公布了《船舶检验管理规定》《中华人民共和国船舶登记办法》。

2017年，我国交通运输部、国家标准化管理委员会发布了《交通运输标准化体系》。

2018年12月，中国民用航空局在《新时代民航强国建设行动纲要》中提出建设新时代民航强国的主要任务：拓展国际化、大众化的航空市场空间。重点是着力拓展国际航空市场，着力推进航空服务大众化，着力开拓航空物流市场，着力拓展现代综合交通运输服务空间，全面提升航空服务质量。

2019年9月，中共中央、国务院在《交通强国建设纲要》中明确了建设交通强国的总体要求和发展目标，以及国家在基础设施、交通装备、运输服务、科技创新、安全保障、绿色发展、开放合作、人才培养、治理体系、保障措施等方面的具体布局。

五、运输服务贸易分析

（一）国际发展概况

2022年，全球经济进入高通胀、低增长时代，地缘政治冲突不断，俄乌冲突引发能源危机，欧元、日元等货币纷纷贬值，美国及许多国家通胀水平创历史新高，国民收入大幅缩水，物价高企，消费需求受到抑制，多国陷入滞胀风险，经济增长前景堪忧，海运贸易发展受到冲击。

据世界贸易组织统计，全球运输出口延续两位数增长。全球航运价格持续高位，运输服务保持增长，但增速有所下降。2022年，全球运输出口14 808.1亿美元，同比增长23.6%，增速比上年下降14.7个百分点，占全球服务出口的20.8%，占比较上年提高1.5个百分点。

2022年，全球集装箱海运市场供需结构整体偏紧，海运价格持续高位运行，推动中国运输服务进出口高增长。中国运输服务进出口3 137.2亿美元，同比增长20.3%，其中，出口 1 448.9 亿美元，增长 13.9%；进口 1 688.3 亿美元，增长 26.4%。

（二）国内发展情况

2022 年，我国运输服务保持高增长。全球集装箱海运市场供需结构整体偏紧，海运价格持续高位运行，推动中国运输服务进出口高增长。中国运输服务进出口 3 137.2 亿美元，同比增长 20.3%，其中，出口 1 448.9 亿美元，增长 13.9%；进口 1 688.3 亿美元，增长 26.4%。

六、中国运输行业展望

改革开放以来，中国运输行业一直处于快速发展的状态，但无论是与世界其他国家和地区运输业的水平相比，还是与中国经济发展以及人民生活提高的内在需要相比，中国运输业的发展仍有很大的空间，处于高速发展过程中的起步阶段。交通运输业应作为服务贸易发展的重点领域之一。

（一）加快发展铁路运输

①以习近平新时代中国特色社会主义思想为指导，坚持以供给侧结构性改革为主线，以推进大宗货物运输"公转铁"为主攻方向，坚持市场主体、企业实施、政府推动，充分利用既有铁路设施，加快铁路专用线建设，构建支撑多式联运更高效、运输结构更优化、降本增效更明显的铁路集疏运体系，打通铁路运输"最后一公里"，提高共建共享利用效率，提升服务水平，增加铁路货运量，降低物流成本，减少碳排放，提升运输绿色发展水平。

②规划新建客货共线、货运专线铁路时，要充分考虑沿线铁路专用线接入需求，同步做好专用线走向和衔接条件的论证，鼓励铁路专用线与之同步规划设计、同期建成开通。具备同步实施条件的，新建铁路要提供有利的接轨条件，按照专用线能力需要配套建设接轨站。暂不具备同步建设条件的，新建铁路应做好接轨条件预留。结合新线铁路建设和既有线扩能改造，鼓励根据需要对既有专用线实施相关改造，尽可能盘活既有专用线资源和运能，提高利用效率。主要港口新建集装箱、大宗散货作业区原则上同步规划建设进港铁路。

③在保障运输安全顺畅的前提下，合理确定新建及改扩建铁路专用线建设等级和技术标准，经济适用配置相应的设施、设备。铁路专用线优先采用再用轨、再用枕，牵引供电可采用单路外部电源或单台牵引变压器等。办理煤炭等易产生扬尘污染的专用线，应配套建设绿色环保设施。不得随意采用设计上限标准和配置不相关的设施、设备，从源头上降低专用线造价，切实减轻企业负担。专用线选址要符合国土空间规划，合理避让永久基本农田和生态保护红线，节约集约用地。

④通过原始创新、集成创新与引进消化吸收再创新，提高技术装备水平，支持铁路行业相关企业技术装备进出口。

⑤鼓励铁路企业、有关企业和地方政府加强合作，按照市场化原则推进铁路专用线共建共享共用，规范线路使用、运输服务收费项目和标准，明确清算规则，规范专用线价格

行为，建立适应市场变化的运价灵活动态调整机制，增强铁路专用线运输市场竞争能力，制定铁路专用线代运营代维护收费计费办法，向社会公开。加强产运销协同，开发多层次运输服务产品，提高专用线利用效率和综合效益，更好地发挥铁路运输安全、节能、环保优势，推动运输结构调整优化。

（二）进一步完善公路口岸管理体制

①健全规章制度体系。加快制定公路建设项目代建、设计施工总承包招投标管理办法及标准招标文件，加快修订施工、设计、监理等招投标管理办法。对出资人自行设计和施工的项目，要进一步完善投资人招标等有关规定。

②加强政府监管。交通运输主管部门要按照当地政府的有关规定，具备条件的公路建设项目招投标应进入公共资源交易市场。要依法纠正招投标中的违法行为，不得干预招标人的正常招标活动。要坚持信息公开，鼓励社会监督，规范招投标行为。

③研究制定针对新的项目管理模式和新的融资方式的建设项目的监管模式、重点和措施，对社会资本投资的公路项目制定相应的监管方案，明确监管单位、人员、职责和监管措施，提高监管的针对性。严格审查技术标准、建设规模和重大技术方案，重点加强对公路建设的程序执行、建设资金使用、质量安全等措施的监管。必要时政府可通过招标等方式选择第三方专业机构，提供技术审查咨询、试验检测等相关技术服务，丰富监管手段，有效发挥对公路建设的监管作用。

④完善法规体系，实现依法建设。根据公路建设管理体制改革的总体要求，结合试点情况，及时修订有关法规、规章及规范性文件，完善管理制度，细化配套措施，健全法规体系，不断提升公路建设管理水平，实现公路建设管理的法治化。

（三）积极发展水路运输

目前海洋运输服务的重点工作是：

①加大海洋服务业人才培养力度，特别是高端海洋服务是智力密集型产业，其立业之本就是人才。因此，在海洋服务业的发展中要改变重初硬件投入，轻软件建设，特别是人才培育的传统模式，真正做到以人为本，树立人才优先战略；在海洋重大工程、重大项目方面，加大人力资本支出的比例，让从事海洋服务业的高端人才能够过上物质上、精神上比较体面的生活，吸引更多的精英从事海洋服务业。

②建立多元化的海洋服务业金融支撑体系，增加各级财政对海洋服务业的投入，特别是对海洋教育、海洋科技投入的增长的幅度高于财政收入的增长幅度；重点支持公共实验平台、重大科技攻关项目、重大基础设施的建设；加大商业银行、政策性银行对于海洋服务业的授信额度，并给部分贷款贴息；建立中小企业信用担保体系，为海洋高新技术中小型企业提供融资担保服务。

③制定合理的准入门槛，适度提高行业集中度，避免无序竞争。同时，要合理布局海洋服务业，打造海洋服务集群，在山东省、广东省、天津市、浙江省等海洋服务业发展基础较好的地区建立海洋服务集群，错位发展，形成独特优势。

④政府要加大对领头企业的培育，多关注和培育本土成长性好的中型企业，而不是只关注龙头企业的引进与服务。但是由于领头企业的识别需要专业知识和前瞻性，需要建立

一套科学的指标体系来识别。同时，应该鼓励行业进行重组，通过竞争和整合来培育产业中的"明星"企业，从而增强行业应变能力。

（四）优化机场布局

随着我国经济发展进入新常态，经济转入中高速增长区间，对外开放进一步扩大，产业结构调整加快，消费结构逐步升级，航空运输需求规模和结构都将发生重大变化，运输需求总量大、强度高、多样化、覆盖广，而既有机场数量、保障能力、服务水平等方面都难以满足。为适应新型工业化、信息化、城镇化和农业现代化同步发展的需要，要求运输机场在布局上加密、在总量上增加、在结构上优化。

中国航空运输服务的重点工作是：

①完善综合交通的要求。民用运输机场作为重要的综合交通设施，是综合交通运输体系的重要枢纽。建立布局合理、层次清晰、功能完善的民用运输机场体系，有利于促进各种交通运输方式协调发展，提升运输服务整体水平。

②加强民用运输机场规划建设，完善机场枢纽功能，提高网络整体效益，为民航持续健康发展奠定基础。

③从综合交通运输体系出发，发挥民航安全、快捷、舒适、灵活的优势，有效衔接高速铁路等交通运输方式，兼顾公平与效率，构建世界级机场群、国际枢纽和区域枢纽层次清晰、布局合理、功能完善的机场体系，提升机场服务水平。

④统筹东中西部机场协同发展，重点增加中西部地区机场数量，提高密度，扩大航空运输服务的覆盖面；实施繁忙机场扩能改造，增强服务保障能力，适应快速增长的航空需求，满足广大人民群众便捷出行需要。

⑤统筹考虑经济社会发展和各种交通方式的衔接，建立与人口分布、资源禀赋相协调，与国土开发、城镇化格局等相适应的机场整体布局。

⑥牢固树立绿色、低碳、循坏发展埋念，节约利用资源，加强生态环境保护。合理利用现有各类机场资源，减少迁建。鼓励相邻地区打破行政区划分割，合建共用机场。

第二节　旅游服务贸易

一、旅游服务贸易概述

（一）旅游服务的含义与特点

旅游服务是指为了实现一次旅游活动所需要的各种产品与服务的组合。这些服务包括咨询服务，交通服务，住宿服务，餐饮服务，导游服务，购物服务，文化、体育和娱乐服务，手续服务，专项服务，以及零星委托服务等。旅游服务产品的概念和一般产品的概念不同，它是指在旅游者从离家开始到结束旅游回家的过程中，为其提供的娱乐、休息、餐饮、行动等各种服务的总和。

旅游服务产品具有以下特点：

1.无形性

旅游产品是旅游者向旅游商购买的一种特殊产品，它是各种旅游企业借助一定的设施、设备或条件，向旅游者提供的服务。这种服务产品仅仅是一种预约和安排，购买前是看不见、摸不着的，只有在进行消费时才能感受到有关旅游部门或行业提供的服务。

2.综合性

旅游产品是由多种资源、设施、设备和服务构成的，是物质和非物质的多种产品的组合。提供服务的旅游部门需要与其他相关部门、行业配合，而且要求结构合理、比例适当，因而旅游产品具有综合性。

3.时间性

旅游产品一般在旅游者来到生产地（旅游目的地）时才生产和提供，其生产和消费是在同一地点同时发生的。这一特点决定了旅游产品不能储存，时间性极强。此外，季节对旅游产品的影响也很大，旅游需求在不同时间有很大差异。

4.不可转移性

旅游产品无法运输，旅游者只能到生产地（旅游目的地）进行消费，在旅游者购买旅游产品后，也不发生所有权的转移。旅游活动结束后，旅游产品的价值随之消失，旅游者得到的不是具体的物品，而是一种经历和感受。

（二）旅游服务贸易的特点

旅游服务贸易是指一国（地区）旅游从业人员向其他国家（地区）的旅游服务消费者提供旅游服务并获得报酬的活动，既包括本国旅游者的出境旅游，即国际支出旅游，又包括外国旅游者的入境旅游，即国际收入旅游。WTO服务贸易理事会认为："旅游及相关服务包括以下几项：宾馆与饭店、旅行社及旅游经营者提供的服务，导游服务和其他旅游服务。"

旅游服务贸易与传统货物贸易相比，其最大特点是就地货物出口和就地服务出口，其运行又具有综合性和整体性。

1.就地货物出口

国际旅游者到旅游产品生产地进行消费，出口方就地输出产品即旅游服务而获得外汇收入。这种出口不存在产品的包装、运输、仓储、保险以及关税等开支，也不存在外贸出口业务中有关手续费以及换汇比率较高的问题。此外，旅游服务产品基本以自然资源为主，几乎不存在传统货物贸易的成本问题。

2.就地服务出口

旅游接待国或地区向旅游者提供无形的服务产品，也提供其他实物产品，无论哪种产品都要消耗大量劳动。旅游者到该国用外汇支付旅游服务费用，这样就使旅游服务劳动具有就地服务出口的性质，通过这种方式能换取大量服务费外汇收入，这也与传统货物出口不同。

3.旅游服务贸易的运行具有综合性和整体性

所谓综合性，是指旅游者在旅游过程中，支付外币购买旅游产品，以满足旅游消费的需要。旅游消费包括住宿、饮食、交通、游览、娱乐等，是物质和非物质的多种产品的组合，是综合性的消费，因此提供的旅游服务也是综合性的服务。

所谓整体性，是指尽管旅游经济部门和行业提供的服务内容各不相同，但提供服务的过程是整体性的。旅店、饮食店提供膳食服务，交通运输部门提供地区转移服务，旅行社提供信息和组织旅游等服务，商店为旅游者提供购物服务等。这些不同性质的服务必须从质量和内容上满足旅游者的需要，因此必须在地区和时间上作出统筹安排，以便从总体上向旅游者提供优质的、统一的旅游服务。

（三）旅游服务贸易的作用

旅游服务贸易是国际服务贸易的组成部分，对发展国民经济起着十分重要的作用。

1.增加外汇收入

国际旅游服务收入是指来访的外国人在一国逗留期间购物和使用本国服务所收取的外币款项，这种收入实质上是外国社会财富转移到旅游接待国或地区，它直接使得接待国或地区的财富增加。旅游创汇收入是国家非贸易外汇收入的主要来源。国际旅游业创造的巨额外汇收入对支援国民经济建设、弥补贸易逆差、平衡国际收支起到了特别重要的作用。据测算，旅游外汇收入每增长1个百分点，外贸出口额相应增长1.05%；旅游外汇收入每增加1美元，利用外资金额相应增加5美元。旅游外汇收入也减轻了由本国旅游外汇支出给国家外汇储备带来的压力，增加国民出境旅游的支付能力。

2.创造就业机会

作为一项典型的劳动密集型产业，旅游业创造了大量直接和间接的就业机会，容纳了大批具有各种技能和水平的劳动力。2022年，全球旅游总人次达到95.7亿人次，全球旅游总收入达到4.6万亿美元，分别恢复至2019年的66.1%和79.6%。全球旅游总收入占GDP的比例恢复至4.8%，比2021年增长了0.7%。2022年，全球国内旅游恢复程度好于国际旅游，全球国际旅游收入增速远高于全球贸易增速，发达经济体旅游恢复表现好于新兴经济体。旅游业调整就业增长速度极快，为劳动力开辟了广阔的市场，随着这一行业就业人数的增加，劳动力素质也在不断提高。

3.优化产业结构

旅游是一个综合性行业，几乎涉及国民经济所有部门和行业。旅游作为一项产业，将增强国民经济的整体运行能力。旅游引导产业结构适应旅游者的消费需求及市场状况，这将起到改善和调整国民经济结构的作用。

二、中国加入世贸组织的承诺

2012年6月29日，《内地与香港关于建立更紧密经贸关系的安排》（CEPA）补充协议九在中国香港签署。补充协议九共有43项服务贸易开放和便利贸易投资的措施，包括22个服务领域的37项开放措施，其中关于旅游服务的有：

①允许在中国内地设立的中国香港独资或合资旅行社，申请经营具有本省、自治区、直辖市正式户籍的居民前往中国香港、澳门的团队旅游业务。在CEPA补充协议九签署之前，港资旅行社可在全国范围内经营内地居民国内旅游和境外游客入境旅游业务，以及在泛珠九省区（包括福建、江西、湖南、广东、广西、海南、四川、贵州、云

南）和北京、上海经营内地居民赴港澳团体游业务。在 CEPA 补充协议九签署后，港资旅行社经营港澳团体游的业务范围不再局限于泛珠九省区和北京、上海，而会扩大至全国。

②允许符合条件的1家中国内地与中国香港合资旅行社试点经营中国内地居民前往中国香港及澳门以外目的地（不含中国台湾）的团队出境游业务。

③允许中国内地旅行团乘坐邮轮从中国香港到中国台湾后，继续乘坐该邮轮前往日本或韩国旅游再返回中国内地。该项措施与 CEPA 补充协议八中关于"加大力度支持以中国香港为母港的邮轮旅游发展"的措施精神相符，按照"循序渐进、积极稳妥"的原则，该项措施将先以试点方式进行。

中国政府对旅游及相关服务的承诺主要是：

1.饭店（包括公寓楼）和餐馆

①外国服务提供者可以通过合营企业形式在中国建设、改造和经营饭店与餐馆设施，允许外资拥有多数股权。中国入世后4年内取消限制，允许设立全资子公司。

②在自然人移动方面，允许外方经理、专业人员包括厨师和高级行政管理人员在与中国境内合资饭店和餐馆签订合同之后，在中国提供服务。

2.旅行社和旅游经营者

满足以下条件的外国服务提供者可以自加入时起以合资旅行社/旅游经营者的形式在中国政府指定的旅游度假区以及北京市、上海市、广州市和西安市提供服务：

①旅行社/旅游经营者主要从事旅游业务。

②每年全球收入超过4 000万美元。合资旅行社/旅游经营者的注册资本应不少于400万元人民币。

加入后3年内，注册资本应不少于250万元人民币。允许外资拥有多数股权。

加入后6年内，允许设立外商独资子公司，取消地域限制。取消对合资旅行社/旅游经营者设立分支机构的限制，对外资旅行社/旅游经营者的注册资本要求与国内旅行社/旅游经营者相同。

旅行社/旅游经营者的业务范围如下：

①向外国旅游者提供可由在华交通和饭店经营者直接完成的旅行和饭店住宿服务；

②向国内旅游者提供可由在华交通和饭店经营者直接完成的旅行和饭店住宿服务；

③在中国境内为中外旅游者提供导游；

④在中国境内提供旅行支票兑现业务；

⑤合资或独资旅行社和旅游经营者不允许经营中国内地公民出境及赴中国香港、中国澳门和中国台湾地区的旅游业务。

三、中国旅游行业的相关政策与法规

2001年12月12日，国务院第五十次常务会议通过《中国公民出国旅游管理办法》（2017年修订）。该办法是为了规范旅行社组织中国公民出国旅游活动，保障出国旅游者和出国旅游经营者的合法权益。

2006年4月，国家旅游局①、公安部、国务院台湾事务办公室联合发布了《大陆居民赴台湾地区旅游管理办法》（2011年和2017年修改）。

2009年1月21日，国务院第47次常务会议通过《旅行社条例》（2016年、2017年和2020年修订）。2009年4月2日，国家旅游局第4次局长办公会议审议通过《旅行社条例实施细则》（2016年修改），以加强对旅行社的管理，保障旅游者和旅行社的合法权益，维护旅游市场秩序，促进旅游业的健康发展。

2010年1月4日，国家旅游局审议通过《旅游投诉处理办法》，维护旅游者和旅游经营者的合法权益。

2010年8月29日，国家旅游局、商务部审议通过了《中外合资经营旅行社试点经营出境旅游业务监管暂行办法》，自公布之日起施行，以进一步加快旅游业的对外开放，加强国际旅游合作，引进国际先进的旅行社经营模式，促进我国旅行社业的转型升级，提高国际竞争能力。

2013年1月起，我国开始实施72/144小时过境免签政策。截至2024年7月，我国位于19个省（自治区、直辖市）的41个对外开放口岸，对54个国家人员实施72小时或144小时过境免签政策。

2013年2月27日，国家旅游局审议通过《旅游行政处罚办法》。

2013年4月25日，第十二届全国人民代表大会常务委员会第二次会议表决通过了《中华人民共和国旅游法》（以下简称《旅游法》，2016年和2018年修正），自2013年10月1日起施行。该法分总则、旅游者、旅游规划和促进、旅游经营、旅游服务合同、旅游安全、旅游监督管理、旅游纠纷处理、法律责任、附则共10章112条。

2015年4月24日，国家旅游局正式发布《旅行社行前说明服务规范》。这是国家旅游局首次对旅行社服务全过程中的某一环节提出专门的行业服务标准，对落实《旅游法》相关精神、倡导游客"文明旅游"、促进旅行社服务向精细化方向发展具有深远意义。

2018年3月，国务院办公厅发布《关于促进全域旅游发展的指导意见》，提出加大旅游产业融合开放力度，提升科技水平和增加文化内涵、绿色含量，增加创意产品、体验产品、定制产品，发展融合新业态，提供更多精细化、差异化的旅游产品和更加舒心、放心的旅游服务，增加有效供给的说明。

2019年3月，文化和旅游部发布《关于促进旅游演艺发展的指导意见》，提出到2025年，旅游演艺市场繁荣有序，发展布局更为优化，涌现一批有示范价值的旅游演艺品牌，形成一批运营规范、信誉度高、竞争力强的经营主体。

2020年2月27日，文化和旅游部提出，要用好用足国家支持中小微企业的货币政策工具，有效纾解中小微文化和旅游企业面临的资金困难。

2020年11月，文化和旅游部发布《关于推动数字文化产业高质量发展意见》，建设"互联网+演艺"平台，加强演艺机构与互联网平台合作，支持演艺机构举办线上活动，促进线上、线下融合，打造舞台艺术演播知名品牌。

2021年3月，《中华人民共和国国民经济和社会发展第十四个五年规划和2035年远景

---

① 2018年3月，组建中华人民共和国文化和旅游部，不再保留国家旅游局。

目标纲要》提出，要深入发展大众旅游、智慧旅游、创新旅游产品体系，推进红色旅游、文化产品旅游、旅游演艺等创新发展。

2022年，为进一步提高旅游领域基层政务公开工作标准化规范化水平，保障人民群众知情权、参与权、表达权、监督权，文化和旅游部办公厅制定并印发《旅游领域基层政务公开标准指引》，明确了旅游领域基层政务公开工作的机制、流程、方式、监督评估等相关规范及要求。

2023年2月21日，文化和旅游部出台《文化和旅游标准化工作管理办法》，进一步规范文化和旅游标准化工作，充分发挥标准化对行业高质量发展的引领和支撑作用，自2023年3月1日起，文化和旅游标准的制定、实施和监督应根据管理办法开展。

2023年3月24日，为进一步加强在线旅游市场管理，发挥在线旅游平台经营者整合旅游要素资源的积极作用，带动交通、住宿、餐饮、游览、娱乐等相关旅游经营者协同发展，文化和旅游部印发了《文化和旅游部关于推动在线旅游市场高质量发展的意见》。

四、旅游服务贸易分析

（一）国际发展概况

联合国旅游署（UN Tourism）发布2024年第2期《世界旅游业晴雨表》，该报告包括对旅游目的地（入境旅游）和客源市场（出境旅游）数据的分析，还包括基于联合国旅游专家小组调查的预测指数，对国际旅游业近期表现和短期前景进行了评估。数据显示，2024年第一季度，国际游客超过2.85亿人次，比2023年同期增加约20%，已达到2019年前水平的97%。2024年第一季度，估计有2.85亿名国际游客，比2023年同期增长约20%。这些结果得益于持续强劲的需求、亚洲市场的开放，以及航空联系和签证便利化的加强。

经济和地缘政治继续对国际旅游业的持续复苏和信心水平提高构成重大挑战。尽管情况有所改善，但持续的通货膨胀、高利率、波动的油价和贸易中断继续导致交通和住宿成本居高不下，以及其他日益加剧的地缘政治紧张局势，使国际旅游业面临下行风险。

（二）中国旅游服务贸易

根据商务部发布的数据，2023年，我国旅游服务进出口额达到14 856.2亿元，同比增长73.6%。这一数据显示了旅游服务领域在2023年的强劲增长态势。具体到出口和进口方面，旅游服务的出口增长了59.2%，而进口增长了74.7%，这表明无论是从提供服务还是接受服务的角度来看，旅游服务都实现了显著的增长。此外，旅游服务在2023年成为我国服务贸易中增长最快的一个领域，其占我国服务贸易整体比重达到了20.8%，比2022年同期提升了7.2个百分点。

中国旅游研究院预计2024年国内旅游出游人数、国内旅游收入将分别超过60亿人次和6万亿元，出入境旅游人次和国际旅游收入将分别超过2.64亿人次、1 070亿美元。根据国内旅游抽样调查统计结果，2024年第一季度，国内出游人次14.19亿，比上年同期增加2.03亿，同比增长16.7%。其中，城镇居民国内出游人次10.77亿，同比增长14.1%；农村居民国内出游人次 3.42 亿，同比增长 25.7%。国内游客出游总花费 1.52 万亿元，比上年增加 0.22 万亿元，同比增长 17.0%。其中，城镇居民出游花费 1.29 万亿元，同比增长 15.4%；农村居民出游花费 0.23 万亿元，同比增长 26.9%。

五、中国旅游行业展望

旅游业在我国有着举足轻重的地位，对我国国民经济的增长起到强有力的推动作用。近年来，旅游业的发展条件不断改善，人民群众对多元旅游生活的追求也不断增强。旅游业态分为文创商业旅游、工业体验旅游、交通服务区旅游、城市区域旅游、景观农业旅游等，旅游渗入到工作生活的方方面面，呈现出诸多大转变。

（一）旅游市场动力——"供给侧发力"转向"需求侧发力"

传统旅游业在很大程度依赖外部旅游需求的持续注入，在旅游供给不足、外部旅游需求既定的特定环境下，政府主导战略促使行业从供给侧入手发展。进入新发展阶段，旅游产业体系日渐完善，如何放大旅游对国民经济发展的效能，提升旅游贡献率，盘活旅游领域沉淀资产，是新时期旅游发展的重要任务。要在继续进行旅游供给侧结构性调整的同时，通过旅游需求侧的制度性调整，激活潜在需求，这是推动旅游有效增长的关键。

（二）旅游要素配置——由"组合化"转向"独立化"

在传统旅游市场，旅游行为主要是观光旅游，形成了以旅行社、旅游线路、旅游景区为核心的旅游产业组织和空间组织。进入新发展阶段，度假需求促使"住"的要素独立化，休闲旅游带来的"食"和"娱"要素独立化。旅游要素独立化发展是新旅游的一个重要特征，也是我国旅游未来发展的基本方向。因此，新旅游可以探索以要素独立化来构建旅游产业体系和空间体系。

（三）旅游方式——由"生活方式"转向"生活＋学习＋成长"

旅游作为人类社会特定发展阶段的产物，其包括经济、文化和社会3种不同属性。从经济属性看，旅游是一种生活方式；从文化属性看，旅游是一种学习方式；从社会属性看，旅游是一种成长方式。在我国旅游业新发展阶段，除了发展具有生活方式的旅游形态，构建具有文化目的的旅游体系、发展具有学习方式和成长方式的旅游形态，也是一项重要的任务。

（四）旅游服务组织——由"以企业组织生态为中心"到"以平台组织生态为中心"

新旅游的一个突出表现是数字赋能。它以互联网为依托，运用大数据、人工智能等数字技术和场景技术，对旅游价值链和产业链升级改造，优化要素与资源配置，重构旅游组织生态圈。数字赋能下的旅游与传统旅游的重大区别在于旅游组织生态的变革。旅游资源与要素配置、运营多数是通过数字平台组织来完成的，平台组织成为旅游资源配置的运营主体。旅游平台借助数字技术和场景技术构建起组织生态圈，不仅注重线上的数字技术为旅游服务商和旅游者提供服务性变革，也能通过数字技术整合旅游资源，更能按照共享经济的法则盘活闲置资源，提升旅游全要素生产率，从而对旅游产业全方位改造和升级。

（五）旅游发展方式——由"要素驱动"到"创新驱动"

我国旅游需求依靠资源、土地和劳动等要素驱动，构建起较为完整的旅游产业体系；后来依靠投资驱动，全方位带动了"小旅游"体系向"大旅游"体系的转型，构建起较为完善的旅游经济体系。进入新发展阶段，要实现旅游业高质量发展，创新驱动必然成为新的重要引擎。"制度创新"创造旅游新需求，产生新市场；"产品创新"创造旅游新玩法，产生旅游形式；"技术创新"创造旅游新服务，构建旅游新流程，形成资源与要素新能量；"管理创新"创造旅游新机制；"组织创新"创造新市场主体，产生新业态，构建旅游组织新的生态圈，形成旅游新的产业链。[①]

第三节　金融服务贸易

金融服务贸易的概念是在1986年开始的GATT乌拉圭回合谈判时提出的。在1994年乌拉圭回合谈判的最后文本中，金融业被纳入自由贸易的范围。GATS金融服务附件对金融服务贸易所下的定义为：由一成员方（指参加贸易谈判的国家和地区）的服务提供者向另一方提供任何形式的金融服务。金融服务主要是指银行业、证券业及其他金融机构所提供的服务。

一、金融行业发展概况

（一）国际金融业发展概况

2023年，美欧等西方国家银行倒闭、非银行金融机构爆仓等"黑天鹅"事件频发，引发金融市场动荡，动摇了人们对金融体系稳定性的信心，尤其是在波动性增大、流动性下降、主要市场价格大幅波动、通胀率飙升的环境下，各经济体都迫切需要妥善应对宏观经济和金融稳定风险。

2023年以来，从硅谷银行到瑞信银行，多家欧美银行相继破产倒闭，海外经济承受衰退压力，银行信誉崩溃引发金融市场动荡。随着金融环境收紧，各国收紧货币政策以应对高通胀，非银行金融中介机构的脆弱性逐步显现。2023年以来，全球股市整体处于上行态势，区域分化显著。美联储加息不仅增加了企业融资成本，降低企业盈利能力，还影响投资者的风险偏好和预期收益，导致股票市场出现调整和震荡。全球股市震荡上行，走势更趋分化，反映了市场参与者对宏观环境的忧虑。受美联储加息以及美国经济增长韧性等因素支撑，美元指数持续走高。国际原油持续减产推动石油供给收紧，石油价格上升导致通货膨胀加剧。意外的高通胀对市场预期造成冲击，外汇市场同步受到影响。各国央行

---

① 大地风景文旅集团. 新时代旅游产业六大转向［EB/OL］.（2022-04-17）［2024-06-16］. https://mr.baidu.com/r/1lW6GugSKhq?f=cp&rs=100746090&ruk=sywNUnjIR6Ew4NrbxkQfnQ&u=a2cca19db6b4efe3.

在提高利率抗击高通胀的同时，也将影响国际资本流动，引发外汇市场波动加剧。2023年10月，美元指数飙升至107.1，创年内新高。在强势美元冲击下，非美元货币普遍受挫，欧元、日元、英镑等发达经济体货币均呈现明显贬值态势，部分新兴市场经济体货币遭受较大压力。[①]

（二）中国金融业发展概况

我国金融系统坚决贯彻落实党中央、国务院决策部署，金融工作取得如下进展：

①稳健的货币政策精准有力，加强逆周期调节，发挥总量和结构双重功能，广义货币（M2）供应量和社会融资规模增速同名义经济增速基本匹配。

②银行业、保险业、证券业金融机构总体稳健，金融市场平稳运行。

③进一步提升对实体经济的服务质效，为经济回升向好营造良好的货币金融环境。

④金融改革不断深化，金融对外开放取得新进展。

⑤按照党中央确立的"稳定大局、统筹协调、分类施策、精准拆弹"的基本方针，持续防范化解重大金融风险，确保金融风险整体可控。[②]

2023年，我国债券市场规模稳定增长，国债收益率整体震荡下行；债券市场高水平对外开放稳步推进，投资者结构保持多元化；货币市场交易量持续增加，银行间衍生品市场成交量保持增长；股票市场主要股指回落。[③]截至2023年年末，我国金融统计数据如下：广义货币余额为292.27万亿元，同比增长9.7%。本外币贷款余额为242.24万亿元，同比增长10.1%。人民币贷款余额为237.59万亿元，同比增长10.6%。全年人民币贷款增加22.75万亿元，同比多增1.31万亿元。本外币存款余额为289.91万亿元，同比增长9.6%。人民币存款余额为284.26万亿元，同比增长10%。全年人民币存款增加25.74万亿元，同比少增5 101亿元。银行间人民币市场同业拆借月加权平均利率为1.78%，质押式债券回购月加权平均利率为1.9%。国家外汇储备余额为3.24万亿美元。经常项下跨境人民币结算金额为14.03万亿元，其中货物贸易、服务贸易及其他经常项目分别为10.69万亿元、3.34万亿元；直接投资跨境人民币结算金额为7.6万亿元，其中对外直接投资、外商直接投资分别为2.6万亿元、5万亿元。[④]

二、中国加入世贸组织的承诺

（一）中国政府在银行服务领域的4项承诺

①审慎发放营业许可证，即在营业许可方面没有经济需求测试或数量限制。

②外汇业务及时开放，取消地域和服务对象限制。

① 世界金融论坛. 世界金融论坛重磅发布：2024世界经济金融展望报告［EB/OL］.（2024-01-22）［2024-06-16］. https://baijiahao.baidu.com/s?id=1788768814934210188&wfr=spider&for=pc.

② 中国人民银行. 国务院关于金融工作情况的报告——2023年10月21日在第十四届全国人民代表大会常务委员会第六次会议上［EB/OL］.（2023-10-23）［2024-06-16］. http://www.npc.gov.cn/npc/c2/c30834/202310/t20231021_432324.html.

③ 中国人民银行. 2023年金融市场运行情况［EB/OL］.（2024-01-30）［2024-06-16］. https://www.gov.cn/lianbo/bumen/202401/content_6929047.htm.

④ 中国人民银行. 2023年金融统计数据报告［EB/OL］.（2024-01-12）［2024-06-16］. https://www.gov.cn/lianbo/bumen/202401/content_6925677.htm.

③人民币业务分阶段开放。加入世贸组织后4年内分5批逐步放开20个城市的地域限制，加入世贸组织后5年内取消所有地域限制。在服务对象上，加入世贸组织后2年内，允许外资银行为中资企业提供人民币业务；加入世贸组织后5年内，允许外资银行经营人民币零售业务。设在中国某一地区并获准经营人民币业务的外资银行可以向其他已开放人民币业务地区的客户提供服务。

④金融咨询类业务及时开放。加入世贸组织时，允许外资机构在中国从事有关存贷款业务，金融租赁业务，所有支付及汇划服务，担保及承兑、公司并购、证券投资的咨询服务，中介服务，以及其他附属服务。

此外，在非银行金融机构从事汽车消费信贷方面，加入世贸组织时允许合资和独资。

（二）中国政府在证券领域的承诺

在中国加入世贸组织时：

①外国证券机构可以（不通过中方中介）直接从事B股交易。

②外国证券机构驻华代表处可以成为所有中国证券交易所的特别会员。

③允许外国服务提供者设立合营公司，从事国内证券投资基金管理业务，外资比例不超过33%；加入后3年内，外资比例不超过49%。

④加入后3年内，允许外国证券公司设立合营公司，外资比例不超过1/3。合营公司可以（不通过中方中介）从事A股的承销，B股和H股、政府和公司债券的承销和交易，以及基金的发起。

三、中国金融行业的相关政策与法规

随着中国银行业对外开放的不断扩大，各项法律、法规也经历了不断发展和完善的过程。

2003年12月31日开始实施的《境外金融机构投资入股中资金融机构管理办法》明确提出境外金融机构投资入股中资金融机构应当具备的主要条件是：

①最近两个会计年度连续盈利；

②商业银行资本充足率不低于8%，非银行金融机构资本总额不低于加权风险资产总额的10%；

③投资入股中资商业银行，最近一年年末总资产原则上不少于100亿美元；

④投资入股中资城市或农村信用社、中资非银行金融机构，最近一年年末总资产原则上不少于10亿美元；

⑤投资入股金融机构应当以货币出资；

⑥单个金融机构投资入股比例不得超过20%；

⑦多个境外金融机构对非上市中资金融机构投资入股比例合计达到或超过25%时，对非上市金融机构按外资金融机构实施监管。

《中华人民共和国外资金融机构管理条例实施细则》自2002年2月1日起施行。该细则放宽了外资银行市场准入标准，较大程度地简化了外资金融机构市场准入审批程序；取消了外资银行增设分行的时间间隔要求；删除设立外资金融机构的申请被拒绝后再次提出申请必须间隔一年的条款；适当调减外资金融机构扩大业务范围所需资金（营运资金），将外国银行分行经营对非外商投资企业（中资企业）人民币业务、经营对中国居民个人人民币业务所需的营运资金数额进行了大幅度下调，并简化独资、合资银行在华分行营运资金的档次，降低最低营运资金限额。在贯彻世贸组织的国民待遇原则方面，该细则相关条款采用《商业银行资本充足率管理办法》《关于进一步加强商业银行信贷管理防范关系人贷款及关联企业贷款风险的通知》《商业银行集团客户授信业务风险管理指引》等相关法规的规定，以体现中外资金融机构监管标准的统一性。

2002年12月1日施行的《合格境外机构投资者境内证券投资管理暂行办法》（已废止）对合格投资者的申请资格作了规定，要求申请人财务稳健、资信良好，从业人员符合所在国家或者地区的有关从业资格的要求，有健全的治理结构和完善的内控制度，近3年未受到所在国家或者地区监管机构的重大处罚，所在国家或地区有完善的法律和监管制度等；同时，分别对基金监管机构、保险公司、证券公司、商业银行经营资历和资产规模规定了较高的标准。根据该规定，合格投资者在国家外汇管理局批准的投资额度内，可以投资下列人民币金融工具：在证券交易所挂牌交易的除境内上市外资股以外的股票；在证券交易所挂牌交易的国债、可转换债券、企业债券和中国证监会批准的其他金融工具。所投资的证券应当符合《外商投资产业指导目录》的要求。单个投资者对单个上市公司的持股比例，不超过该上市公司股份总数的10%；所有合格投资者对单个上市公司的持股比例总和，不超过该上市公司股份总数的20%。

2005年8月，中国人民银行发布了《关于加快发展外汇市场有关问题的通知》，决定推出有关改革措施，进一步推进中国银行间外汇市场的发展。该通知主要包括：

一是扩大银行间即期外汇市场的交易主体范围，允许符合条件的非银行金融机构和非金融企业按实需原则参与银行间外汇市场交易。

二是增加银行间市场交易模式，在银行间外汇市场引入询价交易方式，银行间外汇市场参与主体可在原有集中授信、集中竞价交易方式的基础上，自主选择双边授信、双边清算的询价交易方式，询价交易将首先在远期交易中使用。

三是进一步丰富银行间外汇市场的交易品种，允许符合条件的银行间外汇市场参与主体开展银行间远期外汇交易，并允许取得远期交易备案资格6个月以上的市场会员开展银行间即期与远期、远期与远期相结合的人民币对外币掉期交易。

2008年，国务院修订了《中华人民共和国外汇管理条例》（以下简称《外汇管理条例》），主要针对3个方面进行了修改：

第一，要使境内、境外的个人投资更加便利化。

第二，资本市场会更加开放，投资者的权益将得到更高程度的保护。

第三，考虑有关实现人民币资本和金融账户可兑换的要求，进一步审视《外汇管理条例》，并推进新一轮修改。

2010年8月，《中国人民银行关于境外人民币清算行等三类机构运用人民币投资银行间债券市场试点有关事宜的通知》发布，允许境外中央银行或货币当局、中国香港和澳门人民币业务清算行和跨境贸易人民币结算境外参加银行使用依法获得的人民币资金投资银行间债券市场。

2011年12月，《中国人民银行关于实施〈基金管理公司、证券公司人民币合格境外机构投资者境内证券投资试点办法〉有关事项的通知》发布，进一步规范试点机构的账户管理、资金汇出入、资产配置、银行间债券市场投资和信息报送等行为。

2012年4月，中国人民银行与世界银行签署《中国人民银行代理国际复兴开发银行（IBRD）投资中国银行间债券市场的代理投资协议》《中国人民银行代理国际开发协会（IDA）投资中国银行间债券市场的代理投资协议》。

2013年3月，《中国人民银行关于合格境外机构投资者投资银行间债券市场有关事项的通知》印发，允许符合条件的合格境外机构投资者（QFII）向中国人民银行申请投资银行间债券市场。

2013年3月，中国人民银行与南非储备银行签署《中国人民银行代理南非储备银行投资中国银行间债券市场的代理投资协议》。

2013年12月，中国人民银行与世界银行集团成员组织国际金融公司签署《中国人民银行代理国际金融公司投资中国银行间债券市场的代理投资协议》。

2014年，国务院两次修订了《中华人民共和国外资银行管理条例》（2019年第三次修订），对外资银行主动实施进一步的开放措施，适当放宽外资银行准入和经营人民币业务的条件，为外资银行设立运营提供更加宽松、自主的制度环境。修订后的条例对外资银行在中国境内机构设立、业务准入等方面降低了门槛，放松了对外资银行的限制，标志着中国银行业对外开放的步伐进一步加快。

2015年6月，《中国人民银行关于境外人民币业务清算行、境外参加银行开展银行间债券市场债券回购交易的通知》发布，允许境外人民币业务清算行、境外参加银行在银行间债券市场开展债券回购交易，为其提供了新的人民币资产流动性管理工具。

2015年6月，中国人民银行与匈牙利中央银行签署了在匈牙利建立人民币清算安排的合作备忘录和《中国人民银行代理匈牙利央行投资中国银行间债券市场的代理投资协议》，并同意将RQFII试点地区扩大到匈牙利，投资额度为500亿元人民币。

2015年7月，《中国人民银行关于境外央行、国际金融组织、主权财富基金运用人民币投资银行间市场有关事宜的通知》发布，对境外央行类机构简化了入市流程，取消了额度限制，允许其自主选择中国人民银行或银行间市场结算代理人为其代理交易结算，并拓宽其可投资品种。

2015年9月，中国人民银行批复同意中国香港上海汇丰银行有限公司和中国银行（香港）有限公司在银行间债券市场发行金融债券，这是国际性商业银行首次获准在银行间债券市场发行人民币债券。

2016年2月，中国人民银行公告〔2016〕第3号发布，引入更多符合条件的境外机构投资者投资银行间债券市场，取消投资额度限制，简化管理流程。

2016年8月，世界银行（国际复兴开发银行）首期特别提款权（SDRs）计价债券在中国银行间债券市场成功发行。

2017年5月，中国人民银行和中国香港金融管理局发布联合公告，同意中国外汇交易中心暨全国银行间同业拆借中心、中央国债登记结算有限责任公司、银行间市场清算所股份有限公司和香港交易及结算有限公司、香港债务工具中央结算系统开展香港与内地债券市场互联互通合作。

2017年6月，为规范开展内地与香港债券市场互联互通合作相关业务，保护境内外投资者合法权益，维护债券市场秩序，中国人民银行发布《内地与香港债券市场互联互通合作管理暂行办法》，并随后发布《〈内地与香港债券市场互联互通合作管理暂行办法〉答记者问》。

2017年7月，债券通正式上线试运行。债券通的推出，有利于以香港为重要中介联结内地和国际债券市场，巩固与提升香港国际金融中心地位，促进香港长期繁荣稳定，有利于稳步推进我国金融市场对外开放的进程。

2018年国家互联网信息办公室发布的《金融信息服务管理规定》要求明确金融信息服务提供者履行主体责任，配备与服务规模相适应的管理人员，建立信息内容审核、信息数据保存、信息安全保障、个人信息保护、知识产权保护等服务规范。

2019年9月，中国人民银行发布《金融科技（FinTech）发展规划（2019—2021年）》。该规划开宗明义地指出，持牌金融机构在依法合规的前提下发展金融科技，有利于提升金融服务质量和效率，优化金融发展方式，筑牢金融安全防线，进一步增强金融核心竞争力。

2020年8月，中国证券业协会在《关于推进证券行业数字化转型发展的研究报告》中就推进证券行业数字化转型发展提出了相关建议：优化证券公司分类评价信息技术投入指标，完善加分标准，提高非运维投入在评价指标中的权重，推广行业数字化转型领域最佳实践，鼓励行业加强信息技术领域的外部合作。

2021年2月，《国务院关于加快建立健全绿色低碳循环发展经济体系的指导意见》发布，大力发展绿色金融，包括绿色信贷和绿色直接投资，从绿色供应链、绿色物流、绿色贸易、绿色产品消费等方面作出总体规划和部署。

2021年2月，《中国银保监会①办公厅关于进一步规范商业银行互联网贷款业务的通知》发布，明确商业银行与合作机构共同出资发放贷款的出资比例要求、集中管理要求，提出地方性银行跨区域经营限制。

2023年2月，中国人民银行印发《关于开展租赁住房贷款支持计划试点有关事宜的通知》，引导金融机构在自主决策、自担风险的前提下，向试点城市专业化住房租赁经营主体发放长期限租赁住房购房贷款。

2023年6月，《中国人民银行　国家金融监督管理总局　证监会　财政部　农业农村部关于金融支持全面推进乡村振兴　加快建设农业强国的指导意见》发布，聚焦建立完善多层次、广覆盖、可持续的现代农村金融服务体系，增强金融服务能力。

2023年8月，《中国人民银行　国家金融监督管理总局关于做好金融支持防汛抗洪救灾和灾后恢复重建工作的通知》发布，对加大重点领域信贷投放、提升灾后恢复重建信贷服务效率、积极发挥保险风险分散功能、多渠道拓展灾后重建资金来源、全面提升灾区金融保障功能等五个方面提出具体要求。

---

① 2023年3月，中共中央、国务院印发《党和国家机构改革方案》，决定在中国银行保险监督管理委员会基础上组建国家金融监督管理总局，不再保留中国银行保险监督管理委员会。同年5月18日，国家金融监督管理总局揭牌。

四、金融服务贸易分析

自改革开放以来，我国金融服务贸易得到了长足的发展。政策环境的不断优化、市场规模的快速扩大、金融产品的不断创新，都为我国金融服务贸易的发展注入了新的动力。我国政府出台了一系列扶持政策，鼓励金融机构走出去，参与国际竞争，进一步推动了我国金融服务贸易的发展。

我国金融服务贸易规模持续扩大。在贸易差额方面，虽然我国金融服务贸易进出口总额持续增长，但贸易逆差依然存在。这主要是由于我国金融机构在国际竞争中仍处于相对劣势地位。在金融产品创新方面，我国金融服务贸易也取得了一定的进展，国内金融机构积极推动金融创新，不断推出多样化、个性化的金融产品，满足了不同客户的需求。

据中国银行业协会贸易金融专业委员会不完全统计，2022年，我国主要商业银行国际结算业务总量为10.60万亿美元，较2021年增加0.51万亿美元，总体增幅为5.05%；我国主要商业银行国际贸易融资业务量涨跌互现，国际贸易融资业务总量小幅增长5.69%，同时呈现出表内贸易融资业务占比小幅回落、进口贸易融资业务占比大幅回落等特点；我国主要银行国内信用证结算总量为1.99万亿元人民币，同比涨幅达33.16%，增长较快；我国商业银行保理业务持续发展，国内保理业务依旧为主要增长点，占比达92.71%。[1]

五、中国金融行业展望

我国金融结构还是发展中经济体的金融结构，融资体系以银行融资为主，银行贷款又主要是企业贷款和住房抵押贷款。目前，我国中产阶级人数和居民财富增加很快，但个人理财规模只占个人金融资产的15%。我国养老金缺口大。我国现有金融结构远不能满足实体经济、居民财富的需求和应对老龄化趋势的挑战。

我国金融科技领域的发展在央行的指导下愈发蓬勃，充满了生命力与创造力。我国的经济规模庞大、结构复杂，并且随着我国不断发展，我国的资本市场和金融体系在全球舞台上变得越来越有影响力。

我国金融发展的重点工作包括以下内容：

①构建统一、综合、国际化的国家债券市场，支持科技创新和数字化转型。

②进一步推进人民币国际化进程，丰富外汇市场投资者结构，提升人民币汇率弹性和灵活性。

③加快落地央行数字货币，大力发展区块链技术，打造数字化金融基础设施，营造金融科技新生态。

④组建大型商业养老保险机构，打造养老保险第三支柱，为经济建设和转型提供长期资本。

---

[1] 中国银行业协会. 中国银行业协会发布《中国贸易金融行业发展报告（2022—2023）》[EB/OL]. (2023-07-24) [2024-06-16]. https://www.china-cba.net/Index/show/catid/119/id/42578.html.

⑤将金融科技全面融入支付、信贷、保险、证券、资产管理、供应链金融等各领域，并借助物联网技术，在业务流程、客户服务等方面进行全面提升，实现金融产品、风控、服务的智慧化。

⑥构建综合和整体的金融风险监测和监管体系，为金融开放、金融发展和稳定保驾护航。在金融开放和发展中要不断完善风险管理要素，相应增强金融监管能力，建设金融风险管理和压力测试中心，不断完善风险管理要素，对突发事件制定预案，提高实时金融监管和风险防范能力。

我国金融工作下一步的考虑是：

①继续实施稳健的货币政策。稳健的货币政策更加精准有力，把握好逆周期和跨周期调节，保持货币信贷总量适度，节奏平稳。

②全面加强和完善金融监管。坚守金融监管主责主业，强化金融风险源头管控。

③持续提高金融服务实体经济的能力。坚持服务实体经济的根本宗旨，着力扩大内需、提振信心，助力实体经济稳定增长和转型升级。

④不断深化金融改革和对外开放。进一步深化金融供给侧结构性改革，支持经济发展方式转变和经济结构优化。

⑤积极稳妥防范化解金融风险。健全市场化、法治化、常态化处置机制，平稳有序推动重点金融风险处置，坚决守住不发生系统性金融风险的底线。

⑥着力维护金融市场稳健运行。进一步推动活跃资本市场、提振投资者信心的政策措施落实落地，从投资端、融资端、交易端、改革端协同发力，不断激发市场活力。

我国将继续坚持党中央对金融工作的集中统一领导，坚持以人民为中心的金融价值取向，坚持金融服务实体经济的根本要求，坚持把防控风险作为金融工作永恒主题，坚持市场化、法治化的改革开放方向，全面推进金融业高质量发展，更好服务经济社会高质量发展。①

第四节 保险服务贸易

一、保险服务与世界经济

国际保险作为国际服务贸易的一个主要项目，为国与国之间提供安全保障服务，其特有的经济保障和经济补偿功能使其在世界经济发展中的地位和作用日益突出。

国际保险的发展与国际经济活动中的风险密切相关，人们希望通过保险转嫁风险，获得经济补偿。国际保险作为国际分散风险和转移风险的途径，在世界经济发展中的作用不断增大，成为国际经济交往中不可缺少的组成部分。

---

① 中国人民银行. 国务院关于金融工作情况的报告——2023 年 10 月 21 日在第十四届全国人民代表大会常务委员会第六次会议上 [EB/OL]. (2023-10-23) [2024-06-16]. http://www.npc.gov.cn/npc/c2/c30834/202310/t20231021_432324.html.

二、保险行业发展概况

（一）国际发展概况

根据安联集团2024年5月发布《2024年安联全球保险业发展报告》，2023年，全球保险业估计增长了7.5%，创下了自2006年以来的最快增长量。全球保费收入达到6.2万亿欧元，其中人寿险保费收入为26 200亿欧元，财产险保费收入为21 530亿欧元，健康险保费收入为14 270亿欧元。与2022年全球保费增长主要由财产险业务推动的情况相比，2023年的增长显得更加平衡。人寿险、财产险和健康险三大业务的增长幅度较为接近，其中人寿险为8.4%，财产险为7.0%，健康险为6.6%。2022年仅增长3.1%的人寿险业务在2023年实现强势复苏，全球业务增长主要是由亚洲市场推动。2023年，亚洲人寿险保费收入增长16.2%，成为世界上最大的区域市场，领先西欧，全球市场份额占比为30.0%。而在财产险业务上，北美仍是全球最大的区域市场，2023年取得7.1%的增幅，全球市场份额占比高达54.2%。亚洲（不含日本）的财产险保费收入增长6.6%，全球市场份额保持在15.5%。

（二）国内发展概况

根据《2024年安联全球保险业发展报告》，2023年，中国保险市场表现优异，总保费收入增长9.1%，达到6 540亿欧元，创下近几年的最快增长量。其中，人寿险成为最主要的业务驱动力，实现12.8%的增长，结束了之前3年增长放缓的趋势。相比而言，财产险和健康险的增长较为温和，财产险保费收入增长5.7%，健康险保费收入增长4.4%。

从市场份额占比上，全球保险业仍由美国主导。2023年，美国保险市场在全球市场的份额为44.2%。中国保险业仍以强劲增长将其全球市场占比在10年间几乎翻了一倍，2023年达到10.6%。在未来10年中，安联全球保险报告预计中国市场将继续保持强劲发展态势，每年增长7.7%，从而巩固其作为全球第二大保险市场的地位。

（三）中国保险业跨境服务贸易

中国保险行业协会发布的《2022中国保险业社会责任报告》显示，2022年，中资保险机构积极参与高水平对外开放，不断优化境外布局，服务跨境贸易；积极推进对外交流合作，国际化水平持续提高。保险业参与国际交流合作341场，为跨境贸易服务提供风险保障11.1万亿元，支持外贸企业获得融资增信超过3 000亿元。

三、中国加入世贸组织的承诺

中国政府在保险领域的承诺主要是：

第一，针对跨境提供，除再保险，国际海运、空运和运输保险，以及大型商业险经纪，国际海运、空运和运输保险经纪，再保险经纪业务外，不作承诺。

第二，针对境外消费，除保险经纪不作承诺外，其他未作限制。

第三，针对自然人移动，除跨行业的水平承诺（包含保险行业在内的普遍承诺）外，对其他方面没有承诺。

第四，针对商业存在，在市场准入方面承诺如下：

①企业设立形式。

加入世贸组织时，允许外国非寿险公司在华设立分公司或合资公司，合资公司外资比例可达到51%；加入后2年内，允许外国非寿险公司设立独资子公司，取消企业设立形式限制。

加入世贸组织时，允许外国寿险公司在华设立合资公司，外资比例不超过50%，外方可以自由选择合资伙伴。合资企业投资方可以自由订立合资条款，只要它们在具体承诺减让表所作的承诺范围内。

加入世贸组织时，允许设立合资保险经纪公司，外资比例不超过50%；加入世贸组织后3年内，外资股比可以达到51%；加入世贸组织后5年内，允许设立全资外资子公司。

随着地域限制的逐步取消，经批准允许外资保险公司设立分支机构。内设分支机构不再适用首次设立的资格条件。

②地域限制。

加入世贸组织时，允许外国寿险公司、非寿险公司及保险经纪公司在上海、广州、大连、深圳、佛山提供服务；加入世贸组织后2年内，区域范围扩大至北京、成都、重庆、福州、苏州、厦门、宁波、沈阳、武汉和天津；加入世贸组织后3年内，取消地域限制。

③业务范围。

加入世界贸易组织时，允许外国非寿险公司从事没有地域限制的"统括保单"大型商业险保险，以及提供境外企业的非寿险服务，在华外商投资企业的财产险、相关责任险和信用险服务；允许外国（再）保险公司以分公司、合资公司或独资子公司的形式提供寿险和非寿险的再保险业务，且没有地域限制或发放营业许可的数量限制。加入世贸组织后2年内，允许外国非寿险公司向中国和外国客户提供全部非寿险服务；允许外国寿险公司向外国公民和中国公民提供个人（非团体）寿险服务。加入世贸组织后3年内，允许外国寿险公司向中国公民和外国公民提供健康险、团体险与养老金/年金险服务。

④营业许可。

加入世贸组织时，营业许可的发放不设经济需求测试或许可的数量限制。申请设立外资保险机构的资格条件为：

首先，投资者应为在世贸组织成员中有超过30年经营历史的外国保险公司；

其次，必须在中国设立代表处连续2年；

最后，在提出申请前1年年末总资产超过50亿美元，但保险经纪公司除外。

第五，关于大型商业险的定义，是指对大型工商企业的保险。其标准为：

①中国加入世贸组织时企业年保费超过80万元人民币，而且投资额超过2亿元人民币；

②加入世贸组织后1年，企业年保费超过60万元人民币，而且投资额超过1.8亿元人

民币；

③加入世贸组织后2年，企业年保费超过40万元人民币，而且投资额超过1.5亿元人民币。

第六，关于法定保险的范围，中国承诺：

①中外直接保险公司目前向中国再保险公司进行20%分保的比例，在中国加入世贸组织时不变，加入世贸组织后1年降至15%；

②加入世贸组织后2年降至10%；

③加入世贸组织后3年降至5%；

④加入世贸组织后4年取消比例法定保险。

但是，外资保险公司不允许经营机动车辆第三者责任险、公共运输车辆及商业用车司机和承运人责任险等法定保险业务。

第七，根据有关双边协议的保险执照发放工作已经完成。

第八，关于保险"统括保单"经纪业务，将实行国民待遇。

关于保险经纪公司申请资格，除上述30年经营历史和连续2年代表处要求外，对其资产规模要求为：

①加入世贸组织时，超过5亿美元；

②加入世贸组织后1年内，超过4亿美元；

③加入世贸组织后2年内，超过3亿美元；

④加入世贸组织后4年内，超过2亿美元。

中国已经基本实现对保险服务行业所作的承诺，基本实现该行业的全面对外开放，除外情况是：

①外资财产保险公司的经营范围受地域限制，必须以省为单位向中国保监会①提出设立分公司的申请，获批以后方可在该省开展业务；

②机动车的交强险需要单独提出申请，获批后才能在营业区域内开展交强险业务；

③外资设立寿险公司须合资且股比不超过50%等。

2005年是中国保险业实行全面对外开放的第一年。到2005年年底，中国对外资保险公司的地域和业务范围已无任何限制。外资保险公司已可在中国任何一座城市布网设点；外资寿险公司也可向中国公民和外国公民提供健康险、团体险和养老金/年金险服务，这意味着外资保险公司可在华从事全面的寿险和非寿险业务。另外，中国取消了再保险的强制分保规定，降低了对外资经纪公司的总资产要求，并允许设立独资的保险经纪公司。

四、中国保险行业的相关政策与法规

加入世贸组织后，中国政府出台了一系列政策法规，加快保险服务行业对外开放的进程。

2002年2月，《中华人民共和国外资保险公司管理条例》（2013年、2016年、2019年

---

① 2018年3月，第十三届全国人民代表大会第一次会议批准了《国务院机构改革方案》，组建中国银行保险监督管理委员会，不再保留中国保险监督管理委员会。

修订）正式施行。该条例不仅根据保险市场发展变化充实了许多新的内容，更重要的是，包含了中国政府加入世贸组织有关承诺的精神实质。

2003年6月，我国商务部与我国香港特别行政区财政司签署了《内地与香港关于键立更紧密经贸关系的安排》。根据该安排，中国香港保险公司经过整合或战略合并组成的集团，按照准入条件（集团总资产50亿美元以上，其中任何一家中国香港保险公司的经营历史在30年以上，且其中任何一家中国香港保险公司在内地设立代表处2年以上）可进入内地保险市场；中国香港居民在取得中国精算师资格或内地保险从业资格后，可在内地执业；中国香港保险公司参股内地保险公司的最高股比限制提高到15%。

2004年5月，中国保监会公布了《中华人民共和国外资保险公司管理条例实施细则》（2019年修订），明确了外资保险公司的定义，细化了外资进入保险业的规范，并体现了对外资保险公司的国民待遇。

2006年6月，《国务院关于保险业改革发展的若干意见》发布。随后，中国保监会颁布了《保险公司董事和高级管理人员任职资格管理规定》、《外国保险机构驻华代表机构管理办法》、《保险公司设立境外保险类机构管理办法》（2015年修订）、《非保险机构投资境外保险类企业管理办法》（已废止）。

2015年，中国保监会、国家发展和改革委员会印发了《中国保险业信用体系建设规划（2015—2020年）》，深入贯彻党的十八大和十八届三中、四中全会精神，全面落实国务院《社会信用体系建设规划纲要（2014—2020年）》《国务院关于加快发展现代保险服务业的若干意见》各项要求，以建立健全保险业信用制度体系和标准体系、形成覆盖全行业的征信系统和信用服务体系为基础，以推进保险商务诚信、保险政务诚信为重点领域，以加强保险诚信文化建设、建立守信激励和失信惩戒机制为主要内容，以提高行业诚信意识和信用水平、改善保险市场环境为目的，在全行业形成守信光荣、失信可耻的浓厚氛围，使诚实守信成为保险监管机构、各类保险企业、保险从业人员和保险消费者的自觉行为规范。

2018年1月，《中国人民银行　银监会[①]　证监会　保监会关于规范债券市场参与者债券交易业务的通知》发布，要求着力规范债市交易，整顿债券代持、高杠杆等乱象；中国银监会分别发布《商业银行委托贷款管理办法》《关于进一步深化整治银行业市场乱象的通知》。与此同时，中国保监会和财政部在1月印发了《关于加强保险资金运用管理支持防范化解地方政府债务风险的指导意见》，中国保监会发布《保险资金运用管理办法》。中国证监会集中公布了对20宗案件的行政处罚决定，并于2018年1月26日公布了此前证券行业"自查自纠、规整规范"专项活动的调查结果，拟对中金证券等6家券商采取不同的监督管理措施。与此同时，新股发审单周"18过3"、17%的IPO周过会率也体现了监管层严把上市入口关的决心与定力。

2019年10月，国务院发布了关于修改《中华人民共和国外资保险公司管理条例》的决定。12月，中国银保监会公布修订后的《中华人民共和国外资保险公司管理条例实施细则》，印发《中国银保监会办公厅关于明确取消合资寿险公司外资股比限制时点的通知》，明确从2020年1月1日起，合资寿险公司的外资比例可以达到100%。

---

① 2018年3月撤销。

2020年1月3日，《中国银保监会关于推动银行业和保险业高质量发展的指导意见》发布，提出要加强养老保险第三支柱建设，鼓励保险机构发展满足消费者终身、长期领取需求的多样化养老保险产品，支持银行、信托等开发养老型储蓄和理财产品。

2023年1月，中国银保监会发布《一年期以上人身保险产品信息披露规则》，核心内容是对长期人身保险产品的风险披露及重要事项的说明告知。

2023年7月7日，国家金融监督管理总局印发《关于适用商业健康保险个人所得税优惠政策产品有关事项的通知》，目的是促进商业健康保险的推广，并且进一步促进我国的多层次医疗保障体系，有效减少个人医疗支出，降低国家的医保负担。

五、中国保险行业展望

在当前我国人均GDP已超过1万美元的大背景下，人们对保险需求的快速增长，也为我国保险业插上了腾飞的翅膀。我国保险业的发展，既是适应新发展格局的必然选择，也是自身发展的战略机遇。未来数年内，中国保险业在服务"双循环"新发展格局、服务国家治理体系和治理能力现代化方面将大有可为，特别是在我国老龄化速度不断加快的情况下，社会基于健康和养老方面的需求将持续旺盛，我国保险市场发展的空间广阔，未来可期。

第九章拓展阅读

素养园地

实行高水平对外开放，促进外贸外资稳中提质

2021年《政府工作报告》提出，实行高水平的对外开放，促进外贸外资稳中提质；实施更大范围、更多领域、更深层次的对外开放，更好参与国际经济合作。党的二十大报告指出："我国成为一百四十多个国家和地区的主要贸易伙伴，货物贸易总额居世界第一，吸引外资和对外投资居世界前列，形成更大范围、更宽领域、更深层次对外开放格局。"

一、推动进出口稳定发展

加强对中小外贸企业信贷支持，扩大出口信用保险覆盖面、优化承保和理赔条件，深化贸易外汇收支便利化试点。稳定加工贸易，发展跨境电商等新业态、新模式，支持企业开拓多元化市场。创新发展服务贸易。优化调整进口税收政策，增加优质产品和服务进口。办好进博会、广交会、服贸会等重大展会。推动国际物流畅通，清理规范口岸收费，不断提升通关便利化水平。

二、积极有效利用外资

推动服务业有序开放，增设服务业扩大开放综合试点，制定跨境服务贸易负面清单。推进海南自由贸易港建设，加强自贸试验区改革开放创新，推动海关特殊监管区域与自贸试验区融合发展，发挥好各类开发区的开放平台作用。促进内外资企业公平竞争，依法保护外资企业的合法权益。欢迎外商扩大在华投资，分享中国开放的大市场和发展机遇。

三、高质量共建"一带一路"

坚持共商共建共享，坚持以企业为主体、遵循市场化原则，健全多元化投融资体系，有序推动重大项目合作，推进基础设施互联互通。党的二十大报告指出："我们实行更加积极主动的开放战略，构建面向全球的高标准自由贸易区网络，加快推进自由贸易试验区、海南自由贸易港建设，共建'一带一路'成为深受欢迎的国际公共产品和国际合作平台。"提升对外投资合作的质量效益。

四、深化多双边和区域经济合作

党的二十大报告指出，"中国坚持经济全球化正确方向，推动贸易和投资自由化便利化，推进双边、区域和多边合作，促进国际宏观经济政策协调，共同营造有利于发展的国际环境，共同培育全球发展新动能"。坚定维护多边贸易体制。推动《区域全面经济伙伴关系协定》尽早生效实施、中欧投资协定签署，加快中日韩自由贸易协定谈判进程，积极考虑加入《全面与进步跨太平洋伙伴关系协定》。在相互尊重的基础上，推动中美平等互利经贸关系向前发展。中国愿与世界各国扩大相互开放，实现互利共赢。

资料来源 2021年《政府工作报告》。

关键术语

运输服务贸易　货物运输代理服务　跨境服务贸易　旅游服务贸易　金融服务贸易保险服务贸易

复习与思考

1.传统的服务贸易产业主要包括哪些？

2.中国运输服务加入世贸组织时有哪些主要的承诺？

3.什么是运输服务贸易？运输服务贸易有哪些主要特点？

4.什么是旅游服务？旅游服务产品有哪些特点？

5.什么是旅游服务贸易？试阐述旅游服务贸易的特点和作用。

6.什么是金融服务贸易？金融服务主要包括哪些内容？

7.中国加入世贸组织时在金融服务贸易方面有哪些具体承诺？

8.什么是保险服务贸易？国际保险对世界经济有什么作用？

阅读分析

资料一　　　　　　　　　**推动我国服务贸易高质量发展**

党的二十大报告提出："推动货物贸易优化升级，创新服务贸易发展机制，发展数字贸易，加快建设贸易强国。"随着对外开放程度的加深和数字化转型加快，服务贸易已经成为支撑贸易强国建设的三大支柱之一，是促进经济转型升级、构建新发展格局的必然要求和突破关键。"十四五"以来，我国服务贸易加速发展，在国民经济中的地位显著提升。2020—2023年，我国服务贸易总额从6 617亿美元增长至9 331亿美元，规模增长了41%；其中，服务出口额由2 806亿美元增长至3 811亿美元，规模增长了35.8%；服务进口额由3 811亿美元增长至5 520亿美元，规模增长了44.8%。

我国在2013年开启改革开放新时期，推动服务贸易进入"高质量发展"阶段。

在顶层设计方面，我国建立并不断完善服务贸易发展部际联席会议制度，成立国际服务贸易促进联盟，对服务贸易发展作出宏观部署。

在平台载体方面，我国依托服务贸易创新发展试点、服务外包示范城市、文化中医药数字服务等7类国家特色服务出口基地等平台载体开展差异化探索，带动服务出口聚集化、特色化、品牌化发展。

在对外开放方面，我国积极利用自贸试验区、服务业扩大开放试点等平台先行先试推进服务业开放，推动服务贸易各领域开放水平大幅提升。

在数字化方面，我国积极推动服务外包转型升级，持续推进传统服务领域数字化转型，加速可数字化服务贸易的发展。

在国际合作方面，我国与澳大利亚、德国、新加坡等国家（地区）构建了全球服务贸易合作网络，推动服务贸易国际合作走深走实。

在国际规则方面，我国积极参与并推动达成《服务贸易国内规制参考文件》，签署RCEP，正式申请加入《全面与进步跨太平洋伙伴关系协定》《数字经济伙伴关系协定》等高标准经贸协定，在电信等服务市场开放、跨境数据流动、数字知识产权保护、数字产品非歧视待遇等方面主动对接国际高水平经贸规则，推动扩大对外开放。

虽然我国服务贸易发展已经实现历史性跨越，服务贸易创新发展试点示范成效显著，而且新兴的数字服务贸易发展态势良好，但是我国服务贸易存在进出口结构失衡、出口结构不均衡、区域发展不协调、贸易伙伴相对集中等问题，还存在诸如服务贸易主体竞争力较弱、区域营商环境差异大、贸易政策针对性差、体制机制不健全、服务贸易平台创新力度有限等多重制约性因素，因此必须遵循"全方位、全领域、多模式、深层次"的发展思路。关键是要逐步实现过剩产能向优势产能的转化，减少服务业低端产品的库存积压，提高服务业中高端产品的品质，改善我国服务贸易发展中存在的进出口结构、区域结构、供需结构不合理和不协调等问题。

资料来源　刘佳林. 推动我国服务贸易高质量发展［J］. 服务外包，2024（6）：50-56.

讨论：

（1）结合中国传统服务贸易的比较优势，说明中国如何选择推进服务贸易高质量发展的战略。

（2）结合某一具体产业，说明推动中国服务贸易高质量发展的具体方式。

资料二　　　　中国对外直接投资的现状与展望

根据商务部公布的数据，2023年，我国对外投资合作平稳发展，全行业对外直接投资10 418.5亿元，较2022年增长5.7%，其中，对外非金融类直接投资9 169.9亿元，增长16.7%。我国企业在"一带一路"共建国家非金融类直接投资2 240.9亿元，增长28.4%。

此外，全年对外承包工程完成营业额 11 338.8 亿元，增长 8.8%；新签合同额 18 639.2 亿元，增长 9.5%。我国企业在"一带一路"共建国家承包工程完成营业额 9 305.2 亿元，增长 9.8%；新签合同额 16 007.3 亿元，增长 10.7%。

2023 年，我国对外投资合作保持了稳定的增长，在"一带一路"建设中发挥了重要作用，这为深化经贸合作搭建了坚实基础。其中，非金融类直接投资增速较快，增幅明显高于全行业水平，显示实体投资保持良好态势。我国企业在"一带一路"共建国家承包业务规模和增速也位居前列，为推进区域基础设施建设贡献力量。

国家将推动"一带一路"经贸合作不断走深走实，在深化贸易投资合作方面，将鼓励企业创新对外投资方式，包括扩大三方或者多方市场合作，推动境外经贸合作区提质升级。

境外经贸合作区一直是我国对外投资合作的重点渠道和载体。推动境外经贸合作区提质升级，推动"一带一路"经贸合作不断走深走实，有利于夯实我国现有对外投资合作的发展基础，让这些载体、渠道、平台能够更好地服务于"走出去"战略。

企业要想更好"走出去"，一是利用政策红利积极布局，夯实长期可持续发展的合作基础；二是采取如共同设立产业园区、建设基础设施等方式，寻求国际金融资源支持，与跨国合作伙伴共抓机遇、共谋发展，降低单方面风险；三是与跨国合作伙伴探讨产业链合作机会，包括工业中间品、零部件和中间服务等，在从区域走向全球的同时以跨国合作的模式从全球走向区域。

如何进一步提升境外投资质量和水平？一方面，对于现有的重点投资合作领域，如制造业、批发零售等，要持续夯实基础，推动更多的有国际竞争力的国内企业"走出去"，更好地利用国内国际两个市场、两种资源；另一方面，对于以数字产业为代表的新兴产业，要助力企业在"走出去"过程中持续进行技术创新、提升经营管理能力，形成国际竞争力，进而反哺国内产业转型升级，实现良性循环。

展望未来，我国对外投资有望稳步增长，其中与 RCEP 成员、"一带一路"共建国家投资合作实现深化发展。对此，除了继续加强财税政策、金融政策，完善对外投资信息服务外，维护和拓展贸易伙伴关系或成为推动我国对外投资合作高质量发展的重要部分，包括进一步稳固与 RCEP 等现存协定成员之间的投资往来、加强与"一带一路"共建国家的投资合作、推动我国加入更多高标准经贸协定等。

资料来源　刘萌. 2023 年全行业对外直接投资同比增长 5.7%［N］. 证券日报，2024-02-05.

讨论：结合对外投资"走出去"的发展目标，分析中国服务企业如何制定自身发展战略以更好地保障对外投资"走出去"。

第十章　新兴国际服务贸易

内容提要

　　掌握新兴国际服务贸易的分类以及发展较迅速的国际服务贸易类型；掌握国际技术服务贸易的发展特点；掌握国际服务贸易外包的特点和发展趋势；介绍了信息技术外包、业务流程外包、知识流程外包。要求学生掌握3种外包的基本内容和表现形式，了解国际服务外包的发展现状。

❖ 引例

《阿凡达》重映，唤醒的不仅仅是情怀

　　前期无宣发，在首日排片和票房情况均不理想的前提下，《阿凡达》重映，仅用一天半时间，就反超《复仇者联盟4》，夺回世界票房冠军的宝座。截至2021年3月13日17时，在中国再次上映的科幻巨制电影《阿凡达》，中国票房已突破14亿元。这部由卡梅隆导演的3D电影的元年作品，时隔11年之后再次回到"人间"，对80后、90后和新世代来说，都是一次盛大影事的"必赴之约"，在科幻电影长河中具有里程碑式的意义。它的重映，唤醒的不仅是情怀，还有对现实的关怀和对极致的追求。

　　有人在知乎上提问：为什么《阿凡达》在世界电影史上有这么高的地位？一位影迷是这样回复的："无论是人物，还是动物、机械、大树、高山、河流，都设计得非常合乎逻辑，在电影里我看到的不是幻想，也不是未来，而仅仅是远方。"没错，合乎逻辑是《阿凡达》制胜的根本核心，影片中不仅有梦想、爱情，还有正义、立场、信仰……电影中每个角色都有合理的心理活动轨迹，作出决定的动机也就顺理成章，更能引发观众的思考。

　　老片重映，固然有其粉丝受众的贡献，但他们并不是票房的保证，电影市场早已过了仅靠情怀圈钱的时代。不少老片重映后市场表现冰火两重天：譬如2018年《阿飞正传》重映，总票房为1 973万元；《大话西游》系列重映，单日票房均未过千万元。真正留存至今的经典影片，具有其不可替代的艺术价值和人文关怀，自然有让观众持续买单的理由和动力。10多年过去了，我们依然面临着环境恶化、植被破坏的问题，这和《阿凡达》刚上映时所反映出的问题几乎一样。正如卡梅隆所说：它是一部永不过时的电影，它在另一个世界发生，是某种意义上的幻想。它能使我们去思考一些问题和解决办法，而不把目光过于针对我们的现实世界。

　　或许《阿凡达》诞生之初也代表了流行文化的一部分，但它绝不是应流行文化而

生，更不是为了票房成绩而被市场左右的产物。时至今日，它的内核依然是独一无二的，照亮无数造梦者前进的方向。

资料来源　傅秋源．《阿凡达》重映，唤醒的不仅仅是情怀［N］．新华日报，2021-03-18.

新兴服务业是指计算机和信息服务，专有权利使用费和特许费、咨询广告、宣传、电影、音像、政府服务，以及其他商业服务，如房地产、传媒、体育、医疗、文化等。在目前我国商品进入买方市场后，服务消费已越来越被人们所重视，尤其是新兴服务业作为服务市场中的前卫行业，更备受人们关注。新兴服务业的发展带动了新兴国际服务贸易的快速成长。

第一节　计算机与信息服务贸易

一、计算机与信息服务业的含义

计算机服务业是为满足使用计算机或信息处理的有关需要而提供软件和服务的行业，是一种不消耗自然资源、无公害、附加价值高、知识密集的新型行业。计算机服务业是计算机界惯用的名称，它和计算机制造业同属于计算机工业，日本称其为"信息处理产业"，美国称其为"计算机和信息处理服务业"。但计算机服务业与计算机制造业相分离，属于服务业中的商业服务。中国有时将与软件有关的部分统称为软件行业。计算机服务业包括处理服务、软件产品、专业服务和统合系统等方面，以及计算机和有关设备的租赁、修理和维护等。

信息服务业是利用计算机和通信网络等现代科学技术对信息进行生产、收集、处理、加工、存储、传输、检索和利用，并以信息产品为社会提供服务的专门行业的综合体。美国将信息服务业划分为七大类：信息处理服务、网络服务、系统软件服务、应用软件服务、一揽子委托服务、系统集成服务、专业培训咨询和系统运行服务。我国对信息服务业的分类也作了初步界定。1992年，中国信息产业商会对国内从事信息服务的企事业单位进行广泛调查，并结合国际上流行的信息服务业分类方法，将我国的信息服务业划分为五大类，即信息提供业、信息处理业、软件开发与服务业、系统集成服务业、咨询业及其他（见表10-1）。

表10-1　　　　　　　　中国信息产业商会的信息服务业分类

分　类	工作内容
信息提供业	数据库信息检索服务、联机信息检索服务、联机信息服务（包括互联网信息服务，如电子邮件、电子公告板、新闻组等）、文本信息产品提供服务（如刊物式或剪报式信息提供等）
信息处理业	计算机计算和分时服务，数据输入、处理和验证服务，穿孔打印服务，计时租赁服务，光学扫描数据服务，计算机制表服务，磁盘间、磁盘与磁带间转换服务，信息输出打印服务，电子数据交换服务，增值网络服务，库存管理服务，委托数据处理

续表

分　类	工作内容
软件开发与服务业	软件的设计、开发与维护，按需修改用户软件，通用软件的销售，定制软件的开发
系统集成服务业	计算机及外围设备管理、操作、维修人员的提供，CAD/CAM系统服务，计算机辅助工程系统服务，计算机网络集成服务，综合计算机办公自动化系统，计算机系统集成，交钥匙系统，计算机设备管理服务，计算机硬件和系统的需求分析等
咨询业及其他	提供调查报告、定量研究、现场咨询、辅助决策咨询、为用户培训软硬件操作和使用人员、为用户办培训班、培训维修人员、其他不便归于前4类的服务（如知识产权提供）

21世纪以来产生了一些新的信息服务业，即基于互联网的信息服务业，如ISP（互联网服务提供商）、网上存储空间提供、网上信息搜索、网上电子信箱等。虽然形式多了，但总体上仍然可以归入上述五大类。

二、中国计算机与信息服务业的对外开放现状

中国的电子信息产业是中国发展最快的产业，也是对中国经济和社会影响最大的产业。虽然中国的计算机和信息产业起步比较晚，但随着信息技术积累，中国信息产业技术水平与国际先进水平的差距逐渐缩小，尤其在中文信息处理领域，中国已处于世界先进行列。

2023年，全国规模以上电子信息制造业增加值同比增长3.4%，增速比同期工业低1.2个百分点，但比高技术制造业高0.7个百分点；出口交货值同比下降6.3%。2023年，规模以上电子信息制造业实现营业收入15.1万亿元，同比下降1.5%；营业成本为13.1万亿元，同比下降1.4%；实现利润总额6 411亿元，同比下降8.6%；营业收入利润率为4.2%。

2023年，我国通信设备制造业的营收总额为2.99万亿元，同比增长5.10%。扣除三大运营商（中国电信、中国联通和中国移动）、中国铁塔和中兴通讯后，营业总收入为8 720.64亿元，同比增长2.34%。三大运营商的营收总值为18 956亿元，同比增长6.9%，占百家企业总营收的51.6%；净利润总值为1 704亿元，同比增长6.3%，占百家企业净利润总值的69%。

计算机行业生产延续扩张态势。2023年，我国计算机行业整体营收总额约为11 812亿元，同比增速为9.54%；归母净利润总额约为301亿元，同比增长8.77%。从细分板块来看，2023年，我国智能安防、金融IT、地理信息盈利明显增长；2024年第一季度，我国工业软件实现较快增长。

我国软件和信息技术服务业的综合情况是：

①软件业务收入保持较快增长。2023年，全国软件和信息技术服务业规模以上企业数量超过3.8万家，累计完成软件业务收入达到123 258亿元，同比增长13.4%。

②利润增速稳步增长。2023年，全国软件和信息技术服务业实现净利润总额14 591亿元，同比增长13.6%；主营业务利润率提高0.1个百分点，至9.2%。

③软件出口形势低迷。2023年，全国软件和信息技术服务业实现出口514.2亿美元，同比下降3.6%。

④从业人数稳步增加，工资总额逐步恢复。软件和信息技术服务行业作为国民经济发展的新的增长引擎，对专业人才的需求正在不断扩大，人才培养已经成为该行业发展的至关重要的因素。在人才规模方面，软件业从业人员持续增长，截至2023年11月，软件从业人员规模超800万人，同比保持增长。在人才质量方面，软件业人才结构不断优化，软件从业人员中硕士及以上学历占比超14%。

从我国软件和信息技术服务业的具体领域来看：

①软件产品收入平稳增长。2023年，软件产品收入29 030亿元，同比增长11.1%，增速较上年同期提高1.2个百分点；信息安全产品和服务收入2 232亿元，同比增长12.4%，增速较上年同期提高2.0个百分点；嵌入式系统软件收入10 770亿元，同比增长10.6%，增速较上年同期回落0.7个百分点。

②信息技术服务收入较快增长。2023年，信息技术服务收入81 226亿元，同比增长14.7%，高出全行业整体水平1.3个百分点，占全行业收入比重为65.9%。其中，云服务、大数据服务共实现收入12 470亿元，同比增长15.4%，占信息技术服务收入的15.4%，占比较上年同期提高0.5个百分点；集成电路设计收入3 069亿元，同比增长6.4%；电子商务平台技术服务收入11 789亿元，同比增长9.6%。

③信息安全产品和服务收入稳步增长。2023年，信息安全产品和服务收入2 232亿元，同比增长12.4%，增速较上年同期提高2.0个百分点。

④嵌入式系统软件收入两位数增长。2023年，嵌入式系统软件收入10 770亿元，同比增长10.6%，增速较上年同期回落0.7个百分点。嵌入式系统软件已成为产品和装备数字化改造、各领域智能化增值的关键性带动技术。

从我国软件和信息技术服务业的分地区情况看：

①东部、东北地区保持较快增长，中部地区增势突出。2023年，东部、中部、西部和东北地区分别完成软件业务收入100 783亿元、6 965亿元、12 626亿元和2 884亿元，分别同比增长13.8%、17.4%、8.7%和13.9%。其中，东部、中部、东北地区高出全国平均水平0.4、4.0、0.5个百分点。4个地区软件业务收入在全国总收入中的占比分别为81.8%、5.7%、10.2%和2.3%。

②京津冀地区增势突出，长三角地区稳中有升。2023年，京津冀地区完成软件业务收入29 827亿元，同比增长17.1%，高出全国平均水平3.7个百分点；长三角地区完成软件业务收入35 437亿元，同比增长10.6%，增速比上年同期提高2.5个百分点。两个地区软件业务收入在全国总收入中的占比分别为24.2%、28.7%。

③主要软件大省收入占比小幅提高，部分中西部省（自治区、直辖市）增速亮眼。2023年，软件业务收入居前5名的北京、广东、江苏、山东、上海共完成收入85 135亿元，占全国软件业比重的69.1%，占比较上年同期提高1.1个百分点。软件业务收入增速高于全国整体水平的省（自治区、直辖市）有13个，其中增速高于20%的省（自治区、直辖市）集中在中西部地区，包括内蒙古、安徽、青海等。

④中心城市软件业务收入稳步增长，利润总额增速大幅提高。2023年，全国15个副省级中心城市实现软件业务收入59 604亿元，同比增长11.2%，增速较上年同期提高1.2个百分点，占全国软件业的比重为48.4%；实现利润总额7 936亿元，同比增长15.6%，增速较上年同期提高13.2个百分点。其中，哈尔滨、武汉、大连、深圳、济南、青岛、厦门和沈阳软件业务收入同比增速超过全行业整体水平。

第二节　国际服务外包

一、国际服务外包概述

（一）国际服务外包的含义

外包（outsourcing）是指企业将生产或经营过程中的某一个或几个环节交给其他（专门）企业完成，通过签订数年合同来保证服务的稳定供应、最优的质量和最低的成本。服务外包是现代服务业的重要组成部分，是指企业将其非核心业务发包给其他的服务提供商，以优化产业链，提升企业核心竞争力。

近些年来，与经济全球化相伴而生的国际服务外包快速发展，为不同经济发展水平的国家间开展服务贸易提供了绝好的机遇。在服务业日益成为世界各国主导产业的背景下，主动承接国际服务外包的转移，是目前推进中国服务业快速发展并在新一轮全球服务贸易竞争中掌握先机的重要选择。

服务外包中的离岸服务外包可全部归为国际服务贸易，服务外包中的在岸服务外包则不属于国际服务贸易（如图10-1所示）。离岸服务外包是母国企业将原来在企业内部从事的服务活动转移给外部东道国的企业去执行的过程。它的实现形式一般是跨国公司将其非核心服务业务通过合同方式分包给别国企业来承担，通过签订长期合同、协议等具有法律效力的文件，确保服务的稳定供应以及优质的服务、低廉的成本。

图10-1　国际服务贸易、服务外包和离岸服务外包的关系图

按照《服务贸易总协定》，国际服务贸易既包括第三产业，又包括建筑业和交通运输业，其内涵和范围比我们对服务业的传统理解要广得多。服务外包和国际服务贸易是相互独立而又密切联系的两个概念。

（二）离岸服务外包的动因

1.系统地整合资源，发挥比较优势

企业内部最具竞争力的资源和外部最优秀的资源的结合，能使企业最大限度地发挥自有资源的利用效率，获得竞争优势。企业服务外包可以降低用户自身在发展过程中的风险，集中精力处理本行业的核心业务，而不必为一些非核心业务花费大量的人力和物力。对整个社会而言，服务外包可以避免重复的开发和劳动，是节约社会资源的重要途径。

2.降低成本

20世纪90年代初的全球性经济衰退使企业间的竞争更加激烈，而降低成本是企业提高绩效最直接的手段。发达国家将劳动密集型服务外包到发展中国家可大幅度降低成本，包括人员工资、人事成本、房产购置费或租金等。先一步将离岸服务外包的企业因成本的降低获得了更高的利润率，随着离岸服务外包的大规模普及，相关行业成本普遍降低，没有实行离岸服务外包的企业面临不断缩小的利润空间。

3.增强企业的核心竞争力

由于任何企业的资源都是有限的，企业不可能在所有业务领域都获得同样的竞争力，因此，企业必须把有限的资源集中于自己擅长的业务上，而把不擅长的物流、财务等辅助功能交给专业公司，从而可以实现企业资源的优化配置，形成强化核心竞争力的业务平台。这有利于企业将有限的人力、财力和物力集中于核心业务上，从而进行重点研究和新产品研发。

4.提高服务质量及增强专业化程度

现代科技飞速发展，技术升级速度越来越快，技术系统复杂性增强，技术研发所需投资昂贵，单个企业难以掌握全部所需的前沿技术。企业通过离岸服务外包能以更低廉的成本利用专门资源，提供更优质、更专业的服务，或是把一个巨大的项目分隔成许多小模块，分包给全球各地的服务提供商并行工作，有效地缩短产品研发周期。此外，离岸服务外包能充分利用世界不同时区的差异，24小时不间断地进行工作。

（三）服务外包的分类

服务外包的业务形式主要包括信息技术外包、业务流程外包和知识流程外包。

1.信息技术外包

企业信息技术的来源总体上可以分为两种，即企业自主研发和从外部获取。前者被称为内制（insourcing），后者被称为外包。信息技术外包（information technology outsourcing，ITO）是指用户在规定的服务水平基础上，将一部分或全部信息技术（IT）、信息系统（IS）和相关服务委托给服务商，由其管理并提供用户所需的信息服务。严格意义上的信息技术外包伴随着企业的信息技术部门整体交由信息技术服务商管理。

2.业务流程外包

业务流程外包（business process outsourcing，BPO）是指外包提供商向客户提供特定服务业务的全面解决方案，以帮助客户降低或消除在该业务方面的费用和管理成本，从而使客户将全部精力集中于核心能力的一种服务提供方式。

3.知识流程外包

知识流程外包（knowledge process outsourcing，KPO）是围绕对业务诀窍的需求而建立起来的业务，通过广泛利用全球数据库以及监管机构等的信息资源获取信息，经过即时、综合的分析研究，最终将报告呈现给客户，作为决策的借鉴。KPO的流程可以简单归纳为：①获取数据；②进行研究、加工；③销售给咨询公司、研究公司或终端客户。

（四）中国离岸服务外包的发展概况

2023年，我国服务外包产业快速健康发展，"中国服务"品牌的国际影响力不断提升。2023年，我国企业承接服务外包合同额为28 666亿元人民币（币种下同），执行额为19 591亿元，同比分别增长17.6%和18.6%。其中，承接离岸服务外包合同额为14 871亿元，执行额为10 398亿元，同比分别增长12.9%和16.2%。（以美元计，全年承接服务外包合同额为4 162亿美元，执行额为2 849亿美元，同比分别增长11.6%和13%。其中，承接离岸服务外包合同额为2 154亿美元，执行额为1 514亿美元，同比分别增长6.6%和10.6%。）

从区域布局看，37个服务外包示范城市总计承接离岸服务外包合同额13 160亿元，执行额为9 089亿元，同比分别增长11.3%和13.4%，分别占全国总额的88.5%和87.4%。长三角地区承接离岸服务外包合同额为7 921亿元，执行额为5 605亿元，同比分别增长31.1%和23.7%，分别占全国总额的53.3%和53.9%。

从国际市场看，我国承接美国、欧盟离岸服务外包执行额分别为2 132亿元和1 431亿元，同比分别增长13.6%和16.2%。承接《区域全面经济伙伴关系协定》成员离岸服务外包执行额2 592亿元，同比增长24.1%，合计占离岸服务外包执行总额的24.9%。其中，承接柬埔寨、越南和印度尼西亚离岸服务外包执行额增长速度较快，同比分别增长78.1%、56%和47.3%。

从企业性质看，民营企业承接离岸服务外包执行额为3 920亿元，占全国总额的37.7%，同比增长37.8%；外商投资企业承接离岸服务外包执行额为4 303亿元，占全国总额的41.4%，同比增长10.8%。

从吸纳就业看，服务外包新增从业人员89万人，其中大学及以上学历65万人，占73%。截至2023年12月底，我国服务外包产业累计吸纳从业人员1 587万人，其中大学及以上学历1 031万人，占65%。

二、信息技术外包简介

（一）信息技术外包的分类

我国商务部在《服务外包统计报表制度》中将信息技术外包分为系统操作服务、系统应用服务、基础技术服务（见表10-2）。具体来说，ITO主要涉及软件开发和测试，系统运营，网络设计、开发和管理，应用系统设计、开发和维护，数据中心托管，安全服务，系统集成，信息技术咨询，系统支持等。由于信息系统离不开软件，因此信息技术外包中常见的是软件外包，其包括两类服务内容：一是为终端用户进行应用程序开发和维护；二是软件产品的研发。具体来说，软件外包包括应用程序的设计和开发、系统集成、应用系统和数据服务的测试和维护。

表 10-2　　　　　　　　　　　　信息技术外包的分类与业务范围

分　类	业务范围
系统操作服务	银行数据、信用卡数据、各类保险数据、保险理赔数据、医疗/体检数据、税务数据、法律数据等数据（包括信息）的处理及整合
系统应用服务	信息工程及流程设计、管理信息系统服务、远程维护等
基础技术服务	承接技术研发、软件开发设计、基础技术或基础管理平台整合或管理整合等

（二）信息技术外包的作用

1.保持企业的战略优势

ITO 可以提高服务响应速度与效率。来自 IT 服务提供商的专业技术人员可以将企业 IT 部门从日常维护管理这样的负担性职能中解放出来，降低系统维护和管理的风险，同时提高了该部门的信誉。

2.增强企业的核心竞争力

实施 ITO 后，企业规模缩小，但更加灵活。企业从具有低附加值的日常的事务性信息技术业务中解放出来，能够更有效地运用其核心竞争力，把时间、精力和资源集中起来，致力于具有高附加值的战略环节。

3.改进企业的管理水平

ITO 策略的成功有赖于企业各级主管人员思想观念上的转变和对外包意义的正确理解。ITO 对企业技术管理和合同管理的水平提出了更高的要求。通过与具有先进技术和先进管理水平的 IT 服务提供商合作，企业可以学习和借鉴其先进的现代化管理思想，促进自身管理理念的更新和管理水平的提高。

4.节约企业成本

成本方面的考虑是企业选择进行 ITO 的另一个主要原因。IT 服务提供商可以凭借规模经济在多个客户之间共享硬件、软件和人力资源，降低单位业务的成本，因而能够用更少的花费完成企业内信息技术部门所提供的信息技术功能。ITO 使服务供应商分担企业在设备和人力资源上的投资，降低企业的固定成本，将其转换为可变成本。

5.企业获得技术方面的优势

ITO 可以使企业使用前沿技术和技能，在市场中获得靠自身的力量无法获得的技能，使企业与服务提供商共担新技术的风险，或将风险完全转移给服务提供商。通过 ITO，企业可以将价值链中的每个环节都由最适合企业情况的专业公司完成。

6.优化企业人力资源配置

ITO 能够满足企业对人力资源的弹性需求。企业不需要为了一项临时性的信息技术业务而扩大自身的员工规模，而是可以借助外部人力资源来满足企业不断变化的需要，节省用于人才招聘与培训的费用和时间，减少人才流失的压力，增加人力资源配置的灵活性。

（三）中国信息技术外包的发展现状

1.IT市场规模逐渐扩大

由于国内外市场对IT服务外包的需求不断增加，所以在政府积极政策的引导下，为IT外包企业提供了大量的投资机会与发展空间，使我国IT服务外包市场的规模逐渐扩大。与此同时，IT服务市场的快速发展给IT服务外包市场的发展奠定了坚实的基础。IT行业的发展使得企业更关注企业的核心竞争力业务，而将产业链中的非核心业务外包给专业的IT服务外包企业，如信息化规划、设备和软件更新、网络系统的维护和建设等。这种资源的优化配置与专业化分工，使服务外包双方可以通过集中资源提升自身的优势项目，从而带动行业整体竞争力水平的提升。

2.IT服务外包城市逐步增多

我国IT服务外包市场的兴起与政府的大力支持是分不开的，各级政府为推动IT服务外包的发展颁布了一系列鼓励政策，我国多个城市都建立了IT产业基地。2006年，我国商务部正式提出实施服务外包"千百十工程"，在全国建设11个重点IT服务外包基地城市，包括北京、上海、深圳、成都和武汉等。IT企业在这些城市的发展已经取得初步成效，具有自身的比较优势，形成整体外包产业链，并通过自身的力量带动周边地区的IT服务外包业的发展，进一步推动我国IT服务外包业的发展。

3.政府支持力度不断加大

2000年6月，国务院印发《鼓励软件产业和集成电路产业发展的若干政策》，其中分别通过融投资、税收、产业技术、出口、收入分配、人才吸引和培养、采购、软件企业认证制度、知识产权保护、行业组织和行业管理、集成电路产业等方面的优惠政策，为IT企业提供发展的便利环境。同年9月，《财政部 国家税务总局 海关总署关于鼓励软件产业和集成电路产业发展有关税收政策问题的通知》发布。为配合国务院对软件产业和集成电路产业发展所颁布的鼓励政策，财政部也通过税收优惠政策为IT企业的发展壮大提供良好的物质条件。

2006年的"千百十工程"明确了工作目标，在"十一五"期间，从全国范围中选出11个具有竞争力的城市，并且推动100家世界著名跨国公司将其服务外包业务转移到中国，培育1 000家取得国际资质的大中型服务外包企业，创造有利条件，全方位承接国际（离岸）服务外包业务，并不断提升服务价值。

2009年，《财政部 国家税务总局 商务部 科技部 国家发展改革委关于技术先进性服务企业有关税收政策问题的通知》发布，将企业税收试点政策推广到了我国20个服务外包示范城市，对符合文件规定条件的企业，减按15%的税率征收企业所得税，并且免除征收符合该条件企业在离岸服务外包业务收入方面的营业税。该政策在很大程度上提高了我国承接离岸软件外包业务的成本优势，促进了我国软件外包企业国际竞争力的提升。

2009年1月和2010年4月，《国务院办公厅关于促进服务外包产业发展问题的复函》《国务院办公厅关于鼓励服务外包产业加快发展的复函》分别印发，确定了30多项鼓励政策，在财政资金、税收优惠、人才培训、平台建设、海关监管、特殊工时、知识产权保护等方面对服务外包产业予以支持，构建了较为全面的政策体系，推动我国服务外包产业进入多行业全面发展的轨道。

2011年，国务院印发的《进一步鼓励软件产业和集成电路产业发展的若干政策》更侧重对软件制造企业的税收扶持，对从事软件开发与测试、信息系统集成、咨询和运营维护的软件服务型企业提出了"免征营业税"的优惠。这适应了软件业"从产品向服务转型"的趋势，首次明确对软件服务型企业的营业税优惠。

2014年12月，《国务院关于促进服务外包产业加快发展的意见》发布，以促进我国服务外包产业加快发展，推动"中国服务"再上台阶、走向世界，进一步完善了服务外包产业政策体系和服务保障体系。我国以拓展国际、国内市场为导向，培育竞争新优势和营造良好发展环境，坚持改革创新、突出重点、分步实施、示范集聚的原则，着力激发企业的创新动力和市场活力，以尽快将服务外包产业提高到一个新水平。

2017年，我国工信部发布了《软件和信息技术服务业发展规划（2016—2020年）》，明确要求大力发展基于新一代信息技术的高端外包服务。发展安全可信云计算外包服务，推动政府业务外包。支持中国软件名城、国家新型工业化产业示范基地（软件和信息服务）、中国服务外包示范城市、软件出口（创新）基地城市等加大建设力度，做强优势领域和主导产业，提升产业集聚发展水平。

2020年，《商务部等8部门关于推动服务外包加快转型升级的指导意见》发布，明确了推动服务外包加快转型升级的发展目标：到2025年，我国离岸服务外包作为生产性服务出口主渠道的地位进一步巩固，高技术含量、高附加值的数字化业务占比不断提高，服务外包成为我国引进先进技术提升产业价值链层级的重要渠道，信息技术外包企业和知识流程外包企业加快向数字服务提供商转型，业务流程外包企业专业能力显著增强，服务外包示范城市布局更加优化，发展成为具有全球影响力和竞争力的服务外包接发包中心。到2035年，我国服务外包从业人员年均产值达到世界领先水平。服务外包示范城市的创新引领作用更加突出。服务外包成为以数字技术为支撑、以高端服务为先导的"服务+"新业态、新模式的重要方式，成为推进贸易高质量发展、建设数字中国的重要力量，成为打造"中国服务""中国制造"品牌的核心竞争优势。

2022年，为贯彻《中共中央 国务院关于推进贸易高质量发展的指导意见》，落实《国务院关于促进服务外包产业加快发展的意见》关于"定期发布《服务外包产业重点发展领域指导目录》"的要求，明确服务外包产业发展导向，商务部、工业和信息化部、财政部和海关总署结合产业发展情况，在2018年发布《服务外包产业重点发展领域指导目录》的基础上，编制了《服务外包产业重点发展领域指导目录》（2022年版），本目录共涉及20个重点发展领域，其中，6个领域属于信息技术外包范畴，4个领域属于业务流程外包范畴，10个领域属于知识流程外包范畴。

4.软件外包市场不断扩大

近些年来，软件离岸外包市场发展迅速，主要驱动因素是发达国家的IT企业填补人员缺口和降低人力成本的需求。在IT行业发展初期，美国和日本等发达国家与发展中国家之间的软件业人力成本差异较大。以中国和日本为例，中国软件工程师的工资水平仅为日本软件工程师的1/3至1/2。因此，发达国家的软件企业可将软件项目的部分环节外包给发展中国家的软件企业，从而有效降低人力成本。但随着软件技术和互联网经济的不断发展，这种人力成本之间的差异在逐步减少。日本 Human Resocia 人才派遣公司的2023年版调查结果显示，日本程序员平均年收入为36 061美元，在全球72个国家中排名第26

位，较上年下滑6个名次，而中国程序员平均年收入为36 574美元，排名上升至第24位，超越日本。

近年来，全球企业软件及软件技术服务市场需求持续表现出强劲的增长态势。企业IT相关支出逐步从传统产品转向新的基于云计算、数字化的替代产品，继续推动企业软件市场的增长。软件外包市场规模庞大，已成为现代企业发展不可或缺的一部分。信息技术的不断发展和全球化经济的推动，软件外包市场的规模将继续扩大，并且在未来的发展中发挥越来越重要的作用。随着机器学习和自动化工具的发展，许多重复性的、烦琐的任务可以被自动化完成，从而提升了软件外包商的效率和生产力。这也意味着软件外包商需要不断更新和升级技能和知识，以适应这一快速变化的市场

5.国内服务外包市场结构升级

2022年，我国企业承接离岸业务流程外包和知识流程外包执行额分别为1 462亿元和3 819亿元，同比分别增长11.8%和6.2%。承接离岸信息技术外包执行额为3 672亿元，同比微降0.6%，其中，信息技术解决方案服务、新能源技术研发服务、互联网营销推广服务等离岸服务外包业务增速较快，同比分别增长129.1%、61.3%和49.2%。

2023年，我国企业承接离岸信息技术外包、业务流程外包和知识流程外包执行额分别为4 154亿元、1 722亿元和4 522亿元，同比分别增长13.1%、17.8%和18.4%。其中，新能源技术研发服务、检验检测服务、交通工具维修维护服务等离岸服务外包业务增速较快，同比分别增长140%、44.5%和42.3%。

从中国2022年和2023年不同业务模式服务外包执行额占比来看，信息技术外包执行额占比逐步降低，国内服务外包有不断由信息技术外包向业务流程外包和知识流程外包升级的趋势。

三、业务流程外包简介

（一）业务流程外包的分类

1.根据外包业务分类

根据外包业务，BPO可以分为：

①后勤支持外包（back office outsourcing），包括内部业务，如宣传或采购。

②前线客务外包（front office outsourcing），包括客户服务，如销售或技术支援。

2.根据承包商所在地分类

根据承包商所在地，BPO可以分为：

①离岸外包（offshore outsourcing），即外包给海外的承包商。

②近岸外包（nearshore outsourcing），即外包给邻国的承包商。

③在岸外包（onshore outsourcing），即外包给国内的承包商。

（二）业务流程外包的业务范围

BPO业务涉及的范围广，业务分散，但根据业务性质，可将BPO的主要对象作出分类（见表10-3）。

表10-3　　　　　　　　BPO供应企业所承接的主要具体业务内容

服务项目			具体业务内容
总务部门	办公服务	备品管理	确认、订货、管理备品的库存状况
		资料管理	资料设计等的研讨、保管、储备
			资料的制作、发布
		一般事务	日程管理、制作文件、接待来客、接听电话等
		接待业务	接待外部顾客的到访
	设备管理	办公、会议室管理	租金等办公成本管理、信息管理、变更等，会议室的预约、茶水等业务
		设施管理	清洁、点检设备、接待等，与设施相关的全部或一部分业务
财务部门		资产管理	收集、记录资产信息，制作、更新资产管理总账
		支付业务	数据录入、确认、整理，记录、计算账簿，制作传票、账簿，支付手续
		预算、利润管理	关于预算、利润管理的数据录入、分析业务等
		债权、债务管理	对债权信息和债务信息进行一元管理，管理支付部门及债权、债务计算部门
		结算相关业务	回收、确认出勤信息，个人的管理，数据统计，制作、邮寄工资明细，支付手续，回应职员的咨询
人事部门		工资、奖金的计算	每月、每年业务结算，协助制作各类申报文件，制作结算文件等业务
		社会保险相关业务	制作加入社会保险所需的必要手续，代办手续
		人事管理	工资管理及劳务等各类与人事相关的业务
		采用	制订录用计划，召开录用研讨会，实施面试，担任面试指导官
		研修	计划、实施培育人才相关的各类进修
		退休者支持	退职人员的再雇佣、再就业支援等相关业务
		福利待遇	健康检查相关业务，促进财政储蓄的业务，提供公司住宅等

（三）业务流程外包的作用

1.有效地改善辅助业务对核心业务的支持作用，增加整体盈利

公司业务可划分为核心业务与辅助业务。BPO运作的主要对象是对整体业务起支撑作用的辅助业务，如财务、计算机软件系统等。这些辅助业务对外承包给专业化公司后，其业务质量能得到显著而迅速的提高，从而对核心业务起到推动作用，增加整体盈利。

2.进一步突出对核心业务的重点管理，同时实现对辅助业务的有效控制

将部分辅助业务外包，有助于公司管理层将更多的时间、精力、资源投入到核心业务上。而在辅助业务管理上，作为业务承揽方的外部专业化公司，对其承揽项目的服务等级、成本构成、质量检测等有明确的标准和承诺。这样，公司就可根据合同的履行情况实行对辅助业务的成本-质量控制，实现预期目标。

3.在提高外包业务质量的同时，也将这一业务领域转变为具有创造性的领域

在公司内部，辅助业务常被视为"日常性工作"，是一笔"经常性费用"。当由外部专业化公司的雇员们接手这些业务后，这些业务的性质不再是"日常性工作"，而是"新的就业机会"。他们能以一种充满激情的态度，富有创造性地去完成这些工作。此外，外部专业化公司常常是所从事业务领域中的技术领先者，它们对所承包的业务施以优化设计、科学运作与管理，并跟踪最新技术发展，不断更新公司的系统。

4.构筑战略伙伴关系，共同增强竞争力

BPO有利于在新的市场环境中打破传统的行业（业务）界线，与外部公司形成跨业务领域的联合，构成长期的战略伙伴关系，增强彼此的竞争力。

5.控制和降低生产成本

由于实现了对辅助业务的成本-质量控制，对业务进行更新与优化设计，采用先进技术等，因此能有效地控制和降低生产成本。

（四）全球业务流程外包发展概况

就地区分布来看，全球BPO的发包方主要集中在北美洲的发达国家（主要是美国）以及欧洲和亚太地区的发达国家（主要是西欧国家和日本）。这些国家的大型企业、金融机构和其他服务型企业通过选择BPO方式达到增强企业核心竞争力、降低成本、改进服务质量以及增加效率等目的。面对蕴含大量商机的国际服务外包市场，越来越多具有接包能力的国家成为欧美企业理想的海外转包地。20世纪90年代以前，大量会讲英语的劳动力、政府的支持、低廉的劳动力成本、良好的基础设施以及属于欧盟成员等因素使爱尔兰被公认为BPO的最佳选择国家。然而从20世纪90年代后期开始，其他国家开始竞相争夺这块市场份额。积极参与竞争的国家有印度、马来西亚、菲律宾、中国、澳大利亚、墨西哥、新西兰和英国。目前，印度凭借着具备大量受过高等教育、会讲英语的人才优势和具有竞争力的成本优势，占据了国际BPO市场的最大份额。根据麦肯锡（McKinsey）、印度软件公司与服务企业协会（NASSCOM）联合发表的报告，虽然印度将继续占有绝对优势，但其他地区（特别是中国）外包服务商正积极拓展业务，竞争力不断增强。2023年的全球离岸服务外包规模为2 154亿美元，同比增长6.6%。

从总体来说，目前BPO接包市场印度仍然占据龙头地位，中国作为强力竞争者紧随其后，越南、菲律宾等亚太地区国家迅速成长。

（五）中国业务流程外包简介

由于受到各种因素的限制，中国的BPO发展起步较晚，一般认为应该是从20世纪90年代跨国公司调整经营战略开始的。伴随着经济全球化速度加快，跨国公司开始通过制造业外包往中国转移制造业价值链中的加工组装环节，于是一时出现了外商争相在华投资的高潮。而在完成制造环节的转移之后，一些跨国公司为适应产品加工本地化的发展，又开始把一些内部服务业务，也就是原本应该由跨国公司自身业务部门完成的服务也外包给中国，如产品技术研发、战略咨询与管理、市场营销以及公共关系等。这个过程极大地推动了中国服务外包产业的发展。

1.中国发展 BPO 的好处

（1）规避贸易壁垒

作为现代高端服务业的重要组成部分，BPO 也是人才与知识密集型产业，可以不出国门实现"智力出口"，突破国际劳务输出中自然人移动的贸易障碍，直接降低劳务出口成本。发展 BPO 业务，将出口的"主战场"延伸至第三产业，有助于改善我国与其他贸易国的关系，规避各种贸易壁垒，减少贸易摩擦。

（2）提升服务业产业竞争力

通过发展出口导向型服务业，为在中国长期发展的跨国公司提供更便捷、更优质的服务，能够创造更优越的投资环境，吸引更多的直接投资，有助于提升我国服务业的产业竞争力。

2.中国承接 BPO 的优势

中国作为最大的发展中国家，在发展 BPO 方面具有得天独厚的优势，吸引了全球众多发包商。

（1）中国经济平稳快速增长

中国政局稳定，经济持续快速发展，投资环境良好，是世界上吸收外资最多的国家之一，高新技术产业和服务贸易领域成为外商投资的热点。全球最大的 500 家跨国公司中已有 400 多家在中国进行投资，一部分公司还在中国设立了地区总部。加入 WTO 以后，中国政府降低了关税水平，加大了银行、证券、商业、保险等服务领域的对外开放，为 BPO 的发展创造了优良的外部环境。

（2）政府的大力支持

中国政府支持 BPO 的发展，出台了一系列鼓励企业开拓国际 BPO 市场的政策与措施。商务部明确把发展软件和信息服务出口为特色的外包作为一项重要内容，并给予政策支持，逐渐培育和完善政策体系，为促进中国 BPO 发展提供了重要保障。

（3）良好的基础设施

外包的发展依赖基础设施的建设。中国 20% 的投资都用于基础设施的建设，许多城市交通、通信、电力等设施不断改善，产业集群迅速发展，形成了较强的产业配套能力，帮助 BPO 服务商增强了在满足客户关于低成本、高质量要求方面的适应能力。

（4）巨大的内需市场

中国巨大的人口数量和消费需求使中国 BPO 企业拥有广阔的市场空间，这是其他国家 BPO 企业无法比拟的绝对优势。另外，BPO 发展涉及生产、采购、销售等各个环节，要求以加工制造业的充分发展为支撑，而中国吸引的巨额国际直接投资正好满足这一要求。大量制造业外商直接投资为本土企业承接 BPO 业务提供了巨大的市场和广阔的分销渠道，为中国 BPO 服务商营造了良好的成长空间。

（5）低廉的人力资源成本

成本往往是发包商考虑的第一要素。中国 BPO 企业人力资源成本低廉，成为吸引众多国外发包商选择中国作为外包目的地的重要原因之一。

3.中国发展BPO的不足

（1）BPO企业规模普遍较小，专业人才缺乏

我国BPO企业规模普遍较小，大多从事简单的数据录入工作，无法支持大规模的业务，成为影响BPO业务发展的"瓶颈"。另外，虽然自2006年起我国每年都有400多万名普通高校毕业生，但高质量的专业人才匮乏，既掌握核心技术又精通外语的人才更是少之又少，这将在未来很长一段时间内困扰中国BPO业务的发展。

（2）知识产权保护意识薄弱

由于业务系统中往往富含商业机密，因此，BPO企业应该更加注重保护发包企业的知识产权。然而我国在知识产权保护方面意识较淡薄，导致跨国公司在进行BPO业务时担心自己的知识产权尤其是商业秘密得不到有效的保护，严重影响了中国BPO接包企业的形象，阻碍其进一步发展。

（3）行业协会发展滞后

印度全国软件与服务公司协会早在1988年就成立了，致力于研究行业国内外形势，规划行业发展前景，与政府部门对话沟通，以寻求政策支持，以及促进业内人士交流和人才培训等，对印度服务外包行业的发展起到了积极的推动作用。而我国相关行业协会的建设发展相对滞后，使我国BPO企业难以形成合力，需要以"中国服务"为统一品牌，吸引更多的国际BPO业务。

第三节 教育服务贸易

一、教育服务贸易概述

教育服务贸易是指国与国之间主要出于经济目的而进行的教育输入与输出，是教育国际化与国际服务贸易相结合的产物。将《服务贸易总协定》的相关规定延伸到教育领域，可以理解为，除了由各国政府彻底资助的教学活动之外，凡收取学费、带有商业性质的教学活动均可归于教育服务贸易范畴。

教育服务贸易有4种方式：

一是跨境交付，是指一个成员在其境内向任何其他成员境内的消费者提供的服务，如通过网络、函授教育等形式提供教育服务。

二是境外消费，是指服务的提供者在一成员境内向来自另一成员的消费者提供的服务，如出境留学、进修、学术访问和培训。

三是商业存在，是指一成员的服务提供者在另一成员境内设立商业机构或专业机构，如在其他成员境内设立办学机构或合作办学。

四是自然人移动，是指一成员的服务提供者以自然人的身份进入另一成员的境内提供服务，如一成员的教师到另一成员境内的教育机构任教。

二、教育行业发展概况

（一）国际发展概况

教育国际化日益成为当代教育的重要趋势，受到世界各国的高度重视。通过相互开放教育服务市场、承认学历学位等措施，教育要素全球流动日趋频繁。世界各国都面临着开放教育市场、创新教学模式、提供教育服务的新课题。2022—2023学年，留美国际学生人数达1 057 188人，再次突破100万人，其中，中国内地留学生为289 526人，占留美国际生总数的27.3%，这是中国内地连续第14年成为美国国际生最大生源地。除中国内地外，在美留学人数排名前四的国家和地区还有印度、韩国和加拿大。其中，中国内地和印度的在美留学生总数占比为53%，超过其他所有国家和地区在美留学人数的总和。"一带一路"共建国家的贸易和投资市场总体是开放的。截至2023年，"一带一路"共建国家中有164个国家是WTO正式成员。"一带一路"共建国家的教育服务市场总体开放程度在全球处于中等水平，而且发展不均衡。

（二）国内发展概况

1.学前教育

2023年，全国共有幼儿园27.44万所，其中，普惠性幼儿园有23.64万所，占全国幼儿园的比例为86.16%，比上年增长1.2个百分点。全国共有学前教育在园幼儿4 092.98万人，其中，普惠性幼儿园在园幼儿有3 717.01万人，占全国在园幼儿的比例为90.81%，比上年增长1.26个百分点。

全国共有学前教育专任教师307.37万人，生师比为13.32∶1，比上年有所改善；专任教师学历合格率为99.57%，比上年增长0.18个百分点；专任教师中专科及以上学历比例为92.74%，比上年增长2.44个百分点。

2.义务教育

2023年，全国九年义务教育巩固率为95.7%，比上年提高0.2个百分点。

在小学阶段，全国共有普通小学14.35万所。全国小学招生1 877.88万人，比上年增加176.5万人，增长10.37%；在校生为1.08亿人，比上年增加103.97万人，增长0.97%。全国共有小学阶段教育专任教师665.63万人，比上年增加2.68万人；专任教师学历合格率为99.99%；专任教师中本科及以上学历比例为78.03%，比上年增长3.5个百分点。

在初中阶段，全国共有初中5.23万所。全国初中招生1 754.63万人，比上年增加23.25万人，增长1.34%；在校生为5 243.69万人，比上年增加123.1万人，增长2.4%。全国共有初中阶段教育专任教师408.31万人，比上年增加5.79万人；专任教师学历合格率为99.96%，比上年增长0.02个百分点；专任教师中本科及以上学历比例为93.09%，比上年增长1.38个百分点。

3.高中教育

2023年，全国高中阶段毛入学率为91.8%，比上年提高0.2个百分点。

全国共有普通高中学校1.54万所，比上年增加355所；招生967.8万人，比上年增加

20.26万人，增长2.14%；在校生为2 803.63万人，比上年增加89.75万人，增长3.31%。普通高中专任教师为221.48万人，比上年增加8.16万人；生师比为12.66：1，持续改善。专任教师学历合格率为99.2%，比上年增长0.17个百分点；专任教师中研究生学历比例为14.01%，比上年增长0.93个百分点。

全国中等职业教育（不含人社部门管理的技工学校）共有学校7 085所，招生454.04万人，在校生为1 298.46万人。中等职业教育专任教师为73.48万人，比上年增加1.65万人；生师比为17.67：1，比上年改善；专任教师学历合格率为95.69%，比上年增长0.83个百分点；专任教师中研究生学历比例为9.41%，比上年增长0.5个百分点；"双师型"教师比例为56.71%，比上年增长0.53个百分点。

4. 高等教育

2023年，全国高等教育毛入学率为60.2%，比上年提高0.6个百分点，提前完成"十四五"规划目标。

全国共有高等学校3 074所，比上年增加61所。其中，普通本科学校为1 242所（含独立学院164所）；本科层次职业学校为33所；高职（专科）学校为1 547所；成人高等学校为252所。另有培养研究生的科研机构233所。

各种形式的高等教育在学总规模为4 763.19万人，比上年增加108.11万人，增长2.32%。

全国普通、职业本专科共招生1 042.22万人，比上年增长2.73%。其中，普通本科招生478.16万人，比上年增长2.19%；职业本科招生8.99万人，比上年增长17.82%；高职（专科）招生555.07万人，比上年增长2.99%。全国共招收成人本专科445.49万人，比上年增长1.24%；在校生为1 008.23万人，比上年增长7.99%。全国共招收网络本专科163.42万人；在校生为739.97万人。

全国共招收研究生130.17万人，比上年增长4.76%，其中，招收博士生15.33万人，比上年增长10.29%；招收硕士生114.84万人，比上年增长4.07%。在学研究生388.29万人，比上年增长6.28%。其中，在学博士生为61.25万人，比上年增长10.14%；在学硕士生为327.05万人，比上年增长5.59%。

全国共有高等教育专任教师207.49万人，比上年增加9.71万人，增长4.91%，其中，普通本科学校有134.55万人；本科层次职业学校有3.08万人；高职（专科）学校有68.46万人；成人高等学校有1.41万人。

5. 民办教育

2023年，全国共有各级各类民办学校16.72万所，占全国学校总数的比例为33.54%；在校生为4 939.53万人，占全国在校生总数的比例为16.96%。其中，民办幼儿园有14.95万所；在园幼儿有1 791.62万人。民办义务教育阶段学校有1.01万所；在校生有1 221.99万人（含政府购买学位609.46万人）。民办普通高中有4 567所；在校生有547.76万人。民办中等职业学校有2 128所（不含技工学校数据）；在校生有266.44万人。

全国民办高校有789所，其中，普通本科学校为391所；本科层次职业学校为22所；高职（专科）学校为374所；成人高等学校为2所。民办普通、职业本专科在校生为994.38万人。

三、中国教育服务贸易分析

（一）跨境交付

我国留学人员的目的地仍相对集中，多数前往欧美发达国家和地区求学，"一带一路"共建国家成为新的增长点。

自改革开放到2022年年底，中国的留学生累计超过800万人；留学回国人员总数超过600万人。2023年，中国内地留学生人数在美国、英国、澳大利亚、新西兰、日本、德国、意大利这些国家的国际生占比中均位列第一。同时，伴随着留学市场回暖，英国、澳大利亚的中国留学生数量呈明显上涨态势。英国高等教育统计局HESA数据显示，在英国读研究生的中国内地学生人数已达到88 755人，比2020—2021学年上涨6%，相较于5年前上涨46.36%。在澳大利亚，2023年新批准的中国内地学生签证数量高达70 834份，与2022年同期增长了42%，远远高于整体国际学生新批签量的增长。同年，中国内地学生在澳大利亚国际学生中的占比达到21%，位居第一。

2021年，共有来自全球467 755名外国留学人员在中国学习，排名前五的国家分别是韩国、美国、泰国、巴基斯坦和印度，其中，韩国留学生人数最多，其次是美国。2022年来中国的留学生主要来自亚洲国家，其中韩国、越南、泰国、印度和巴基斯坦是主要生源国。韩国留学生人数位居第一，超过16万人，其次是越南（12万人）、泰国（11万人）、印度（10万人）和巴基斯坦（9万人），这5个国家的来华留学生人数占来华留学生总数的60%以上。2023年，来自214个国家和地区的51.6万名国际学生在中国高校就读，其中28.9%是学位生，71.1%是非学位生。

（二）商业存在

教育部在2023年中外合作办学机构和项目中共计批准16个本科以上中外合作办学机构和25个本科以上中外合作办学项目，其中，共批复本科项目19个、硕士项目5个、博士项目1个。

孔子学院的办学宗旨是增进世界人民对我国语言和文化的了解，发展我国与其他国家的友好关系，促进世界多元文化发展，为构建人类命运共同体贡献力量。截至2023年12月，全球154个国家建立563所孔子学院（课堂），其中在亚洲37国（地区）建立了170个孔子学院（课堂）；在非洲47国建立了76所孔子学院（课堂）；在美洲27国建立了83所孔子学院（课堂）；在欧洲38国建立了209所孔子学院（课堂）；在大洋洲5国建立了25所孔子学院（课堂）。孔子学院基本建成从学前教育到大学教育、从短期培训到学历教育的国际汉语教学体系，成为举世瞩目的综合文化平台和人文交流品牌。

四、中国教育行业的相关政策与法规

在全球教育治理方面，我国牵头制定了《亚太经合组织教育战略》《中国落实2030年可持续发展议程国别方案》，推动落实联合国教科文组织《亚洲及太平洋地区承认高等教育资历公约》，承办了国际职业技术教育大会、世界学前教育组织国际学术研讨会、首届国际教育信息化大会等国际高端教育会议，筹组金砖国家大学联盟，成立亚太经合组织高等教育研究中心，在高校设立教育援外基地等。近些年来，我国教育和人文交流的国际影响力有了历史性的提升，教育全球治理能力有了显著增强，中国教育以更加自信、矫健的步伐走向世界教育舞台中央。

五、教育行业展望

随着全球化的深入，全球教育服务市场将进一步开放，越来越多的国家加入全球教育服务市场中，教育服务将发挥更加广泛、重要的作用。同时，国内教育服务行业将面临较多的发展机遇，开展中外合作办学、举办国际学校、留学、吸收海外留学生、提供教育中介服务等将继续保持快速发展的势头。

随着经济持续快速发展，人们的生活水平将不断提高，越来越多的中国父母希望孩子接受多元化、高水平的国际教育，留学的内在需求持续高涨。留学热将继续蔓延，留学生的平均年龄会进一步降低。每年新增留学人数将继续保持高位增长。越来越多的院校开展了国际联合培养项目，在此项目带动下，更多的高中生及大学生将成为留学大军中的一员。

第四节　专业服务贸易

专业服务一般是指当事人一方运用自己的知识、技术、经验和有关信息，采用科学的方法和先进的手段，根据委托人的要求对有关事项进行调查、研究和分析等，并提供可靠的数据，法律依据，客观的论证、判断和具体意见。专业服务业是以有偿方式运用专业知识提供各种知识、技术、信息、智能服务的行业，是一种随着社会、经济和科技进步发展起来的新兴知识密集型服务业，包括法律服务，会计、审计和簿记服务，税收服务，建筑和工程服务，城市规划和风景园林设计服务，医疗服务，兽医服务，助产、护士、理疗与护理人员服务，以及管理咨询服务等。除了少数属于消费性服务外，多数专业服务属于生产性服务。

一、会计服务贸易

会计服务是注册会计师以会计师事务所为组织形式，接受委托人的委托，提供审计和会计咨询等服务。

会计服务最早产生于英国，现已发展成为服务业的一个重要门类。在世界贸易组织部门分类表中，会计、审计和簿记服务属于商业性服务中的A项专业服务范畴，联合国又对其进行了细致的分类（见表10-4）。

随着中国加入WTO，中国的会计服务市场也逐步对外开放，对境外会计师事务所及注册会计师开放中国境内执行业务。随着中国会计制度和法律的不断完善，中国的会计服务贸易将会有更大的发展空间。

表 10-4　　联合国《产品总分类》（CPC）对会计、审计和簿记服务的分类

分　类		主要内容
1.会计和审计服务	（1）财务审计服务	按照公认的会计原则，对一个组织的会计账册和其他证明单据的审查服务，目的是对该机构的财务报表是否清楚地说明了其在指定日期的状况及其在截至指定日期那段时间的经营情况提出意见
	（2）会计审查服务	年度和期中财务报表和其他会计资料的审查服务。审查范围小于审计范围，所提供的保证水平也相应地低于审计的保证水平
	（3）财务报表编制服务	（1）根据客户提供的资料编制财务报表的服务，但对于所编制财务报表的准确性不予保证 （2）作为单笔费用财务报表编制一揽子工作的营业税申报表编制服务也归于本级次 （3）资产负债表等的编制 （4）资产负债表等的分析 本级次不包括：作为单项服务的营业税申报表的编制服务，应归入级次 82320
	（4）其他会计服务	如认证、估价和预计决算表的编制服务等
2.簿记服务，纳税申报表除外		在账本上按照款额或某种计量单位分类和记录业务交易的簿记服务 本级次不包括： （1）与报税申报表有关的簿记服务，应归入组 823 （2）工资单服务，包括工资额的计算和分类账，应归入级次 85990

据中研普华研究院撰写的《2024—2029 年中国会计师事务所行业市场分析及发展前景预测报告》，我国会计师事务所的数量在近年来呈现出显著的增长态势，截至 2023 年 12 月 31 日，全国范围内会计师事务所（包括其分支机构）的总数已经达到 10 665 家，较 2022 年增加 285 家，同比增长率为 2.75%。这一增长趋势反映了我国经济的持续健康发展以及市场需求的不断增加。随着企业数量的增加和经济活动的日益复杂化，对会计服务的需求也日益旺盛。同时，我国政府对会计行业的监管和规范化管理起到了积极的推动作用，为会计师事务所的发展提供了良好的环境。此外，随着科技的进步和信息化水平的提高，会计师事务所也在不断探索新的服务模式和技术手段，以提高服务效率和质量。例如，云计算、大数据、人工智能等技术的应用，使得会计服务更加智能化、自动化和高效化，为会计师事务所的发展注入了新的活力。

二、法律服务贸易

广义的法律服务包括顾问与代表出庭服务以及所有关于司法行政的业务（如法官、书记官、公共检察官、国家律师等）。世界贸易组织在对服务部门的分类中，将法律服务归属于服务的第一大类商业服务中 A 项专业服务的范畴。而联合国《产品总分类》将法律服务细分为：

①有关刑法的法律顾问与代表出庭服务；

②有关其他法律领域司法程序中的法律顾问与代表出庭服务；

③准司法仲裁法院、委员会等法定程序的法律顾问与代表出庭服务；

④法律文件与认证服务；

⑤其他法律与顾问信息。

改革开放以来，中国法律服务业已经取得了长足的发展，基本上形成了以律师为主力、以基本法律服务为补充，公证、法律援助等法律服务协调发展的法律服务业体系，不断适应不同社会群体的多层次法律服务的需求。

统计数据显示，截至 2022 年年底，全国共有执业律师 65.16 万人，比上一年度新增 7.68 万人，涨幅超 13%；律师事务所有 3.86 万家，新增 2 100 多家。全国基层法律服务机构有 1.3 万家，基层法律服务工作者有 5.6 万人。律师人数超过 1 万人的省（自治区、直辖市）有 23 个；超过 3 万人的省（直辖市）有 8 个，分别是广东、北京、江苏、上海、山东、浙江、四川、河南，河南首次进入"3 万+"序列。律师 100 人以上的律师事务所有 500 家，增幅超 20%。[①]

中国法律服务业处于不断开拓、不断规范的发展中，随着开放程度的提高，其将参与更大范围、更多领域、更高层次的国际合作和竞争。

三、医疗服务贸易

医疗服务贸易是指国际交易的商品在医疗业方面服务的交换，是一种特殊的商品交易。医疗服务贸易的业务范围大致可以分为 4 类：

①治病，是指境外病人因病而需要获得医疗服务。

②体检，是指健康或怀疑患病的境外人员要求进行定期或不定期的体检。

③计划免疫，是指对境外人员进行强制性或有计划的免疫接种。

④其他，如整形、康复、应用传统医学调理等。

随着经济全球化进程的加快，中国的服务贸易呈现良好的增长态势，但在医疗服务贸易出口和投资方面发展缓慢。由于中国的医疗技术水平、服务质量和就医环境尚未被国际社会所普遍认可，而且居民在外国就医的支付能力较弱，所以中国的医疗服务贸易发展受到了比较大的制约。根据中国海关统计数据，2023 年，我国医药外贸总额为 1 953.6 亿美元，同比下降 11.1%，其中，进口额为 933.1 亿美元，同比增长 2.4%；出口额为 1 020.5 亿

---

① 中华人民共和国司法部．2022 年度律师、基层法律服务工作统计分析［EB/OL］．（2023-06-14）［2024-06-16］．https://www.moj.gov.cn/pub/sfbgw/zwxxgk/fdzdgknr/fdzdgknrtjxx/202306/t20230614_480740.html.

美元，同比下降20.7%。2023年，中国医药贸易总额下降，中药类、西药类和医疗器械类产品进出口市场表现各异，全球市场份额保持稳定。

现在，已经建成的中外合资合作医疗机构大部分分布在沿海开放城市和经济较发达的地区，来华短期行医的外籍医务人员（包括医生和护士）也主要分布在这些地区。

第十章拓展阅读

素养园地

以服务贸易为重点建设高水平开放型经济新体制

国家主席习近平在2020年中国国际服务贸易交易会全球服务贸易峰会的致辞中指出："放眼未来，服务业开放合作正日益成为推动发展的重要力量。"全球进入服务经济时代，服务贸易不仅是衡量经济高质量发展的重要标志，也是推动产业链、价值链向中高端迈进的关键因素。以服务贸易为重点构建更高层次的开放合作新格局，是加快建立高水平开放型经济新体制的重要目标，是充分发挥我国超大规模市场优势和释放经济转型升级内需潜力的重大举措，是构建国内国际双循环新发展格局的重大任务。党的二十大报告指出："必须完整、准确、全面贯彻新发展理念，坚持社会主义市场经济改革方向，坚持高水平对外开放，加快构建以国内大循环为主体、国内国际双循环相互促进的新发展格局。"

一、服务贸易已成为全球自由贸易的重点和焦点

（一）全球贸易数字化跑出"加速度"

2022年，全球数字服务贸易规模为3.82万亿美元，同比增长3.9%，ICT（电信、计算机和信息）服务继续领跑数字服务贸易，区域数字服务贸易增长出现分化，跨国公司数字领域投资保持较快增长。中国数字贸易发展规模、增速位居世界前列。2022年，中国数字服务进出口总值为3 710.8亿美元，同比增长3.2%，占服务进出口的41.7%。中国互联网企业"出海"呈现三大趋势：主体从头部企业向中小企业延伸；策略从资本驱动发展到资本与技术并行，技术含金量不断提升；产品从工具类向多品类拓展。中国跨境电商规模扩大，结构持续优化。

（二）数字革命拓展服务贸易发展空间

一方面，信息技术在服务业领域的广泛应用，使服务产品生产与消费跨越不可分离的障碍，为服务业全球化和服务贸易发展提供了客观条件。教育、健康、医疗、文化等传统不可贸易的"服务"逐渐变得可贸易，并逐渐成为服务贸易的重要内容。另一方面，科技革命为全球产业分工的进一步细化提供技术支撑，众多服务型企业只将核心服务保留，而将非核心服务或中间服务通过服务外包、自然人移动、服务资本的流动等方式进行全球再布局，由此将众多发展中国家纳入全球服务贸易进程中，进一步拓展全球服务贸易发展空间。

（三）服务贸易成为全球经贸规则重构的焦点

服务贸易在双边、区域贸易投资谈判中的比重逐渐增大，高标准、广覆盖、边境内的服务贸易规则在区域自贸协定中逐步增多，数字服务贸易重要性凸显。未来，围绕跨境数据流动、数据本地化、消费者权益与隐私保护等标准与规则竞争将日趋激烈，高新技术服务也成为部分国家采取保护主义、单边主义措施的主要领域，加强多边、区域等层面服务规则协调的重要性、紧迫性日益紧迫。

二、推进以服务贸易为重点的开放转型

我国服务贸易具有巨大的发展潜力，推进以服务贸易为重点的开放转型是大势所趋。

（一）服务贸易快速发展成为我国对外贸易的突出亮点

2023年，我国服务贸易展现出稳中有增的趋势，全年服务进出口总额达到65 754.3亿元人民币，同比增长10%。服务贸易规模创下历史新高。具体来看，服务贸易的出口额为26 856.6亿元，进口额为38 897.7亿元，服务贸易逆差为12 041.1亿元。服务贸易的主要特点包括知识密集型服务的较快增长。2023年，知识密集型服务进出口总额为27 193.7亿元，同比增长8.5%。其中，知识密集型服务出口15 435.2亿元，增长9%；保险服务的增幅达到67%，为增长最快的领域。知识密集型服务进口11 758.5亿元，增长7.8%，个人、文化和娱乐服务的增幅达到61.7%。知识密集型服务贸易顺差为3 676.7亿元，同比扩大423.5亿元。旅行服务是服务贸易中增长最快的领域之一。2023年，旅行服务进出口总额为14 856.2亿元，同比增长73.6%。其中，出口增长59.2%，进口增长74.7%，显示出旅行服务在服务贸易中的重要地位和快速增长的趋势。

（二）消费结构与产业结构升级对服务贸易发展提出新要求

进入中国特色社会主义新时代，人民日益增长的美好生活需要对扩大优质服务进口提出多方面的现实需求。例如，2023年，全国居民人均消费支出26 796元，比上年增长9.2%，扣除价格因素，实际增长9.0%。其中，人均服务性消费支出12 114元，比上年增长14.4%，占居民人均消费支出的比重为45.2%。随着我国城乡居民服务型消费的快速增长以及扩大优质服务进口政策效应的逐步显现，我国服务贸易仍具有巨大发展潜力。此外，随着我国服务业开放水平不断提升，以及制造业服务化、智能化及数字经济的快速发展，服务贸易快速发展将获得重要支撑。

（三）加快形成以服务贸易为重点的开放新格局

近年来，我国服务贸易呈现较快发展趋势。2018—2022年，我国服务贸易总额由4.4万亿元人民币增长至6万亿元人民币，年均增长8%，是全球平均增速的2倍。从未来的发展趋势看，我国经济结构转型与服务业市场开放，将形成服务贸易快速发展的重要动力。例如，预计到2025年，我国城乡居民服务型消费占比将由2022年的43.2%上升到接近50%，到2030年有可能达到55%左右，由此将释放数万亿元的消费潜力。巨大潜力的释放与市场的有效供给，将直接促进服务贸易发展和开放进程。加快形成以服务贸易为重点的高水平开放新格局，一是释放结构转型蕴藏服务贸易发展的巨大潜力；二是构建现代产业体系对服务贸易发展的需求日益加大。

三、以高水平开放推进服务贸易高质量发展

党的二十大报告指出："改革开放迈出新步伐，国家治理体系和治理能力现代化深入推进，社会主义市场经济体制更加完善，更高水平开放型经济新体制基本形成。"推动服务贸易高质量发展，离不开更高水平开放环境的支撑。

（一）加快推进服务业对内、对外开放进程

在服务业市场开放与服务贸易发展直接融合的背景下，形成以服务贸易为重点的高水平对外开放新格局，关键在于加快推进服务业市场开放。

一是打破服务业领域的市场垄断与行政垄断，推进垄断行业向社会资本开放与服务业领域国有资本布局优化和结构调整，把反垄断尤其是反服务业行政垄断作为市场监管变革的重大举措。

二是加快推进服务业对外开放进程，完善"准入前国民待遇+负面清单"管理制度，并探索开展负面清单外无审批试点。

三是强化服务业领域的竞争政策基础性地位，全面清理服务业领域妨碍公平竞争的产业政策，完善垄断服务业行业价格形成机制。

（二）强化服务贸易自由便利的制度安排

形成服务贸易高质量发展的新动力，涉及多方面的制度创新。

一是加快制定并实行全国跨境服务贸易负面清单，建议减少跨境交付、境外消费、自然人移动等服务贸易模式下的"边境后"壁垒，对负面清单外的领域给予境外服务提供者国民待遇。

二是形成与国际接轨的服务贸易标准等，率先在医疗健康领域引入国际先进标准，在倒逼企业转型的同时，提升服务监管的国际化水平。

三是制定探索符合我国实际的职业资格互认制度，形成服务贸易项下人员自由流动的制度安排。

（三）打造服务贸易开放新高地，形成服务贸易高质量发展的引领示范

一是对接国际高水平经贸规则，形成与最高水平开放形态相适应的服务贸易自由化、便利化的制度体系，进一步规范影响服务贸易自由、便利的国内规定。

二是加快推进粤港澳服务贸易一体化进程，在提升服务市场一体化水平基础上，进一步减少限制条件，在与服务贸易相关的人才培养、资格互认、标准制定等方面加强合作，在拓宽港澳服务业发展空间的同时，带动广东形成更高层次的改革发展新格局。党的二十大报告指出："深入推进粤港澳大湾区建设，支持香港、澳门发展经济、改善民生、保持稳定。"

三是加快设立以科技创新、服务业开放、数字经济为主要特征的自由贸易试验区，构建京津冀协同发展的高水平开放平台，并持续深化其他自由贸易试验区的差别化探索，加大压力测试，促进国内服务贸易高质量发展。

资料来源　迟福林. 以服务贸易为重点　建设高水平开放型经济新体制［N］. 经济日报，2020-09-07（1）.

关键术语

教育服务贸易　服务外包　离岸服务外包　信息技术外包　业务流程外包　知识流程外包

复习与思考

1. 新兴国际服务贸易包括哪些方面?

2. 试举例说明新兴国际服务贸易的类型、特点及发展趋势。

3. 新兴国际服务贸易与传统国际服务贸易的区别是什么?

4. 国际产业转移对新兴服务贸易的产生有什么作用?

5. 教育服务贸易的核心是什么?

6. 信息服务贸易如何与传统服务贸易相结合?

7. 什么是信息技术外包?

8. 信息技术外包的主要内容有哪些?

9. 如何理解信息技术外包的优势?

10. 结合离岸服务外包知识,阐述在高科技产业中如何发展中国服务贸易离岸外包。

阅读分析

资料一 **我国服务外包面临的机遇和挑战**

一、大变局中的机遇与挑战

我国面临的最好机遇是数字经济时代。数字技术引领的新一轮科技革命和产业变革在加速推进,将增强服务可贸易性,催生服务新业态和新模式,服务外包呈现数字化、智能化、高端化、融合化的发展趋势。例如,5G、区块链技术给服务贸易带来非常大的拓展空间。

全球保护主义不断增强,高标准的国际规则正在形成,我国面临的市场竞争更加激烈。美国、欧盟、日本等发达国家和地区为保持数字经济的先发优势,加速构建行业标准和贸易规则,为扩大本国就业,在服务业岗位向外转移及服务进口等方面都有严格的限制。其他发展中国家也在某方面具有优势,与我国形成一定程度的竞争。例如,印度具备规模、技术和人才优势,菲律宾、越南、南非、墨西哥等具有人力资本的价格优势,非洲有英语母语优势以及非常低廉的人力成本优势。

二、我国发展服务外包具有综合优势

1. 数字基础设施水平居世界前列

根据中国互联网络信息中心(CNNIC)第53次《中国互联网络发展状况统计报告》,2023年,我国持续发挥新一代信息技术的引领作用,推动我国高质量发展迈出新步伐。

一是网络基础资源不断优化。截至2023年12月,国家顶级域名".CN"数量为2 013万个;互联网宽带接入端口数量达11.36亿个。

二是物联网发展提质增速。截至2023年12月,我国累计建成5G基站337.7万个,覆盖所有地级市城区、县城城区;发展蜂窝物联网终端用户23.32亿户,较2022年12月净增4.88亿户,占移动网终端连接数的比例达57.5%。

三是移动通信网络高质量发展。由5G和千兆光网组成的"双千兆"网络,全面带动智能制造、智慧城市、乡村振兴、文化旅游等各个领域创新发展,为制造强国、质量强国、网络强国、数字中国建设提供了坚实基础和有力支撑。

这些为我国发展服务外包提供了非常重要的技术支撑。

2.国际化人才储备足

我国高等教育保持稳步发展，培养了大量的国际化人才。我国的知识型人才规模大，结构多元化。

3.世界最大制造业的规模

根据《推动大规模设备更新和消费品以旧换新行动方案》，我国是工业大国，2023年全部工业增加值为39.9万亿元，占GDP的31.7%，制造业增加值占全球比重超过30%，连续14年位列全球第一。2023年年末，我国规模以上工业企业资产已经超过167万亿元，多种关键设备保有量全球领先，如工业机器人保有量占全球1/3，新增装机量超过全球总量的一半；风电等新能源设备装机量连续多年保持全球第一。随着新型工业化深入推进，工业领域对先进设备的需求将持续增长，是大规模设备更新的重点领域。

4.数字经济规模居世界前列

据《数字中国发展报告（2023年）》，2023年，我国数字经济规模超过55万亿元，数字经济核心产业增加值占国内生产总值的比重达10%左右；电子信息制造、互联网业务、电信业务、软件业务等产业推动我国数字经济规模持续扩大。数字中国的赋能效应日趋凸显，数字经济活力日益澎湃，并为构建新发展格局提供强大支撑，将给服务外包带来非常重要的市场。

资料来源　王晓红.“十四五”我国服务外包产业发展的主要思路［J］.对外经贸实务，2021（3）：94-96.

讨论：

（1）我国服务外包面临的机遇是什么？

（2）我国服务外包面临的挑战是什么？

（3）我国发展服务外包具有的综合优势体现在哪些方面？

资料二　　　　　　　　　　服务外包转型升级

面向未来，需充分发挥服务外包产业在创新驱动发展和培育贸易新业态、新模式中的重要促进作用，加快服务外包向高技术、高附加值、高品质、高效益转型升级，全面提升“中国服务”“中国制造”的品牌影响力和国际竞争力。

一、强化数字化引领，培育国际竞争新优势

1.推动服务外包企业数字化转型

要进一步完善促进数字技术与产业融合的渗透机制，重点培育一批信息技术外包和制造业融合发展的示范企业，探索形成以数据为核心、以平台为支撑、以商产融合为主线的数字化、网络化、智能化发展新模式，特别是要对企业在数字技术领域的研发、人才培训等给予更大的支持。

2.依托数字技术创新服务外包交付模式和服务模式

促进服务外包与互联网、物联网、大数据、人工智能、区块链等信息技术有机融合。依托5G技术大力发展众包、云外包、平台分包等新模式、新业态，推动工业互联网创新与融合应用，培育一批数字化制造外包平台，发展服务型制造等新业态。

3.加快发展数字贸易新业态和新模式

当前，数字贸易已经成为全球贸易增长的新引擎，需在数字贸易新业态和新模式方面积极探索、寻求突破。要积极扩大信息技术服务出口，增强数字教育、数字医疗、数字金融等数字内容服务的出口能力。同时，要更好发展远程医疗、远程教育、远程维修等新业态。

4.促进服务外包与制造业融合发展

要立足提升制造业创新能力、服务型制造水平和全球价值链分工层次，大力发展研发、工业设计、咨询、检验检测、维护维修、技术服务、商务服务、供应链管理、人力资源、培训、品牌营销等生产性服务外包，增强对制造业自主创新、品牌塑造、价值链升级和境外投资等的支撑，提升产业综合竞争力。

二、增强服务外包企业实力，提升"中国服务"的品牌影响力

强化服务外包企业的核心能力建设。一方面，鼓励企业通过兼并重组等方式形成包括技术、品牌、标准、渠道等的综合优势，提升组织运营的国际化水平和对价值链、服务链的掌控能力。另一方面，着力增强大企业承接高附加值服务、提供系统解决方案和全球交付的能力，鼓励大企业向中小企业分包业务，带动中小企业进入全球价值链分工网络；提升中小企业服务专业化和规范化水平，鼓励其走"专精特新"道路，增强其参与全球价值链分工的能力。与此同时，需进一步强化标准化体系建设。在积极对接国际先进标准的同时，探索形成我国以大数据、人工智能、5G等数字技术提供外包服务的交付标准，以及数字化服务的贸易规则标准、人才培养和培训标准，并推动设计、检验检测、咨询、维修等生产性服务领域的外包标准建设。

三、完善区域发展布局，扩大服务外包发展空间

1.以京津冀地区、长三角地区、粤港澳大湾区等引领全国服务外包创新发展

依托京津冀协同发展、长三角一体化发展、粤港澳大湾区建设等，打造具有世界影响力的服务外包城市群，为区域制造业转型升级提供动力，加强区域间在文化创意、工业设计、教育、商务服务等服务外包领域的合作。

2.把服务外包产业作为中西部开放型经济发展的重要引擎

服务外包产业依托互联网和数字技术提供服务，能有效弥补中西部内陆地区开放基础设施不足、物流成本较高等发展货物贸易的短板。

3.强化东部与中西部的协同发展机制

着眼于我国城市间的产业互补优势，构建协同发展的服务外包产业链。鼓励总部在一线城市的企业在中西部地区设立服务交付基地，鼓励区域中心城市和周边城市形成分工协作关系，形成东、中、西部和大、中、小城市之间分工有序、各有侧重、布局合理的服务外包集聚区。

四、完善服务外包产业支撑体系，夯实制度保障

1.完善人才支撑体系

各类专业化人才是服务外包产业实现高质量发展的核心要素。《商务部等8部门关于推动服务外包加快转型升级的指导意见》从大力培养和引进中高端人才、鼓励大学生就业创业、深化产教融合等层面加大了政策组合拳的力度。对此，各地需采取有力措施，提供更有吸引力的薪酬待遇、科研体制和知识产权保护环境，加大吸引行业领军人才和高端技

术管理人才的力度；加强高校与服务外包企业深度对接，鼓励大学生创新、创业、创造，开展研发合作创新活动。

2.完善有利于服务外包企业创新的环境

立足增强服务外包企业的技术创新、业态创新和模式创新能力，加大税收减免、政府采购、财政补贴等力度，支持企业增强原始创新能力和关键核心技术掌控能力，支持有条件的服务外包企业参与国内外重大科技项目招标，引导产业基金、社会资本进入服务外包领域，并进一步加强知识产权保护。

3.完善公共服务平台建设

可利用外经贸发展专项资金等布局建设一批辐射全国的服务外包公共服务平台，加强服务外包园区的创新平台、创客空间、孵化器等建设，对服务外包统计平台的建设也需持续发力。

资料来源　王晓红. 推动服务外包转型升级的主要思路［N］. 经济日报，2020-08-26.

讨论：推动服务外包转型升级的主要思路是什么？

资料三　　　　发展新质生产力背景下高等学校的教育布局调整

2024年《政府工作报告》指出，"大力推进现代化产业体系建设，加快发展新质生产力"，并将其作为2024年政府工作任务的头一条。概括地说，新质生产力是由技术革命性突破、生产要素创新性配置、产业深度转型升级而催生的，以劳动者、劳动资料、劳动对象及其优化组合的跃升为基本内涵，以全要素生产率大幅提升为核心标志，特点是创新，关键在质优，本质是先进生产力。综合来看，新质生产力是以创新为主导，由技术革命性突破、生产要素创新性配置、产业深度转型升级而催生的先进生产力，是中国现代生产力发展与实践的重要创新，是马克思主义生产力理论发展的最新成果。

新质生产力为高等教育发展与变革提供四个重要机遇：一是科技创新引发的高等教育学科之变；二是技术变革引发的高等教育专业之变；三是人才标准引发的高等教育教学之变；四是校企融合引发的高等教育培养模式之变。

我们需清醒地认识到，面对新质生产力的发展要求，高等学校的原始创新能力和集成创新能力仍然不高，关键技术的创新突破能力仍然不强，人才培养水平质量亟待提高，促进产业发展的能力亟待提升。毫无疑问，新质生产力理论创新和实践创新对于高等教育发展理念、发展模式、高校培养目标、人才培养标准、教育教学模式和质量体系都产生前所未有的深刻影响，更高标准、更高素质和更高质量是中国高等教育发展面临的新挑战和新要求。

大学是高层次人才的培养者基地，是先进生产力的"生产者"。2023年，我国接受高等教育人口达到2.4亿人，新增劳动力平均受教育年限为14年，高等教育助力我国劳动力素质结构发生了重大变化。2023年，全国在学博士生有61.25万人，比上年增长10.14%；在学硕士生有327.05万人，比上年增长5.59%，实现了优质人才资源的快速增长。

资料来源　高书国. 发展新质生产力背景下城市群高等教育布局调整的价值指向与策略选择［J］. 现代教育管理，2024（6）：1-10.

讨论：在发展新质生产力的背景下，高等学校调整教育布局的具体措施应该是什么？

主要参考文献

［1］陈霜华，刘经纬．国际服务贸易课程思政教学指南［M］．上海：复旦大学出版社，2024.

［2］易瑾超．国际服务贸易教程［M］．北京：人民邮电出版社，2024.

［3］王海文．国际服务贸易［M］．北京：中国人民大学出版社，2023.

［4］饶友玲，张伯伟．国际服务贸易［M］．4版．北京：首都经济贸易大学出版社，2023.

［5］袁永友，王玉婷，徐声星．国际服务贸易教程与案例［M］．武汉：华中科技大学出版社，2023.

［6］任永菊．国际服务贸易［M］．北京：清华大学出版社，2023.

［7］黄雅婷，王永强．旅游服务贸易潜力及效率研究——基于中国与RCEP的实证分析［M］．北京：经济科学出版社，2023.

［8］李嘉珊．国际服务贸易评论［M］．北京：社会科学文献出版社，2022.

［9］陈霜华．国际服务贸易［M］．上海：复旦大学出版社，2021.

［10］刘德学，钟晓君．国际服务贸易战略与实务［M］．北京：经济科学出版社，2021.

［11］向巍．国际服务贸易［M］．北京：电子工业出版社，2021.

［12］冯宗宪，郭根龙．国际服务贸易［M］．2版．西安：西安交通大学出版社，2021.

［13］崔桂台．中国对外贸易法律制度［M］．北京：中国民主法制出版社，2020.

［14］朱平芳．中华人民共和国70年服务业发展与改革的历史进程、经验启示［M］．上海：上海社会科学院出版社，2020.

［15］刘东升．国际服务贸易概论［M］．3版．北京：北京大学出版社，2020.

［16］赵立斌，孙玉颖．数字服务贸易自由化对制造业出口国内增加值率的影响［M］．北京：社会科学文献出版社，2020.

［17］李俊，李西林，崔艳新．全球服务贸易发展指数报告（2018）［M］．北京：社会科学文献出版社，2019.

［18］刘红，徐先航．中国服务贸易国际竞争力及影响因素研究［M］．北京：经济管理出版社，2019.

［19］薛荣久．世界贸易组织（WTO）教程［M］．3版．北京：对外经济贸易大学出版社，2018.

［20］竺杏月，狄昌娅．国际服务贸易与案例［M］．南京：东南大学出版社，2018.

［21］杨校美．服务贸易进口的技术含量与中国制造业效率［M］．北京：社会科学文献出版社，2018.

［22］杨永德．中国与东盟旅游服务贸易失衡与博弈策略［M］．北京：经济管理出版社，2018.

［23］陈宪，殷凤．国际服务贸易［M］．2版．北京：机械工业出版社，2017.

［24］贺景霖．现代服务业发展研究［M］．武汉：湖北科学技术出版社，2017.

［25］刘东升．国际服务贸易［M］．3版．北京：首都经济贸易大学出版社，2017.

［26］任滨．服务营销［M］．2版．北京：北京理工大学出版社，2017.

［27］赵元铭，高南虎，边洁英．国际贸易与电子商务战略研究［M］．长春：吉林人民出版社，2017.

［28］从连，郭苏文．中国服务贸易壁垒的测度与贸易自由化［M］．成都：电子科技大学出版社，2016.

［29］江素芹．国际服务贸易［M］．3版．北京：机械工业出版社，2016.

［30］克鲁格曼，奥伯斯法尔德，梅里兹．国际经济学：理论与政策［M］．丁凯，汤学敏，陈桂军，译．10版．北京：中国人民大学出版社，2016.

［31］石良平，沈桂龙．中国服务业扩大开放与服务贸易发展［M］．上海：上海交通大学出版社，2016.

［32］易瑾超．国际服务贸易教程［M］．北京：人民邮电出版社，2015.

［33］赵瑾，等．国际服务贸易政策研究［M］．北京：中国社会科学出版社，2015.

［34］邓晓虹．中国金融服务贸易国际竞争力研究［M］．北京：对外经济贸易大学出版社，2014.

［35］景瑞琴．中国对外贸易［M］．上海：复旦大学出版社，2014.

［36］李墨丝，沈玉良．中国服务贸易报告2011：视听服务贸易专题研究［M］．上海：复旦大学出版社，2013.

［37］纳格德曼．金融服务营销实务［M］．张韬，刘琰珲，张轩峰，等译．北京：对外经济贸易大学出版社，2013.

［38］王婧．论WTO多哈回合服务贸易谈判：中国的立场和策略［M］．北京：对外经济贸易大学出版社，2013.

［39］王玉清，赵承璧．国际技术贸易［M］．4版．北京：对外经济贸易大学出版社，2013.

［40］猴先锋．国际服务贸易［M］．上海：立信会计出版社，2012.

［41］陈宪，程大中．国际服务贸易［M］．2版．上海：立信会计出版社，2008.

［42］蔡四青．国际技术贸易与知识产权［M］．北京：中国社会科学出版社，2007.

［43］何茂春．国际服务贸易：自由化与规则——兼论扩大开放与国家经济安全［M］．北京：世界知识出版社，2007.

［44］陈宪，程大中．黏合剂：全球产业与市场整合中的服务贸易［M］．上海：上海社会科学院出版社，2001.

［45］高书国．发展新质生产力背景下城市群高等教育布局调整的价值指向与策略选择［J］．现代教育管理，2024（6）：1-10.

［46］刘佳林．推动我国服务贸易高质量发展［J］．服务外包，2024（6）：50-56.

［47］顾振华．服务业开放促进服务产业链可持续发展的效应和机制分析——基于服务贸易创新发展试点的准自然实验［J］．企业经济，2024，43（1）：95-106.

［48］潘紫燕．中国对RCEP伙伴国数字服务贸易出口效率与潜力——基于随机前沿引力模型［J］．中国流通经济，2024，38（2）：105-116.

［49］张天顶，张子怡．RCEP生效对国际服务贸易影响作用研究——基于增加值贸易视角［J］．经济与管理评论，2024，40（1）：110-122.

［50］聂新伟．加快推动我国服务贸易高质量发展［J］．宏观经济管理，2024（1）：70-77.

［51］田丽，项义军．数字服务贸易壁垒对贸易强国建设的影响——基于43个国家的面板数据［J］．中国流通经济，2024，38（5）：89-98.

［52］代丽华，周灵灵，陆静雯．RTAs框架下跨境数据流动规则对数字服务贸易的影响研究［J］．国际贸易，2024（3）：72-85.

［53］蒋庚华，曹张帆．数字服务贸易壁垒如何影响增加值贸易强度——基于跨国面板数据的实证检验［J］．南开经济研究，2024（3）：77-98.

［54］胡昭玲，逯洋，范龙飞．中国服务贸易开放与制造业对外价值链关联［J］．经济经纬，2024，41（2）：53-64.

［55］宋思源，刘玉奇．数字服务贸易自由化与中外价值链关联——来自"一带一路"共建国家面板数据的经验证据［J］．经济学家，2024（3）：56-65.

［56］王宏森，方栓喜，张东生．服务贸易开放下的制造业服务化与全要素生产率［J］．技术经济与管理研究，2024（2）：137-143.

［57］张磊，徐琳．服务贸易国内规制的国际治理：基于"良好监管实践"的视角［J］．国际经贸探索，2024，40（2）：106-120.

［58］沈鹏，龚谨，谭荔丹．中国和OECD国家数字服务贸易竞争力比较及其影响因素研究［J］．技术经济，2024，43（2）：1-9.

［59］强华俊，齐俊妍，刘军．数字贸易壁垒、RTA规制融合与服务业价值链升级［J］．世界经济研究，2024（2）：34-48；135-136.

［60］阿莱·也尔肯，邓峰．数字服务贸易对开放视角包容性增长的影响研究［J］．技术经济与管理研究，2024（1）：22-29.

［61］宋灿，孙浦阳．服务贸易网络、信息传递与OFDI［J］．世界经济研究，2024（4）：41-56；135.

［62］叶世雄，蔡一鸣．"丝路电商"国际合作如何影响中国数字服务贸易？［J］．世界经济研究，2024（1）：89-104；137.

［63］黄满盈，高雅妮．中国服务贸易高质量发展的测度及国际比较——基于新发展理念的视角［J］．国际贸易，2024（1）：17-28.

［64］任福耀，孟珊珊，冯阔．全球数字服务贸易网络对国际创新活动的影响——基于增加值贸易的视角［J］．经济学家，2023（11）：100-109.

［65］盛煜辰，沈瑶．中国服务贸易壁垒的测度及其决定因素研究［J］．国际经贸探索，2023，39（2）：37-52.

［66］余晓，马海淦，孙莹．RCEP框架下贸易壁垒对出口产品的三元边际影响研究——基于数字服务贸易视角的分析［J］．价格理论与实践，2023（6）：205-209.

［67］高运胜，刘慧慧，杨晨．服务业开放如何提升制造业全球价值链嵌入位置？：基于跨国面板数据的实证考察［J］．世界经济研究，2023（11）：43-59；136.

［68］张辽，马翙凡．服务贸易协定、条款深度与出口效率——来自高技术产业的证据［J］．浙江社会科学，2023（11）：17-27；155.

［69］甘露．贸易模式对自由贸易港服务贸易发展的影响研究——以新加坡、中国香港和海南自由贸易港为例［J］．上海大学学报（社会科学版），2023，40（6）：107-121.

［70］杨翠红，王小琳，王会娟，等．开放与保护的平衡：数字服务贸易的监管同质化［J］．中国工业经济，2023（12）：80-98.

［71］夏杰长，李銮淏．我国服务贸易发展成就、现实挑战与政策建议［J］．价格理论与实践，2022（5）：5-9；22.

［72］房裕．新阶段中国服务贸易高质量发展：优势、瓶颈与突破［J］．国际贸易，2022（8）：89-96.

［73］陈启斐，吴恒宇，杜运苏．服务贸易、结构变迁与服务业全要素生产率——前向关联效应与后向关联效应［J］．南开经济研究，2022（3）：121-141.

［74］林僖，林祺．区域服务贸易协定与服务出口增长——基于均衡分析的视角［J］．经济学（季刊），2021，21（4）：1433-1454.

［75］李跟强，宗志刚．制造业投入服务化、服务贸易开放与经济周期联动：基于全球价值链的视角［J］．世界经济研究，2021（10）：69-86；135.

［76］李帅玲．中国服务业开放度及其竞争力分析［J］．企业科技与发展，2021（2）：33-34；37.

［77］蒙英华．"新冠肺炎疫情"冲击对我国服务贸易的影响研究［J］．上海对外经贸大学学报，2021，28（3）：60-72；124.

［78］杨东胜．中国服务贸易竞争力的提升策略研究［J］．中国市场，2021（18）：86-87.

［79］王涵臻．新时期我国服务贸易的发展现状与对策分析［J］．今日财富（中国知识产权），2021（5）：1-2.

［80］郭芳．服务贸易：经济增长新动力［J］．中国经济周刊，2020（24）：58-59.

［81］朱国银，褚华东．中国服务贸易国际竞争力分析［J］．改革与开放，2020（20）：5-9.

［82］罗立彬．用好比较优势　发展国际服务贸易［J］．服务外包，2020（11）：33-35.

［83］武力超，林澜，陈凤兰，等．服务贸易开放对服务企业出口的影响研究［J］．国际经贸探索，2020，36（11）：20-34.

［84］李敬子，陈强远，钱学锋．非位似偏好、非线性本地市场效应与服务贸易出口［J］．经济研究，2020，55（2）：133-147.

［85］蒋庚华，张曙霄．中国旅游服务贸易地区差距与地区经济差距的关系［J］．经济问题，2011（3）：117-121.

［86］许江萍，石康．新兴服务业发展的对策［J］．中国创业投资与高科技，2004（5）：70-72.

［87］程大中．中国服务业增长的特点、原因及影响：鲍莫尔-富克斯假说及其经验研究［J］．中国社会科学，2004（2）：18-32.

［88］程大中．中国服务贸易显性比较优势与"入世"承诺减让的实证研究［J］．管理世界，2003（7）：29-37.

［89］于璐瑶．深化服务贸易改革　全面提升国际竞争力［N］．西安日报，2021-02-01.

附录　中国服务贸易具体承诺减让表

（本减让表仅以英文为准）

服务提供方式：（1）跨境交付　（2）境外消费　（3）商业存在　（4）自然人移动

部门或分部门	市场准入限制	国民待遇限制	其他承诺
	一、水平承诺		
本减让表中包括的所有部门	（3）在中国，外商投资企业包括外资企业（也称为外商独资企业）和合资企业。合资企业有两种类型：股权式合资企业和契约式合资企业 股权式合资企业中的外资比例不得少于该合资企业注册资本的25% 由于关于外国企业分支机构的法律和法规正在制定中，因此对于外国企业在中国设立分支机构不作承诺，除非在具体分部门中另有标明 允许在中国设立外国企业的代表处，但代表处不得从事任何营利性活动，在CPC861、862、863、865下部门具体承诺中的代表处除外 对于各合同协议或股权协议，或设立或批准现有外国服务提供者从事经营或提供服务的许可中所列所有权、经营和活动范围的条件，将不会使之比中国加入WTO之日时更具限制性 中华人民共和国的土地归国家所有。企业和个人使用土地须遵守下列最长期限限制： a.居住目的为70年 b.工业目的为50年 c.教育、科学、文化、公共卫生和体育目的为50年 d.商业、旅游、娱乐目的为40年 e.综合利用或其他目的为50年 （4）除与属下列类别的自然人的入境和临时居留有关的措施外，不作承诺： a.对于在中华人民共和国领土内已设立代表处、分公司或子公司的一WTO成员的公司的经理、高级管理人员和专家等高级雇员，作为公司内部的调任人员临时调动，应允许其入境首期停留3年	（3）对于给予视听服务、空运服务和医疗服务部门中的国内服务提供者的所有现有补贴不作承诺 （4）除与市场准入栏中所指类别的自然人入境和临时居留有关的措施外，不作承诺	

部门或分部门	市场准入限制	国民待遇限制	其他承诺
	b.对于被在中华人民共和国领土内的外商投资企业雇用从事商业活动的WTO成员的公司的经理、高级管理人员和专家等高级雇员，应按有关合同条款规定给予其长期居留许可，或首期居留3年，以时间短者为准 c.服务销售人员，即不在中华人民共和国领土内常驻、不从在中国境内的来源获得报酬、从事与代表一服务提供者有关的活动、以就销售该提供者的服务进行谈判的人员，如：此类销售不向公众直接进行；该销售人员不从事该项服务的供应，则该销售人员的入境期限为90天		
	二、具体承诺		
A.专业服务 a.法律服务 （CPC861，不含中国法律业务）	（1）没有限制 （2）没有限制 （3）外国律师事务所只能在北京、上海、广州、深圳、海口、大连、青岛、宁波、烟台、天津、苏州、厦门、珠海、杭州、福州、武汉、成都、沈阳和昆明以代表处的形式提供法律服务 代表处可从事营利性活动： 驻华代表处的数量不得少于截至中国加入WTO之日已设立的数量。一外国律师事务所只能设立一个驻华代表处。上述地域限制和数量限制将在中国加入WTO后1年内取消 外国代表处的业务范围仅限于下列内容： a.就该律师事务所律师允许从事律师业务的国家/地区的法律及就国际公约和惯例向客户提供咨询 b.应客户或中国法律事务所的委托，处理该律师事务所律师允许从事律师业务的国家/地区的法律事务 c.代表外国客户，委托中国律师事务所处理中国法律事务 d.订立合同以保持与中国律师事务所有关法律事务的长期委托关系 e.提供有关中国法律环境影响的信息，按双方议定，委托允许外国代表处直接指示受委托的中国律师事务所的律师 外国律师事务所的代表应为执业律师，为一WTO成员的律师协会或律师公会的会员，且在中国境外执业不少于2年。首席代表应为一WTO成员的律师事务所的合资伙伴或相同职位人员（如一有限责任公司律师事务所的成员），且在中国境外执业不少于3年 （4）除水平承诺中内容外，不作承诺	（1）没有限制 （2）没有限制 （3）所有代表在华居留时间每年不得少于6个月。代表处不得雇用中国国家注册律师 （4）除水平承诺中内容外，不作承诺	

部门或分部门	市场准入限制	国民待遇限制	其他承诺
b.会计、审计和簿记服务（CPC862）	（1）没有限制 （2）没有限制 （3）合伙或有限责任会计师事务所只限于中国主管机关批准的注册会计师 （4）除水平承诺中内容外，不作承诺	（1）没有限制 （2）没有限制 （3）没有限制 （4）除水平承诺中内容外，不作承诺	——允许外国会计师事务所与中国会计师事务所结成联合所，并与其在其他WTO成员中的联合所订立合作合同 ——自加入WTO时起，在对通过中国国家注册会计师资格考试的外国人发放执业许可方面，应给予国民待遇 ——申请人将在不迟于提出申请后30天以书面形式被告知结果 ——现有中外合作会计师事务所不仅限于中国主管机关批准的注册会计师 ——提供CPC862中所列服务的会计师事务所可以从事税收和管理咨询服务。它们不受在CPC865和8630中关于设立形式的要求的约束
c.税收服务（CPC8630）	（1）没有限制 （2）没有限制 （3）仅限于合资企业形式，允许外资拥有多数股权 中国加入WTO后6年内，取消限制，外国公司将被允许设立外资独资子公司 （4）除水平承诺中内容外，不作承诺	（1）没有限制 （2）没有限制 （3）没有限制 （4）除水平承诺中内容外，不作承诺	
d.建筑设计服务（CPC8671） e.工程服务（CPC8672） f.集中工程服务（CPC8673） g.城市规划服务（城市总体规划服务除外）（CPC8674）	（1）对于方案设计没有限制 要求与中国专业机构进行合作，方案设计除外 （2）没有限制 （3）仅限于合资企业形式，允许外资拥有多数股权 中国加入WTO后5年内，允许设立外商独资企业 （4）除水平承诺中内容外，不作承诺	（1）没有限制 （2）没有限制 （3）外国服务提供者应为在其本国从事建筑/工程/城市规划服务的注册建筑师/工程师或企业 （4）除水平承诺中内容外，不作承诺	

部门或分部门	市场准入限制	国民待遇限制	其他承诺
h.医疗和牙医服务（CPC9312）	（1）没有限制 （2）没有限制 （3）允许外国服务提供者与中国合资伙伴一起设立合资医院或诊所，设有数量限制，以符合中国的需要，允许外资拥有多数股权 （4）除水平承诺中内容和下列内容外，不作承诺：应允许持有其本国颁发的专业证书的外国医生，在获得相关部门的许可后，在中国提供短期医疗服务。服务期限为6个月，并可延长至1年	（1）没有限制 （2）没有限制 （3）合资医院和诊所的大多数医生和医务人员应具有中国国籍 （4）除水平承诺中内容外，不作承诺	
B.计算机及其相关服务 a.与计算机硬件安装有关的咨询服务（CPC841）	（1）没有限制 （2）没有限制 （3）没有限制 （4）除水平承诺中内容外，不作承诺	（1）没有限制 （2）没有限制 （3）没有限制 （4）资格如下：注册工程师或具有学士（或以上）学位并在该领域有3年工作经验的人员	
b.软件实施服务（CPC842） ——系统和软件咨询服务（CPC8412） ——系统分析服务（CPC8422） ——系统设计服务（CPC8423） ——编程服务（CPC8424） ——系统维护服务（CPC8425） c.数据处理服务（CPC843） ——输入准备服务（CPC8431）	（1）没有限制 （2）没有限制 （3）仅限于合资企业形式，允许外资拥有多数股权 （4）除水平承诺中内容外，不作承诺	（1）没有限制 （2）没有限制 （3）没有限制 （4）资格如下：注册工程师或具有学士（或以上）学位并在该领域有3年工作经验的人员	
——数据处理和制表服务（CPC8432） ——分时服务（CPC8433）	（1）没有限制 （2）没有限制 （3）没有限制 （4）除水平承诺中内容外，不作承诺	（1）没有限制 （2）没有限制 （3）没有限制 （4）资格如下：注册工程师或具有学士（或以上）学位并在该领域有3年工作经验的人员	

续表

部门或分部门	市场准入限制	国民待遇限制	其他承诺
D.房地产服务 a.涉及自有或租赁资产的房地产服务（CPC821）	（1）没有限制 （2）没有限制 （3）除下列内容外，没有限制： 对于高标准房地产项目，如公寓和写字楼，不允许设立外商独资企业，但不包括豪华饭店 （4）除水平承诺中内容外，不作承诺	（1）没有限制 （2）没有限制 （3）没有限制 （4）除水平承诺中内容外，不作承诺	
b.以收费或合同为基础的房地产服务（CPC822）	（1）没有限制 （2）没有限制 （3）仅限于合资企业形式，允许外资拥有多数股权 （4）除水平承诺中内容外，不作承诺	（1）没有限制 （2）没有限制 （3）没有限制 （4）除水平承诺中内容外，不作承诺	
F.其他商业服务 a.广告服务 （CPC871）	（1）仅限于通过在中国注册的、有权提供外国广告服务的广告代理 （2）仅限于通过在中国注册的、有权提供外国广告服务的广告代理 （3）允许外国服务提供者仅限于以合资企业形式，在中国设立广告企业，外资不超过49% 中国加入后2年内，将允许外资拥有多数股权。中国加入后4年内，将允许设立外资独资子公司 （4）除水平承诺中内容外，不作承诺	（1）没有限制 （2）没有限制 （3）没有限制 （4）除水平承诺中内容外，不作承诺	
c.管理咨询服务（CPC865）	（1）没有限制 （2）没有限制 （3）仅限于合资企业形式，允许外资拥有多数股权 中国加入后6年内，取消限制，允许外国公司设立外资独资子公司 （4）除水平承诺中内容外，不作承诺	（1）没有限制 （2）没有限制 （3）没有限制 （4）除水平承诺中内容外，不作承诺	
e.技术测试和分析服务（CPC8676）及CPC749涵盖的货物检验服务，不包括货物检验服务中的法定检验服务	（1）没有限制 （2）没有限制 （3）允许已在本国从事检验服务3年以上的外国服务提供者设立合资技术测试、分析和货物检验公司，注册资本不少于35万美元 中国加入后2年内，将允许外资拥有多数股权。中国加入后4年内，将允许设立外资独资子公司 （4）除水平承诺中内容外，不作承诺	（1）没有限制 （2）没有限制 （3）没有限制 （4）除水平承诺中内容外，不作承诺	

部门或分部门	市场准入限制	国民待遇限制	其他承诺
f.与农业、林业、狩猎和渔业有关的服务（CPC881、882） m.相关科学技术咨询服务（CPC8675）	（1）没有限制 （2）没有限制 （3）仅限于合资企业形式，允许外资拥有多数股权 （4）除水平承诺中内容外，不作承诺	（1）没有限制 （2）没有限制 （3）没有限制 （4）除水平承诺中内容外，不作承诺	
——近海石油服务 地质、地球物理和其他科学勘探服务（CPC86751） 地下勘测服务（CPC86752）	（1）没有限制 （2）没有限制 （3）仅限于以与中国合资伙伴合作开采石油的方式 （4）除水平承诺中内容外，不作承诺	（1）没有限制 （2）没有限制 （3）没有限制 （4）除水平承诺中内容外，不作承诺	
——陆上石油服务	（1）没有限制 （2）没有限制 （3）仅限于以与中国石油天然气总公司（CNPC）合作在经中国政府批准的指定区域内开采石油的方式 为执行石油合同，外国服务提供者应在中华人民共和国领土内设立一分公司、子公司或代表处，并依法完成注册手续。所述机构的设立地点应通过与中国石油天然气总公司协商确定 外国服务提供者应在经中国政府批准在中国领土内从事外汇业务的银行开设银行账户 （4）除水平承诺中内容外，不作承诺	（1）没有限制 （2）没有限制 （3）外国服务提供者应准确并迅速地向中国石油天然气总公司提供关于石油经营的报告，并应向中国石油天然气总公司提交与石油经营有关的所有数据和样品以及各种技术、经济、会计和管理报告。中国石油天然气总公司应对在实施石油经营过程中获得的数据记录、样品、凭证及其他原始信息拥有所有权。外国服务提供者的投资应以美元或其他硬通货支付 （4）除水平承诺中内容外，不作承诺	

部门或分部门	市场准入限制	国民待遇限制	其他承诺
p.摄影服务 （CPC875）	（1）没有限制 （2）没有限制 （3）仅限于合资企业形式，允许外资拥有多数股权 （4）除水平承诺中内容外，不作承诺	（1）没有限制 （2）没有限制 （3）没有限制 （4）除水平承诺中内容外，不作承诺	
q.包装服务 （CPC876）	（1）没有限制 （2）没有限制 （3）将允许外国服务提供者在中国设立合资企业 中国加入后1年内，将允许外资拥有多数股权。加入后3年内，将允许外国服务提供者设立外资独资子公司 （4）除水平承诺中内容外，不作承诺	（1）没有限制 （2）没有限制 （3）没有限制 （4）除水平承诺中内容外，不作承诺	
s.会议服务 （CPC87909）	（1）没有限制 （2）没有限制 （3）仅限于合资企业形式，允许外资拥有多数股权 （4）除水平承诺中内容外，不作承诺	（1）没有限制 （2）没有限制 （3）没有限制 （4）除水平承诺中内容外，不作承诺	
t.笔译和口译服务 （CPC87905）	（1）没有限制 （2）没有限制 （3）仅限于合资企业形式，允许外资拥有多数股权 （4）除水平承诺中内容外，不作承诺	（1）没有限制 （2）没有限制 （3）没有限制 （4）资格如下： 3年笔译或口译工作经验，熟练掌握工作语言（一种或多种）	
——维修服务 （CPC63、6112和6122） ——办公机械和设备（包括计算机）维修服务（CPC845和886） ——租赁服务（CPC831、832，不包括CPC83202）	（1）没有限制 （2）没有限制 （3）仅限于合资企业形式 中国加入后1年内，将允许外资拥有多数股权 中国加入后3年内，将允许设立外资独资子公司 租赁服务：服务提供者的全球资产应达到500万美元 （4）除水平承诺中内容外，不作承诺	（1）没有限制 （2）没有限制 （3）没有限制 （4）除水平承诺中内容外，不作承诺	

部门或分部门	市场准入限制	国民待遇限制	其他承诺
2.通信服务			
B.速递服务 （CPC75121，现由中国邮政部门依法专营的服务除外）	（1）没有限制 （2）没有限制 （3）加入时，将允许外国服务提供者设立合资企业，外资不超过49% 中国加入后1年内，将允许外资拥有多数股权 中国加入后4年内，将允许外国服务提供者设立外资独资子公司 （4）除水平承诺中内容外，不作承诺	（1）没有限制 （2）没有限制 （3）没有限制 （4）除水平承诺中内容外，不作承诺	
C.电信服务 增值电信服务，包括： h.电子邮件 i.语音邮件 j.在线信息和数据检索 k.电子数据交换 l.增值传真服务（包括储存和发送、储存和检索） m.编码和规程转换 n.在线信息和/或数据处理（包括交易处理）	（1）见模式3 （2）没有限制 （3）将允许外国服务提供者在上海、广州和北京设立合资增值电信企业，并在这些城市内提供服务，无数量限制。合资企业中的外资不得超过30% 中国加入后1年内，地域将扩大至包括成都、重庆、大连、福州、杭州、南京、宁波、青岛、沈阳、深圳、厦门、西安、太原和武汉，外资不得超过49% 中国加入后2年内，将取消地域限制，外资不得超过50% （4）除水平承诺中内容外，不作承诺	（1）没有限制 （2）没有限制 （3）没有限制 （4）除水平承诺中内容外，不作承诺	中国承担本减让表所附附件1中《参考文件》所包含的义务
基础电信服务 ——寻呼服务	（1）见模式3 （2）没有限制 （3）将允许外国服务提供者在上海、广州和北京设立合资企业，并在这些城市内及之间提供服务，无数量限制。合资企业中的外资不得超过30% 中国加入后1年内，地域将扩大至包括成都、重庆、大连、福州、杭州、南京、宁波、青岛、沈阳、深圳、厦门、西安、太原和武汉市内及这些城市之间的服务，外资不得超过49% 中国加入后2年内，将取消地域限制，外资不得超过50% （4）除水平承诺中内容外，不作承诺	（1）没有限制 （2）没有限制 （3）没有限制 （4）除水平承诺中内容外，不作承诺	中国承担本减让表所附附件1中《参考文件》所包含的义务

部门或分部门	市场准入限制	国民待遇限制	其他承诺
移动话音和数据服务 ——模拟/数据/蜂窝服务 ——个人通信服务	(1) 见模式3 (2) 没有限制 (3) 自中国加入时起，将允许外国服务提供者在上海、广州和北京设立合资企业，并在这些城市内及之间提供服务，无数量限制。合资企业中的外资不得超过25% 中国加入后1年内，地域将扩大至包括成都、重庆、大连、福州、杭州、南京、宁波、青岛、沈阳、深圳、厦门、西安、太原和武汉市内及这些城市之间的服务，外资比例不得超过35% 中国加入后3年内，外资不得超过49% 中国加入后5年内，将取消地域限制 (4) 除水平承诺中内容外，不作承诺	(1) 没有限制 (2) 没有限制 (3) 没有限制 (4) 除水平承诺中内容外，不作承诺	
——国内业务 a.话音服务 b.分组交换数据传输业务 c.电路交换数据传输业务 f.传真服务 g.国内专线电路租用服务 ——国际业务 a.话音服务 b.分组交换数据传输业务 c.电路交换数据传输业务 f.传真服务 g.国际闭合用户群话音和数据服务（允许使用专线电路租用服务）	(1) 见模式3 (2) 没有限制 (3) 中国加入后3年内，允许外国服务提供者在上海、广州和北京设立合资企业，并在这些城市内及之间提供服务，无数量限制。合资企业中的外资不得超过25% 中国加入后5年内，地域将扩大至包括在成都、重庆、大连、福州、杭州、南京、宁波、青岛、沈阳、深圳、厦门、西安、太原和武汉市内及这些城市之间的服务。外资不得超过35% 中国加入后6年内，将取消地域限制，外资不得超过49% (4) 除水平承诺中内容外，不作承诺	(1) 没有限制 (2) 没有限制 (3) 没有限制 (4) 除水平承诺中内容外，不作承诺	
D.视听服务 ——录像的分销服务，包括娱乐软件及（CPC83202）录音制品分销服务	(1) 没有限制 (2) 没有限制 (3) 自加入时起，在不损害中国审查音像制品内容的权利的情况下，允许外国服务提供者与中国合资伙伴设立合作企业，从事除电影外的音像制品的分销 (4) 除水平承诺中内容外，不作承诺	(1) 没有限制 (2) 没有限制 (3) 没有限制 (4) 除水平承诺中内容外，不作承诺	在不损害与中国关于电影管理的法规的一致性的情况下，自加入时起，中国将允许以分账形式进口电影用于影院放映，此类进口的数量应为每年20部

部门或分部门	市场准入限制	国民待遇限制	其他承诺
——电影院服务	(1) 没有限制 (2) 没有限制 (3) 自加入时起，将允许外国服务提供者建设和/或改造电影院，外资不得超过49% (4) 除水平承诺中内容外，不作承诺	(1) 没有限制 (2) 没有限制 (3) 没有限制 (4) 除水平承诺中内容外，不作承诺	
3.建筑及相关工程服务			
（CPC511、512、513、514、515、516、517、518）	(1) 不作承诺 (2) 没有限制 (3) 仅限于合资企业形式，允许外资拥有多数股权 中国加入后3年内，允许设立外商独资企业。外商独资企业只能承揽下列4种类型的建筑项目： a.全部由外国投资和/或赠款资助的建设项目 b.由国际金融机构资助并通过根据贷款条款进行的国际招标授予的建设项目 c.外资等于或超过50%的中外联合建设项目，以及外资少于50%但因技术困难而不能由中国建筑企业独立实施的中外联合建设项目 d.由中国投资但中国建筑企业难以独立实施的建设项目，经省政府批准，可由中外建筑企业联合承揽 (4) 除水平承诺中内容外，不作承诺	(1) 不作承诺 (2) 没有限制 (3) 除下列内容外，没有限制： a.现行合资建筑企业注册资本要求与国内企业的要求略有不同 b.合资建筑企业有承揽外资建筑项目的义务 中国加入WTO后3年内，取消限制 (4) 除水平承诺中内容外，不作承诺	
4.分销服务			
（定义见附件2） A.佣金代理服务（不包括盐和烟草） B.批发服务（不包括盐和烟草）	(1) 不作承诺 (2) 没有限制 (3) 中国加入WTO后1年内，外国服务提供者可设立合资企业，从事所有进口和国产品的佣金代理业务和批发业务，但下列产品除外。对于这些产品，将允许外国服务提供者在中国加入后3年内，从事图书、报纸、杂志、药品、农药和农膜的分销，并在中国加入后5年内，从事化肥、成品油和原油的分销 中国加入后2年内，将允许外资拥有多数股权，取消地域或数量限制 中国加入后3年内，取消限制，但对于化肥、成品油和原油在加入后5年内取消限制 (4) 除水平承诺中内容外，不作承诺	(1) 不作承诺 (2) 没有限制 (3) 没有限制 (4) 除水平承诺中内容外，不作承诺	允许外商投资企业分销其在中国生产的产品，包括在市场准入或部门或分部门栏中所列产品，并提供附件2中定义的附属服务 允许外国服务提供者对其分销的产品，提供按附件2定义的、全部相关附属服务，包括售后服务

部门或分部门	市场准入限制	国民待遇限制	其他承诺
C.零售服务（不包括烟草）	（1）除邮购外，不作承诺 （2）没有限制 （3）外国服务提供者仅限于以合资企业形式在5个经济特区（深圳、珠海、汕头、厦门和海南）和6个城市（北京、上海、天津、广州、大连和青岛）提供服务。在北京和上海，允许的合资零售企业的总数各不超过4家。在其他每一城市，允许的合资零售企业各不超过2家。将在北京设立的4家合资零售企业中的2家可在同一城市（北京）设立其分支机构 自中国加入WTO时起，郑州和武汉将立即向合资零售企业开放。中国加入后2年内，在合资零售企业中将允许外资持有多数股权，将向合资零售企业开放所有省会城市及重庆和宁波 将允许外国服务提供者从事除下列产品外的所有产品的零售，加入后1年内允许从事图书、报纸和杂志的零售；加入后3年内，允许从事药品、农药、农膜和成品油的零售；加入后5年内，允许从事化肥的零售 中国加入后3年内，取消限制，但下列产品除外： ——化肥的零售，加入后5年内，取消限制 ——超过30家分店、销售来自多个供应商的不同种类和品牌商品的连锁店。对于此类超过30家分店的连锁店，如这些连锁店销售任何下列产品之一，则不允许外资拥有多数股权：汽车（期限为加入后5年，届时股比限制将取消），及以上所列产品和《中国加入WTO议定书》附件2A中所列产品。外国连锁店经营者将有权选择根据中国法律和法规在中国合法设立的任何合资伙伴 （4）除水平承诺中内容外，不作承诺	（1）除邮购外，不作承诺 （2）没有限制 （3）没有限制 （4）除水平承诺中内容外，不作承诺	允许外商投资企业分销其在中国生产的产品，包括在市场准入或部门或分部门栏中所列产品，并提供附件2中定义的附属服务 允许外国服务提供者对其分销的产品，提供按附件2定义的、全部相关附属服务，包括售后服务

部门或分部门	市场准入限制	国民待遇限制	其他承诺
D.特许经营	（1）没有限制 （2）没有限制 （3）中国加入WTO后3年内，取消限制 （4）除水平承诺中内容外，不作承诺	（1）没有限制 （2）没有限制 （3）中国加入WTO后3年内，取消限制 （4）除水平承诺中内容外，不作承诺	
E.无固定地点的批发或零售服务	（1）没有限制 （2）没有限制 （3）中国加入WTO后3年内，取消限制 （4）除水平承诺中内容外，不作承诺	（1）没有限制 （2）没有限制 （3）中国加入WTO后3年内，取消限制 （4）除水平承诺中内容外，不作承诺	
5.教育服务			
（不包括特殊教育服务，如军事、警察、政治和党校教育） A.初等教育服务（CPC921，不包括CPC92190中的国家义务教育） B.中等教育服务（CPC922，不包括CPC92210中的国家义务教育） C.高等教育服务（CPC923） D.成人教育服务（CPC924） E.其他教育服务（CPC929，包括英语语言培训）	（1）不作承诺 （2）没有限制 （3）将允许中外合作办学，外方可获得多数拥有权 （4）除水平承诺中内容和下列内容外，不作承诺：外国个人教育服务提供者受中国学校和其他教育机构邀请或雇用，可入境提供教育服务	（1）不作承诺 （2）没有限制 （3）不作承诺 （4）资格如下：具有学士或以上学位；且具有相应的专业职称或证书，具有2年专业工作经验	

续表

部门或分部门	市场准入限制	国民待遇限制	其他承诺
6.环境服务			
（不包括环境质量监测和污染源检查） A.排污服务（CPC9401） B.固体废物处理服务（CPC9402） C.废气清理服务（CPC9404） D.降低噪声服务（CPC9405） E.自然和风景保护服务（CPC9406） F.其他环境保护服务（CPC9409） G.卫生服务（CPC9403）	（1）除环境咨询服务外，不作承诺 （2）没有限制 （3）允许外国服务提供者仅限于以合资企业形式从事环境服务，允许外资拥有多数股权 （4）除水平承诺中内容外，不作承诺	（1）没有限制 （2）没有限制 （3）没有限制 （4）除水平承诺中内容外，不作承诺	
7.金融服务			
A.所有保险及其相关服务 a.寿险、健康险和养老金/年金险 b.非寿险 c.再保险 d.保险附属服务	（1）除下列内容外，不作承诺：a.再保险；b.国际海运、空运和运输保险；c.大型商业险经纪、国际海运、空运和运输保险经纪及再保险经纪 （2）保险经纪不作承诺。其他没有限制 （3）A.企业形式 将允许外国非寿险公司设立分公司或合资企业，外资占51% 中国加入后2年内，将允许外国非寿险公司设立外资独资子公司，取消企业形式限制 自加入时起，将允许外国寿险公司设立外资占50%的合资企业，并可自选合资伙伴 合资企业合资伙伴有权议定合作条款，只要它们不超过本减让表所包含承诺的限度 对于大型商业险经纪，再保险经纪，国际海运、空运和运输保险和再保险经纪：自加入时起，将允许设立外资股比不超过50%的合资企业；中国加入后3年内，外资股比应增至51%；中国加入后5年内，将允许设立外资独资子公司。对于其他经纪服务，不作承诺	（1）没有限制 （2）没有限制 （3）没有限制，下列内容除外： ——外国保险机构不得从事法定保险业务 ——自加入时起，要求就非寿险、个人事故和健康险的基本风险的所有业务向一定指定的中国再保险公司进行20%的分保；加入后1年，分保比例应为15%；加入后2年，分保比例应为10%；加入后3年，分保	

部门或分部门	市场准入限制	国民待遇限制	其他承诺
A. 所有保险及其相关服务 a.寿险、健康险和养老金/年金险 b.非寿险 c.再保险 d.保险附属服务	将允许保险公司随着地域限制的逐步取消设立内部分支机构 B.地域范围 自加入时起，将允许外国寿险和非寿险公司及保险经纪公司在上海、广州、大连、深圳和佛山提供服务 中国加入后2年内，将允许外国寿险和非寿险公司及保险经纪公司在下列城市提供服务：北京、成都、重庆、福州、苏州、厦门、宁波、沈阳、武汉和天津 中国加入后3年内，将取消地域限制 C.业务范围 自加入时起，将允许外国非寿险公司提供无地域限制的"统括保单"大型商业险保险。依照国民待遇，将允许外国保险经纪公司不迟于中国保险经纪公司并以不低于中国保险经纪公司的条件提供"统括保单"业务 允许外国非寿险公司自加入时起向境外企业提供保险，并向在中国的外商投资企业提供财产险、相关责任险和信用险。中国加入后2年内，将允许外国非寿险公司向外国和国内客户提供全部非寿险服务 允许外国保险公司向外国人和中国公民提供个人（非团体）险服务；中国加入后3年内，将允许外国保险公司向外国人和中国人提供健康险、团体险和养老金/年金险 自加入时起，将允许外国保险公司以分公司、合资企业或外资独资子公司的形式提供寿险和非寿险的再保险服务，无地域限制或发放营业许可的数量限制 D.许可 自加入时起，许可的发放将没有经济需求测试或许可的数量限制。设立外资保险机构的资格条件如下： ——投资者应为在一WTO成员中有30年以上设立商业机构经验的外国保险公司 ——应连续2年在中国设有代表处 ——在提出申请的前一年年末总资产应超过50亿美元，但保险经纪公司除外 保险经纪公司的总资产应超过5亿美元。加入后1年内，其总资产应超过4亿美元。加入后2年内，其总资产应超过3亿美元。加入后4年内，其总资产应超过2亿美元 （4）除水平承诺中内容外，不作承诺	比例应为5%，加入后4年，不要求任何强制分保 （4）除水平承诺中内容外，不作承诺	

部门或分部门	市场准入限制	国民待遇限制	其他承诺
B.银行及其他金融服务（不包括保险和证券） 银行服务如下所列： a.接收公众存款和其他应付公众资金 b.所有类型的贷款，包括消费信贷、抵押信贷、商业交易的代理和融资 c.金融租赁 d.所有支付和汇划服务，包括信用卡、赊账卡和贷记卡、旅行支票和银行汇票（包括进出口结算） e.担保和承诺 f.自行或代客外汇交易	（1）除下列内容外，不作承诺： ——提供和转让金融信息、金融数据处理以及与其他金融服务提供者有关的软件 ——就a~k项所列所有活动进行咨询、中介和其他附属服务，包括资信调查和分析、投资和证券的研究和建议、关于收购的建议和关于公司重组和战略制定的建议 （2）没有限制 （3）A.地域限制 对于外汇业务，自加入时起，无地域限制。对于本币业务，地域限制将按下列时间表逐步取消：自加入时起，开放上海、深圳、天津和大连；加入后1年内，开放广州、珠海、青岛、南京和武汉；加入后2年内，开放济南、福州、成都和重庆；加入后3年内，开放昆明、北京和厦门；加入后4年内，开放汕头、宁波、沈阳和西安；加入后5年内，将取消所有地域限制 B.客户 对于外汇业务：允许外国金融机构自加入时起在中国提供服务，无客户限制 对于本币业务：加入后2年内，允许外国金融机构向中国企业提供服务。加入后5年内，允许外国金融机构向所有中国客户提供服务。获得在中国一地区从事本币业务营业许可的外国金融机构可向位于已开放此类业务的任何其他地区的客户提供服务 C.营业许可 中国金融服务部门进行经营的批准标准仅为审慎性的（不含经济需求测试或营业许可的数量限制）。加入后5年内，应取消现在的限制所有权、经营及外国金融机构法律形式的任何非审慎性措施，包括关于内部分支机构和营业许可的措施	（1）没有限制 （2）没有限制 （3）除关于本币业务的地域限制和客户限制（列在市场准入栏中）外，外国金融机构可以同外商投资企业、非中国自然人、中国自然人和中国企业进行业务往来，无个案批准的限制或需要。其他，没有限制 （4）除水平承诺中内容外，不作承诺	对于金融租赁服务，将允许外国金融租赁公司与国内公司在相同时间提供金融租赁服务

部门或分部门	市场准入限制	国民待遇限制	其他承诺
B.银行及其他金融服务（不包括保险和证券）银行服务如下所列：a.接收公众存款和其他应付公众资金 b.所有类型的贷款，包括消费信贷、抵押信贷、商业交易的代理和融资 c.金融租赁 d.所有支付和汇划服务，包括信用卡、赊账卡和贷记卡、旅行支票和银行汇票（包括进出口结算）e.担保和承诺 f.自行或代客外汇交易	满足下列条件的外国金融机构允许在中国设立外国独资银行或外国独资财务公司：提出申请前一年年末总资产超过100亿美元 满足下列条件的外国金融机构允许在中国设立外国银行的分行：提出申请前1年年末总资产超过200亿美元 满足下列条件的外国金融机构允许在中国设立中外合资银行或中外合资财务公司：提出申请前1年年末总资产超过100亿美元 从事本币业务的外国金融机构的资格如下：在中国营业3年，且在申请前连续2年盈利。其他，没有限制（4）除水平承诺中内容外，不作承诺		
——非银行金融机构从事汽车消费信资	（1）除下列内容外，不作承诺：——提供和转让金融信息、金融数据处理以及与其他金融服务提供者有关的软件 ——就a至k项所列所有活动进行咨询、中介和其他附属服务，包括资信调查和分析、投资和证券研究和建议、关于收购的建议和关于公司重组和战略制定的建议（2）没有限制（3）没有限制（4）除水平承诺中内容外，不作承诺	（1）不作承诺（2）没有限制（3）没有限制（4）除水平承诺中内容外，不作承诺	
—— 其他金融服务如下：k.提供和转让金融信息、金融数据处理以及与其他金融服务提供者有关的软件 l.就a至k项所列所有活动进行咨询、中介和其他附属服务，包括资信调查和分析、投资和证券研究和建议、关于收购的建议和关于公司重组和战略的建议	（1）没有限制（2）没有限制（3）没有限制，中国金融服务部门进行经营的批准标准仅为审慎性的（不含经济需求测试或营业许可的数量限制）。允许外国机构设立分支机构（4）除水平承诺中内容外，不作承诺	（1）没有限制（2）没有限制（3）没有限制（4）除水平承诺中内容外，不作承诺	

续表

部门或分部门	市场准入限制	国民待遇限制	其他承诺
——证券服务	（1）除下列内容外，不作承诺：外国证券机构可直接（不通过中国中介）从事B股交易 （2）没有限制 （3）a.除下列内容外，不作承诺： ——自加入时起，外国证券机构在中国的代表处可成为所有中国证券交易所的特别会员 ——自加入时起，允许外国服务提供者设立合资公司，从事国内证券投资基金管理业务，外资最多可达33%。中国加入后3年内，外资应增加至49%。中国加入后3年内，将允许外国证券公司设立合资公司，外资拥有不超过1/3的少数股权，合资公司可从事（不通过中方中介）A股的承销、B股和H股及政府和公司债券的承销和交易、基金的发起 b.中国金融服务部门进行经营的批准标准仅为审慎性的（不含经济需求测试或营业许可的数量限制） （4）除水平承诺中内容外，不作承诺	（1）没有限制 （2）没有限制 （3）没有限制 （4）除水平承诺中内容外，不作承诺	
9.旅游及与旅行相关的服务			
A.饭店（包括公寓楼）和餐馆（CPC641-643）	（1）没有限制 （2）没有限制 （3）外国服务提供者可以合资企业形式在中国建设、改造和经营饭店和餐馆设施，允许外资拥有多数股权 中国加入后4年内，取消限制，将允许设立外资独资子公司 （4）除水平承诺中内容和下列内容外，不作承诺：允许与在中国的合资饭店和餐馆签订合同的外国经理、专家（包括厨师和高级管理人员）在中国提供服务	（1）没有限制 （2）没有限制 （3）没有限制 （4）除水平承诺中内容外，不作承诺	
B.旅行社和旅游经营者（CPC7471）	（1）没有限制 （2）没有限制 （3）满足下列条件的外国服务提供者可以自加入时起以合资旅行社和旅游经营者的形式在中国政府指定的旅游度假区和北京、上海、广州和西安提供服务： a.旅行社和旅游经营者主要从事旅游业务 b.全球年收入超过4 000万美元 合资旅行社/旅游经营者的注册资本不得少于400万元人民币	（1）没有限制 （2）没有限制 （3）合资或独资旅行社和旅游经营者不允许经营中国内地居民出国以及赴中国香港特别行政区、中国澳门特别行政区和中国台湾地区的旅游业务，除此之外没有限制	

部门或分部门	市场准入限制	国民待遇限制	其他承诺
B.旅行社和旅游经营者（CPC7471）	中国加入后3年内，注册资本不得少于250万元人民币 加入后3年内，将允许外资拥有多数股权 加入后6年内，将允许设立外资独资子公司，将取消地域限制 旅行社旅游经营者的业务范围如下： a.向外国旅游者提供可由在中国的交通和饭店经营者直接完成的旅行和饭店住宿服务 b.向国内旅游者提供可由在中国的交通和饭店经营者直接完成的旅行和饭店住宿服务 c.在中国境内为中外旅游者提供导游 d.在中国境内的旅行支票兑现业务 加入后6年内，将取消对合资旅行社/旅游经营者设立分支机构的限制，且对于外资旅行社/旅游经营者的注册资本要求将与国内旅行社/旅游经营者的要求相同 （4）除水平承诺中内容外，不作承诺	（4）除水平承诺中内容外，不作承诺	
11.运输服务			
A.海运服务 ——国际运输（货运和客运）（CPC7211、7212，不包括沿海和内水运输服务）	（1）a.班轮运输（包括客运）：没有限制 b.散货、不定期和其他国际船运（包括客运）：没有限制 （2）没有限制 （3）a.设立注册公司，以经营悬挂中华人民共和国国旗的船队： —— 允许外国服务提供者设立合资船运公司 —— 外资不得超过合资企业注册资本的49% —— 合资企业的董事会主席和总经理应由中方任命 b.提供国际海运服务的其他商业存在方式：不作承诺 （4）a.船员：除水平承诺中内容外，不作承诺 b.以上方式（3）b项下定义的商业存在所雇用的主要人员：除水平承诺中内容外，不作承诺	（1）a.没有限制 b.没有限制 （2）没有限制 （3）a.没有限制 b.不作承诺 （4）a.除水平承诺中内容外，不作承诺 b.除水平承诺中内容外，不作承诺	下列港口服务以合理和非歧视的条款和条件使国际海运提供者可获得：领航；拖带和牵引辅助；物资供应、供油和供水；垃圾收集和压舱废物处理；驻港船长服务；助航设备；船舶运营所必需的岸基运营服务，包括通信、水、电供应；紧急修理设施；锚地、泊位和靠泊服务
H.辅助服务 a.海运理货服务（CPC741） c.海运报关服务	（1）不作承诺 （2）没有限制 （3）仅限于合资企业形式，允许外资拥有多数股权 （4）除水平承诺中内容外，不作承诺	（1）不作承诺 （2）没有限制 （3）没有限制 （4）除水平承诺中内容外，不作承诺	

部门或分部门	市场准入限制	国民待遇限制	其他承诺
d.集装箱堆场服务	(1) 不作承诺 (2) 没有限制 (3) 仅限于合资企业形式，允许外资拥有多数股权 (4) 除水平承诺中内容外，不作承诺	(1) 不作承诺 (2) 没有限制 (3) 没有限制 (4) 除水平承诺中内容外，不作承诺	
e.海运代理服务	(1) 没有限制 (2) 没有限制 (3) 仅限于合资企业形式，外资股比不超过49% (4) 除水平承诺中内容外，不作承诺	(1) 没有限制 (2) 没有限制 (3) 没有限制 (4) 除水平承诺中内容外，不作承诺	
B.内水运输 b. 货运 （CPC7222）	(1) 只允许在对外国船舶开放的港口从事国际运输 (2) 没有限制 (3) 不作承诺 (4) 除水平承诺中内容外，不作承诺	(1) 同市场准入栏下标明的限制 (2) 没有限制 (3) 不作承诺 (4) 除水平承诺中内容外，不作承诺	
C.航空运输服务 d.航空器的维修服务 （CPC8868）	(1) 不作承诺 (2) 没有限制 (3) 允许外国服务提供者在中国设立合资航空器维修企业。中方应在合资企业中控股或处于支配地位。设立合资企业的营业许可需进行经营需求测试 (4) 除水平承诺中内容外，不作承诺	(1) 不作承诺 (2) 没有限制 (3) 中外合资、合作航空器维修企业有承揽国际市场业务的义务 (4) 除水平承诺中内容外，不作承诺	
——计算机订座系统（CRS）服务	(1) a.外国计算机订座系统，如与中国空运企业和中国计算机订座系统订立协议，则可通过与中国计算机订座系统连接，向中国空运企业和中国航空代理人提供服务 b.外国计算机订座系统可向根据双边航空协定有权从事经营的外国空运企业在中国通航城市设立的代表处或营业所提供服务 c.中国空运企业和外国空运企业的代理直接进入和使用外国的计算机订座系统须经中国民用航空局批准 (2) 没有限制 (3) 不作承诺 (4) 除水平承诺中内容外，不作承诺	(1) 没有限制 (2) 没有限制 (3) 不作承诺 (4) 除水平承诺中内容外，不作承诺	

续表

部门或分部门	市场准入限制	国民待遇限制	其他承诺
E.铁路运输服务 F.公路运输服务 ——铁路货运 （CPC7112） ——公路卡车和汽车货运（CPC7123）	（1）没有限制 （2）没有限制 （3）仅限于合资企业形式，外资股比不超过49% 对于铁路运输，中国加入后3年内，将允许外资拥有多数股权；中国加入后6年内，将允许设立外资独资子公司 对于公路运输，中国加入后1年内，将允许外资拥有多数股权；中国加入后3年内，将允许设立外资独资子公司 （4）除水平承诺中内容外，不作承诺	（1）没有限制 （2）没有限制 （3）没有限制 （4）除水平承诺中内容外，不作承诺	
H.所有运输方式的辅助服务 ——仓储服务 （CPC742）	（1）不作承诺 （2）没有限制 （3）自加入时起，仅限于合资企业形式，外资股比不超过49% 中国加入后1年内允许外资拥有多数股权 中国加入后3年内，取消限制，允许设立外资独资子公司 （4）除水平承诺中内容外，不作承诺	（1）不作承诺 （2）没有限制 （3）没有限制 （4）除水平承诺中内容外，不作承诺	
——货物运输代理服务 （CPC748、749，不包括货检服务）	（1）没有限制 （2）没有限制 （3）自加入时起，允许有至少连续3年经验的外国货运代理在中国设立合资货运代理企业，外资股比不超过50%；中国加入后1年内，允许外资拥有多数股权；中国加入后4年内，允许设立外资独资子公司 合资企业的最低注册资本应不少于100万美元。加入后4年内，在这方面将给予国民待遇 合资企业的经营期限不得超过20年 在中国经营1年以后，合资企业在双方注册资本均已到位后，可设立分支机构。每设立一分支机构，合资企业原注册资本应增加12万美元 中国加入后2年内，这一额外注册资本要求将在国民待遇基础上实施 外国货运代理在其第一家合资企业经营5年后，可设立第2家合资企业。中国加入后2年内，这一要求将减至2年 （4）除水平承诺中内容外，不作承诺	（1）没有限制 （2）没有限制 （3）没有限制 （4）除水平承诺中内容外，不作承诺	